国家"双一流"建设学科
辽宁大学应用经济学系列丛书
学术系列
总主编◎林木西

优化分税制财政管理体制研究

Study on Optimizing the Financial Management System
of Tax-sharing System

王振宇　等著

中国财经出版传媒集团
经济科学出版社
Economic Science Press

图书在版编目（CIP）数据

优化分税制财政管理体制研究/王振宇等著 . —北京：经济
科学出版社，2019.4
（辽宁大学应用经济学系列丛书·学术系列）
ISBN 978 - 7 - 5218 - 0416 - 4

Ⅰ.①优…　Ⅱ.①王…　Ⅲ.①分税制 - 财政管理体制 -
研究 - 中国　Ⅳ.①F812.422

中国版本图书馆 CIP 数据核字（2019）第 055981 号

责任编辑：范庭赫
责任校对：杨　海
责任印制：李　鹏

优化分税制财政管理体制研究

王振宇　等著

经济科学出版社出版、发行　新华书店经销
社址：北京市海淀区阜成路甲 28 号　邮编：100142
总编部电话：010 - 88191217　发行部电话：010 - 88191522
网址：www. esp. com. cn
电子邮件：esp@ esp. com. cn
天猫网店：经济科学出版社旗舰店
网址：http://jjkxcbs. tmall. com
北京季蜂印刷有限公司印装
710 × 1000　16 开　26.5 印张　380000 字
2019 年 5 月第 1 版　2019 年 5 月第 1 次印刷
ISBN 978 - 7 - 5218 - 0416 - 4　定价：88.00 元
（图书出现印装问题，本社负责调换。电话：010 - 88191510）
（版权所有　侵权必究　打击盗版　举报热线：010 - 88191661
QQ：2242791300　营销中心电话：010 - 88191537
电子邮箱：dbts@ esp. com. cn）

总　序

本丛书为国家"双一流"建设学科辽宁大学"应用经济学"系列丛书，也是我主编的第三套系列丛书。前两套丛书出版后，总体看效果还可以：第一套是《国民经济学系列丛书》（2005 年至今已出版 13 部），2011 年被列入"十二五"国家重点出版物出版规划项目；第二套是《东北老工业基地全面振兴系列丛书》（共 10 部），在列入"十二五"国家重点出版物出版规划项目的同时，还被确定为 2011 年"十二五"规划 400 种精品项目（社科与人文科学 155 种）。围绕这两套系列丛书还取得了一系列成果，获得了一些奖项。

主编系列丛书从某种意义上说是"打造概念"。比如说第一套系列丛书也是全国第一套国民经济学系列丛书，主要为辽宁大学国民经济学国家重点学科"树立形象"；第二套则是在辽宁大学连续获得国家社科基金"八五"至"十一五"重大（点）项目，围绕东北（辽宁）老工业基地调整改造和全面振兴进行系统研究和滚动研究的基础上持续进行探索的结果，为促进我校区域经济学建设、服务地方经济做出了新贡献。在这一过程中，既出成果也带队伍、建平台、组团队，我校应用经济学学科建设也不断跃上新台阶。

主编第三套丛书旨在使辽宁大学应用经济学一级学科建设有一个更大的发展。辽宁大学应用经济学学科的历史说长不长、说短不短。早在 1958 年建校伊始，便设立了经济系、财政系、计统系等 9 个系，其中经济系由原东北财经学院的工业经济、农业经济、贸易经济三系合成，财税系和计统系即原东北财经学院的财信系、计统系。后来院系调整，将经济系留在沈阳的辽宁大学，将财政系、计统系迁到大连组建辽宁财经学院（即现东北财经大学前身），对工业经济、农业经济、贸易经济三个专业的学生培养到毕业为止。由此形成了辽宁大学重点发展理论经济学（主要是政治经济学）、辽宁财经学院重点发展应用经济学的大体格局。实际上，后来辽宁大学也发展了应用经济学，东北财经大学也发展了理论经济学，发展得都不错。1978 年，辽宁大学恢复招收工业经济本科生，1980 年受人民银行总行委托、经教育部批准开始招收国际金融本科生，1984 年辽宁大学在全国第一批成立了经济管理学院，增设计划统计、会计、保险、投资经济、国际贸易等本科专业。到 20 世纪 90 年代中期，辽宁大学已有西方经济学、世界经济、国民经济管理、国际金融、工业经济 5 个二级学科博士点，当时在全国同类院校似不多见。1998 年建立国家重点教学基地"辽宁大学国家经济学基础人才培养基地"，同年获批建设第二批教育部人文社科重点研究基地"辽宁大学比较经济体制研究中心"（2010 年改为"转型国家经济政治研究中心"）。2000 年，辽宁大学在理论经济学一级学科博士点评审中名列全国第一；2003 年，辽宁大学在应用经济学一级学科博士点评审中并列全国第一；2010 年，新增金融、应用统计、税务、国际商务、保险等全国首批应用经济学类专业学位硕士点；2011 年，获全国第一批统计学一级学科博士点，从而实现了经济学、统计学一级学科博士点"大满贯"。

在二级学科重点学科建设方面，1984 年，外国经济思想史即后来的西方经济学、政治经济学被评为省级重点学科；1995 年，西方经济学被评为省级重点学科，国民经济管理被确定为省级重点扶持学科；1997 年，西方经济学、国际经济学、国民经济管理被评为省级重点学科和重点扶持学科；2002 年、2007 年国民经济学、世界经济连续两届被评为国家重点学科；2007 年，金融学被评为国家重点学科。

在一级学科重点学科建设方面，2017 年 9 月，被教育部、财政部、国家发展和改革委员会确定为国家"双一流"建设学科。辽宁大学确定的世界一流学科建设口径范围为"应用经济学"，所对应的一级学科为应用经济学和理论经济学，成为东北地区唯一一个经济学科"双一流"建设学科。这是我校继 1997 年成为"211"工程重点建设高校 20 年之后学科建设的又一次重大跨越，也是辽宁大学经济学科三代人共同努力的结果。此前，应用经济学、理论经济学于 2008 年被评为第一批一级学科省级重点学科，2009 年被确定为辽宁省"提升高等学校核心竞争力特色学科建设工程"高水平重点学科，2014 年被确定为辽宁省一流特色学科第一层次学科，2016 年被辽宁省人民政府确定为省一流学科。

在"211 工程"建设方面，应用经济学一级学科在"九五"立项的重点学科建设项目是"国民经济学与城市发展""世界经济与金融"；"十五"立项的重点学科建设项目是"辽宁城市经济"；"211 工程"三期立项的重点学科建设项目是"东北老工业基地全面振兴""金融可持续协调发展理论与政策"，基本上是围绕国家重点学科和省级重点学科而展开的。

经过多年的学科积淀与发展，辽宁大学应用经济学、理论经济学、统计学"三箭齐发"，国民经济学、世界经济、金融学国家重点学科"率先突破"，由"万人计划"领军人才、长江学者特聘教授领衔，中青年学术骨干梯次跟进，形成了一大批高水平的学术成果，培养出一批又一批优秀人才，多次获得国家级科研、教学奖励，在服务东北老工业基地全面振兴等方面做出了积极的贡献。

编写这套《辽宁大学应用经济学系列丛书》主要有三个目的：

一是促进"应用经济学"一流学科全面发展。以往辽宁大学应用经济学主要依托国民经济学和金融学国家重点学科和省级重点学科进行建设，取得了重要进展。这个"特色发展"的总体思路无疑是正确的。进入"十三五"时期，根据"双一流"建设需要，本学科确定了区域经济学、产业经济学与东北振兴，世界经济、国际贸易学与东北亚合作，国民经济学与地方政府创新，金融学、财政学与区域发展，政治经济学与理论创新等五个学科方向。其目标是到 2020 年，努力将本学科建设成为立足于东北经济社会发展、为东北振兴和东北亚合作做出应有贡献的一流学科。因此，本套丛书旨在为实现这一目标提供更大的平台支持。

二是加快培养中青年骨干教师茁壮成长。目前，本学科已建成由长江学者特聘教授、"万人计划"第一批教学名师、国务院学位委员会学科评议组成员、全国高校首届国家级教学名师领衔，"万人计划"哲学社会科学领军人才、教育部新世纪优秀人才、教育部教指委委员、省级教学名师、校级中青年骨干教师为中坚，以老带新、新老交替的学术梯队。本丛书设学术、青年学者、教材三个子系列，重点出版中青年教师的学术著作，带动他们尽快脱颖而出，力争早日担纲学科建设。本丛书设立教材系列的目的是促进教学与科研齐头并进。

三是在经济新常态、新时代、新一轮东北老工业基地全面振兴中做出更大贡献。面对新形势、新任务、新考验，我们力争提供更多具有原创性的科研成果、具有较大影响的教学改革成果、具有更高决策咨询价值的"智库"成果。

这套系列丛书的出版，得到了辽宁大学党委书记周浩波教授、校长潘一山教授和中国财经出版传媒集团副总经理、经济科学出版社社长吕萍的支持。在丛书出版之际，谨向所有关心支持辽宁大学应用经济学建设和发展的各界朋友，向辛勤付出的学科团队成员表示衷心的感谢！

林木西

2018 年劳动节于蕙星楼

内 容 摘 要

我国现行的财政管理体制框架，大致形成于 1994 年分税制改革、2002 年所得税共享改革、2005 年出口退税分担机制改革、2009 年成品油税费改革以及 2016 年全面"营改增"改革等。分税制财政运行模式的选择，较好克服了"统收统支"和"包干制"的诸多弊端，实现了国际经验与中国国情的结合，初步构建了现代财政制度，奠定了市场经济体制和国家长治久安的基础。多年来的实践运行表明，这一改革取得了巨大成功，根本上扭转了财政"两个比重"过低的问题，增强了中央财政宏观调控能力。但由于受改革初始条件的约束及其后续改革创新的不足，逐渐形成了"中国式财政分权"模式，呈现出一定的累退性。2013 年 11 月 12 日，党的十八届三中全会对深化财税体制改革做出了总体部署。当下财税体制改革已步入深水区，各种利益、矛盾交织胶着，亟须总体规划与具体实践的深度融合，最大限度达成改革共识。

优化分税制财政管理体制是完善社会主义市场经济体系、加快经济发展方式转变、进一步释放改革红利、缓解地方财政困难和建立现代财政制度的客观要求。按照项目研究的总体设计，本书主要包括以下内容。

第一章分税制财政管理体制国内研究现况、困境及其展望。运用中国知网检索工具等，分析了国内分税制研究基本状况、进行了具体评述及其研究展望。

第二章分税制财政管理体制历史演进与模式特征分析。系统梳理了分税制历史演进过程，从中梳理总结了我国分税制体制的八大模式特征。

第三章分税制财政管理体制具体评价与优化改进总体考量。基于分税制实践运行、顶层设计文献、跨级财政体制改革试点等多维视角进行了具体评价，研究提出了优化分税制财税体制改革的总体思路与措施建议。

第四章深化事权与支出责任划分改革研究。在分析事权划分历史演进、现存问题、改革"两种思路"（系统性重构、局部性调整）基础上，研究提出了改进完善的总体构想。

第五章政府间收入划分评价与优化改进研究。立足实际联系理论，在进行文献回顾的基础上，对我国分税制以来收入划分改革的现实状况加以梳理，通过分税制收入划分一些基本问题的回答，研究提出优化改进的具体建议。

第六章基于转移支付效果的政府间转移支付制度优化研究。以我国转移支付制度核心目标的演变为标准进行了时间段划分，在此基础上对比了不同时间段转移支付制度目标的实现程度及存在的问题，并结合当前我国转移支付制度面临的新问题，从提高转移支付效率的角度提出了未来转移支付制度的优化改进方向和具体措施。

第七章跨级财政管理体制改革试点的起源演进、改革属性及绩效评价。选择我国现行财政体制中的两种特殊形态——计划单列体制、省直管县体制进行了概念界定、历史演进分析和改革属性界定，运用经济计量模型和荟萃回归分析方法，具体评价了跨级财政体制的区域经济绩效，研究提出了优化改进的对策建议。

第八章分税制体制下地方政府性债务风险识别与预警体系研究。考虑到我国地方政府性债务规模、结构和质量等特征表现出极大的区域差异性，本部分以辽宁省域为样本进行分析，运用层次分析方法，构建了地方政府性债务风险预警系统，对"十三五"时期地方政府债务风险进行预警，研究提出了具体对策建议。

第九章优化分税制财政管理体制综合配套改革研究。从转变政府职能、调整行政区划、优化政绩考核、改进税收征管、完善相关法律和加强大数据背景下财政信息化支撑等环节入手，研究提出了推进分税制财政体制各项配套改革的逻辑分析框架和基本路线。

总的来看，本书具有系统完整、应用性强等特点，在研究内容、研究方法、研究结论等方面体现了一定的学术价值。从近些年阶段性成果披露情况看，产生了一定的社会影响和效益，丰富了分税制研究内涵和外延，为推动中国财政管理体制现代化发挥了一定作用。本书丰富了分税制国内研究学术内涵和外延，赢得了社会较好评价。如"新时期我国财政改革的几个问题""分税制财政管理体制模式特征及多维视角改革构想""我国地方政府性债务风险识别和预警体系研究""地方财政收入负增长现象""影响因素及量化测度等阶段性成果"，通过《财政研究》《经济社会体制比较》《财贸经济》刊发后，均被中国人民大学报刊复印资料《体制改革》《财政与税务》全文转载，其中："分税制财政管理体制模式特征及多维视角改革构想"（核心成果），入选中国财政学会2015年年会暨第20次全国财政理论研讨会，并在第六次全国优秀财政理论研究成果评选中获奖；"辽宁省地方政府性债务现状及风险预警研究"（辅助成果），先后获得辽宁省哲学社会科学成果一等奖（2016）、第六次全国优秀财政理论研究成果一等奖（2017）。本书还较好发挥了资政建议作用，产生一定的经济社会效益。如阶段性研究成果"关于推进财政体制改革的建议""从降税和财事权匹配角度深化财税改革"，分别在《人民日报内参》上刊发。阶段性研究成果先后得到辽宁省主要领导同志的肯定性批示。同时，该研究报告还得到了国内著名智库中国财政科学研究院的参阅和吸纳，阶段性研究成果得到辽宁省政协经济委的应用采纳。

同时，该项目在省以下分税制财政体制、地方税系建设和对口援助这一特殊横向转移支付的研究尚有不足，需要进一步深化。

目　　录

第一章

分税制财政管理体制国内
研究现况、困境及其展望

哲学家黑格尔有句名言"密涅瓦的猫头鹰总是在暮色来临时才张开翅膀",意指理论家的工作所反映的总是现实中已经发生的变化。非但哲学领域是一种反思的活动和理性的思想,分税制财政管理体制的研究也遵循这一规律。1994 年,在世界财税改革上创造了一个中国奇迹,即在世界最大的发展中国家、转轨经济体成功引入了西方成熟市场经济国家分税制运行体制机制。自此分税制研究一直是国内财经热点问题,其研究历时之长、研究者之众、研究成果之丰富,可谓学术研究史上的另一个奇迹。本书运用中国知网检索工具等,分析了国内分税制研究基本状况、进行了具体评述并对其进行了研究展望。

第一节　中国知网等文献检索结果及特征分析

截至 2016 年 5 月末,我们以"分税制"为主题词在中国知网进行检索发现,1988 ~ 2016 年按全文、主题和篇名三种形式,检索载文量分别为 100023 篇、13096 篇和 2338 篇,并不同程度得到国家社科基金等项目资助;涵盖了经济学、社会学、政治学、法学、管理学等诸多学科;研究者主要分布在高校科研机构以及少量的地方财政部门，贾康、刘尚希、高培勇、孙开、王振宇、马海涛、杨志勇、吕冰洋、张光、卢洪友等，都在不同历史阶段对分税制进行不同形式的研究（见表1-1~表1-3）。

表1-1　　　　　　　　中国知网"分税制"文献检索情况

年份	全文检索		主题检索		篇名检索	
	数值（篇）	比重（%）	数值（篇）	比重（%）	数值（篇）	比重（%）
合计	100023	100.0	13096	100.0	2338	100.0
2016	5300	5.3	527	4.0	45	1.9
2015	5847	5.8	647	4.9	69	3.0
2014	7147	7.1	783	6.0	101	4.3
2013	7145	7.1	772	5.9	112	4.8
2012	6673	6.7	658	5.0	69	3.0
2011	6436	6.4	645	4.9	82	3.5
2010	6153	6.2	569	4.3	69	3.0
2009	5429	5.4	585	4.5	74	3.2
2008	5646	5.6	650	5.0	101	4.3
2007	4961	5.0	522	4.0	66	2.8
2006	4604	4.6	492	3.8	51	2.2
2005	3834	3.8	443	3.4	47	2.0
2004	3064	3.1	100	0.8	58	2.5
2003	2819	2.8	386	2.9	32	1.4
2002	2465	2.5	329	2.5	40	1.7
2001	2172	2.2	309	2.4	33	1.4
2000	2043	2.0	297	2.3	46	2.0
1999	1860	1.9	329	2.5	70	3.0
1998	1886	1.9	402	3.1	86	3.7
1997	2079	2.1	496	3.8	154	6.6

续表

年份	全文检索		主题检索		篇名检索	
	数值（篇）	比重（%）	数值（篇）	比重（%）	数值（篇）	比重（%）
1996	2458	2.5	745	5.7	264	11.3
1995	2893	2.9	961	7.3	559	23.9
1994	3846	3.8	1222	9.3	39	1.7
1993	916	0.9	89	0.7	14	0.6
1992	607	0.6	36	0.3	12	0.5
1991	614	0.6	27	0.2	21	0.9
1990	525	0.5	33	0.2	11	0.5
1989	329	0.3	22	0.2	9	0.4
1988	272	0.3	20	0.2	4	0.2

资料来源：中国知网。

表 1-2   中国知网"分税制"文献检索基金资助情况

年份	全文检索		主题检索		篇名检索	
	数值（篇）	比重（%）	数值（篇）	比重（%）	数值（篇）	比重（%）
合计	100023	100.0	13096	100.0	2338	100.0
国家社会科学基金	3678	3.7	332	2.5	52	2.2
国家自然科学资金	1581	1.6	132	1.0	20	0.9
博士后基金	286	0.3	22	0.2	3	0.1
跨世纪优秀人才培养计划	202	0.2	28	0.2	7	0.3

资料来源：中国知网。

表 1 – 3　　　　　　中国知网"分税制"文献检索作者情况

作者	全文检索		作者	主题检索		作者	篇名检索	
	数值（篇）	排序		数值（篇）	排序		数值（篇）	排序
贾康	308	1	贾康	65	1	贾康	22	1
苏明	91	2	苏明	17	2	刘亮	9	2
马海涛	65	3	童道友	15	3	焦国华	8	3
杨志勇	63	4	梁季	14	4	苏明	8	4
刘尚希	58	5	马海涛	14	5	王振宇	8	5
刘容沧	55	6	刘尚希	13	6	梁季	8	6
刘高	51	7	王振宇	12	7	于天义	7	7
白彦锋	43	8	傅光明	12	8	马海涛	7	8
安体富	42	9	孙开	11	9	胡德仁	7	9
童道友	37	10	张炳贤	11	10	洪江	5	10
白景明	36	11	黄工乐	11	11	彭志华	4	11
吕炜	35	12	李冬梅	11	12	张炳贤	4	12
胡德仁	33	13	吕冰洋	11	13	吕冰洋	4	13
卢洪友	33	14	卢洪友	10	14	李升	4	14
许经勇	33	15	赵云旗	10	15	傅光明	4	15

资料来源：中国知网。

表 1 – 1 ~ 表 1 – 3 一定程度上刻画出近 30 年国内分税制研究时空分布情况，更进一步的分析梳理又会有如下发现。

第一，"全文检索"显示，涉及分税制内容的文章呈现几何基数增长，总量超过 10 万篇，年均 3572 篇。分阶段数量分析特征为：（1）分税制改革前（1988 ~ 1993 年），刊文数量介于 272 篇至 916 篇之间，6 年累计发文量为 3263 篇，占总量的 3.3%，年发文量属于三位数级别。（2）分税制实施后十多年（1994 ~ 2005 年），刊文数量介于 1860 篇至 3846 篇之间，12 年累计发文量为 31419 篇，占总量的 31.4%，年发文量属于四位数级别。（3）分税制深化实践过程中（2006 ~ 2012 年），刊文数量介于 4604 篇至 6673 篇之间，7 年累计发文量为 39902 篇，占总

量的 39.9%，年发文量属于四位数级别。（4）2013～2014 年，发文量
分别为 7145 篇、7147 篇，占总量的 14.3%，年发文量达到了历史高峰
期。（5）2015～2016 年，发文量分别为 5847 篇、5300 篇，占总量的
11.1%，年发文量回归至 2008～2009 年的水平，从图 1－1 可见一斑。

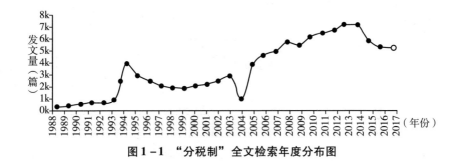

图 1－1　"分税制"全文检索年度分布图

　　第二，"主题检索"显示，发文总量超过了一万篇，年均 467 篇，占
"全文检索"的 13.1%，相形之下，该检索比较客观反映出分税制研究的
真实状况。进行具体分析可以发现：（1）最高年份发生在 1994 年为 1222
篇，1995 年次之为 961 篇，而分税制体制运行期间的最低年份发生在
2004 年，仅为 100 篇。（2）2013～2014 年发文量为 1555 篇，而到 2015～
2016 年则降至 1174 篇，与"全文检索"分析结果雷同，说明近两年分税
制研究有所下降，同样回归至 2008～2009 年的水平（详见图 1－2）。

　　第三，"篇名"检索显示，发文总量为 2338 篇，年均 83.5 篇，占
"全文检索"的 2.3%、"主题检索"的 17.9%，该检索更加聚焦主题，
也能更好地刻画出分税制财政体制研究的"真实"状况。进一步分析
可以发现：（1）极大值出现在 1995 年，高达 559 篇，占 23.9%，1 年
的接近全部的"1/4"，而分税制期间的极小值在 2003 年，仅为 32 篇。
（2）2013～2014 年也有一个不错的表现，共发文 213 篇，占 9.1%，同
样 2015～2016 年降至 114 篇，呈现出与前两个检索分析同步的特征
（详见图 1－3）。

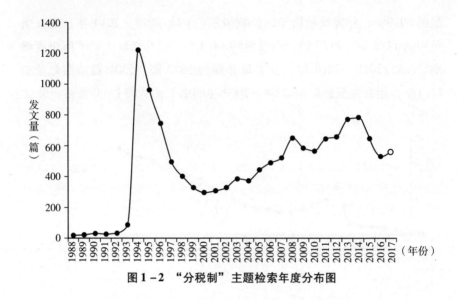

图 1－2 "分税制"主题检索年度分布图

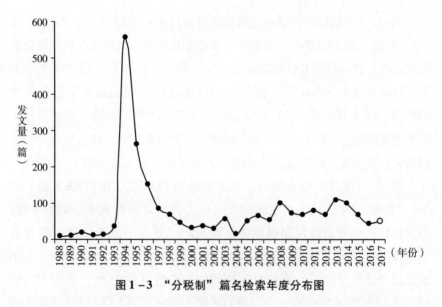

图 1－3 "分税制"篇名检索年度分布图

第四，分税制研究已突破了学科界限，20 多年来逐渐从财税拓展至其他领域，丰富了分税制学术研究内涵，为中国财政分权改革拓展了空间。图 1－4 较好体现了这一研究成果的学科分布情况。除此之外，一些非财税领域学者的探索也很有价值，如香港中文大学的"张五常之问"（2009）、北京大学周黎安行政发包制的假说（2014），以及北京大学刘剑文财税法视角、厦门大学张光政治学视角、东北财经大学寇铁军法学视角的研究，较好地将分税制与政治、社会、法治、治理等进行了学科交叉、契合与关联，提供了一些现实财政体制问题学理上的支撑。同时，一批具有良好数理基础的年轻学者，如中国人民大学吕冰洋、贾俊雪，上海财经大学付文林，浙江财经大学李永友等，在原有以实证和定性研究范式基础上，通过引入定量分析方法，丰富了分税制财政体制研究的内涵，准确界定了现实运行中的一些似是而非的矛盾问题和现象。

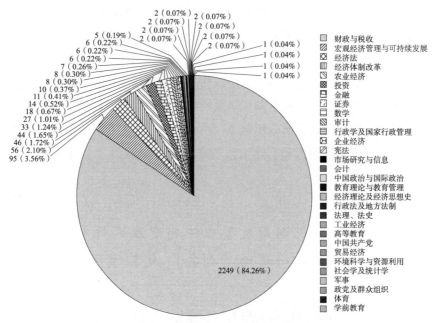

图1-4 "分税制"篇名检索学科分布图

第五，多种文献梳理发现，分税制研究呈现出一定的时期性特征。结合文献检索的"作者"分布以及其他一些文献资料，可以发现国内该研究可以划分以下四个阶段，并显现出不同的基本特征。（1）实施分税制改革（1994 年）前后，此阶段的代表人物主要包括吴俊培、王绍飞、张馨、寇铁军、卢洪友、孙开等，这些学者着重通过对西方成熟国家分税制实施经验的介绍，来对我国分税制改革的基本内容、原则、方向给予阐释和展望，因此本阶段的研究特征呈现出"介绍诠释"式的特点。（2）分税制实施十年（2004 年）前后，此阶段的代表人物主要包括贾康、李齐云、赵云旗、高培勇等学者，这些学者着重对分税制改革成绩、现存问题进行总结，从而对进一步深化改革的思路对策进行总结，本阶段的研究特征呈现出"概括总结"式特点。（3）分税制实施 15 年（2008 年）前后，此阶段的代表人物主要包括刘尚希、杨之刚、王振宇、杨志勇、于长革等学者，这些学者增加了对制度、机制层面的关注，进而对现行分税制的某些缺憾和不足进行反思，以此为基础对其未来改进完善的途径和取向进行探究，因此本阶段的研究特征呈现出"反思改革"式的特点。（4）党的十八届三中全会（2013 年）以来，此阶段的代表人物主要包括楼继伟、贾康、郭庆旺、马海涛、王振宇、高培勇等学者，这些学者从国家治理基础和重要支柱的视角对财政赋予了的新表述，以总结分税制 20 年为契机，也从不同视角对财税改革进行全方位多视角考量，本阶段的研究特征呈现出"系统改革"式的研究特点。

第二节　分税制财政管理体制实践运行中一些重点问题的"讨论"及其作用

政府间财政关系问题研究起来相对容易，但解决起来需要长期不懈甚至几代人的努力，对我国这样的大国尤其如此（楼继伟，2013）。因此，分税制研究不是纯理论问题，而是一个重要的实践范畴，探索有效的实现形式应是题中应有之意。一个时期以来，分税制的中国成功实践一直伴随着问题导向的研究逐步完善，不同层面普遍认同分税制存在诸多矛盾和问题，这些矛盾和问题主要集中在事权划分、财权划分、转移支付制度等领域。而学术界和实际工作层面对于一些具体的现实问题却产生了分歧，这些问题包括财政"两个比重"、事权划分方式、省以下财政体制改进、国地税征管机构改革等多方面，对于这些问题所展开得讨论是十分有效的，并对指导实践发挥了积极作用。

第一，关于宏观税负高低的"讨论"。在 20 世纪 90 年代振兴国家财政战略中，目标是将财政收入占 GDP 比重提高至 20%，这一数值"九五""十五""十一五"时期分别为 11.9%、16.1% 和 19.5%，逐步接近调控目标。根据《福布斯》杂志公布的"全球税负痛苦指数排行榜"，2005 ~ 2006 年中国大陆成为亚洲经济体中税务最重的国家，2007 ~ 2008 年全球排名第三，2009 年以来全球第二。与此同时，官方和学术界分别从不同层面做出了种种解读。一种观点认为我国当前宏观税负的总体水平与社会承受能力相比呈现出明显偏高的特点，建议适度降低，持这一观点的学者有王美涵（2004）、周天勇（2005）、王振宇（2006），以及中央财经大学课题组（2007）等，他们主要基于大口径宏观税负的具体分析与量化。一种观点认为我国宏观税负并不高，这种观点主要是以白景明、唐在富等学者为代表，主要是基于小口径宏观税负的考量，认为同世界不同类型经济体相比还有提升的空间。还有一种观点呈现出相对中性的特点，其认为现行税负较为适中，短期内不宜波动，这种观点以贾康、高培勇等为代表。2016 年末以来，天津财经大学李炜光等的研究报告，被媒体解读为"死亡税率"（40%），紧接着国内两位著名民营企业家曹德旺、宗庆后，结合企业各种成本（含税费）的真实程度，再次将中国宏观税负高低的争论从"学术"上升为"实体"，之后以贾康、刘尚希、李万甫等为代表的财税学者也从不同视角进行了解释与回应。同时，部分学者还对宏观税负的指标体系进行研究和量化，如陈颂东、刘箐文（2015）基于国民经济核算视角对中国宏观税负测算与税制体系重建进行了研究，陈文东（2016）从 GDP 核算入手，对生产税净额、财产收入、存量资产的交易收入和持有收益与 GDP、税收的关系进行了理论辨析。王振宇（2014、2015、2016）

等又对不同口径下的宏观税负进行了量化，小口径界定为税收收入占GDP 的比重、中口径为财政收入占 GDP 的比重、大口径为政府性收入占 GDP 的比重，2015 年三个口径的宏观税负分别为 16.3%、22.5% 和35.7%，2010～2015 年大口径宏观税负分别为 35.7%、36.6%、35.0%、37.1%、37.1% 和 35.7%，从而可以看出我国当下的大口径宏观税负并不低。

第二，关于中央财政集中度大小的"讨论"。1994 年分税制改革的一个重要目标，就是增加中央财政集中度，在近乎"零和博弈"状态下，通过采取"倒轧账"方式，确定中央和地方比例关系。后经 2002年的所得税共享改革之后，稳步提升了中央财政占全国的比重。如1993 年这一比重仅为 22%，而到"十五"时期（2001～2005 年）平均水平为 53.8%，最高年份的 2002 年为 55%。为此，也在国内进行了一场不大不小的"讨论"。一种观点认为中央财政集中程度不高。一些来自中央部门研究机构的学者主要持这种观点，他们的研究往往是从中央政府的视角出发，认为如果将社会总财力资源（税收＋非税）分配、统筹区域发展以及借鉴发达国家的比例关系等多方面的因素作为考量依据的话我国应该继续提高中央财政的再集中度，并且集中度应该达到"60%"的目标。而来很多自于地方政府部门和高校科研机构的学者则提出了截然相反的观点，他们从地方政府的视角入手，认为如果将地方政府多元级次（省、市、县、乡、村）、地方财政收入质量、公共产品供给的有效性、转移支付绩效等多方面的要素作为考量依据的话，我国应该进一步降低中央财政的集中度，并且中央与地方按税收收入应该按照"五五分成"进行改进（王振宇，2007）。近些年来，我国"营改增"改革经历了从试点、扩围到全面的过程，由此引致政府间收入初次划分的讨论也成为研究者关注的一个重点。近些年来，王振宇等也选择财政收入、税收收入、政府性基金等不同口径，对中央与地方政府间收入划分进行了量化，较好反映了政府间收入初次分配概貌，以 2014 年为例其结果分别为 45.9:54.1、50.4:49.6、7.6:92.4。

第三，关于事权划分方式的"讨论"。1994 年分税制改革，基本在第一代财政分权理论指导下进行的，这种分权理论的核心是公共产品及其受益范围理论，在这种理论框架下按照收益范围可以将公共产品分为全国性、区域性和地方公共产品，而不同产品应该分别由中央政府、区域性政府和地方政府分别提供，以此分权理论为标准可以看到我国现行的事权划分基本停留在分税制以前的格局，明显存在着不清晰、不合理和不规范的问题。2012 年，原财政部财政科学研究所课题组①刊发了《明晰支出责任：完善财政体制的一个切入点》一文，此研究基于国内外的比较分析提出了两种类型的政府间事权划分。一是政府间界限较为清晰井水不犯河水的"横向"模式，在西方政府间事权划分方式普遍采取这种模式；二是按要素划分的主张在各级政府间进行划分的"纵向"的分权模式，具体就是将事权分解为决策权、执行权、监督权与支出权，并在各级政府之间进行划分，在这种模式下政府间界限较为模糊。而中国的事权划分属于纵向模式，即"中央决策，地方执行"，多数支出责任由各级政府共同承担，形成了"几家共担"的特色。目前看，这一观点只是对现存现象的一种解释，不被学术界广泛认同。楼继伟在《中国政府间财政关系再思考》（2013）一书中，对事权划分提出了三原则，即外部性、信息处理的复杂程度、激励相容，马光荣（2014）又增加了规模经济的原则，陈颂东（2015）更是系统梳理了分税制原则的种种观点②。相对于一个时期以来有关事权、财权与财力相匹配的讨论，也算是一个重大认知上的进步，也是结合国情综合运用第一代、第二代财政分权理论的一个例证。

第四，关于省以下财政体制改进的"讨论"。分税制后因地方事权与财权财力上非对称性安排，大约在 1999 年前后在某些地方层级出现欠发公教人员工资现象，引起了学术界的高度重视，其中以贾康（2001）等为代表，在借鉴美国模式和浙江经验的基础上，提出了"扁

① 刘尚希等：《明晰支出责任：完善财政体制的一个切入点》，载《经济研究参考》2012 年第 40 期。

② 陈颂乐：《我国分税制原则的争议与启示》，载《地方财政研究》2015 年第 5 期。

平化"改革设想,即通过实行财政"省直管县"和"乡财县管"等举措,使得"市"、"乡"两级政府进一步弱化,从而初步搭建一个中央、省、县的三级政府架构。从实际层面来看决策层一定程度的采纳了这一观点。经过长时间的论证和试点工作,2009 年 6 月 22 日财政部印发的《关于推进省直接管理县财政改革的意见》明确了省管县财政改革的总体目标,即到 2012 年底前力争全国除民族自治地区外全面推进省直接管理县改革。而以刘尚希、杨之刚、王振宇、李万慧等为代表,对财政"省直管县"却不看好,如刘尚希、邢丽、赵大全(2009、2015)的"辖区财政"替代现行的"层级财政"、杨之刚、王振宇(2009)的一些"担忧"分析和李万慧(2010)的"命令模式"替代现行的"自治模式",加之国内新疆、西藏、青海、内蒙古等省区的客观实际,进一步证明了全面推行财政"省直管县"的非普适性。从实际运行情况看,财政省直管县改革没有达到预期目标。2012 年全国大约一半的省份试行了这一改革,尚有 46% 仍不认同①。贾俊雪、郭庆旺、宁静(2011、2014)的研究,也对这一改革成效持负向性的结论。同时,财政省直管县后地方政府区划上的县改区、乡并区新现象也引起了部分学者的重视,认为是地方倒逼机制的一个应对(王振宇,2015)。

第五,关于国地税征管机构合并的"讨论"。1994 年分税制财政管理体制改革的一个重要亮点在于"一设",即分设国、地税两套税务机构。历经 20 多年的实践运行,一方面要充分肯定其历史功绩,较好确保了其时条件下财政体制的有效实施。另一方面,则是加重了纳税人的负担,增加了税收成本。随着金税工程的实施,大数据时代的到来,以及近些年一系列税制改革,继续维持两套税务机构存在的必要性开始受到质疑。分税制后,国内学者从事国地税合并的研究一直没有中断,包括贾康、高培勇、庞凤喜、安体富、赵云旗、杨志勇、马海涛、白彦锋

---

① 截至 2011 年底,全国 27 个省份在 1080 个市县实行了省直管县财政管理方式改革,约占全国县级总数的 54%。同时,全国实行乡财县管的乡镇 2.93 万个,约占全国乡镇总数的86%。

等国内财政学者。2009 年从国家层面选择广东省的深圳市、顺德区和广州市推行大部制改革试点。2013 年 3 月 10 日国务院发布了《国务院机构改革和职能转变方案》，以国地税大部制改革为主题的研究也达到了历史高峰。2015 年 10 月中央全面深化改革领导小组第十七次会议审议通过《深化国税、地税征管体制改革方案》，并于 10 月 24 日正式向社会公布，至此多年热议的"合并"被"合作"所替代。而且 2016 年 3 月 28 日，财政部、国家税务总局印发《关于全面推开营业税改征增值税试点的通知》，决定从 5 月 1 日起在全国范围内全面推开营业税改征增值税，并将原地税部门为主征收的营业税改为国税征收。在这种情况下，仍有诸多研究者还以全面营改增后"国地税合并"为内容，进行分析研究与呼吁，成为近两年研究的一个相对亮点之处。

上述"讨论"与"争论"反映了不同利益主体对分税制的诠释及改进期待，其意义是十分重大而影响是十分深远的，通过对有些问题的长期的"交锋"，在此过程中形成了改革的共识，从而有利于科学决策的形成，并部分转化为当下的实际行动。一是宏观税负高低的"讨论"，在官方层面逐步由不认同、不断地解释到逐步采纳，并以落实供给侧结构性改革为契机，加大了减税降费力度，实质性降低了宏观税负。如生产税净额占 GDP 的比重，已由最高年份 2012 年的 15.9% 下降至 2015 年的 14.9%，实质性地下降了一个百分点。2017 年 4 月以来，国务院更是将减税降费作为供给侧结构性改革的一项重要举措，甚至明确了一万亿元的减负目标。二是中央财政集中度大小的"讨论"，伴随着全面营改增的落地，2016 年 4 月 29 日国务院关于印发《全面推开营改增试点后调整中央与地方增值税收入划分过渡方案的通知》，明确将过渡时期中央与地方增值税分享比例由 75∶25 调整至 50∶50，部分采纳了研究者的一些建议。三是事权划分的"讨论"，在《国务院关于推进中央与地方财政事权和支出责任划分改革的指导意见》（以下简称《指导意见》）中，明确了改革的时间表和路线图，虽说冠以"财政"事权与支出责任的《指导意见》属于缩水版范畴，但相对于事权改革这一最难啃的硬骨头和 20 多年的踟蹰不前，也算得上一个不小的进步。四是近些年财政"扁平化"改革出现了降温之势,特别是自党的十八届三中全会以来,官方文件中无相关改革取向的表述,而在实践运行层面也出现了逆向改革的行动。如在省管县的发祥地浙江也出现了新情况——省希望市管县、县也有愿望市管县;在安徽等试行省管县较早较彻底的省,开始走回头路——重启市管县;在河北部分试行省直管县的也觉得这一改革问题不少;更为极端的是,2016 年末辽宁停止了对绥中、昌图两县的扩权改革,成为全国除民族自治区之外唯一进行"市管县"的省份。五是国地税征管机构合并或合作的"讨论",虽说决策层释放了近期不合并的信号,但在地方实践层面,随着进一步的"放管服"改革,特别是通过推行国地税联合办公、相互"委托—代理"以及大数据共享等,严格文字意义上的"合作"与"合并"已非常模糊,近乎同义词。

第三节 分税制国内研究的现实困境及其简要展望

经对以上文献梳理发现,近几年国内分税制的研究似乎在"降温"。同时,也有一些研究者也在进行系统考量,其代表性观点和成果。高培勇(2014、2016)[①] 曾呼吁财税改革要坚持分税制原则,不能将分税制简单理解为"分钱制",重回"分税制"的轨道,真正激发中央、地方两个活力。马海涛(2014)也在《中国分税制改革 20 周年:回顾与展望》中,提出要坚持分税制方向,深化财政体制改革,特别需要处理好分税制改革与基本公共服务均等化、与主体功能区、与城镇化建

---

① 中央与地方收入划分,绝不能重走 1994 年之前的"分钱制"老路子。"根据事权与财权相结合原则,将各种税统一划分为中央税、地方税和中央地方共享税,并建立中央税收和地方税收体系,分设中央与地方两套税务机构分别征管",这既是 1994 年分税制财政体制改革的核心要义,也是本轮财政体制改革应当坚守的方向。应当也必须紧紧抓住这个牛鼻子不撒手,真正把财政体制改革纳入分税制轨道。参见《财贸经济》2016 年第 11 期、12 期"本轮财税体制改革进程评估"一文。

设、与"营改增"的关系。郭庆旺、吕冰洋（2014）等在《中国分税制：问题与改革》，对新一轮分税制改革提出系统设计方案，成为有影响的重要研究成果。王振宇（2014）在《分税制财政管理体制模式特征及多维视角改革构想》一文中，基于多维视角提出了要妥善处理好"十大关系"①，较好体现了系统性、全局性原则。

分析近几年国内分税制研究不理想的原因，主要源于以下四方面"困境"：

第一，从客观现实需求上看，近几年官方文献中，只有新《预算法》第十五条明确"国家实行中央和地方分税制"，国务院和财政部的文件对分税制的表述近乎为零。甚至在 2013 年 11 月党的十八届三中全会"决定"中也没有提及分税制的字样，有关财税体制改革的顺序也退居第三位，即改进预算管理制度—完善税收制度—建立事权和支出责任相适应的制度，与以往顶层设计文件的改革路径顺序（财政体制改革—税制改革—预算制度改革）形成了较大差别。新《预算法》修订过程中，前三轮都广泛征求意见，而第四轮却省却了这一步骤，致使《预算法实施条例》至今也没出台。同样，三中全会"决定"形成过程中，也都在小范围征求意见，基本处于"保密"状态，缺乏必要的专家和社会参与机制，而有关财政是国家治理的基础和重要支柱的表述，从现有文献中尚未发现国内研究者的相关"蛛丝马迹"。2014 年 6 月 30日中共中央政治局审议通过的《深化财税体制改革总体方案》至今还是"保密"文件。而 2016 年 5 月 1 日全面"营改增"② 后又将地方第一大税源营业税全部取消，理论上降低了分税制"分税"存在的客观

---

① 即一是有效兼顾政治、经济、社会之间的关系，二是有效兼顾总量、速度、比例之间的关系，三是有效事权、财权、财力之间的关系，四是有效兼顾集权、分权、授权之间的关系，五是有效兼顾中央、地方、部门之间的关系，六是有效兼顾税、费（基金）、利（租）之间的关系，七是有效兼顾存量、增量、流量之间的关系，八是有效兼顾初次分配、再分配、三次分配之间的关系，九是有效兼顾层级、辖区、命令之间的关系，十是有效兼顾人治、法治、自治之间的关系。

② 主流学术界基于营业税为地方第一税种的综合考量，不主张进行全面"营改增"，或者待其他税制改革出台具备可替代后再进行。

物质基础。以上情况也在一定层面凸显了当下分税制研究的客观困境。

第二，从有效供给上看，由于信息上的不对称性，使得国内该领域研究只能做些事后解读性、宣传性、再论证性的工作，更多体现的为"花瓶"角色（高培勇，2016），很难形成前瞻性强、影响力大的分税制研究成果，明显存在着"短板"和有效供给不足。党的十八届三中全会以后，顺应财政新定位的变化，研究者的兴趣点一下子转向了财政是国家治理基础和重要支柱新表述上，而一以贯之从事分税制研究的学者寥寥无几，特别是基于地方视角的研究者更为稀缺。同时，个别学者认识上的误区也不可忽视，认为"分税制—公共财政—现代财政制度"之间是简单的前后替代关系，甚至还认为分税制、公共财政已经完成历史使命，当下研究重点就是现代财政制度。这些也是当下分税制研究困境的主观制约因素。

第三，从历史演进过程上看，1993 年进行分税制制度设计时，社会主义市场经济体制概念刚刚提出，整个国家处于短缺状态，工业化处于初级阶段，财政"两个比重"达到历史上的"极低值"，财政供给和作用领域在"体制内"进行。而当下启动的新一轮财税体制改革，与 20 多年前迥异，整个国家初步建立了社会主义市场经济，步入了工业化中后期，人均收入进入了中等收入国家行列，成为名副其实的经济大国和财政大国，特别是我们告别了短缺并出现了各种过剩之后，客观上财政"两个比重"不低，公共财政制度建设和实践运行突飞猛进，还有一个不容忽视的技术进步，即互联网、大数据得以广泛运用。环境氛围和技术支撑条件的变化，从"加法"为主的改革向"减法"的转型，也成为当下分税制研究困境面临的新挑战。

第四，从改革推动力上看，1994 年我国选择了分税制财税体制改革，短期内实现了振兴国家财政的目标，成为 20 世纪 90 年代最为成功的伟大改革，奠定了改革开放后半程中国经济高速增长的动力源泉。但这一自上而下的强制性制度变迁，改革之初就以提高财政"两个比重"为出发点，采用基数加增长的办法，回避了政府间事权的合理划分这一基础前提，明显存在着"先天不足"，随着中央财政宏观调控能力的提高，进一步改革的动力又不充足，使得整个改革存在着一定的"缺陷"（王振宇，2006）。受多种因素的制约，其后又进入"微"改革状态，选择性、碎片化的调整，使得"分税制成为一盘没下完的棋"。而近几年的改革也不尽如人意。高培勇、汪德华认为"财政体制改革虽有所突破，但相对滞后状态未有根本改变，总体上属于具体方向尚待明晰的拖泥带水工程"[1]。张光认为国发〔2016〕49 号在划分财政事权的指导原则上有某种突破，但在中央事权、地方事权和中央与地方共同事权的具体分类上，仍旧因袭了现有的做法。[2] 2013 年党的十八届三中全会《决定》特别明确提出要在稳定税负和保持现有中央和地方财力格局总体稳定前提下进行改革。而在"两个稳定"前提下的分税制改革，可能是个两难选择，需要充分考量决策者、政策制定者、研究者的智慧。自上而下强制性制度变迁动力不足及其"两个稳定"的限制，也是分税制研究困境的一个重要约束。

1994 年以来，我国从分税制体制改革中获得了巨大红利，作为成熟的国际经验，分税制是绝大多数国家处理政府间财政关系重要制度安排。在新一轮财税体制改革过程中，我们没有理由简单放弃这一优秀的制度，没有比分税制更好的替代方案，更没有理由简单回归至"统收统收"、比例分成式"大包干"的旧体制模式下。为此，要在 20 余年实践运行的基础上，综合吸纳创新运用各种理论，突出问题导向，落实专家和社会广泛参与机制，坚持顶层设计与地方实践相结合，重构以分税制为核心的现代财政制度，并在以下几方面有所突破：

在坚持分税制原则的基础上，综合选择运用各种理论方法，如公共产品理论、公共选择理论、委托代理理论、交易成本理论、产权理论、理性人假设等，重新回归分税制改革逻辑、思维及其原则，全方位进行财政体制顶层设计的再创新。

---

　①　高培勇、汪德华：《本轮财税体制改革进程评估：2013.11 - 2016.10》，载《财贸经济》2016 年第 11 期。

　②　张光：《十八大以来我国事权和财权划分政策动向：突破还是因循?》，载《地方财政研究》2017 年第 4 期。

在坚持财政体制"三要素"(事权、财权、转移支付)合理配置的基础上,有效兼顾政府市场社会、各级政府间、财政部门与部门预算单位间的不同利益主体需求,充分调动各方面积极性,最大限度释放财税体制改革红利。

积极探索省以下分税制有效实现形式,同时在财政"两个比重"合理界定、事权与财权科学划分、转移支付适度规模与结构优化、财政"省直管县"改革、政绩考核制度改革等重大现实问题和配套改革上研究提出系统改进的方案。

在国家治理框架下,积极探索"财政治理"的概念、框架体系及其财政治理能力评估建设的问题。同时,积极加快分税制财政体制"四化建设"(科学化、法治化、民主化和信息化),切实为新一轮财税体制改革注入新机制、新动力、新保障。

以上多是笔者多年分税制研究跟踪系统化、条理化的过程,但相对于汗牛充栋的研究成果而言,难免挂一漏万,或南辕北辙。鉴于财政体制在整个财政制度中的核心地位,期待上述梳理、发现和展望,会对中国现代财政制度建设有所裨益。

第二章

分税制财政管理体制历史
演进与模式特征分析

历史是一面镜子。2008 年 3 月，时任国务院总理温家宝在答记者问时曾这样表述过"其实一个国家的财政史是惊心动魄的。如果你读它，会从中看到不仅是经济的发展，而且是社会的结构和公平正义。"①中国分税制财政管理体制模式的选择及其日后改进，与中国市场化改革道路相一致，同样走的是波浪式前进、阶梯式上升的道路，也是惊心动魄的。25 年来，分税制改革取得了如此辉煌的成就，我们不得不感叹设计者们的"大智慧"。系统梳理这一历史演进过程，从浩瀚的史料中进行总结和发现，希冀为新一轮财税体制改革提供历史借鉴。

第一节　1988 年财政包干制的弊端与
1992 年的分税制试点

一、1988 年的财政包干制

改革开放后，为调动地方政府的积极性，我国实行了多种形式的

---

① 温家宝总理回答中外记者提问，www. npc. gov. cn/npc/xinwen/syxw/2003 - 03/19/content_1420745. htm.

"分级包干"体制，特别是 1988 年所选择的六种财政承包形式①（见表 2 - 1），客观上形成了"藏富于企""藏富于地方"的局面，其直接后果就是财政"两个比重"达到历史极低值。整个"八五"时期 (1991 ~ 1995)，财政收入占 GDP 的比重平均为 11.6%，最低年份的 1995 年仅为 10.2%。中央财政收入占全国比重的最低年份出现在 1993 年，仅为 22.0%。客观上存在着较为严重的财政危机。若任其继续下去，其时西方所推行的"和平演变""颜色革命"等，极有可能以财政危机为突破口得以实现。这并非危言耸听。

表 2 - 1　　　　　　　　　　　1988 年六种财政包干形式

包干方式	地区
收入递增包干	实行的地区、留成比例和收入递增率 北京市 50%和 4%；河北省 70%和 4.5%； 辽宁省（不含沈阳市和大连市）58.25%和 3.5%； 沈阳市 30.29%和 4%；哈尔滨市 45%和 5%； 江苏省 41%和 5%；浙江省（不含宁波市）61.47%和 6.5%； 宁波滨市 27.93%和 5.3%；河南省 80%和 5%；重庆市 33.5%和 4%
总额分成	实行的地区、留成比例 天津市 46.5%；山西省 87.55%；安徽省 77.5%
总额分成加增长分成	实行的地区、留成比例、增长分成比例 大连市 27.74%和 27.26%；青岛市 16%和 34%；武汉市 17%和 25%
上解额递增包干	实行的地区、上解基数、递增比例 广东省 14.13 亿元和 9%；湖南省 8 亿元和 7%
定额上解	实行的地区、上解额 上海市 105 亿元； 山东省（不含青岛市）2.89 亿元； 黑龙江省（不含哈尔滨市）2.99 亿元

① 1986 年 10 年，决策者放弃了"价、税、财"联动配套改革方式，转而推行全面的承包制。企业承包"税、利"，财政实行地方中央包干。参见楼继伟《政府间财政关系再思考》P67。

包干方式	地区
定额补助	实行的地区、补助额 吉林省 1.26 亿元；江西省 0.45 亿元；福建省 0.5 亿元（1989 年开始执行）；陕西省 1.2 亿元；甘肃省 1.25 亿元；海南省 1.38 亿元；内蒙古自治区 18.42 亿元；广西壮族自治区 6.08 亿元；贵州省 7.42 亿元；云南省 6.73 亿元；西藏自治区 8.98 亿元；青海省 6.56 亿元；宁夏回族自治区 5.33 亿元；新疆维吾尔自治区 15.29 亿元； 湖北省（不含武汉市）按当年武汉市决算收入的 4.78% 给予补助；四川省（不含重庆市）按当年重庆市决算收入的 10.7% 给予补助

资料来源：李萍：《财政体制简明图解》，中国财政经济出版社 2010 年版。

财政承包制确定了地方政府"剩余占有者"的地位，使额外增加的财政收入归地方所有，对于充分调动地方的积极性起到了重要作用。但随着时间的推移，这种体制弊端日渐凸显，成为政府间财政关系不稳定的根源。在这种体制下，中央财政在财政分配中处于明显的弱势地位，财政收入得不到充分保证，使得中央不得不调高地方收入上解比例。这引起了地方不满以及对中央的不信任，因而往往采取各种变相的减免税"藏富于民"，以达到隐瞒真实财政收入、减少收入上解的目的，而中央缺乏有效手段加以纠正（见表 2 - 2）。如在 1988 ~ 1992 年的财政包干期间，地方财政收入徘徊在 1500 亿 ~ 2500 亿元之间，5 年合计 8502.2 亿元，算数平均增长率为 11.4%。而分税制后的 1995 ~ 1999 年，这一指标立即演变 3000 亿 ~ 5500 亿元、21735.5 亿元和 19.6%。前后天壤之别（见表 2 - 3、表 2 - 4）。

表 2 - 2　　　　不同形式承包制下财力对地方财政收入的增长弹性

承包形式	弹性关系
定额上解	因财力总是小于地方政府组织的财政收入，且上解额固定，从而财政收入增长会带来更大幅度的财力增长，即财力对财政收入增长的弹性大于 1
总额分成	财力与地方财政收入保持同步增长

续表

承包形式	弹性关系
定额补助	因财力构成要素的"体制补助"不变，财力对财政收入的增长弹性小于1，而财力自给率越低，弹性值越小
递增包干	财力增长弹性取决于"递增率"、财政收入增长幅度、上解额与财力额等多项因素，但一般都接近1

资料来源：姜永华（2006）。

表 2 - 3　　　　　　　　1988 ~ 1992 年的地方财政收入　　　　　单位：亿元

项目	小计	1988 年	1989 年	1990 年	1991 年	1992 年
地方财政收入	8502.2	1582.5	1842.4	1944.7	2211.2	2503.9
增长速度（%）	11.4	8.2	16.4	5.6	13.7	13.2

表 2 - 4　　　　　　　　1995 ~ 1999 年的地方财政收入　　　　　单位：亿元

项目	小计	1995 年	1996 年	1997 年	1998 年	1999 年
地方财政收入	21735.5	2985.6	3746.9	4424.2	4984.0	5594.8
增长速度（%）	19.6	29.2	25.5	18.1	12.7	12.3

更为极端的案例，便是财政包干时期的北京和上海两个直辖市。北京市属于收入递增包干分成模式，即以 1987 年决算收入为基数，参照地方近几年收入增长情况，确定地方收入递增率，在收入递增率以内的收入按一定比例上解中央，超出部分全部留给地方。当时，中央与北京市约定的收入递增率为4%。为了避免中央调高上解比例以及收入递增率，北京市在约定年限内（5 年）采取各种手段隐瞒财政收入达 98 亿元，使得财政收入增长率始终保持在 4% 左右。上海市当时实行的是定额上解加递增分成模式，确定的任务指标是每年财政收入达到 165 亿元，其中 100 亿元上解中央财政，在此基础上每增加 1 亿元，上解收入增加 0.5 亿元。在实行财政包干制的五年中，上海市的财政收入平均每年在

165 亿元左右，刚刚到达要求的下限，没有任何增长（见表 2 - 5）。

表 2 - 5　　　　　　财政大包干时期北京市、上海市财政收入情况

年份	北京市		上海市	
	指标值（亿元）	增长（%）	指标值（亿元）	增长（%）
1987	63.6	—	165.1	—
1988	68.1	7.1	146.8	− 11.1
1989	71.1	4.3	152.7	4.0
1990	74.0	4.2	157.7	3.3
1991	77.0	4.1	191.9	21.7
1992	80.3	4.2	176.0	− 8.3
1993	84.1	4.8	232.8	32.2
1994	99.9	18.7	169.6	− 27.1

资料来源：历年中国财政年鉴等。

因此，财政承包制事实上"包死"了中央，使得中央政府没有任何办法获得增量收入，出现财政困境也就是一件十分自然的事情了。为了改变财政困境，中央不得不频繁调高地方财政收入上解比例，甚至采取逆向转移支付，即中央向地方借款（见表 2 - 6）。这进一步加剧了地方不满，导致中央财政收入进一步减少，从而陷入中央财政收入下降→财政体制变动→地方隐瞒收入→中央财政收入下降的恶性循环。

表 2 - 6　　　　　　1981 ~ 1989 年间中央向地方借款金额（亿元）

项目	1981 年	1982 年	1983 年	1984 年	1985 年	1986 年	1987 年	1988 年	1989 年
借款额	68.4	40.2	36.2	38.4	43.0	45.1	48.3	50.2	52.4
中央支出	625.7	651.8	759.6	893.3	795.5	836.4	845.6	845.0	888.8
借款额占比（%）	10.9	6.2	4.8	4.3	5.4	5.4	5.7	5.9	5.9

资料来源：李萍：《财政体制简明图解》，中国财政经济出版社 2010 年版。

对于这种状况，原财政部项怀诚部长曾指出："一个市场经济国家的财税体制应该是稳定和规范的、符合市场经济原则的、公平及透明的分配体制"。① 而我们国家当时频繁的、轮番变换的财税体制，造成地方对中央极大的不信任以及互相猜疑，因为不知道下一步你如何改，怎么改，更不知道未来的预期（马国川，2009）。

当预算内收入无法满足正常的支出需要时，中央政府不得不利用收费筹措资金——1989 年的国家预算调节基金正是在这一背景下推出的。与此同时，地方政府也采取各种摊牌和收费的做法获得大量的预算外甚至体制外收入以增强可支配财力。这直接导致 20 世纪 80 年代至 90 年代末期我国各地乱收费、乱摊派、乱集资之风盛行，严重干扰了我国正常的财政分配秩序以及经济社会的健康有序发展。另一方面，财政承包制采取按行政隶属关系划分财源和财力的做法也助长了地方保护主义，妨碍了全国统一市场的形成，导致低水平重复建设和投资膨胀，对我国经济持续平稳运行造成不利影响（周黎安，2004；郭庆旺、贾俊雪，2006；贾俊雪，2008；谢旭人，2008）。

二、1992 年的分税制试点

无论是中央还是地方对于财政承包制都存在明显不满：中央不满于收入持续下降，地方不满于体制频繁变动。而且，财政承包制对经济影响也越来越突出，越来越不能适应我国社会主义市场经济发展客观要求。正是在这样的现实背景下，20 世纪 90 年代初党中央、国务院做出了振兴国家财政的战略举措，开始借鉴国际通行做法，实行分税制财政体制改革。

1994 年分税制改革是在 1992 年分税制试点基础上深化的。早在 1990 年财政部就提出了分税制财政体制改革试点方案。中共中央关于制定国民经济和社会发展十年规划和"八五"计划的建议（1990 年 12

---

① 赵忆宁：《分税制决策背景回放》，载《瞭望》2003 年第 37 期，第 20～21 页。

月），以及"八五"计划（1991 年 2 月），明确提出要在稳定包干制基础上进行分税制改革试点。1992 年选择了天津、辽宁、沈阳、大连、浙江、青岛、武汉、重庆和新疆等 9 个地方试点。1992 年 6 月 5 日，财政部印发了《关于实行"分税制"财政体制试点办法》。1992 年分税制设计的基本原则是，确保地方既得利益，适当调整财政收入增量的分配关系，使中央财政在增量中适当增加一些收入。在当时中央与地方的事权划分基础上，根据调动中央和地方两个积极性的方针，将财政收入划分为中央财政固定收入、地方财政固定收入和中央、地方共享收入，对共享收入部分，中央与地方按"五五"比例进行分税，因此这次试点也称为"五五"分税改革试点。其主要内容如下：

1. 关于收入划分分税制试点

将各种收入划分为中央固定收入、地方固定收入、中央和地方共享收入。其中，共享收入包括：产品税、增值税、营业税、工商统一税、资源税。分税比例分为两档，少数民族地区给以优惠照顾，实行中央、地方"二八"分享，其他地区实行"五五"分享。

2. 关于支出划分

中央财政和地方财政支出范围与财政包干体制一样，未做任何调整。

3. 确定补助或上解

试点地方财政收支基数是以 1989 年决算数为基础，进行必要的因素调整后加以确定。按照试点体制的收支范围计算，凡地方财政固定收入加上地方分享收入大于地方财政支出基数的部分，一律按 5% 递增上解；凡地方财政固定收入加分享收入小于地方财政支出基数的部分，由中央财政给予定额补助；对少数民族地区给予适当照顾。

4. 实行固定比例分成的收入以及专项收入，继续执行现行办法

总的看，1992 年开始在部分地区实行的"五五"分税试点，取得了较为显著成效，大幅度提高了中央财政在收入增量分配中的比重，调动了地方政府组织收入的积极性，缓解了区域封锁和盲目重复建设。分税制试点的进行，是在全国范围内推行规范的分税制财政体制的一项重要试验，为 1994 年全面实施提供了宝贵经验，起到了承上启下、循序

渐进的作用。但作为不规范的试点方案，分税制试点难免带有旧体制的痕迹，并在实践运行中暴露出不少问题。如政府间事权划分不明确、按企业隶属关系划分收入、没有建立科学稳定的转移支付制度等，相应只是对"递增包干""总额分成"体制的一种改良，期待着更为科学规范、公平有效的分税制新体制的全面引入。

第二节　1994 年的分税制改革及其调整与变动

1993 年 11 月 14 日，党的十四届三中全会通过了《中共中央关于建立社会主义市场经济体制若干问题的决定》，明确提出要改包干制为分税制，建立中央和地方税收体系。同时，改革和完善税制制度。

1993 年 9 月 10 日~12 月 20 日，国务院副总理朱镕基带领十几个相关部委的 60 多位工作人员，先后到海南、广东、新疆、辽宁、山东、江苏、上海、甘肃、天津、河北、安徽等省区市调研，听取各地对实施分税制的具体意见。

1993 年 12 月 15 日，《国务院关于实行分税制财政管理体制的决定》决定，从 1994 年 1 月 1 日起改革现行地方财政包干体制，对各省、自治区、直辖市以及计划单列市实行分税制财政管理体制。自此，标志着新中国成立以来涉及范围最广、调整力度最大的分税制改革拉开序幕。

一、1994 年分税制财政体制改革

1994 年分税制改革主要是从以下层面展开：

1. 中央与地方的事权和支出划分

1994 年分税制改革首先根据中央与地方事权划分情况，对中央与地方的支出责任进行了初步界定。中央财政主要承担国家安全、外交和中央国家机关运转所需经费，调整国民经济结构、协调地区发展、实施宏观调控所必需的支出以及由中央直接管理的事业发展支出；地方财政

主要承担本地区政权机关运转所需支出以及本地区经济、事业发展所需支出。中央与地方的具体支出责任划分情况如表 2 – 7 所示：

表 2 – 7　　　　　　　　　1994 年中央与地方支出责任划分

中央财政支出	国防费，武警经费，外交和援外经费，中央级行政管理费，中央统管的基本建设投资，中央直属企业的技术改造和新产品试制费，地质勘探费，由中央财政安排的支农支出，由中央负担的国内外债务还本付息支出，以及中央本级负担的公检法支出和文化、教育、卫生、科学等各项事业费支出
地方财政支出	地方行政管理费，公检法经费，民兵事业费，地方统筹安排的基本建设投资，地方企业的技术改造和新产品试制经费，地方安排的农业支出，城市维护和建设经费，地方文化、教育、卫生等各项事业费，价格补贴以及其他支出

2. 中央与地方的收入划分

将维护国家权益、实施宏观调控所必需的税种划分为中央税；将同经济发展直接相关的主要税种划分为中央与地方共享税；将适合地方征管的税种划分为地方税，充实地方税税种，增加地方税收入。同时，分设中央与地方两套税务机构，中央税务机构征收中央税和中央与地方共享税，地方税务机构征收地方税。1994 年分税制改革时，中央与地方的具体收入划分如下：

中央固定收入包括：关税，海关代征的消费税和增值税，消费税，中央企业所得税，地方银行和外资银行及非银行金融企业所得税，铁道部门、各银行总行、各保险总公司等集中交纳的收入（包括营业税、所得税、利润和城市维护建设税），中央企业上交利润等。外贸企业出口退税，除 1993 年地方实际负担的 20% 部分列入地方财政上缴中央基数外，以后发生的出口退税全部由中央财政负担。

地方固定收入包括：营业税（不含铁道部门、各银行总行、各保险总公司集中交纳营业税），地方企业所得税（不含上述地方银行和外资银行及非银行金融企业所得税），地方企业上缴利润，个人所得税，城镇土地使用税，固定资产投资方向调节税，城市维护建设税（不含铁路部门、各银行总行、各保险总公司集中交纳的部分），房产税，车船使用税，印花税，屠宰税，农牧业税，农业特产税（对农业特产收入征收的农业税），耕地占用税，契税，土地增值税，国有土地有偿使用收入等。

中央与地方共享收入包括：增值税、资源税、证券交易（印花）税。增值税中央分享75%，地方分享25%。资源税按不同的资源品种划分，海洋石油资源税作为中央收入，其他资源税作为地方收入。证券交易（印花）税，中央与地方各分享50%。

3. 中央财政对地方财政的税收返还

为了保护地方既得利益格局，争取地方政府对改革的支持，中央采取"维持存量、调整增量"逐步达到改革目标的方针，为此制定了中央对地方增值税和消费税税收返还的办法。税收返还数额的计算以1994年为基期，按分税后地方净上划中央的收入数额（消费税 + 75%的增值税 – 中央下划收入），作为中央对地方税收返还的基数，基数部分全部返还给地方。税收返还计算公式为：$R = C + 75\% V - S$[①]。

为了进一步确保地方的既得利益，不仅税收返还基数全部返还给地方，而且决定1994年以后的税收返还数额还要有一定的增长。增长办法是，将税收返还与各地区当年上缴中央金库的"两税"（消费税和增值税的75%）的增长率挂钩，税收返还的增长率按各地区"两税"增长率的1∶0.3系数确定，即各地区的"两税"每增长1%，税收返还增长0.3%。税收返还增长计算公式为：$R_n = R_n - 1(1 + 0.3r_n)$[②]。如果1994年以后上划中央收入达不到1993年的基数，相应扣减税收返还数额，1995～2015年各地区两税返还增量占中央两税增量比重如表2 – 8所示。

---

① 式中，R为1994年税收返还基数；C为消费税收入；V为增值税收入；S为中央对地方下划收入。

② 式中，R_n为1994年以后的第n年的中央对地方的税收返还；R_{n-1}为第n年的前一年的中央对地方的税收返还；r_n是第n年的"两税"增长率。

表2-8　1995~2015年各地区两税返还增量占中央两税增量比重　　单位：%

年份	各地区合计	东部地区	中部地区	西部地区
1995	26.19	26.42	24.14	30.73
1996	23.25	21.96	21.85	29.89
1997	21.01	20.06	20.08	25.29
1998	18.87	18.6	18.72	19.92
1999	17.62	17.09	18.58	19.66
2000	16.56	16.17	16.8	19.69
2001	15.27	14.41	16.11	19.36
2002	13.56	12.66	14.66	15.98
2003	12.84	11.42	14.36	16.16
2004	13.53	3.79	11.94	13.52
2005	9.97	9.12	10.43	11.6
2006	8.83	8.15	9.27	10.63
2007	8.01	7.19	8.45	9.76
2008	6.97	6.37	7.11	8.17
2009	7.02	5.87	21.84	9.91
2010	6.3	5.7	6.6	7.2
2011	5.7	5.2	5.8	6.6
2012	5.5	4.7	5.4	7.3
2013	5.2	4.5	6.3	7.1
2014	4.8	4	5.4	27
2015	-0.33	0.64	-0.4	-0.64

资料来源：根据历年中国财政年鉴等计算所得。

4. 原体制中央补助、地方上解及有关结算事项的处理

为顺利推进分税制改革，1994年实行分税制以后，原体制的分配格局暂时不变，过渡一段时间再逐步规范化。原体制中央对地方的补助

继续按规定补助。原体制地方上解仍按不同体制类型执行：实行递增上解的地区，按原规定继续递增上解；实行定额上解的地区，按原规定的上解额，继续定额上解；实行总额分成的地区和分税制试点地区，暂按递增上解办法，即按 1993 年实际上解数，并核定一个递增率，每年递增上解。为了进一步规范分税制体制，1995 年对上述办法进行了调整、改进。从 1995 年起，凡实行递增上解的地区，一律取消递增上解，改为按各地区 1994 年的实际上解额实行定额上解。原来中央拨给地方的各项专款，该下拨的继续下拨。地方承担的 20% 出口退税以及其他年度的上解和补助项目相抵后，确定一个数额，作为一般上解或补助处理，以后年度按此定额结算。实行分税制财政管理体制后，中央和地方都要按照新的口径编报财政预算。由于中央对地方的税收返还支出数额较大。为避免资金的往返划拨，保证地方财政正常用款，将中央税收返还数和地方的原上解数抵扣，按抵扣后的净额占当年预计中央消费税和增值税收入数的比重，核定一个"资金调度比例"，由金库按此比例划拨消费税和中央分享的增值税给地方。

二、1994 年后政府间财政关系的调整与变动

1994 年分税制财政体制改革之后，随着经济和财政改革的深入与拓展，根据客观情况的变化和实际需要，我国各级政府间的财政关系又经历了多次、多方面的调整与变动。

1. 提高证券交易（印花）税的中央分享比例

从 1997 年 1 月 1 日起，将中央与地方共享收入中的证券交易（印花）税的分享比例由原来中央与地方各自 50%，调整为中央占 80%，地方占 20%，后又调整为中央占 88%，地方占 12%。自 2000 年 10 月 1 日起，证券交易（印花）税的分享比例调整为中央占 91%，地方占 9%，并分三年把证券交易（印花）税的分享比例调整到中央占 97%，地方占 3%。自从 2016 年 1 月 1 日起，将证券交易印花税全部调整为中央收入。

2. 实施所得税收入分享改革

为进一步规范中央和地方政府之间的分配关系，建立合理的分配机制，减缓地区间财力差距的扩大和支持西部大开发，逐步实现共同富裕，从2002年1月1日起，改革原来按企业的行政隶属关系划分所得税收入的办法，对企业所得税和个人所得税收入实行中央和地方按比例分享。中央财政因所得税分享改革增加的收入全部用于对地方（主要是中西部地区）的一般性转移支付。地方所得的转移支付资金由地方政府根据本地实际，统筹安排，合理使用。首先用于保障机关事业单位职工工资发放和机构正常运转等基本需要。

3. 改革出口退税负担机制，建立中央和地方共同负担的新机制

2003年10月对出口退税机制进行改革，改革后从2004年开始出口退税将由中央和地方共同负担，办法是以2003年出口退税实退指标为基数，对超基数部分的应退税额，由中央与地方按75∶25的比例分别承担。2005年1月1日起，各地区出口货物所退增值税中，超基数部分的退税额，中央和地方的分担比例从原来的75%∶25%改为92.5%∶7.5%。属于基数部分的退税额，继续由中央财政负担。

4. 成品油税费改革

为建立完善的成品油价格形成机制和规范的交通税费制度，促进节能减排和结构调整，公平税负，依法筹措交通基础设施维护和建设资金，国务院决定自2009年1月1日起实施成品油价格和税费改革。该项改革提高成品油消费税单位税额，不再新设立燃油税。

5. 其他中央与地方政府间收入划分的调整

（1）营业税。从1997年1月1日起，将金融保险业营业税税率由5%提高到8%。提高营业税税率后，除各银行总行、保险总公司交纳的营业税仍全部归中央收入外，其余金融、保险企业缴纳的营业税，按5%税率征收的部分归地方，提高3个百分点征收的部分归中央。后来为了支持金融保险行业的改革，从2001年起，金融保险业营业税税率每年下调1个百分点，分三年将金融保险业营业税税率降至5%，中央分享部分也随之取消。从2012年1月1日起，铁道部集中缴纳的铁路

运输企业营业税（不含铁路建设基金营业税）由中央收入调整为地方收入，铁道部集中缴纳的铁路建设基金营业税仍作为中央收入。

（2）车辆购置税。自 2001 年起开征，车辆购置税收入全部归中央政府。

（3）船舶吨位税。自 2001 年重新纳入预算管理，收入全部归中央政府。

经多次调整后，现行中央与地方的收入划分情况如表 2 - 9、表 2 - 10所示：

表 2 - 9　　　　　　　　现行中央与地方的收入划分（2016）

中央固定收入	关税，海关代征的消费税和增值税，消费税，船舶吨位税，车辆购置税，各银行总行、各保险总公司等集中交纳的收入（包括营业税、利润和城市维护建设税），未纳入共享范围的中央企业所得税，证券交易（印花）税，中央企业上交的利润等
中央与地方共享收入	增值税中央分享 50%，地方分享 50%；纳入共享范围的企业所得税和个人所得税中央分享 60%，地方分享 40%；资源税按不同的资源品种划分，海洋石油资源税作为中央收入，其他资源税作为地方收入
地方固定收入	城镇土地使用税，城市维护建设税（不含各银行总行、各保险总公司集中交纳的部分），房产税，车船税，印花税（不含证券交易印花税），耕地占用税，契税，烟叶税，土地增值税，国有土地有偿使用收入，地方企业上交利润等

表 2 - 10　　　　1994 ~ 2015 年中央税、地方税、共享税情况　　　　单位：亿元、%

年份	中央税		地方税		中央与地方共享税	
	指标值	比重	指标值	比重	指标值	比重
1994	786.8	15.4	386.3	7.6	3926.7	77
1995	853.3	14.3	476.8	8	4633	76.7
1996	938.6	13.7	611.5	9	5281	77.3

续表

年份	中央税		地方税		中央与地方共享税	
	指标值	比重	指标值	比重	指标值	比重
1997	1030.2	12.2	685	8.1	6764.5	79.8
1998	1147.4	12.2	770.6	8.2	7450.2	79.5
1999	1410.4	13.2	875.4	8.2	8409.9	78.6
2000	1620.2	12.4	826.1	6.3	10601.3	81.3
2001	2040.4	13.2	836.2	5.4	12530.3	81.3
2002	2142.2	12.5	1106.2	6.5	13881.3	81
2003	2617.6	12.9	1372	6.8	16250.1	80.3
2004	3129.6	13.3	1483.5	6.3	18862.5	80.3
2005	3317.2	11.2	1690.3	5.7	24501.2	83
2006	3827.4	10.8	2049	5.8	29666.8	83.5
2007	4695.3	10	2876.4	6.1	39453.6	83.9
2008	5616.9	10.1	3869.2	7	45921.6	82.9
2009	7881	13	5080.3	8.4	47531.5	78.6
2010	10598.9	14	6849.9	9.1	58026.3	76.9
2011	12558.6	13.5	8622	9.3	71774.2	77.2
2012	13915.9	13.5	10613.5	10.3	78630.6	76.2
2013	14316.8	12.8	12773.3	11.4	85095.4	75.9
2014	15575.2	13.1	14393.1	12.1	91131.7	76.5
2015	152275	12.2	14777	11.8	94535	75.7

资料来源：根据历年统计资料等计算，因口径、数据所限，存在一定误差。

三、财政转移支付制度的建立与发展

1994 年分税制改革后，为调节各级政府之间的纵向财政不平衡以及同级政府不同地区间的横向财政不平衡，建立了政府间的财政转移支付制度并进行了调整和完善。

（一）税收返还制度的发展与规范

1. 实施所得税基数返还

从 2002 年 1 月 1 日开始，改革原来按企业的行政隶属关系划分所得税收入的办法，对企业所得税和个人所得税收入实行中央和地方按比例分享。为照顾地方政府的既得利益，在所得税分享改革的同时，实施所得税基数返还。

2. 实施成品油税费改革税收返还

2009 年实施成品油价格和税费改革后，取消原有的公路养路费等六项收费、为了确保成品油价格和税费改革的平稳实施，保障交通基础设施养护和建设等需要，逐步推动全国交通均衡发展，中央财政对各地因取消"六费"减少的收入给予税收返还。

3. 将地方上解收入纳入税收返还

2009 年，简化中央与地方财政结算关系，将出口退税超基数地方负担部分专项上解等地方上解收入也纳入税收返还，将地方上解与中央对地方税收返还作对冲处理（冲抵返还额），相应取消地方上解中央收入科目。

（二）政府间转移支付制度的建立与健全

1994 年分税制改革以后，我国逐步建立了以财力性转移支付和专项转移支付为主的转移支付制度。其中，财力性转移支付是中央财政为弥补欠发达地区的财力缺口、缩小地区间财力差距、实现基本公共服务均等化安排给地方财政的补助资金，以及中央出台减收增支政策对财力薄弱地区的补助。专项转移支付是中央财政为实现特定的宏观政策及事业发展战略目标，以及对委托地方政府代理的一些事务或中央地方共同承担事务进行补偿而设立的补助资金，需按规定用途。1995 年后，财力性转移支付和专项转移支付的规模逐步扩大，所占比重不断上升（见表 2－11）。

2009 年起，为进一步规范财政转移支付制度，将中央对地方的转移支付，分为一般性转移支付、专项转移支付两类。其中，一般性转移支付包括原财力性转移支付，并将补助数额相对稳定、原列入专项转移支付的教育、社会保障和就业、公共安全、一般公共服务等支出，改为一般性转移支付；原一般性转移支付改为均衡性转移支付。一般性转移支付是指中央政府对有财力缺口的地方政府（主要是中西部地区），按照规范的办法给予的补助，地方政府可以按照相关规定统筹安排和使用。一般性转移支付资金按照客观、公正的原则，根据客观因素，设计统一公式进行分配，财政越困难的地区补助程度越高，具有明显的均等化效果。专项转移支付是指中央政府对承担委托事务、共同事务的地方政府，给予的具有指定用途的资金补助，以及对应由下级政府承担的事务，给予的具有指定用途的奖励或补助。近年来，为配合实现中央宏观政策目标，新增了较多的专项转移支付项目。如基础设施建设、农业、教育卫生、社会保障以及环境保护等方面均设立了专项转移支付项目（见表 2 - 12）。

表 2 - 11　　1995 ~ 2008 年税收返还与财政转移支付形式及其比重

年份	中央对地方的税收返还和转移支付（亿元）	税收返还和体制补助与上解		财力性转移支付		专项转移支付	
		数量（亿元）	比重（%）	数量（亿元）	比重（%）	数量（亿元）	比重（%）
1995	2534	1867	73.7	291	11.5	375	14.8
1996	2723	1949	71.6	235	8.6	489	18.0
1997	2857	2012	70.4	273	9.6	516	18.1
1998	3322	2083	62.2	313	9.4	889	26.8
1999	4087	2121	51.9	511	12.5	1360	33.3
2000	4665	2207	47.3	893	19.1	1648	35.3
2001	6002	2309	38.5	1605	26.7	2204	36.7
2002	7352	3007	40.9	1944	26.4	2402	32.7
2003	8261	3425	41.5	2241	27.1	2392	29.0
2004	10408	3609	34.7	2934	28.2	3238	31.1

续表

年份	中央对地方的税收返还和转移支付（亿元）	税收返还和体制补助与上解		财力性转移支付		专项转移支付	
		数量（亿元）	比重（%）	数量（亿元）	比重（%）	数量（亿元）	比重（%）
2005	11474	4144	36.1	3813	33.2	3517	30.7
2007	18112	4122	22.8	7093	39.2	6898	38.1
2008	22991	4282	18.6	8746	38.0	9962	43.3

资料来源：历年中国财政年鉴等。

表 2 – 12　　　　2009～2015 年中央对地方的税收返还与转移支付的结构

年份	中央对地方的财政转移支付（亿元）	税收返还		一般性转移支付		专项转移支付	
		数量（亿元）	比重（%）	数量（亿元）	比重（%）	数量（亿元）	比重（%）
2009	28564	4887	17.1	11317	39.6	12360	43.3
2010	32341	4993	15.4	13236	40.9	14112	43.6
2011	39921	5040	12.6	18311	45.9	16570	41.5
2012	45362	5128	11.3	21430	47.2	18804	41.5
2013	48020	5047	10.5	24363	50.7	18610	38.8
2014	51591	5082	9.9	27568	53.4	18941	36.7
2015	55181	5082	9.2	28475	51.6	21624	39.2

资料来源：历年中国财政年鉴等。

四、省以下财政体制的改革与变化

（一）创新省对县、县对乡财政管理方式

近年来，各地区积极创新省以下财政管理方式，推进了省直管县和乡财县管改革。截至 2011 年底，全国 27 个省份在 1080 个市县实行了

省直管县财政管理方式改革，约占全国县级总数的 54%[①]。省直管县改革有利于发挥省级财政在省辖区域内对财力差异的调控作用，帮助缓解县级财政困难，减少财政管理级次，降低行政成本，推动城乡共同发展。截至 2011 年底，全国实行乡财县管的乡镇 2.93 万个，约占全国乡镇总数的 86%[②]。乡财县管改革集中和加强了乡镇收入管理，控制和约束了乡镇支出需求，统一和规范了乡镇财务核算，遏制和缩减了乡镇债务规模，提高了县乡财政管理水平。

（二）　构建县级基本财力保障机制

2005 年，针对县乡财政困难状况，中央财政安排 150 亿元，建立"三奖一补"县乡财政困难激励约束机制，旨在缓解县乡财政困难。"三奖一补"政策的实施既加快了基层发展经济的积极性，也调动了省市财政向基层加大转移支付的积极性，对提高基层公共服务能力，保证基层政权运转能力发挥了积极作用。

2010 年 9 月，为进一步增强财力薄弱地区基层财政保障能力，财政部印发了《关于建立和完善县级基本财力保障机制的意见》，在既有转移支付制度和"三奖一补"政策基础上，全面部署建立和完善县级基本财力保障机制。这一机制以"保工资、保运转、保民生"为目标，按照"明确责任、以奖代补、动态调整"的基本原则，中央财政根据工作实绩对地方实施奖励。

2011 年 2 月，财政部向地方转发相关文件，要求地方各级政府在今后 3 年建立和完善县级基本财力保障机制。文件明确，地方财政是建立县级基本财力保障机制的责任主体。同时财力保障县自身也要加强收入征管，增加财政收入，并严格控制精简财政供养人员，优化支出结构。文件要求，到 2013 年仍存在县级基本财力的缺口的地区，中央财

[①②]　资料来源：《中国财政基本情况（2011）——省直管县和乡财县管改革情况》，财政部网站，http：//www.mof.gov.cn/zhuantihuigu/czjbqk2011/cztz2011/201208/t20120831_679730.html。

政相应扣减该地方的均衡性转移支付或税收返还，直接用于补助财力缺口县。

在中央财政的引导和激励下，各地积极采取措施，努力提高县级基本财力保障水平，基本财力保障尚有缺口县的个数和缺口额大幅减少。截至 2012 年底，县级基本财力保障机制全面建立，基本消除了县级基本财力保障缺口，全面实现了基层政府"保工资、保运转、保民生"的既定政策目标。

第三节　分税制财政体制的成效与问题

1994 年分税制财政体制改革，历经 20 多年的实践运行，显示出较为良好的政策与经济效应。同时，其时历史条件下所搭起的一个制度框架，由于受各种因素的制约，仍带有旧体制的印记，现行的财政体制距离规范的分级财政体制还有一定差距。

一、分税制财政体制改革的主要成效

分税制改革是新中国成立以来改革力度最大、范围最广、影响最为深远的一次财税制度创新，是我国财政体制的一次具有里程碑意义的重大改革，是我国财政体制的一次重大调整。通过这次改革，基本上建立起了适应社会主义市场经济发展要求的财政体制框架。

（一）构建了分级财政体制的基本框架，规范了各级政府间财政关系

1994 年分税制改革通过以事权划分为基础界定中央与地方的支出范围，按税种的归属划分中央与地方的收入范围，分设国税与地税机构，建立中央对地方的税收返还制度以及实行过渡期转移支付制度等措施，初步构建起社会主义市场经济条件下的分级财政体制。分税制财政

体制按照兼顾各方利益关系、事权与财权相结合的原则，以法律法规形式对中央与地方政府的事权、财权加以明确界定和划分，并以较为规范的政府间转移支付制度实现各级政府事权与财力的基本匹配，使各级财政都能够在法律规范的体制框架内行使各自的职责。显然，作为市场经济条件下政府间财政关系的承载体，分税制财政体制所顾及的利益范围较之前的财政包干体制更为完整，中央与地方的共同利益以及自身利益均得到承认与体现，从而跳出了传统财政体制下仅强调中央或地方某一方财政利益的限制，基本实现了财政体制的稳定与明晰。

（二）调动了各方面积极性，国家财政实力显著增强

1994 年的财税改革较好地处理了国家与企业、个人的分配关系，规范了中央与地方的分配关系，调动了各级政府促进经济发展、加强税收征管、依法组织收入的积极性，建立起财政收入稳定增长机制。分税制改革后，我国财政收入保持了较快增长势头，财政实力不断壮大。1993 年全国一般公共预算收入仅为 4349 亿元，而到 2016 年高达 159552 亿元，增长了 35.7 倍，年均增长 16.9%；全国一般公共预算收入占国内生产总值的比重则由 12.3% 提高到 21.5%。

（三）中央调控能力增强，促进了地区协调发展

实施分税制财政体制后，逐步建立了中央财政收入稳定增长的机制，为提高中央本级收入占全国一般公共预算收入的比重提供了必要条件。通过实施 1994 年分税制改革和 2002 年所得税收入分享改革，中央财政集中了主体税种的大部分收入。在一般公共预算收入中，中央财政收入占全国财政收入的比重逐步上升，1993 ~ 2015 年，中央本级收入占全国一般公共预算收入的比重由 22.0% 提高到 45.5%。[①] 中央财政收入规模的壮大，增强了中央政府的宏观调控能力，促进了国民经济的持

---

① 2011 年，全面取消预算外资金，将所有政府性收入纳入预算管理。地方政府的非税收入增长较快，比 2010 年增长 43.4%。因此造成地方政府收入占全国财政收入的比重有所上升。

续稳定快速发展和国家的长治久安。近年来，中央得以做了许多年想做而无法做的大事，比如加强了对低收入群体的社会保障，增加科技与教育经费，加强了基本建设力度。应对2008年金融危机，实施积极财政政策，如家电下乡、汽车下乡、家电以旧换新等措施。随着中央财政财力再分配能力的提高，中央财政对地方的税收返还与转移支付快速增长，为中央均衡地区间财力差异提供了财力保障（见表2-13、表2-14）。

表2-13　　财政收入占 GDP 的比重与中央收入占财政收入的比重变化

年份	全国财政收入（亿元）	全国财政收入占GDP的比重（%）	中央财政收入（亿元）	中央收入占全国财政收入的比重（%）
1993	4349	12.3	958	22.0
1994	5218	10.8	2907	55.7
1995	6242	10.3	3257	52.2
1996	7408	10.4	3661	49.4
1997	8651	11.0	4227	48.9
1998	9876	11.7	4892	49.5
1999	11444	12.8	5849	51.1
2000	13395	13.5	6989	52.2
2001	16386	14.9	8583	52.4
2002	18904	15.7	10389	55.0
2003	21715	16.0	11865	54.6
2004	26396	16.5	14503	54.9
2005	31649	17.3	16549	52.3
2006	38760	18.5	20457	52.8
2007	51322	20.8	27749	54.1
2008	61330	20.4	32681	53.3
2009	68518	20.1	35916	52.4
2010	83102	20.7	42488	52.4
2011	103874	22.0	51327	49.4

续表

年份	全国财政收入（亿元）	全国财政收入占GDP 的比重（%）	中央财政收入（亿元）	中央收入占全国财政收入的比重（%）
2012	117254	22.6	56175	47.9
2013	129210	22.7	60198	46.6
2014	140370	22.1	64493	46.0
2015	152217	55.5	69234	45.5

表 2 - 14　　1994 ~ 2015 年中央对地方的税收返还与转移支付规模

年份	中央对地方的转移支付（亿元）	地方财政支出（亿元）	中央转移支付占地方财政支出的比重（%）
1994	2389	4038	59.2
1995	2534	4828	52.5
1996	2723	5786	47.1
1997	2857	6701	42.6
1998	3322	7673	43.3
1999	4087	9035	45.2
2000	4665	10367	45.0
2001	6002	13135	45.7
2002	7352	15281	48.1
2003	8261	17230	48.0
2004	10408	20593	50.5
2005	11474	25154	45.6
2006	13501	30431	44.4
2007	18112	38971	46.5
2008	22991	49248	46.7
2009	28564	61044	46.8
2010	32341	73884	43.8
2011	39921	92415	43.2

年份	中央对地方的 转移支付（亿元）	地方财政支出 （亿元）	中央转移支付占地方 财政支出的比重（%）
2012	45362	107188	42.3
2013	48020	119740	40.1
2014	51591	129215	39.9
2015	55181	150219	36.7

（四）强化了地方财政的预算约束，增强了地方加强收支管理的主动性和自主性

通过分税制财政体制改革，初步理顺了政府间的责权关系，在政府间初步建立了各司其职、各负其责、各得其利的约束机制和费用分担、利益共享机制。税种、税源按财政体制划定的标准分属中央政府或地方政府，各级财政预算的财力来源、规模约束明显增强，自收自支、自求平衡的责任明显加重。现行分税制财政体制强化了对地方财政的预算约束，提高了地方坚持财政平衡、注重收支管理的主动性和自主性。此外，也推动经济结构调整，一定程度上抑制了盲目投资，地方政府的经济行为和投资行为发生了积极变化，产业结构和发展方式都有所调整和转变。

二、分税制财政体制现存的主要问题

在全面建设小康社会的进程中，加快经济发展方式转变、调整优化经济结构，推动社会事业发展、保障和改善民生，调节收入分配差距、促进社会和谐等，对财政的要求越来越高。相对于这些要求以及经济社会发展的新情况新形势而言，特别是面对当今世界大变革、大发展、大调整的新格局，我国现行财政体制中还存在一些比较突出的问题，表现在以下几个方面：

（一）　政府间事权和支出责任划分不清晰、不合理和不规范

分税制改革时，因客观条件制约，政府间事权和支出责任划分基本维持现状，只是承诺分税制改革后推进改革。但至今为止，这一改革进展不大，政府间事权和支出责任划分基本沿袭了分税制前中央与地方支出划分的格局。目前主要的问题是：[1] 一是应该中央负责的事务交给了地方处理，如国际界河的保护、跨流域大江大河的治理、跨地区污染防治、跨地区经济纠纷司法管辖、海域和海洋的使用管理等。二是属于地方管理的事项，中央承担了较多的支出责任。如从区域性重大基础设施建设到农村厕所改造等地方项目，中央有关部门有相当的资金补助。三是中央与地方的职责重叠，共同管理的事项较多。如中央与地方财政对社会保障、公共卫生、义务教育等相当多事项和支出责任实行共同承担的办法。四是中央负责的事项管理得不到位。如经济总量平衡、经济结构优化和全国市场的统一等宏观经济管理职责由中央承担，相应的调控手段的决策权也必须集中在中央，但地方却承担了很多责任。从中央本级支出占比和中央公务员人数占比都明显偏小的事实看，中央政府没有负担起应付的管理责任。总之，在政府间事权和支出责任的划分方面已积累了不少矛盾。在职责没有划分清楚的情况下，财政支出责任无法落实；中央应该管理的事务，放到地方去做，与外部性和激励相容原则不一致，地方往往没有积极性。一些应由地方管理的事情，中央却介入过多，受信息复杂性等因素影响未必能够做好，反而会让地方从这些领域退出。这在一定程度上限制了地方政府在地方事务上更好地发挥作用。

（二）　政府间收入划分不够规范

分税制在中央与地方收入划分方面做了多次改革与调整，但与市场经济国家的通常做法相比，还存在一些问题：

政府间税收划分不尽合理。一般来说，中央政府负责管理跨区域的

---

[1]　楼继伟：《中国政府间财政关系再思考》，中国财政经济出版社2013年版，第43~44页。

生产和流通以及收入再分配，并调节总需求，因而，增值税和累进税率的所得税收入应划归中央；地方政府不负责总需求管理，地方收入应当对经济周期的敏感性较低，需要有稳定的收入预期，因此，应当将具有此类特征的最终销售税、房产税、收入税中非累进部分，以及使用者付费等收入划归地方。基于以上原则，与国际通行的按税种属性划分收入相比：我国增值税中央与地方按 75∶25 的比例分享，地方分享比例过高，不利于有效遏制地方追求数量型经济增长的冲动[①]；地方承担7.5% 的出口退税，对跨区域的生产流通不利；个人所得税累进部分的收入也列入分享范围，不利于调节收入再分配和稳定地方收入；我国没有开征最终销售税，房产税还只在试点阶段，适合划归地方的税种较为缺乏。此外，目前政府间财政关系处理模式中，中央与地方增值税、企业所得税收入划分，主要采取财政从企业取得收入，并按企业所在地将增值税、企业所得税与地方进行分享的办法。这种机制在一定程度上不利于更好地发挥市场机制基础性作用，容易引发地方政府干预企业经营行为的内在冲动，不利于地方税收体系的建立健全。

政府性基金等非税收入基本上没有纳入政府间财政关系调整的范围。体制调整范围较窄，不利于促进地区间基本公共服务均等化。

政府间税收征管关系尚未理顺。两套税务机构在地方税收征管权限的划分上还存在征管范围交叉、对共享税的征管存在矛盾、征税权与其他执法权相脱节等问题，造成税基不一致，影响公平竞争。

收入立法权集中于中央政府，没有赋予地方政府在约定范围内开征新税、改变税率或税基等税收自主权。

（三）政府间财政转移支付制度有待完善

自 1994 年分税制改革以来，我国逐步建立了符合社会主义市场经济体制基本要求的财政转移支付制度。中央财政集中的财力主要用于增加对地方特别是中西部地区的转移支付，这有力促进了地区间基本公共

---

① 楼继伟：《中国政府间财政关系再思考》，中国财政经济出版社 2013 年版，第 43～44 页。

服务的均等化，推动了国家宏观调控目标的贯彻落实，保障和改善了民生，支持了经济社会持续健康发展。但受政府间事权和支出责任划分不够明晰等因素的影响，我国政府间转移支付设计的体制基础不够扎实。转移支付制度的设立与政府间事权划分相关性较弱，政策目标不够明确，转移支付体系较为零乱。与建立现代财政制度的要求相比，现行财政转移支付制度存在的问题日益凸显，突出表现在：受中央和地方事权和支出责任划分不清晰的影响，转移支付结构不够合理；一般性转移支付项目种类多、目标多元，均等化功能弱化；专项转移支付项目繁杂，资金分散，涉及领域过宽，分配使用不够科学，不利于发挥转移支付资金的规模效益；一些项目行政审批色彩较重，与简政放权改革的要求不符；地方配套压力较大，财政统筹能力较弱；转移支付管理漏洞较多、信息不够公开透明等。转移支付存在的上述问题，不仅不利于财政资金使用效益的提高，影响财政的可持续发展，而且不利于市场机制的正常运行，影响政府职能的履行。

（四）省以下财政体制亟待进一步优化

这主要体现在：一是一些省级政府没有承担均衡省以下财力、保障基层基本支出的责任。省以下的财力纵向和横向分布格局不合理，相当一部分地区对下转移支付力度不足。从纵向财力分布看，省、市、县人均财力差距悬殊；从横向财力分布看，部分省份县级财力水平差距较大①。近年来，虽然县乡财政保工资、保运转问题基本得到解决，但总体支出水平仍然偏低，保障能力较弱，制约基层政府有效行使职能。二是省以下财政体制不统一。普遍情况是各地区的四个层级政府间尚未实行分税制，实质上是形式多样、复杂易变、讨价还价的分成制和包干制。各级政府收入划分不尽合理。按税种划分收入、总额分成、收支包干和统收统支等体制形式都不同程度存在，与分税制原则不仅一致。按税种划分收入的地区，有的省与市县共享税种设置过多，有的甚至仍然

---

① 楼继伟：《中国政府间财政关系再思考》，中国财政经济出版社2013年版，第43~44页。

按照企业隶属关系或行业划分收入,不利于企业间的改组、改制、联合和兼并,影响产业结构合理调整和区域经济协调发展。三是在处理政府和企业关系上,一些地方为了提高政府竞争力,通过对企业税收返还等方式,变相减免税收,导致不同地区之间企业税负不均,影响了生产要素的合理流动,形成恶性竞争的局面,在干扰市场配置资源基础性作用的同时,还会对环境和资源形成较大压力。

(五) 地方债务负担加剧

在 2014 年《预算法》修订之前,地方政府基本上不存在自由举债的空间。修订前的《预算法》第二十八条明确规定:"地方各级预算按照量入为出、收支平衡的原则编制,不列赤字。除法律和国务院另有规定外,地方政府不得发行地方政府债券。"但是由于种种原因,地方政府客观上存在着超越法律和法规规定范围举借债务的实际情况。在现实中,地方各级政府为实现经济社会发展目标,举借了大量债务。尤其是 2008 年国际金融危机以来,积极财政政策的实施更使得地方债务规模持续膨胀。除国债转贷、外国政府贷款、国际金融组织贷款、处置各种金融机构风险的中央专项借款、农业综合开发借款和粮食企业亏损挂账等合法合规的债务之外,地方政府及其所属职能部门还以各种名目直接或间接、公开或隐蔽地举借了大量地方政府债务。根据审计署审计结果显示,到 2013 年 6 月底,全国各级政府负有偿还责任的债务为 206988.65 亿元,其中:地方政府负有偿还责任的债务 108859.17 亿元;地方政府负有担保责任的债务 26655.77 亿元;地方政府可能承担一定救助责任的债务 43393.72 亿元。

近些年来,在实现地方经济跨越式发展的目标驱动下,为解决发展中资金不足的瓶颈问题,地方政府债务的发行规模日渐庞大,尽管债务管理日益规范,取得了一定的效益,但在财政经济新常态下,地方政府的债务负担日显突出,与还本付息和偿还债务有关的地方债务的风险隐患也逐渐显露。这一问题如果处理得不好,则会制约地方经济社会的可持续发展。庞大的地方政府债务将会为地方时政稳定、经济安全运行带来严重隐患。我国地方政府债务风险一旦形成并引发地方财政支付危机，将会大大限制地方政府对基础设施、教育、科技等地方公共产品的投入，从而延缓地方的经济发展，影响社会稳定。如果更为严重的话，向中央政府转嫁，将会严重威胁整个国家的经济安全和社会稳定。

第四节 分税制财政体制模式特征的简要分析

分税制作为规范政府间财政关系的有效实现形式，发端于成熟的市场经济国家。这种财政分权制度，大多构建在联邦制①基础之上，地方政府享有较高的自治权，并通过"用手投票"和"用足投票"等作用机制维系该体系的运转。而我国的分税制不同于西方模式，1994 年改革时的先天不足或约束条件，加之后续跟进改革的滞后，逐渐使"中国式财政分权"模式特征明显。

第一，"统一领导，分级管理"的分税原则，初步实现了集权与分权的结合。"统一领导"的单一制模式与"分级管理"的联邦制模式，如同 20 世纪 90 年代"社会主义市场经济"命题提出一样，开创了单一制政体、转轨经济体、发展中大国、孔教文化国度引入财政分权制度的先河，是一项极为重要的制度创新，不但具有中国特色，而且也具有世界意义。

第二，"基数＋增长"的制度设计，构建了激励约束的运行机制。这一"棘轮效应"，确保了新旧体制的顺利转换，实现了财政收入的稳定增长。但随着时间推移，这一改革模式，也出现了边际效益递减，致使地方政府逐渐步入了"基数＋增长"的体制陷阱，基数越垫越高，甚至出现了有增长无发展的问题。

第三，预算内狭义范畴分权，中央政府部分让渡预算外（体制外、制度外）财力资源，使得极为"刚性"的体制"弹性"化。以土地为

---

① 英国、法国、日本作为单一制国家也成功地引入财政分权改革。

例，地方各级政府作为理性经济人，较好运用土地"二元"结构，通过一系列运作，获取了可观的级差地租，弥补了预算内财力的不足，确保地方经济社会较平稳运行。部分矿产资源也如此。由于受土地、矿产等约束的影响，土地资源依赖型财政变得越来越不持续，并产生了一系列社会、环境问题。

第四，中央政府与区域性政府财政分权，复杂问题简单化，确保了政令统一，客观上赋予了省以下一定的自治权利，促进了地方政府间的有效竞争，注入了中国经济持续增长的动力。学者张五常在《中国的经济制度》一书中所揭示的县际间竞争，一定程度上佐证了财政分权的作用。由于缺乏强有力的法制约束，省以下体制五花八门，但大都停留在财政包干阶段总额分成或比例分成的做法，致使基层财政困难问题十分突出。

第五，财权上高度集中与事权上高度分散的非对称模式，降低了财政资源配置效率。事权与财权大致匹配是满足政府间财政关系有效运行的基本要求。1994 年的分税制改革，其主要目标是提高财政"两个比重"，尤其是改进中央财政拮据状况。1993 年中央财政自给能力①仅为0.73，到 2016 年已演变为 2.64。当这一目标得以实现、中央财政压力缓解后，也就丧失了进一步改革的动力。20 年间，政府间事权和支出责任的划分几乎纹丝不动。地方政府以 50% 左右的收入承担着 85% 以上的支出责任，势必在中央和地方间，出现了"大马拉小车"和"小马拉大车"的窘境。

第六，逐渐形成的地方对中央高度依赖型体制，强化了中央权威及其控制，避免因分权可能引致的动荡。在体制内税收返还基础上，从1995 年起，中央政府建立了过渡期财政转移支付，后经逐步充实完善，形成了具有中国特色的转移支付体系，这为实现基本公共服务均等化、体现中央政府施政意图提供了可能。同时，过多过滥过于专项化的转移支付，也因部门主导、绩效不佳等问题亟须改进。

---

① 财政自给能力＝本级政府公共预算收入÷本级政府公共预算支出，等于 1 为均衡状态。

第七，分税制逐步为共享制所替代，凸显了税制改革的滞后。1994年税制改革时，设计了中央税、地方税和中央与地方共享税三种模式。其时，共享税只有3个，即增值税、资源税和证券交易印花税。随着日后一系列税制改革①，共享税的主导地位逐步确立，这一局面的形成背离了改革初衷。在我国现行（2016年5月1日前）税系的18个税种中，共享税7个②，占39%。以2008年为例，在全国税收收入总量中，共享税占83%，而中央税、地方税仅占10.1%、6.9%。随着2016年5月1日全面"营改增"的改革，又会进一步增加共享税的权重。共税制的利益均沾性，能够较好地兼顾各级政府的财政利益，满足收入增长需要，但这种简单的比例分成方式，无疑是旧体制的简单回归。

第八，政府间财政关系有演变为委托—代理关系的迹象。一般而言，促进财政体制有效运行具备三要素，即政府间事权的合理划分、政府间收入的合理划分和转移支付制度较好建立。考察20多年财政制度变迁，就事权划分而言，仍沿袭着1994年前"不清晰"的划分，事权过分向地方倾斜，"你中有我，我中有你"的问题较为突出；就财权划分而言，由于层层强调"集权"，政府间纵向财力"失衡"的问题日益突出；就转移支付而言，出现了专项转移支付一般化、一般转移支付专项化的问题（楼继伟，2013）。政府间财政关系"三驾马车"几乎同步"失灵"，更与"一级政府、一级事权、一级财权、一级预算、一级产权、一级债权"的设想相去甚远，凸显了该项制度演进的衰退、异化甚至背离。目前维系这一体制正常运转，一靠政绩考核制度，形成了中央对地方的政治控制，二靠中央充分集中财权，形成了对地方的财力控制。特别是基于宪政视角，分税制的法治化、民主化、透明化程度亟待提高。所谓"上级决策，下级执行"的合理解释，则属于较为典型的委托—代理关系。

---

① 如证券交易印花税比例改革、所得税共享改革、取消农业税和农业特产税、燃油费改税、取消固投税等。

② 增值税、营业税（2016年5月1日取消）、企业所得税、个人所得税、资源税、印花税、城市维护建设税。

分税制作为规范政府间财政关系的最为有效形式，没有固定模式、标准和样本。存在即合理。中国式财政分权模式的形成，缘于制度设计之初的条件约束及其后续改革，也与传统的历史文化、政治行政制度以及特殊国情、复杂的国际环境有关。改革取得了辉煌成就，毋庸置疑，同时其所存在的矛盾问题、出现的不足缺陷也在情理之中。

第三章

分税制财政管理体制具体
评价与优化改进总体考量

1994 年的分税制财政管理体制改革，是一项重要的制度创新，历经 20 多年的实践运行取得了巨大成功，为改革开放后半程中国经济高速增长发挥了重要作用。分税制作为规范政府间财政关系的最为有效形式，没有固定模式、标准和样本。在中国这样一个转轨国家、最大的发展中国家、深厚的孔教文化基础、巨大的"二元"结构体中，分税制被成功引入、存在及其发展，创造了世界财税改革的一个奇迹。本研究循着分税制实践运行轨迹，基于不同视角进行具体评价，并立足于国家治理的新视角，研究提出分税制财政体制优化改进的总体构想、措施建议。

第一节 基于实践运行视角的具体评述

1994 年分税制财税运行模式的选择，较好克服了"统收统支""包干制"的诸多弊端，历经多年的实践运行检验，改革取得了辉煌成就。分税制后显著提高了财政"两个比重"，增强了中央财政宏观调控能力，促进了产业结构合理调整，强化了市场配置资源的作用，奠定了中国经济长期繁荣的财税制度保证。同时，1994 年改革时的先天不足，加之后续跟进改革相对滞后，分税制也在实践运行层面引致不满，也在情理之中。

第一，分税制财政体制作为一项重要的制度创新，为充分发挥政府职能作用提供了强有力的财力保证。考察新中国成立后的财政体制演进过程，无论是改革开放前的统收统支或高度集中，还是改革开放后的"分灶吃饭"和"财政包干"，都是在行政性的"集权"与"分权"思路上的调整改动，属于行政性分权范畴，大都出现了"一管就死""一放就乱"的问题，不断在"条块"之间寻求平衡。而分税制财政体制则在明确事权和支出责任划分的基础上，按税种划分政府间财政收入，打破了按行政隶属关系的格局，形成了财政收入正常增长的良性机制，实现了从行政性分权向经济性分权的根本性飞跃。这一重大的财税制度创新，提高了政府财政汲取能力，增强了国家财政宏观调控能力，为市场经济条件下各级政府履行财政职能提供了根本保证。分税制后我国逐步建立了公共财政制度和社会保障体系，先后两次实施积极的财政政策，较好实现了政府财力资源的优化配置、促进了收入分配、确保了社会总需求与总供给的大致均衡。

第二，财税体制统一性原则和"一刀切"的做法，降低了制度交易成本，促进社会主义市场经济体制的建立。1994年的分税制财政体制改革及其日后微调，从面上采取"一盘棋""不例外"的原则，确保了全国政令统一。这种"一刀切"做法，相对20世纪80年代"几年一变"、几省一策的财政体制安排是个重大进步和创新。财政包干时期，政府间财政关系基本是一种"1对多"博弈格局，即"1"个中央政府对30个省市区"一对一"谈判的结果，而分税制则将以前的"1对30"的博弈改变为"30+1"的博弈（王绍光，1996）[1]，较好克服了信息不对称、设租寻租、不规范、不法治等弊端，复杂问题简单化，降低

---

① 事实上，有中国特色的计划单列市，在政府间财政关系中也属于省级财政级次范畴，1997年重庆市由计划单列改为直辖市，中国大陆行政省份为31个，而1994年以后的省财政级次为36个（含5个计划单列市）。

了政府间不必要的制度交易成本甚至道德风险。相对统一的财税制度安排，加速了市场要素的自由流动，为完善社会主义市场经济体制发挥了重要作用。

第三，财税体制的长期稳定与透明，增强了收支增长预期，促进了中国经济长期增长繁荣。分灶吃饭和财政包干体制的一个主要弊端就是体制的频繁变动，短的甚至一年、中长的两三年、最长的也不过五年。据统计，1978～1988 年共进行了 6 次明显的政府间财政分配关系的调整，平均不到两年进行一次。而分税制后则从根本上消除了这一负向性影响①，以相对稳定透明的制度机制，实现财政剩余权（事权、收入权、管理权）的规范让渡，较好注入了确定性，增强了地方各级政府合理的收支预期，消除了财政包干时期各级政府间的相互隐瞒、挤占等现象。财税体制相对稳定性的确立，最大限度地释放了体制机制红利，并在政绩考核等作用机制下，迫使地方各级政府充分动员辖区内各类资源，千方百计发展经济，涵养财源税源，较好形成了自下而上的财税收入稳定增长机制，实现了中国经济较长时期繁荣。

第四，分税制财政体制扭转了中央财政困难的被动局面，强化了财政宏观调控，凸显了大国财政地位。1994 年分税制改革最直接出发点，就是要改变中央财政集中度过低、解决中央财政困难的被动局面。由于采取了"基数 + 增长"的制度设计，在确保地方"1993 年收入基数"和兼顾"原体制上解或补助基数"两大既得利益的前提下，确保了新旧体制的顺利转换。中央与地方间"1：0.3"的税收返还原则，较好构建了激励约束增长机制，使中央财政不断从逐年增加的存量"基数"中，分享了大部分"增长"。1995 年地方两税返还增量占中央两税增量比重为 26.19%，而到 2015 年则下降至 - 0.33%，税收返还绝对数则从 1867.3 亿元提高到 4011.5 亿元，年均仅增长 3.9%。而中央财政自给率则从 1993 年的 0.7298，提高到 2015 年的 2.7099，年均每年提高 0.165 个

① 分税制后较为明显的体制调整有两次，一是 2002 年的所得税共享改革，二是 2016 年全面营改增过渡性改革。

点。分税制后，中央财政逐年由被动转为主动、由弱小转为强大，有利于强化中央权威和施政意图，奠定了国家长治久安的坚实基础。

第五，分税制先天设计与后天跟进改革不足，相应降低了财政体制功效，边际效益递减问题逐步显现。20 多年前着手进行分税制财政体制改革设计时，正值我国由计划经济向市场经济转轨的初期，政府与市场关系模糊不清，其实还有一个最为现实的问题，即各类"短缺"，经济和社会发展水平低下。短缺条件的财税制度设计，其出发点就是有效克服中央财政困境和地方各级政府积极性不高的问题，做大经济总量，跻身世界大国，实现到 2000 年翻两番的小康目标。面对开放进程中的中国财税改革，其可供借鉴的成功经验，就是以美国的分税制财政体制，本着"拿来主义"原则，分税制方案带有深刻的美国成分。同样，分税制又脱胎于 20 世纪 80 年代以来多种形式的财政包干制，也在"路径依赖"作用机制下，留有旧体制的痕迹。

从 20 多年实践运行情况看，分税制逐渐为共税制所替代（王振宇，2014），与 1993 年所设计的中央税、地方税和中央与地方共享税模式产生了较大偏差。由于过分侧重于政府间收入划分端的改革，相应忽略了最为重要的事权划分，分税制逐渐演进为分钱制（高培勇，2014）。政府间财政关系有演变为委托—代理关系的迹象（王振宇，2014），事权划分不清晰、过分向地方倾向的问题较为突出，层层集中财权而引致的政府间纵向财力失衡的问题日益突出，专项转移支付一般化、一般转移支付专项化（楼继伟，2013）的问题逐渐显现，影响财税体制有效运行的"三驾马车"（事权、财权、转移支付）几乎同时失灵。同时，因进一步改革不足所引致地方财政困难、过分"土地财政"、过多地方政府债务、法治化民主化程度不高等，所有这些问题也使分税制引致方方面面"非议"。整个财税体制历经 20 多年的运行，由于缺乏较大幅度的改革创新，致使体制"红利"逐年丧失、边际效应逐年递减，有的甚至也由正激励演变负激励，衰退性特征明显（王振宇，2006）。

总之，1994 年分税制是 20 世纪 90 年代财税制度创新的一个伟大杰作，相对以前的统收统支、财政包干等多种模式，这一改革取得了巨大成功。正如一枚硬币有正反两面，分税制财税体制设计的某些不足和在实际运行过程中所出现的问题，同样也是难免和微不足道的，我们绝不能为此而否定分税制。

第二节　基于顶层设计文献视角的具体考量

1994 年开始实施的分税制财政体制改革，属于自上而下的强制性制度变迁，通过党中央、国务院和国家部委一系列重要的决议决定、规划纲要、制度办法等制度性文件予以贯彻执行，并通过试点、试验、模拟等多种形式，对财税改革方案进行不断地修正完善，凸显较强的阶段性、周期性特征（详见附录）。

20 多年的实践过程中，中共中央先后召开了具有重大历史意义的十四届三中全会（1993）、十六届三中全会（2003）、十八届三中全会（2013）等，通过了《关于建立社会主义市场经济若干问题的决定》《关于完善社会主义市场经济体制若干问题的决定》《关于全面深化改革若干重大问题的决定》等 3 个重要文件，都对财税体制改革框架进行总体设计，与政治周期大致相对应（见表 3 - 1）。形成了以 10 年单元长周期的财税改革研究视角，前后跨越 30 年（含尚在执行的十八届三中全会"决定"）。

与 10 年政治行政周期相衔接，在我国又出现了以 5 年为周期的国民经济和社会发展计划（含财政部门的"五年规划"等），对财税改革进行中周期的规划和布置。在此过程中，从先后制定了国家"八五"（1990～1995 年）、"九五"（1996～2000 年）、"十五"（2001～2005 年）、"十一五"（2006～2010 年）、"十二五"（2011～2015 年）和"十三五"（2016～2020 年）等 6 个"五年计划"。形成了以 5 年为单元中周期的财税改革研究视角，前后跨越 30 年（含尚在执行的"十三五"规划）（见表 3 - 2）。

表 3-1 3个三中全会《决定》分税制改革相关表述

文献名称	相关财税改革表述	核心内容
党的十四届三中全会"决定",中共中央《关于建立社会主义市场经济体制若干问题的决定》,1993年11月。(1994～2003年)	(1) 把现行地方财政包干制改为在合理划分中央与地方事权基础上的分税制,建立中央税收和地方税收体系。维护国家权益和实施宏观调控所必需的税种列为中央税;同经济发展直接相关的主要税种列为共享税;充实地方税种,增加地方税收入。通过发展经济,提高效益,扩大财源,逐步提高财政收入在国民生产总值中的比重,合理确定中央财政收入和地方财政收入的比例。实行中央财政对地方的返还和转移支付的制度,以调节分配结构和地区结构,特别是扶持经济不发达地区的发展和老工业基地的改造。 (2) 按照统一税法、公平税负、简化税制和合理分权的原则,改革和完善税收制度。推行以增值税为主体的流转税制度,对少数商品征收消费税,对大部分非商品经营继续征收营业税。在降低国有企业所得税税率,取消能源交通重点建设基金和预算调节基金的基础上,企业依法纳税,理顺国家和国有企业的利润分配关系。统一企业所得税和个人所得税,规范税率,扩大税基。开征和调整某些税种,清理税收减免,严格税收征管,堵塞税收流失。 (3) 改进和规范复式预算制度。建立政府公共预算和国有资产经营预算,并可以根据需要建立社会保障预算和其他预算。要严格控制财政赤字。中央财政赤字不再向银行透支,而靠发行长短期国债解决。统一管理政府的国内外债务	(1) 改包干制为分税制,建立中央和地方税收体系。 (2) 改革和完善税制制度。 (3) 改进和规范复式预算制度改革。
十六届三中全会"决定",《关于完善社会主义市场经济体制若干问题的决定》,2003年10月。(2004～2013年)	(1) 分步实施税收制度改革。按照简税制、宽税基、低税率、严征管的原则,稳步推进税收改革。改革出口退税制度。统一各类企业税收制度。增值税由生产型改为消费型,将设备投资纳入增值税抵扣范围。完善消费税,适当扩大税基。改进个人所得税,实行综合和分类相结合的个人所得税制。实施城镇建设税费改革,条件具备时对不动产开征统一规范的物业税,相应取消有关收费。在统一税政前提下,赋予地方适当的税政管理权。创造条件逐步实现城乡税制统一。 (2) 推进财政管理体制改革。健全公共财政体制,明确各级政府的财政支出责任。进一步完善转移支付制度,加大对中西部地区和民族地区的财政支持。深化部门预算、国库集中收付、政府采购和收支两条线管理改革。清理和规范行政事业性收费,凡能纳入预算的都要纳入预算管理。改革预算编制制度,完善预算编制、执行的制衡机制,加强审计监督。建立预算绩效评价体系。实行全口径预算管理和对或有负债的有效监控。加强各级人民代表大会对本级政府预算的审查和监督	(1) 深化各项税制改革,出口退税、增值税转型、消费扩基、个税、赋予地方适当税政管理、城乡税制统一。 (2) 推进财政管理改革,健全公共财政体制。

续表

文献名称	相关财税改革表述	核心内容
十八届三中全会《关于全面深化改革若干重大问题的决定》，2013 年 11 月（2014 ~ 2023 年）	财政是国家治理的基础和重要支柱，科学的财税体制是优化资源配置、维护市场统一、促进社会公平、实现国家长治久安的制度保障。必须完善立法、明确事权、改革税制、稳定税负、透明预算、提高效率，建立现代财政制度，发挥中央和地方两个积极性。 （1）改进预算管理制度。实施全面规范、公开透明的预算制度。审核预算的重点由平衡状态、赤字规模向支出预算和政策拓展。清理规范重点支出同财政收支增幅或生产总值挂钩事项，一般不采取挂钩方式。建立跨年度预算平衡机制，建立权责发生制的政府综合财务报告制度，建立规范合理的中央和地方政府债务管理及风险预警机制。 完善一般性转移支付增长机制，重点增加对革命老区、民族地区、边疆地区、贫困地区的转移支付。中央出台增支政策形成的地方财力缺口，原则上通过一般性转移支付调节。清理、整合、规范专项转移支付项目，逐步取消竞争性领域专项和地方资金配套，严格控制引导类、救济类、应急类专项，对保留专项进行甄别，属地方事务的划入一般性转移支付。 （2）完善税收制度。深化税收制度改革，完善地方税体系，逐步提高直接税比重。推进增值税改革，适当简化税率。调整消费税征收范围、环节、税率，把高耗能、高污染产品和部分高档消费品纳入征收范围。逐步建立综合与分类相结合的个人所得税制。加快房地产税立法并适时推进改革，加快资源税改革，推动环境保护费改税。 按照统一税制、公平税负、促进公平竞争的原则，加强对税收优惠特别是区域税收优惠政策的规范管理。税收优惠政策统一由专门税收法律法规规定，清理规范税收优惠政策。完善国税、地税征管体制。 （3）建立事权和支出责任相适应的制度。适度加强中央事权和支出责任，国防、外交、国家安全、关系全国统一市场规则和管理等作为中央事权；部分社会保障、跨区域重大项目建设维护等作为中央和地方共同事权，逐步理顺事权关系；区域性公共服务作为地方事权。中央和地方按照事权划分相应承担和分担支出责任。中央可通过安排转移支付将部分事权支出责任委托地方承担。对于跨区域且对其他地区影响较大的公共服务，中央通过转移支付承担一部分地方事权支出责任。 保持现有中央和地方财力格局总体稳定，结合税制改革，考虑税种属性，进一步理顺中央和地方收入划分	（1）改进预算管理制度。 （2）完善税收制度。 （3）建立事权和支出责任相适应的制度。

表 3 – 2   "八五"至"十三五"计划（规划）财税改革相关表述

文献名称	相关财税改革表述	核心内容
中共中央关于制定国民经济和社会发展十年规划和"八五"计划的建议（1990年12月）（1991~1995年）	改革财政税收体制，建立稳定的和规范化的财政税收制度。现行的财政包干体制调动了各地方当家理财的积极性，但也存在一些弊端，改革的方向是在划清中央和地方事权范围的前提下实行分税制。 （1）"八五"期间，继续稳定和完善包干体制，同时进行分税制的试点。 （2）为了兴办一些地方难以办而必须由国家办的关系国民经济全局利益的大事，需要适当集中财力。适当提高财政收入占国民收入的比重和中央财政收入占整个财政收入的比重。 （3）国家预算实行复式预算制，把经常性预算与建设性预算分开。经常性预算，坚持不打赤字，并略有结余，强化财政预算约束。建设性预算的差额，可以通过举借内债和外债来弥补，但要保持合理的债务规模和结构。逐步理顺税制结构，强化税收管理，严格以法治税，充分发挥税收在增加财政收入和宏观经济调控中的职能作用	（1）稳定和完善包干体制，进行分税制试点； （2）适当提高财政"两个比重"； （3）复式预算，理顺税制结构。
"八五"计划（1991~1995年）	（1）继续稳定和完善财政包干体制。要努力发展经济，提高经济效益，增加财政收入。同时，要适当提高国家财政收入占国民收入的比重和中央财政收入占整个财政收入的比重。同时，在有条件的城市和地区，积极进行分税制的改革试点。 （2）国家预算实行复式预算制，分开经常性预算和建设性预算。经常性预算，要做到平衡有余，不打赤字；建设性预算，要保持合理规模，收支差额通过举借内债外债来弥补。 （3）按照统一税政，集中税权，公平税负的原则，逐步理顺税制结构，强化税收管理，严格以法治税，充分发挥税收在增加财政收入和宏观经济调控中的重要作用	（1）适当提高财政"两个比重"； （2）进行分税制改革试点； （3）实行复式预算制； （4）理顺税制。
中共中央关于制定国民经济和社会发展"九五"计划的建议（1995年9月）	（1）财政通过实施财政政策，运用预算、税收手段和预算内外的综合财力，并按照中央和地方事权划分，建立起比较规范的财政转移支付制度，着重调节收入分配结构和地区分配结构。 （2）为解决国家财力严重不足、宏观调控能力减弱的问题，必须调整国民收入分配格局，通过深化财税改革，健全财政职能，加强税收征管，提高财政收入占国民生产总值的比重和中央财政收入占全国财政收入的比重。 （3）统一管理政府的国内外债务，统筹安排国债的举借，使用和归还	（1）统筹财政预算内外财力，建立财政转移制度； （2）提高财政"两个比重"； （3）加强政府内外债管理。

文献名称	相关财税改革表述	核心内容
"九五"计划 （1996～2000 年）	振兴财政，健全职能，实行适度从紧的财政政策。努力做到财政收入增长高于财政支出增长，逐步减少财政赤字，实现财政收支基本平衡，控制国债规模，使年度发债规模保持在合理的界限之内。 （1）调整国民收入分配格局，提高财政收入占国民生产总值的比重，以及中央财政收入占全国财政收入的比重。 （2）继续完善税制，统一内外资企业所得税，取消各种区域性税率，巩固完善以增值税为主体的流转税体系，适当扩大增值税和资源税征收范围；建立覆盖全部个人收入的分类与综合相结合的个人所得税制；调整地方税制结构，健全地方税收体系；依法征税，严格控制税收减免；逐步开征遗产和赠与税、利息所得税和社会保障税。 （3）完善税收征管制度，强化管理监督。制定与征管法律相配套的税务登记、纳税申报、稽查、税收保全、强制执行、离境清税、协税护税等综合法规，以及增值税稽核检查、出口退税、个人所得税、地方税等的单项征管制度和办法。进一步完善纳税申报制度。建立健全税务稽查制度和规程。加快应用计算机进行税收征管的步伐。 （4）清理整顿预算外收支和财政信用。对各级政府的预算外收支，根据不同情况，分别在预算内列收列支，并加强规范化管理和审计监督。将财政信用纳入信用计划管理，用于固定资产投资的财政信用资金，必须纳入各级政府的投资计划。 （5）完善分税制，合理划分中央与地方的事权，划清支出范围。建立规范的转移支付制度。 （6）控制财政支出，调整支出结构。除法律有规定的支出外，其余支出的增长速度要严格控制。精简机构，减少行政费用支出，严格控制社会集团消费支出。工资福利支出严格按统一规定和标准执行	（1）提高财政"两个比重"。 （2）完善税制等各项改革，如统一内外资企业所得税、个税、地方税系、遗产与赠与税、社保税等。 （3）完善分税制，建立规范的转移支付制度。
中共中央关于制定国民经济和社会发展"十五"计划的建议（2000年10月）	（1）进一步完善分税制。积极推进财政预算制度改革。完善财政转移支付制度。积极稳妥地推进税费改革。 （2）健全税收制度，强化税收征管。逐步提高国家财政收入占国内生产总值的比重和中央财政收入占全国财政收入的比重，提高财政保障能力，注意防范财政风险。 （3）严格财政监督管理。逐步建立适应社会主义市场经济要求的公共财政框架	（1）完善分税制。 （2）提高财政"两个比重"，提高财政保障能力。 （3）建立公共财政框架。

文献名称	相关财税改革表述	核心内容
"十五"计划（2001～2005年）	（1）积极稳妥地推进税费改革，清理整顿行政事业性收费和政府性基金，建立政府统一预算。健全税收制度，改革生产型增值税税制，完善消费税和营业税，逐步统一内外资企业所得税，建立综合与分类相结合的个人所得税制度，适时开征社会保障税和遗产税，完善地方税税制。依法加强税收征管，打击偷、漏、骗税的行为，清缴欠税，严禁越权减、免、退税。 （2）增强预算的透明度和约束力。实行部门预算，逐步以"零基预算"取代"基数预算"。改革国库制度，建立以国库单一账户体系为基础的现代国库集中收付制度。规范政府采购行为，全面推行政府采购制度。调整财政支出结构，压缩竞争性领域的支出。合理界定中央和地方政府的事权范围，完善分税制和转移支付制度，加强财政再分配功能。加强审计监督，严肃财经纪律。强化财政监督，防范财政风险，合理控制财政赤字和政府发债规模。保持财政收入稳定增长，提高国家财政收入占国内生产总值的比重和中央财政收入占全国财政收入的比重。逐步建立适应社会主义市场经济要求的公共财政框架，建设稳固、平衡、强大的国家财政	（1）推进税费改革，建立政府统一预算。 （2）增强预算的透明度和约束力，部门预算、国库制度、政府采购改革。 （3）提高财政"两个比重"，建立公共财政。
中共中央关于制订国民经济和社会发展"十一五"计划的建议（2005年10月）	（1）合理界定各级政府的事权，调整和规范中央与地方、地方各级政府间的收支关系，建立健全与事权相匹配的财税体制。 （2）调整财政支出结构，加快公共财政体系建设。完善中央和省级政府的财政转移支付制度，理顺省级以下财政管理体制，有条件的地方可实行省级直接对县的管理体制。继续深化部门预算、国库集中收付、政府采购和收支两条线管理制度改革。 （3）实行有利于增长方式转变、科技进步和能源资源节约的财税制度。完善增值税制度，实现增值税转型。统一各类企业税收制度。实行综合和分类相结合的个人所得税制度。调整和完善资源税，实施燃油税，稳步推行物业税。规范土地出让收入管理办法	（1）深化财政管理体制改革。 （2）加快公共财政体系步伐。 （3）深化税制改革。
"十一五"计划（2006～2010年）	（1）加快公共财政体系建设，明确界定各级政府的财政支出责任，合理调整政府间财政收入关系。一是按照公共性、市场化和引导性原则，进一步明确政府支出范围。妥善解决政府支出的"缺位"和"越位"问题。并注意发挥财政	（1）加快公共财政体系建设，明确界定各级政府的财政支

文献名称	相关财税改革表述	核心内容
"十一五"计划 (2006~2010年)	"四两拨千斤"的杠杆作用，积极引导社会资金支持经济社会发展。二是在支持经济发展、做大财政收入"蛋糕"基础上，调整和优化财政支出结构。一方面，要逐步减少直至退出对一般性竞争领域的直接投入，严格控制并努力节约一般性开支；另一方面，要加大对重点支出项目的财政保障力度，向农村、社会事业等薄弱环节倾斜，向困难群众、困难地区倾斜，向体制改革倾斜，进一步完善社会主义市场经济体制，着力推进经济社会事业全面协调可持续发展。三是根据支出受益范围等原则，进一步界定各级政府的财政支出责任。全国性基本公共产品和服务以及具有调节收入分配性质的支出责任，由中央政府承担；地区性公共产品和服务的支出责任，由地方政府承担；对具有跨地区性质的公共产品和服务的支出责任，分清主次责任，由中央与地方各级政府共同承担。四是按照财力与事权相匹配的原则，进一步调整和规范中央与地方的收入划分。在此基础上，科学界定中央与地方的税收管理权限，统一税政，维护国家的整体利益。同时，结合实际，研究适当扩大政府间收入划分的覆盖面，赋予地方适当的税政管理权限。 (2) 完善中央和省级政府的财政转移支付制度，促进地区间基本公共服务均等化。改革和完善中央对地方的转移支付制度。一是完善一般性转移支付分配办法，增加支付规模，特别是要加大对中西部地区的财政支持力度。二是调整专项转移支付项目和规模，充分发挥专项转移支付的作用。三是完善激励约束机制，建立监督评价体系，提高转移支付使用效益。加快调整完善省级以下财政管理体制。要进一步明确省级以下各级政府的财政支出责任和管理权限，继续规范省级以下各级政府间收入划分。省级财政要通过优化支出结构、增加一般性转移支付等措施，加大对财政困难县乡的支持力度。同时，要改革完善县乡财政管理体制，推进"省直管县"和"乡财乡用县管"改革试点。 (3) 继续深化预算管理制度改革，完善预算编制制度，建立预算编制、执行制衡机制。进一步深化"收支两条线"管理改革，扩大部门预算编制的部门和单位，完善定额标准体系和项目预算管理模式。深化国库集中收付制度改革，规范国库单一账户管理，建立健全现代财政国库管理体系。进一步扩大政府采购范围和规模。建立财政支出绩效考评制度，制定统一规范的绩效评价管理办法，提高财政资金	出责任，合理调整政府间财政收入关系。 (2) 完善中央和省级政府的财政转移支付制度，促进地区间基本公共服务均等化。 (3) 继续深化预算管理制度改革，完善预算编制制度，建立预算编制、执行制衡机制。 (4) 完善流转税制度，统一各类企业所得税制度，改进个人所得税制度。 (5) 调整资源税，实施燃油税，推行物业税，规范土地出让金收入。

文献名称	相关财税改革表述	核心内容
"十一五"计划 (2006~2010年)	使用效益。改革预算编制制度，完善预算编制与执行的制衡机制。加强预算审计监督，提高预算透明度。建立国库现金管理制度。加强政府债务管理，推进政府会计改革。积极探索建立国有资本经营预算制度。 (4) 完善流转税制度，统一各类企业所得税制度，改进个人所得税制度。一是完善流转税制度。在总结经验、不断完善试点办法基础上尽快在全国范围内实现增值税转型。适当调整消费税征收范围、应税品目税负水平和征缴办法。合理调整营业税征税范围和税目。二是统一各类企业税收制度，依法加强税收征管。对现行税收优惠政策进行清理规范，逐步实行统一的税收政策。三是实行综合与分类相结合的个人所得税制。 (5) 调整资源税，实施燃油税，推行物业税，规范土地出让金收入。一是择机出台燃油税。二是在条件具备时，研究合并房产税和土地使用税等税种，稳步建立统一的物业税。三是调整和完善资源税，对资源占用、开采等均实行征税，同时完善税制，改变税率偏低等状况，抑制对矿产资源的滥采滥挖和掠夺性开采，保护矿产资源。四是调整完善国有土地出让金征收管理政策，逐步建立国有土地收益基金，研究调整国有土地出让金收入分配政策，规范土地出让收入管理	
中共中央关于制定国民经济和社会发展"十二五"规划的建议（2010年10月）	(1) 在合理界定事权基础上，按照财力与事权相匹配的要求，进一步理顺各级政府间财政分配关系。增加一般性转移支付规模和比例，加强县级政府提供基本公共服务财力保障。 (2) 完善预算编制和执行管理制度，提高预算完整性和透明度。 (3) 改革和完善税收制度。扩大增值税征收范围，相应调减营业税等税收，合理调整消费税范围和税率结构，完善有利于产业结构升级和服务业发展的税收政策。逐步建立健全综合和分类相结合的个人所得税制度。继续推进费改税，全面改革资源税，开征环境保护税，研究推进房地产税改革。逐步健全地方税体系，赋予省级政府适当税政管理权限	(1) 深化财政管理体制改革。 (2) 完善预算管理制度。 (3) 改革和完善税收制度。

续表

文献名称	相关财税改革表述	核心内容
"十二五"规划（2011~2015年）	（1）完善财政体制。加快公共财政体系建设，明确界定各级政府的财政支出责任，合理调整政府间财政收入划分。完善中央和省级政府的财政转移支付制度，理顺省级以下财政管理体制，有条件的地方可实行省级直接对县的管理体制，逐步推进基本公共服务均等化。 （2）改革预算编制制度，提高预算的规范性和透明度。继续深化部门预算、国库集中收付、政府采购和收支两条线管理制度改革。建立国库现金管理和国债余额管理制度，推进政府会计改革。加强预算执行审计，提高预算执行的严肃性。建立财政预算绩效评价体系，提高财政资金使用效率。加强政府债务管理，防范政府债务风险。完善非税收入管理制度，规范对土地和探矿权、采矿权出让收入的管理。 （3）完善税收制度。在全国范围内实现增值税由生产型转为消费型。适当调整消费税征收范围，合理调整部分应税品目税负水平和征缴办法。适时开征燃油税。合理调整营业税征税范围和税目。完善出口退税制度。统一各类企业税收制度。实行综合和分类相结合的个人所得税制度。改革房地产税收制度，稳步推行物业税并相应取消有关收费。改革资源税制度。完善城市维护建设税、耕地占用税、印花税	（1）建立健全与事权相匹配的财税体制；（2）理顺省级以下财政管理体制，试行省直管县；（3）改革预算编制制度；（4）完善税收制度改革等。
中共中央关于制定国民经济和社会发展"十三五"规划的建议（2015年10月）	（1）深化财税体制改革，建立健全有利于转变经济发展方式、形成全国统一市场、促进社会公平正义的现代财政制度，建立税种科学、结构优化、法律健全、规范公平、征管高效的税收制度。 （2）建立事权和支出责任相适应的制度，适度加强中央事权和支出责任。调动各方面积极性，考虑税种属性，进一步理顺中央和地方收入划分。 （3）建立全面规范、公开透明预算制度，完善政府预算体系，实施跨年度预算平衡机制和中期财政规划管理。建立规范的地方政府举债融资体制。健全优先使用创新产品、绿色产品的政府采购政策	（1）税收制度改革。（2）建立事权与支出责任相适应的制度。（3）预算制度改革。

续表

文献名称	相关财税改革表述	核心内容
"十三五"规划 (2016～2020年)	(1) 确立合理有序的财力格局。建立事权和支出责任相适应的制度,适度加强中央事权和支出责任。结合税制改革,考虑税种属性,进一步理顺中央和地方收入划分,完善增值税划分办法。完善中央对地方转移支付制度,规范一般性转移支付制度,完善资金分配办法,提高财政转移支付透明度。健全省以下财力分配机制。 (2) 建立全面规范公开透明的预算制度。建立健全预算编制、执行、监督相互制约、相互协调机制。完善政府预算体系,加大政府性基金预算、国有资本经营预算与一般公共预算的统筹力度,完善社会保险基金预算编制制度。实施跨年度预算平衡机制和中期财政规划管理,加强与经济社会发展规划计划的衔接。全面推进预算绩效管理。建立政府资产报告制度,深化政府债务管理制度改革,建立规范的政府债务管理及风险预警机制。建立权责发生制政府综合财务报告制度和财政库底目标余额管理制度。扩大预算公开范围,细化公开内容。 (3) 改革和完善税费制度。按照优化税制结构、稳定宏观税负、推进依法治税的要求全面落实税收法定原则,建立税种科学、结构优化、法律健全、规范公平、征管高效的现代税收制度,逐步提高直接税比重。全面完成营业税改增值税改革,建立规范的消费型增值税制度。完善消费税制度。实施资源税从价计征改革,逐步扩大征税范围。清理规范相关行政事业性收费和政府性基金。开征环境保护税。完善地方税体系,推进房地产税立法。完善关税制度。加快推进非税收入管理改革,建立科学规范、依法有据、公开透明的非税收入管理制度。深化国税、地税征管体制改革,完善税收征管方式。推行电子发票。 (4) 完善财政可持续发展机制。优化财政支出结构,修正不可持续的支出政策,调整无效和低效支出,腾退重复和错位支出。建立库款管理与转移支付资金调度挂钩机制。创新财政支出方式,引导社会资本参与公共产品提供,使财政支出保持在合理水平,将财政赤字和政府债务控制在可承受范围内,确保财政的可持续性	(1) 合理有序的财力格局。 (2) 全面规范公开透明的预算制度。 (3) 改革和完善税费制度。 (4) 完善财政可持续发展机制。

而到了落实层面,大多体现在为期1～3年的短周期执行层面,政府工作报告、财政预决算报告和具体的财税改革政策性文件,较为集中体现了年度财税改革措施。形成了主要以年度为周期的财税改革研究视

角，前后共 24 个年份，即 1993～2017 年。

长周期（10 年）、中周期（5 年）和年度周期（1～3 年）财税体制改革"顶层设计"文献的梳理，辅之"分税制改革大事记"、"分税制大数据"和具体案例，可以较好勾勒出 20 多年来分税制在中国实践运行的轨迹，具有一定的阶段性周期性特征。

第一，分税制从概念提出到具体实施，历经长达 6 年的酝酿准备，较好体现了一个科学化民主化过程。按照西方成熟国家的分税制模式来衡量①，其时我国尚不具备条件，无法在短时期内"效仿"。作为舶来品，为推动这项史无前例的财税体制改革，党中央、国务院和中央有关部门为此进行了较长时间的精心准备，循序推进，有效推进。早在 1987 年 10 月党的十三大报告中，就初步提出了财政体制改革的方向是实行分税制。在此指导下，1990 年财政部研究提出了分税制财政体制改革试点方案，并于 1992 年选择天津、辽宁、沈阳、大连、浙江、青岛、武汉、重庆和新疆等 9 个地方进行试点。期间的"八五"计划、党的十四大报告、党的十四届三中全会决定，都将分税制作为一项重要的改革举措连续部署。为确保 1994 年 1 月 1 日分税制的顺利实施，时任国务院朱镕基副总理带领十几个相关部委的 60 多位工作人员，于 1993 年 9 月 9 日～12 月 21 日，先后到海南、广东、新疆、辽宁、山东、江苏、上海、甘肃、天津、河北、安徽等省区市调研，听取各地对实施分税制的具体意见。1993 年 12 月 15 日国务院发出《国务院关于实行分税制财政管理体制的决定》，这一改革的准备过程长达 6 年之久。20 多年来分税制为中国人民、中国共产党长久地从这一改革中获益，堪称世界财税改革一个奇迹（楼继伟，2014），其顺利成功缘于极其缜密的顶层设计，较好实现了中国具体国情的深度融合。

第二，分税制后财政体制的改进，在多方博弈、渐进式路径、政治

---

① 分税制一般与市场经济体制相适应，政府与市场关系清晰，政府间事权划分合理，无论在联邦制或单一制国家法治化、民主化程度较高，且有"用手投票"和"用足投票"的两个作用机制，来维系这一体制的均衡运行。

周期等作用机制下，大约形成了三五年局部微调、十年明显调整的周期性特征。相对于1994年波澜壮阔的分税制改革，其后的改革则进入了一个缓和期，而微调小改、明显中改一直未停止过。比较有影响的改革是2002年的所得税"六四"① 分享改革和2016年全面营改增后增值税"五五"分享过渡性方案，两项改革的推出分别是在党的十六大、党的十九大召开的前一年，与我国现行的政治行政周期（5年或10年）较好形成了呼应。其他的零星改革，如证券交易印花税中央与地方分享比例由"50∶50"逐渐调整为"80∶20"（1997）、"91∶9"（2000）、"100∶0"（2006），出口退税负担比例由"100∶0"逐渐调整为"75∶25"（2003）、"92.5∶7.5"（2005），则是一个渐进式过程；成品油税费改革、两税合并改革比预想推迟了若干年，体现出一定的部门利益博弈过程。居民房地产税停留在"空转"和"试点"阶段，较大受到宏观经济形势的冲击。社保税、遗产税改革的逐步淡出，体现出认知理念的重要转型。城乡税制的统一则由农村税费改革试点一下子"陡变"为加速取消农业税②，则与决策者的偏好、偶然事件息息相关。

第三，省以下财政体制改革，经历了从分税制强推到逐步放弃的过程，从财政"扁平化"试点到逐渐淡化的过程，凸显了顶层设计的某些不足与空白。1994年分税制改革局限在中央政府与区域性政府两级间进行的，而省以下改革始终是个模糊状态。按照财政部的意见③，分税制要落实到市、县级，有条件的地区可落实到乡级（1996）。而在实际运行过程中，省以下体制大都维系财政包干时期的做法，分税制只是

---

① 所得税共享改革中央与地方的分享比例，2002年是"五五"分成，2003年是"六四"分成，以后根据实际情况确定中央地方分享比例。

② 2000年3月2日，中共中央、国务院印发了《关于进行农村税费改革试点工作的通知》，进行"三取消一调整一改革"。2003年6月30日，财政部国家税务总局印发了《关于取消除烟叶外的农业特产税有关问题的通知》，从2004年起，对烟叶仍征收农业特产税。2005年12月29日，十届全国人大常委会第十九次会议决定，自2006年1月1日起废止《中华人民共和国农业税条例》。取消农业税原计划3年完成，结果是试点1年就提前两年实现。

③ 1996年3月26日财政部下发了《关于完善省以下分税制财政管理体制意见的通知》，要求各地区参照中央对省级分税制模式，结合各级实际情况，将分税制落实到市、县级，有条件的地区可落实到乡级。

流于某种形式上的转换。2002 年所得税分享改革、2006 年取消农业税改革，对省以下财政体制而言则是"雪上加霜"，进一步打破了分税制的"分税"条件①。从 2002 年起从国家层面启动了地方财政扁平化改革（"省直管县"和"乡财县管"，由 5 级变为 3 级），并将这一改革时间表截止为 2012 年末②。省直管县改革没有达到预期目标、成效也不显现③。这一改革试验也逐渐淡出了顶层设计的范畴，近些年的改革文献只字未提。省以下财政体制改革的剧烈波动性凸显了总体设计的不足，是分税制改革遗留的重要难题，也成为下一步改革攻坚的另一个重点。

第四，伴随着财政"两个比重"的提高，分税制的提法逐渐淡出了官方的文献表述，前后持续了 10 余年。事实上，1994 年分税制财政体制的引入，就是应对不断恶化财政"两个比重"的下降，尤其是中央财政困难问题。从 1990 年的"八五"计划建议、1991 年的"八五"计划，1995 年的"九五"计划建议、1996 年"九五"计划，到 1993 年党的十四届三中全会决定和 1997 年的党的十七大报告，再到 2000 年"十五"计划建议、2001 年"十五"计划，都将提高财政"两个比重"和振兴国家财政作为中长期施政改革目标。统计资料显示，"七五"时期（1986～1990 年）财政"两个比重"仅为 16.7%、33.4%，而分税制后逐步演进为"八五"（1991～1995 年）时期的 11.6%、40.3%，"九五"（1996～2000 年）时期的 11.9%、50.5%、"十五"（2000～2005 年）时期的 16.1%、53.8%，越来越接近振兴国家财政战略所明确的"20%、60%"预期目标值。

第五，在历经 10 年的公共财政建设之后，从 2011 年起构建新型政府间财政关系再次成为顶层设计的新关注，凸显了财税体制改革螺旋式

---

① 2016 年全面营改增也属于这一情况，将现行体制下的地方第一大税种的营业税改为"共享"。

② 2009 年 6 月 22 日，财政部印发了关于推进省直接管理县财政改革的意见，明确了改革总体目标是到 2012 年底之前力争全国除少数民族自治地区外全面推进省直接管理县改革。

③ 截至 2011 年这项改革只完成了 46%，近些年走"回头路"的情况也开始在安徽、辽宁出现。

上升特征。随着财政"两个比重"的提高、财政能力的增强，我国在2000年前后启动了财政公共化运动，引入现代预算制度。这在2003年的十六届三中全会"决定"、2005年的"十一五"计划建议、2006年的"十一五"计划、2007年的十七大报告中，"公共财政建设"成为其时的主题词，前后大约持续了10年。而2010年以来构建新型政府间财政关系，再次成为顶层设计文献的新关注，如2010年10月的"十二五"计划建议提出要"按照财力与事权相匹配的要求，进一步理顺各级政府间财政分配关系"，2012年11月的十八大报告提出要"健全中央和地方财力与事权相匹配的体制"，2013年11月的十八届三中全会决定提出要"建立事权与支出责任相适应的制度"，2016年的"十三五"计划提出"建立合理有序的财力格局"等，这在一定层面说明了分税制改革进入了新阶段、新时期。

2014年以来从顶层设计视角密集进行了一系列财税改革总体部署，可以预想整个新一轮财税改革也会沿着1994年分税制的历史轨迹，在长、中、短周期性搭配、波动式演进路径之后，最终达到现代财政制度的新目标，实现螺旋式上升的新阶段。

第三节　基于跨级财政体制改革试点经济绩效的具体评价

财政管理体制是国家管理和规范财政分配关系，在中央与地方以及各级地方政府之间、国家与企事业单位之间，划分财政收支范围和管理职责，并规定同级政府各财政职能机构之间职责分工的一项根本制度。从法理上看，我国现行政府财政层级有五级，与行政管理体制对应，实行一级政府一级财政，并形成了中央对省、省对市、市对县、县对乡镇四对财政关系。但在条块结合的管理体制下，上级政府具备决定下级政府的收入分配和支出责任的经济权力，下级政府不可避免地扮演着上级的"代理人"角色（贾康、于长革，2010）。这种财政管理体制与行政管理体制相统一、逐级代理的体制格局有其合理性，但也存在一定的问题，集中反映为三大"漏斗效应"：财政漏斗、权力漏斗和效率漏斗（才国伟、黄亮雄，2010）。这些问题随着时间的推移逐渐积累，并开始在某种程度上影响中国的进一步发展，引起社会各个层面（政府、学者甚至普通民众）的普遍关注。财政体制作为我国经济体制和政治体制改革的交汇点（楼继伟，2013），又一次成为改革的排头兵，在部分地区、部分时期采取了跨级财政管理体制的改革试点。跨级财政管理体制在中央—地方层面表现为计划单列体制，经历了三次设立和一次调整，目前仅剩下大连、青岛、宁波、厦门和深圳5个城市。跨级财政管理体制在省以下表现为省直管县体制，自2004年试点推行后，不同程度的省直管县在不同地区进行推广，并经历了起步、快速发展和目前趋缓（部分地区甚至逆向发展）三个阶段。

在经济发展进入新常态，进一步发展依赖于全面深化改革的今天，我们不仅要在新领域开展改革，用于啃硬骨头，也应适时反思已有改革，加强改革的连续性、整体性和系统性。正是基于这一目的，本书拟对跨级财政管理体制对政府间的权力分配、区域经济发展的影响进行深入分析，以期深刻认识和理解改革的成效和不足，为明确今后的改革方向提供有益借鉴。

一、概念的提出与改革属性的判定

在单一制中国，以条为基础的职能部门，再加上以块为基础的政府是以条为基础的职能部门组成的，所以下级政府与上级政府之间具有行政隶属关系便理所当然。在条块结合的管理体制下，财政与行政一样，事实上也是逐级代理模式。

与逐级代理相对应，跨级财政管理体制有两个要件：一是从行政层级上看，打破了传统的中央对省、省对市、市对县、县对乡镇的一一对应关系，采取中央直接对市，或者省直接对县区的体制安排；二是此处的跨级意味着财政管理体制与行政管理体制的分离，即行政上依然维持逐级代理，仅在财政体制上实行跨级管理。这种跨级财政管理体制与直辖市或者县升格为地级市不同，属于一种独特的政府间财政管理体制，也是分税制以来我国财政管理体制方面一个重要改革尝试。

跨级财政管理体制本质上是政府间权力配置的一种方式。从理论上看，不同维度的制度体系可能带来不同的效率，带来不同的经济表现，同样，不同维度的分权制度可能对经济产生不同的影响（Egg-ertsson，2013）。为了深入分析跨级财政管理体制改革的效果，本书借鉴丹尼·特雷斯曼（Daniel Treisman，2002）一文的度量方法，着重分析跨级财政管理体制涉及的中央与地方权力分配问题[①]，以厘清该项改革的属性。

根据层级数量、决策权、财政权、信息获取权和任免权的定义，对跨级财政管理体制的分权程度进行度量，具体如下：从层级数量看，跨级财政管理体制使政府层级由三个变成了两个，因此倾向于增强集权趋势。从决策权看，跨级财政管理体制将审批、监督等环节的权力由中间层级政府上移至最高层级政府，相当于增强了集权趋势。从财政权看，跨级财政管理体制使得最低层级政府的财政收支基本上直接对接最高层级政府，这表明，该体制增加了最高层级政府的财政收支控制能力，倾向于增强集权趋势。从信息获取权看，跨级财政管理体制下，最高层级政府的计划、文件、会议、项目审批等均是同时下达到中间层级政府和最低层级政府，最低层级政府也可以直接向最高层级政府报送文件、参加会议和申报项目，这表明该体制增强了集权趋势。

由上述分析可知（见表3-3），跨级财政管理体制并不是分权的一个代表，相反，这一体制增强了集权趋势。

---

① 分权包括内外的分权、左右分权和上下分权。其中，内外分权重点解决政府与市场的权力界限问题；左右分权重点解决同级国家机构之间职能分工的问题；上下分权重点解决中央和地方以及地方各级政府之间的权力分配问题。本文将着重探讨第三个维度的权力分配问题。

表 3 – 3　　　　　　　　　**跨级财政管理体制的分权程度测度**

分权程度度量指标	最高层级	中间层级	集权—分权趋势
1. 层级数量	增强	—	增强集权
2. 决策权	增强	削弱	增强集权
3. 财政权	增强	削弱	增强集权
4. 信息获取权	增强	—	增强集权

二、经济绩效评价

在中央—地方层面的跨级财政管理体制，即计划单列体制，已经推行 34 年之久。省以下跨级财政管理体制，即财政省直管县，从 2004 年算起，也推行了 13 年之久。这些改革是否实现了预期改革目标，是否有助于解决现实中出现的问题？显然，这些问题的澄清有助于确定进一步改革的方向。

1. 中央—地方层面的跨级管理体制与经济增长的实证分析

中央—地方层面的跨级财政管理体制，即计划单列体制，其改革目的是希冀通过行政管理权限和经济管理权限相分离，逐步走出一条以大中城市为依托的经济区来组织经济的改革尝试（陈敏之，1988；王保衙，孙学光，1992）。现有研究针对这一目的开展实证研究的不多，仅有的两篇实证文献均从城市经济效率入手（史宇鹏、周黎安，2007；金祥荣、赵雪娇，2017），尚没有文献实证分析计划单列体制是否影响、如何影响省域经济绩效。这种研究从源头上低估了该项改革的意义和作用。一个市域的独自发展，还不需体制改革加以促进。体制改革的目标至少是省域层面的。特别的，计划单列城市具有特殊的经济政治地位。

第三次计划单列调整前，14 个计划单列市和三个直辖市的综合经济规模大约占全国 1/3，财政上缴和外贸出口占全国的一半。1994 ~ 2015 年，大连、宁波、厦门、青岛和深圳占所在省 GDP 平均水平分别为 25.9%、18.4%、13.8%、14.2%和 20.4%[1]；占所在省一般公共预算收入分别为 23.4%、17.4%、21.8%、16.2%和 24.0%，个别年份接近 1/3；占所在省全社会固定资产投资分别为 20.9%、14.0%、14.4%、11.2%和 14.6%，个别年份超过 1/4。这样一个经济财政体量，足以让我们预期针对其开展的改革至少要影响一个区域。所以，在评估计划单列体制这一跨级财政管理体制改革时，与现有文献不同，本报告将从省域经济增长入手进行分析。

（1）机理分析与直观判断。

计划单列体制影响省域经济增长的内在机理主要有以下两方面：首先，作为核算省域经济一部分的计划单列城市在计划单列体制下会获得一些优势，史宇鹏、周黎安（2007）的实证研究证明了这一点。从计划单列市与所在省经济发展的数据对比上看（见表 3 - 4），计划单列市人均 GDP 是所在省人均 GDP 的 1.4 ~ 2.5 倍之间，人均公共预算支出在 1.4 ~ 6.4 倍之间，在岗职工平均工资在 1.1 ~ 1.3 倍之间，农村居民人均纯收入在 1.3 ~ 1.7 倍之间，计划单列市的发展远远高于全省平均水平。我国在核算省级 GDP 时包含计划单列市 GDP 在内，所以计划单列市自身的经济增长会使所在省的经济向好。

表 3 - 4　　　　　现存 5 个计划单列市的经济发展状况　　　　单位：万元

项目		大连市	青岛市	宁波市	厦门市	深圳市
人均 GDP	2015 年	11.07	10.26	13.68	9.04	15.80
所在省人均 GDP	2015 年	6.52	6.09	7.30	6.35	6.35
人均公共预算支出	2014 年	1.67	1.38	1.72	2.74	6.74
所在省人均公共预算支出	2014 年	1.20	0.74	1.07	0.90	1.05

[1]　其中大连和深圳的平均数是 1994 ~ 2015 年。数据来源于 Wind 数据库。

续表

项目		大连市	青岛市	宁波市	厦门市	深圳市
在岗职工平均工资	2015 年	6.94	6.95	7.50	6.70	8.10
所在省在岗职工平均工资	2015 年	5.36	5.82	6.77	5.87	6.63
农村居民人均纯收入	2013 年	1.77	1.57	2.05	1.50	—
所在省农村居民家庭人均纯收入	2014 年	1.05	1.06	1.61	1.11	1.17

注：根据 Wind 数据库整理；在岗职工平均工资为城镇非私营单位在岗人员就业人员平均工资。

其次，作为历史长期形成具有中心地位的计划单列市的发展会对周边地区产生影响，但受制于省与单列市之间的交易成本。从实践中看，计划单列市与所在省域之间的生产要素流动受阻，计划经济时期表现为电力、运输等生产条件指标，市场经济时期表现为土地、水资源等。如表 3 所示，现存的 5 个计划单列市行政区域土地面积基本保持不变，常住人口是户籍人口的 1.2 ~ 3.2 倍之间，要素供给增长空间明显不足。与之相对应的省会城市则不然，例如，辽宁沈阳、抚顺、铁岭同城建设，浙江大杭州建设，要素供给弹性和空间都非常充足。此外，计划单列体制某种程度上也加剧了省内的地方割据现象①，重复建设现象明显，并削弱了省级政府区域调控能力。例如，大连的人均财力是辽宁省内人均财力水平最低地区近 4 倍，大连所属的瓦房店市的人均财力是辽宁省内人均财力水平最低的西丰县的 5.7 倍。2015 年 5 个计划单列市的财政收入规模占所在省的 1/5 ~ 1/3 的水平（见表 3 – 5），形成了域内巨大财力差异，不利于统筹区域经济社会协调发展。

————————

① 省内地方割据与省际之间的割据相比，对现有生产力的合理配置影响更大。

表 3 – 5 现存 5 个计划单列市的土地、人口情况

项目		大连市	青岛市	宁波市	厦门市	深圳市
行政区域土地面积（平方千米）	1985 年	12574	10654	9365	1516	2021
	2014 年	12574	11282	9816	1573	1997
户籍人口（万人）	2015 年	593.6	783.1	586.6	211.2	355.0
常住人口（万人）	2015 年	698.7	909.7	782.5	386.0	1137.9
公共预算收入占所在省比重（%）	2015 年	27.3	18.2	20.9	23.8	29.1

注：根据 Wind 数据库等整理。

计划单列体制对所在省域经济增长的影响取决于两个机理谁占据主导地位，如果单列市与所在省级政府之间的交易成本较低，则地区行政垄断性壁垒较弱，计划单列市与所在省其他地区会形成良性互动，促进省域经济增长。反之，如果单列市与所在省级政府之间的交易成本较高，则地区行政垄断性壁垒较强，计划单列市与所在省其他地区会形成恶性循环，制约省域经济的进一步发展。

（2）实证模型、数据和实证结果。

实证分析经济增长问题时，一般会根据生产函数设置计量模型，本文沿袭这一分析方法，借鉴史宇鹏、周黎安（2007）构建计量模型如下：

$$\ln pgdp_{it} = \alpha + \beta P_{it} + \gamma \ln rpk_{it} + \lambda X_{it} + \mu_{it} \tag{3.1}$$

式（3.1）中，$pgdp_{it}$ 表示 t 年 i 省的人均 GDP，用 CPI 指数进行平减。P_{it} 表示 t 年 i 省是否执行计划单列体制，如果执行，该值取 1；如果未执行，该值取 0。μ_{it} 表示随机误差项。rpk_{it} 表示人均资本存量。资本存量采用文献中通行的永续盘存法 $K_{t+1} = (1 - \delta) K_t + I_{t+1}$ 来计算。X_{it} 为控制变量，包括外贸依存度、实际利用外资水平和城镇化水平。样本区间选择 1978 ~ 2015 年执行第三次计划单列的省份，采用 Stata12.0 软件进行实证分析。回归结果见表 3 – 6。

A. 总体政策效果。表 3 – 6 中，方程（1）为计划单列体制的总体政策效果。平均来说，计划单列体制会使所在省人均收入增加 13%。

B. 分时间段的政策效果。方程（2）为计划单列市在不同时间段的表现。此时 plan 的系数为负，但是在统计上不显著，表明 1978～1994 年期间，有计划单列市和没有计划单列市对所在省人均收入的影响没有显著差别。交互项（plan_y94_15）系数显著为正，表明 1994 年之后计划单列市体制效果要好于 1994 年之前。y94_15 的系数为 2.107406，与 1979～1994 相比平均高出 722%。交互项（plan_y94_15）系数为 0.2336697，与 1979～1994 相比，平均高出 26%。很显然，1994～2015 年期间，未执行计划单列体制的省域经济表现更好。这表明计划单列市与所在省之间的交易成本可能在一定程度上制约了所在省经济的进一步发展。

C. 分地区的政策效果。方程（3）为计划单列市在不同省份的表现。此时 plan 的系数显著为正，表明计划单列体制有助于四川的经济表现。与四川相比，计划单列体制对辽宁、福建、浙江、广东、山东五个省的影响更为积极，对陕西、吉林、江苏三个省的影响不如四川；湖北、黑龙江两省计划单列体制与四川在统计上不存在显著差别。

表 3-6　　　　　　　　　　模型 2 固定效应估计结果

解释变量	方程（1）	方程（2）	方程（3）
Plan	0.1313432 *** （0.0364313）	-0.18183 （0.145006）	0.039272 * （0.225735）
y94_15		2.107406 *** （0.0450573）	
plan_y94_15		0.2336697 *** （0.0470828）	
plan_陕西			-0.0643492 * （0.334542）
plan_吉林			-0.0559573 （0.0363996）

续表

解释变量	方程（1）	方程（2）	方程（3）
plan_江苏			-0.0043486 (0.485844)
plan_黑龙江			0.024363 (0.052165)
plan_湖北			0.0393137 (0.036516)
plan_辽宁			0.3228673 *** (0.1058741)
plan_福建			0.2664963 *** (0.0676871)
plan_浙江			0.2765269 *** (0.068698)
plan_广东			0.2141908 *** (0.0503958)
plan_山东			0.160018 * (0.0796615)
lnrpk	0.1305957 *** (0.0127307)	0.1489418 *** (0.0133479)	0.1365021 *** (0.271607)
lnrptra	0.0247987 * (0.0139539)	0.0123572 (0.0108554)	0.0422372 *** (0.0153154)
fin	0.6818989 *** (0.0839018)	0.665635 *** (0.0798517)	0.5314227 *** (0.09364)
lnurb	0.6320958 *** (0.1039434)	0.4668057 *** (0.0144828)	0.8836101 *** (0.1731016)
常数项	4.894624 *** (0.0704775)	4.826984 *** (0.873763)	4.779062 *** (0.01513786)
N	407	407	407
组间 R^2	0.9918	0.9927	0.9942
F 值	419.63 ***	1678.7 ***	5506.19 ***

注：*、**、***分别表示在10%、5%和1%水平下显著。括号内数值为标准误。

（3）对计划单列体制作用的进一步考察。

删除被解释变量人均 GDP 中计划单列市的 GDP，检验计划单列市能否带动所在省其他地区的经济发展，回归结果见表 3 - 7。

对比表 3 - 6 和表 3 - 7 的估计结果，有以下几点不同：一是从总体效应来看（表中的方程 1），plan 的系数在表 3 - 6 显著，在表 3 - 7 中不显著。由此可以认为，计划单列体制对所在省经济表现的影响主要是第一种机理在起作用，即自身的经济增长使得所在省经济表现向好。二是从时间段来看（表中的方程 2），交互项（plan_y94_15）的系数在表 3 - 6 中显著，在表 3 - 7 中不显著。这表明 1994 年之前和 1994 年之后，计划单列体制对所在省经济表现的影响机理没有变化，同总体效应一致，都是通过第一种机理在其作用。三是分地区来看（表中的方程 3），Plan 的系数在表 3 - 6 中显著为正，在表 3 - 7 中显著为负，表明计划单列体制在四川省表现出一定的掠夺效应，制约了省内其他地区的发展。现存计划单列体制的 5 个省份的表现在表 3 - 6 和表 3 - 7 中均优于四川，这在某种程度上支持了 1994 年计划单列体制的调整政策。

表 3 - 7 　　　　　　　模型 2 数据调整后的固定效应估计结果

解释变量	方程（1）	方程（2）	方程（3）
Plan	0.372188 （0.0375527）	-0.0049126 （0.0274618）	-0.1165562 ** （0.539302）
y94_15		1.529378 *** （0.0644737）	
plan_y94_15		0.0480181 （0.05652）	
plan_陕西			0.0242272 （0.07116971）
plan_吉林			0.0868556 （0.0891391）

续表

解释变量	方程（1）	方程（2）	方程（3）
plan_江苏			0.6642077 *** （0.09499746）
plan_黑龙江			0.170636398 * （0.0928929）
plan_湖北			0.2374488 *** （0.0617215）
plan_辽宁			0.5916041 *** （0.0965393）
plan_福建			0.5934887 *** （0.0965393）
plan_浙江			0.8979693 *** （0.118683）
plan_广东			0.2948174 *** （0.066800）
plan_山东			0.4437418 *** （0.1552181）
lnrpk	0.1353673 *** （0.0274374）	0.1371363 *** （0.0271945）	0.1824507 *** （0.0891391）
lnrptra	0.0240254 （0.0202629）	0.0224874 （0.0194557）	0.0684979 * （0.0431842）
fin	0.9099686 *** （0.1937398）	0.9094283 *** （0.1970679）	0.6840766 *** （0.2012153）
lnurb	1.495896 *** （0.2754131）	1.493113 *** （0.2756282）	4.180887 *** （0.2373829）
常数项	4.628174 *** （0.1518702）	4.618626 *** （0.151075）	4.779062 *** （0.01513786）

续表

解释变量	方程 (1)	方程 (2)	方程 (3)
N	335	335	335
组间 R^2	0.9843	0.9843	0.9913
F 值	753467.55 (prob > F = 0.0000)	4904.20 (prob > F = 0.0000)	14113.77 (prob > F = 0.0000)

注：* ，** ， *** 分别表示在10% ，5% 和1% 水平下显著。括号内数值为标准误。

2. 省以下跨级财政管理体制与经济增长的荟萃回归分析

省以下跨级财政管理体制是省直管县改革。自 1953 年浙江省最先在我国推行"财政省直管县"后，不同程度的省直管县在不同地区进行推广，并经历"起步—快速推进—趋缓（部分地区逆向发展）"三个阶段。按照财政分权理论，结合中国各级政府尚未从经济建设职能为主转向以提供公共服务职能为主、地方政府对经济发展的行政干预还比较强、政府运作方式不规范的情况下，财税体制在各级政府中的分权程度对地方经济的发展有着重要影响。跨级财政管理体制使市管县体制下省—市—县三级政府的权力配置，这种变更促进还是阻碍经济增长？这一问题引起学术界的广泛关注和争议。理论争议和定性研究的不同结论，需要实践的检验。2010 年以来，越来越多的国内学者针对省直管县与经济增长关系进行诸多实证研究。但是，现有实证研究的结论并不是一致的，在样本范围、指标选择、计量方法、控制变量等方面也有不同。不同研究的不同结论是否与具体研究特征相关，是本报告关心的主题。本书借鉴谢贞发、张玮（2015）一文，采用荟萃回归分析方法进行分析。

（1）经验证据。

比较分析的实证文献是通过检索清华 CNKI 数据库获得。省直管县改革在实践中共形成"行政省直管县""财政省直管县""强县扩权"和"扩权强县"四种模式。四种模式中，"行政省直管县"只在少数省份（海南、江苏、黑龙江、河北等）试点，24 个推行省直管县试点改革的省份全部包含"财政省直管县"，大多数省份在"财政省直管县"

的基础上推行"强县扩权"和"扩权强县"。与此同时，涉及经济增长、经济发展、经济绩效等实证文献中，三者的内涵差异不大，且通常采用 GDP 或人均 GDP 来表示。所以，在选取实证文献时，依次在 CNKI 数据库中，分别就题目、关键词、摘要等搜索经济增长、经济发展、经济绩效、省直管县、强县扩权、扩权强县等，共收集到 1700 篇文献。删除定性分析、理论分析和没有建立回归模型的实证文献，在此基础上，删除两篇以微观企业数据为样本的文献、同一作者发表的不同时期文献和硕博论文，并依据现有文献进行二次检索，最后获得质量较高的 21 篇文献，96 个模型。

现有文献的研究结论是否一致？是否与省直管县指标、经济增长指标的选择有关？为了回答这些问题，按照经济增长、省直管县指标进行分类，将现有研究文献按照样本范围（单一地区还是全国样本）、政府层级（省级、市级还是县级）进行归类整理，具体结果见表 3 - 8。由表 3 - 8 我们可以发现以下几点：

第一，在省直管县指标选择上，按照改革类型进行研究的文献相对较少。在 96 个模型中，有 18 个模型是分类研究，占比 19%。在指标设置上，直接设置略高于交叉设置，占比为 60%。从经济增长指标选择看，以增长率代表经济增长居多，占比为 69%，人均指标居多，占比为 64%。从样本范围看，以某一省为样本居多，占比 70%。从政府层级看，以县级经济增长为因变量的模型居多，占比 82%。

第二，从实证研究结果看，一半以上结果支持了省直管县改革促进经济增长，占比为 59%，不支持占比 18%，不相关占比 23%。从样本范围看，单一地区和全国样本的研究结论差异不大，均有约 60% 的文献支持促进经济增长，约 17% 的文献支持阻碍经济增长，约 23% 支持不相关。但是从政府层级看，实证结论存在差异，省级研究结果 37.5% 支持促进经济增长，62.5% 支持不相关。市级研究成果 67% 支持促进经济增长，33% 支持阻碍经济增长，这一结论与定性分析文献的结论不一致。县级研究成果 61% 支持促进经济增长，18% 支持阻碍经济增长，21% 支持不相关。

表3-8　省直管县与经济增长关系的实证文献综述

变量		单一地区			全国			省			市			县			合计
		正向效应	负向效应	不显著	正向效应	负向效应	不显著	正向效应	负向效应	不显著	正向效应	负向效应	不显著	正向效应	负向效应	不显著	
因变量	水平值　总量	12	0	0	0	0	0	0	0	0	0	0	0	12	0	0	12
	水平值　人均	5	7	6	0	0	0	0	0	0	0	0	0	5	7	6	18
	增长率　总量	15	5	3	0	0	0	0	0	0	4	0	0	11	5	3	23
	增长率　人均	8	0	6	17	5	7	3	0	5	2	3	0	20	2	8	43
	小计	40	12	15	17	5	7	3	0	5	6	3	0	48	14	17	96
省直管县	指标设置　直接设置	27	0	2	17	5	7	3	0	5	6	3	0	35	2	4	58
	指标设置　交叉设置	13	12	13	0	0	0	0	0	0	0	0	0	13	12	13	38
	小计	40	12	15	17	5	7	3	0	5	6	3	0	48	14	17	96
	改革类型　财政省直管县	0	0	0	3	2	4	0	0	4	0	2	0	3	0	0	9
	改革类型　强县扩权	0	0	0	6	0	3	0	0	1	2	0	0	1	0	2	9
	改革类型　省管县	40	12	15	8	3	0	0	0	0	4	1	0	44	14	15	78
	小计	40	12	15	17	5	7	3	0	5	6	3	0	48	14	17	96

注:（1）有些文献在分析省直管县时，既包含"财政省直管县"指标，又包含"强县扩权"指标，这会增加总模型数。（2）有些文献即分析市县级，又分县级，这会增加总模型数。

通过对现有实证文献的梳理，虽然一半以上支持促进经济增长，但支持阻碍经济增长和认为不相关的文献也占将近50%的比重，我们还难以得出比较一致的结论，还需借助荟萃分析方法进行深入研究。

（2）变量与实证模型。

因变量有三个：显著性（sig）、正向显著性（pos）和负向显著性（neg），以回归模型中的 t 统计量来进行判断。

荟萃回归分析一般会选择样本数量、数据搜集的起止年份、区域范围、估计方法和文献模型数量权重。考虑到省直管县改革对不同层级政府的影响不一致，本书在上述 6 个变量基础上增加政府层级，以体现各实证研究文献的基础特征。调节变量还应包括现有实证研究中选用的控制变量。现有研究共采用 19 个控制变量，其中占比超过 25% 的控制变量共有 7 个，分别是投资、人口、政府规模、改革年份虚拟变量、改革地区虚拟变量、产业结构和经济发展水平。在 21 篇实证文献中，上述控制变量的应用比例在 33% 以上。对实证研究的结论的影响应该具有一定的普遍性，本书据此将这些变量也选作荟萃分析的调节变量。其余控制变量应用范围在 4 篇或者 4 篇以下，在 96 个实证模型中占比均低于 25%，代表性相对弱一些，在接下来荟萃分析中，未加以考虑。

根据一般荟萃回归分析，构建以下三个估计方程：

$$SIG = f(SAM, STRTY, ENDY, DID, RGN1, RGN2, WGHT,$$
$$PGDPRT, INVST, POP, GOV, TIME, EXPE, IND, JJFZSP) \quad (3.2)$$
$$POS = f(SAM, STRTY, ENDY, DID, RGN1, RGN2, WGHT,$$
$$PGDPRT, INVST, POP, GOV, TIME, EXPE, IND, JJFZSP) \quad (3.3)$$
$$NEG = f(SAM, STRTY, ENDY, DID, RGN1, RGN2, WGHT,$$
$$PGDPRT, INVST, POP, GOV, TIME, EXPE, IND, JJFZSP) \quad (3.4)$$

因变量是二元虚拟变量，因此采用 Probit 模型分别对每组变量进行回归估计。

3. 荟萃回归分析结果

回归采用三种方法：一是全部投入变量，二是逐渐增加变量，三是逐渐减少变量，以伪 R^2 值和 LR 统计量的显著性为原则进行删选，回归结果见表3-9。

由表3-9可知，省直管县改革对经济增长存在影响这一结论仅与文献模型中所收集数据的起始年份正相关。文献模型中收集数据的起始年份从1994年开始，到2010年结束。这说明早期省直管县改革对于经济增长产生影响的概率较小，也有可能表明省直管县改革对经济增长产生影响需要时间的积累。省直管县改革对经济增长存在影响与模型的其他具体特征无关，表明估计方法、县域产业结构、经济发展水平、投资、人口和政府规模，表明这一改革的影响具有一般性。

表3-9　　　　　　　　荟萃回归分析结果

调节变量	因变量：sig	因变量：pos	因变量：neg
样本量（SAM）	0.0004 (0.0002)	-0.0002 (0.0000)	0.0018* (0.0010)
起始年份（STRTY）	0.1426* (0.0807)	-0.1047 (0.0675)	2.0651* (01.2183)
终止年份（ENDY）	0.0304 (0.0770)	-0.0268 (0.0693)	0.7812 (0.6358)
估计法（DID）	-0.1839 (0.5088)	-1.1844** (0.4064)	5.1066 (3.6428)
权重 WGHT	0.9789 (1.6575)	-2.7525** (1.1315)	19.5210 (12.6160)
县级政府（RGN1）	-0.3421 (0.60254)	0.4669 (0.4931)	-3.4835* (2.0436)
人均 GDP 增长率 （PGDPRT）	-0.0313 (0.5829)	0.2379 (0.5175)	15.3427 (10.6882)
投资（INVST）	—	-0.8874 (0.7251)	10.6819 (6.8605)
人口（POP）	-0.5801 (0.6052)	-0.4205 (0.5518)	-2.1434 (1.7684)

续表

调节变量	因变量：sig	因变量：pos	因变量：neg
政府规模（GOV）	−0.0619 （0.5463）	0.4344 （0.4457）	−8.9289 （21.1975）
产业结构（IND）	0.3161 （0.6381）	1.4952 ** （0.5316）	—
经济发展水平（JJFZSP）	−0.9298 （0.6724）	−0.9885 ** （0.5180）	—
常数项	−345.2435 （211.4230）	265.3610 （171.0424）	−5730.5510 （3652.7780）
伪 R^2	0.2411	0.2269	0.7233
对数伪似然值	−39.2137	−50.1344	−12.4057
LR 统计量（联合显著性）	24.9200 **	29.4205 ***	64.8415 ***
N	96	96	96

当以"正向显著性"为因变量进行回归时，估计方法、权重、产业结构和经济发展水平四个调节变量在统计上显著。其中，估计方法、权重和经济发展水平显著为负，以经济发展水平为例，显著为负表明经济发展水平高的地区执行省直管县会显著降低实证研究中正向显著性效应的结果。产业结构显著为正，产业结构在本文所选实证文献中基本以第一产业占 GDP 的比重表示（部分模型加上第二产业），表明以第一产业为主的地区执行省直管县能显著增加实证研究中正向显著性的结果。

当以"负向显著性"为因变量进行回归时，样本量、起始年份和县级政府三个调节变量在统计上显著。其中，县级政府显著为负，表明当模型估计省直管县改革对经济增长影响时，如果是对县级经济增长的影响，则负向显著性效应会显著降低。其余 2 个调节变量为正，表明样本量越大，文献模型中所收集数据的起始年份越接近现在，越有可能显著增加实证研究中负向显著性效应的结果。

综合以上结果，我们可以发现，现有文献得出的省直管县改革对经济增长产生影响具有一般性，同时省直管县改革对经济增长的影响在不断增强，影响力要大于早期，而且不断增强的是对经济增长产生负向作用。此外，第一产业占比较大的地区执行省直管县效果较好，而经济发展水平较高的地区执行省直管县效果相对较差。

三、小结

从改革属性看，跨级财政管理体制增加了最高层级政府的权力，倾向于集权而不是分权。

从对经济绩效的影响来看，计划单列体制作为中央—地方层面的跨级管理体制显著提高了自身经济效率，但并未带动周边地区发展，扩散机制不显著。主要原因可能是单列市与省级政府之间存在地区性行政垄断壁垒，基本上表现为各自独自发展，抑制了扩散机制的发挥。省直管县作为省以下的财政管理体制对县域经济增长存在影响具有一般性，仅与时间有关，且影响力在不断增强，不断增强的主要是对经济增长的负向作用。"省直管县"改革对县域经济增长产生正向影响一般与第一产业占比和经济发展初始水平有关，一般产业占比越大的地区，正向影响越大，而经济发展水平本身较高的地区推行省直管县的效果相对较差，这在某种程度上佐证跨级财政管理体制倾向于增强集权的研究结论。

综上所述，跨级财政管理体制虽然能够给予某一地区一定的财力优势，但是作为被跨越的计划单列体制下的省级政府和省直管县下的市级政府，承担一系列对下级政府（计划单列城市或者省直管的县）监管和服务职能的同时，却没有相应的财政控制权，这种财权与事权之间的分离，必将降低计划单列体制下省级政府和省直管县下市级政府的积极性，弱化其激励效应，影响经济绩效之余，也将影响各级政府公共服务职能的履行。

未来来看，随着改革的进一步推进，市场机制将发挥资源配置的决定性作用，政府将极大程度从经济领域退出，转向公平和民生领域。在这种情况下，政府间的经济管理权限将会弱化，而行政管理权限的统一有助于降低地方各层级政府之间的地区性行政垄断程度。近期深圳市与广东省江门市共建万亩工业园区，表明了区域合作、协同发展这一趋势。当然，为了进一步降低现有地方各层级政府之间的地区性行政垄断程度，还应该在以下四个方面有所突破。

第一，更名为全面深化改革开放重点市，弱化经济管理权限分离。随着社会主义市场经济体制的逐步确立，计划经济赖以存在的基础条件已不复存在，继续称谓计划单列市实属不妥。党的十八届三中全会以来，全面深化改革、全方位对外开放已是当前和今后一个时期的主基调，鉴于现存的 5 个计划单列市的历史地位和区域优势等客观现实，建议将计划单列市更名为全面深化改革开放重点试点市（简称重点市），承接中央各项重大改革开放举措，以此积累经验，逐渐向全国复制推广。

第二，适度增加 5 个计划单列市的行政区划范围，增加要素供给弹性和空间。计划单列体制历经 3 次重大的历史变迁，在不断争论和博弈中保留了大连、青岛、宁波、厦门、深圳等城市。几十年来，5 个计划单列市经济社会得以突飞猛进的发展，但其区划面积几乎未做调整，明显存在着发展空间不足、各种要素制约的种种瓶颈，仅从高房价上就可管窥这一"窘境"。为更好发挥现有 5 个城市在区域经济中的领头羊作用，建议从国家层面进行必要的行政区划微调，适度拓展计划单列市的行政管辖空间，最大限度提高区域资源配置效率。

第三，适当调整与计划单列市的财政体制，缓和省与单列市之间的矛盾。前文仅从经济增长视角对我国计划单列体制进行的具体分析，而从行政管理、基本公共服务均等化等角度来衡量，计划单列体制的负向性矛盾和问题更加突出。就财政管理体制而言，5 个市实行的是与中央结算的体制，省与计划单列市无严格意义上的财政关系。2003 年以来，计划单列市所在省份相应选择了"基数＋增长"模式进行体制微调，称之为"省里做贡献"，但规模不大，作用微乎其微，象征意义大于实际意义。为此，建议在计划单列体制改革过程中，要弱化中央与计划单列市、强化省与计划单列市的财政关系，充分发挥财政体制在政府财力资源配置中的基础性作用，尽量降低现行省与计划单列市的交易成本，减少不必要的体制摩擦，努力追求辖区内基本服务均等化。

第四，"省直管县"改革试点与计划单列体制异曲同工，但与计划单列样本不同，各省直管县的经济规模相对较小，自身发展潜力受限，对所在市、所在省的积极影响更小。而省直管县体制衍生出来的地区性行政壁垒依然存在，并且在不断增强其影响力，使得省直管县自身的经济发展也受到制约，同时催生了"县变区"等一系列现象。几年前，安徽省部分放弃了省直管县，浙江省"十三五"规划中删除"要深化省管县的改革"，辽宁更是从 2016 年末取消了仅有的两个试点县（绥中、昌图）。种种迹象表明，财政"省直管县"试点改革单兵突进，对于解决现有体制下县域经济和县域财政面临的问题作用不大，应该从更本质的改革、跟高层次的改革、更加综合的改革入手，解决问题。

第四节　优化分税制财税体制的总体考量与措施建议

财政制度是一个国家最为根本的制度，而财税体制安排又是财政制度的核心。2013 年 11 月 12 日，党的十八届三中全会通过了《关于全面深化改革若干重大问题的决定》，首次提出财政是国家治理的基础和重要支柱，最终建立现代财政制度。2014 年 6 月 30 日，中央深改组审议通过了"深化财税体制改革总体方案"，明确了时间表和路线图。种种迹象表明，当下财税体制改革已步入深水区，各种利益、矛盾交织胶着，亟须总体规划与具体实践的深度融合，最大限度地达成改革共识。本书针对一个时期以来我国财税体制改革的某些问题和不足，从国家治理的视角研究提出深化改革顶层设计的具体期待与建议。

一、注重顶层设计，进一步优化分税制财税体制改革总体思路的考量

1. 从中版本向高版本的重要升级

20世纪80年代至90年代初的财税体制改革，可以概括为1.0版的低版本（V1.0），前后持续了14年，在体制类型上可以划分为1980年和1985年的"分灶吃饭"、1988年的"财政包干制"，具有"摸着石头过河"的特征。财政承包制在充分调动地方积极性的基础上，也使中央财政在财政分配中处于明显的弱势地位。

1994年的分税制体制改革是个重大的制度创新，也是世界财税改革的奇迹，这一阶段可以概括为财税体制改革2.0版的中版本（V2.0），前后持续了20年，在从行政性分权向经济分权的转换过程中，具有以"拿来"为主的渐进式改革特征。但由于制度设计之初的某些限制，加之在20多年实践运行过程中出现的一些矛盾和问题，一定程度上存在着帕累托改进的不足，分税制体制的激励效应也在逐渐下降，有的甚至还演变为负激励。

2014年以来围绕财税体制改革密集出台了一系列制度文本，但"财税体制改革虽有所突破，但相对滞后的状态未有根本改变，总体上属于具体方向尚待明晰的'拖泥带水工程'"[①]。构建"事权与支出责任相适应制度"是新一轮财税改革的核心，而在改革顺序上的"排后"，在改革职能上的"模糊"，在改革方案上的"缩水"，在改革进程上的"慢节奏"等，都会制约整个财税体制改革进程。

主动改革，改革主动。20多年之后，财税体制改革所面临的环境条件发生了重大变化，如果继续沿用原有的模式框架，很难适应变化了的新形势、新要求，亟须新版本的财税体制设计方案，即3.0版的高版

---

① 高培勇、汪德华：《本轮财税体制改革进程评估：2013.11 – 2016.10》，载《财贸经济》2016年第11期、12期。

本（V3.0）。为此，以构建现代财政制度为目标的财税体制改革，不能只是现有模式的简单改良，必须要有新理论、新思维、新举措、新突破，至少还要管用几十年，切实为伟大复兴的中国梦提供强有力的制度供给。

2. 从国家管理向国家治理的适应转变

财政资源是最为稀缺的资源之一。科学的财税体制是优化资源配置、维护市场统一、促进社会公平、实现国家长治久安的制度保障。2016 年，我国经济总量 74.4 万亿元，一般公共预算总量高达 15.9 万亿元，成为世界第二大经济体和财政大国。特别是近些年的财政公共化、民生化运动，财政作用领域已由单纯的"体制内"（城市、国企）扩大到"体制内外"，由"小口径"供给群体拓展至"大口径"的全体公民，初步实现了取之于民、用之于民。但长期以来我国财税体制配置模式，由于受传统"统治"思想和计划经济"控制"惯性的制约，大都采取以行政手段为主、自上而下的方式，命令主义特色鲜明，法治民主透明程度不够，常常带来"城管式困境"，令方方面面不满意。

财政是国家治理的基础。现代国家治理具有治理主体多元化、运作方式多向度、作用边界清晰、注重契约精神等特征。为此，国家治理视角下的财税体制改革，有别于一般意义上的管理或控制，需要引入多元化治理模式，需要充分考虑政府与社会、政府与市场、中央与地方、国家与公民关系的协调，要通过制度化、法治化、民主化的作用机制，形成合理的合作分工，充分兼顾社会各方面利益诉求和差异化个性需求，客观上降低交易成本，营造和谐共赢的态势，促进国家治理体系和治理能力现代化目标的实现。

3. 从分"税"主导向"分事"为重点的根本转变

顾名思义，分"税"是分税制的一个最为重要的特征，即按照不同税种的属性等，通过多种形式在政府间进行划分，进行政府财力资源的初次分配。但分税制作为政府间财政关系的有效实现形式，则是一系列制度安排和运行机制的组合。通常，事权、财权的划分、转移支付制度的构建，以及三者间的协调配合状况，成为检验财税体制是否科学有效的重要标尺。

事权划分是体制设计的逻辑起点，转移支付制度构建则是弥补收入划分"失灵"的重要补充和作用机制。1994 年分税制改革及其调整，主要在政府间收入划分上做文章，从而提高中央财政的集中度和控制力，同时相应逐步建立和完善了财政转移支付制度，形成了现行的以分税为主导、转移支付为辅的财税体制框架。以 2015 年为例，中央财政收入集中度为 45.5%，而支出比重为 14.5%，而地方财政这一比例分别是 54.5% 和 85.5%，收支离差高达 30 个百分点。这一体制模式，对中央财政而言是"大马拉小车"，对地方则是"小马拉大车"，与制度设计所追求的"事权与财权、财力"相匹配的原则，产生了较大的背离，相应也降低了分税制体制功效。业界普遍认同的一个解释，就是政府间事权划分改革的相对滞后性。1994 年制度设计之初，就忽略了事权合理划分这一关键环节，其后零星可见的事权改革，也都体现出"抓好放坏"的逻辑，如上收石油公司等"好"的事项，下放高校、煤炭、地勘、有色等"坏"的事项。

政府间事权划分不清晰、不合理、不规范的问题，一直伴随着 20 多年的实践过程，成为当下最难啃的一块硬骨头。为此，新一轮财税体制改革，要适应改革深化过程和阶段的客观要求，实现基本理念和工作中心的根本性转变，重启以分"事"为重点的分税制改革，从根本上补齐长期"缺位"的"短板"瓶颈。

4. 从财政领域向综合配套改革的有效推进

改革开放以来，财税体制改革一直扮演着"急先锋"的角色，并在不同历史时期发挥着重要作用。

20 世纪 80 年代的国家财政向企业让利、中央政府向地方政府财政包干的"双分权"，为改革前半段国民经济恢复与发展注入了活力，并带来了中国经济的初步繁荣。以 GDP 为例，1978 年仅为 3678.7 亿元，而到 1993 年 35673.2 亿元，增长了近 9 倍，年均增长 12%。20 世纪 90 年代分税制模式的成功引入，克服了财政包干制的种种弊端，较好建立了"激励与约束"机制，充分调动了地方各级政府当家理财的积极性、主动性和创新性，为中国步入世界第二大经济体和大国财政注入了财税体制机制活力。其后，我国启动了财政公共化改革，突破了长期存在的"二元"财政结构，也得益于分税制体制所带来的较为坚实的财力基础。

政府间财政关系，并非简单的财政收支划分和转移支付，而是与经济社会发展、资源配置效率、历史文化背景、政治民主进程以及国家统一等目标和依赖条件高度相关。财政一半是"财"，另一半是"政"，如果说以往的改革，主要涉及"财"，也触及"政"，那么下一步"政"是绕不过去的。而长期模糊的政府、市场与社会边界需要理清，政府间职能同构、"上下一般粗"的问题需要区分，政府级次与财政级次的有效衔接需要回答，价、税、财改革联动需要提速，财税体制法治化、民主化、公开化的进程需要推进，事权与支出责任的划分需要加快，财税体制改革与司法体制、社保体系改革需要相互衔接，财税体制与金融体制、计划体制改革需要合理搭配等。所有这些，仅靠以往的财政"单边主义"方式，明显出现了"越位"的问题。为此，新一轮财税体制改革要着眼于全局和长远，亟须摒弃部门利益、地方利益思维，有效达成改革共识，务必有序均衡推进。

5. 从美式分税制向多国经验模式的较好借鉴

他山之石，可以攻玉。我国 1994 年的财税体制改革，几乎全盘照搬美国的分税制模式，为短期内摈弃财政承包制弊端，迅速引入新型政府间财政关系发挥了重要作用。

美国是高度发达的市场经济体，政府与市场、社会边界清晰，"三权分立"思想、基督教文化特征明显。美国国土面积 937 万平方千米，自然条件优良均衡，人口 3 亿多。作为典型的联邦制国家，除了中央级的联邦政府外，还有 51 个州和 8 万个地方政府（市、县、镇），地方政府享有较为充分的自主权，各级政府都有明显的事权、财权、规范的财政转移支付制度。而中国除了国土面积与美国相当外，其他方面与美国迥异。

在 20 多年财税体制运行过程中，美国的分税制简单"拿来"模式在中国出现了一定程度的水土不服,某些效仿性改革①效果也不尽如人意。有的甚至将经济社会运行中的一些矛盾问题,都责怪到分税制上,甚至出现了怀疑、诋毁甚至否定分税制的非理性倾向。

我国是个人口众多的发展中国家,截至 2016 年末中国大陆共有 31 个省级、334 个地级、2851 个县级、39862 个乡镇级,以及 78.6 万个居委会和行政村②。在这样一个多级形态下处理政府间财政关系,需要充分考虑历史的惯性作用、多元文化结构、多层次政府架构、差异悬殊的自然禀赋、非均衡的人力资源分布、众多的人口与幅员辽阔的疆域等复杂的国情。

除了美国的市场经济国家分权型分税制模式外,还有法国的集权型财税体制③、日本的集权与分权相结合型财税体制④,以及德国的横向转移支付制度、德国和巴西中央对保障基层政府财政利益的"命令模式"等,都较好经过多年的实践检验,也是人类文明的宝贵财富。为此,新一轮财税体制改革要立足中国国情省情,理性借鉴成熟市场经济国家政府间财政关系的一般规则及转型国家的经验,不断推进财税体制现代化建设。

6. 从"概念"到"实践"的具体转换

一般而言,一项制度或改革从概念到实践,往往需要一个较长时期的适应、调整、修正过程,不可能一蹴而就。

近三年多来,从国家层面出台了十几个财税体制改革文件,明显存

---

① 如比照美国模式所设立的两套税务机构,比照美国三级政府框架所进行的简化地方政府财政级次改革等。

② 2013 年数据,视其为"半"级财政。

③ 法国实行共和制,国土面积 55 万平方千米,人口 0.7 亿人,其政府分为四个级次,即中央、大区、省、市镇,属于管理权限较为集中的单一制分税制,实行财权与财力"双集中"的管理模式,中央税收占全国税收总收入的 75%,不设共享税或同源课税的分税制,中央与地方分税彻底。法国财政收入 80% 以上为税收收入,税种高达 50 多个。

④ 日本属于单一制国家,实行地方自治制度,政府与财政为三级,即中央、都道府县和市町村三级,分别为 1 个中央级、47 个都道府县和 3253 个市町村。各级政府都有独立的财政预算。日本政府间的事权和支出责任划分都是由法律明确规定,收入上基本不实行共享税和同税源分别征收,2009 年财政支出占 GDP 比重为 39.17%,中央财政支出占总支出比重为 42.81%、地方为 57.32%。

在着改革加快的态势。但从改革总体进展情况看，由于受改革复杂性、固化利益集团阻隔、经济上"三期叠加"等因素的影响，一些财税改革尚处于技术操作层面，个别改革仅处于总体思路和基本原则探索过程中，甚至有的改革还出现了"反复"（如清理税收优惠政策）、"滞后"（如房产税改革）和"打折扣"（事权与支出责任相适应的改革局限于"财政"范畴）等情况。

知易行难。当下财税体制改革已成为全面深化改革中最难啃的硬骨头。诸多财税体制改革相关文件的出台只是一个好的开端，而整个改革的系统平稳落地还需一个长期的过程。为此，从有效解决两个"一公里"的弊端出发，谨防已出台文件不"空转"，加快其有效实施、落地，是当前深化财税体制改革的最终落脚点和归属。

总之，深化财税体制改革、健全财税制度是一项复杂的系统工程，也是百年大计。可以说研究设计起来容易，但运行解决起来则需要一个长期不懈的过程，需要一代人甚至几代人的努力。我们要在坚持分税制原则的基础上，综合运用各种理论方法，充分吸收国内外实践经验，重新回归分税制改革逻辑、思维及其原则，加速构建具有中国特色、符合社会主义市场经济体制要求的现代财政制度框架。

二、统筹兼顾，妥善处理好优化分税制财税体制改革相关关系

优化分税制财税体制改革，是一项极为复杂的系统工程，需要从多维视角统筹兼顾协调诸多利益关系。

第一，有效兼顾政治、经济、社会之间关系。无论是政府有机论还是机械论都认为，政府具有政治、经济、社会三大职责。财政作为政府履行职责的物质基础和政策工具，"是一个经济范畴，又是一个政治范畴"[1]。党的十八届三中全会以来，学术界围绕财政职能定位和学科属

---

[1] 江泽民：《关于财税工作问题》，国务院公报2000年第16号。

性做出了新界定①。因此，国家治理视域的分税制财税改革，要从讲政治的高度，通过引入科学民主决策机制、广泛深入参与机制，充分兼顾各方利益关系，实现经济社会可持续发展，避免因体制调整、税制改革引致不必要的波动。

第二，有效兼顾总量、速度、比例之间关系。财政属于国民经济收入分配再分配的范畴。运用体制工具调整收入分配关系，一定要"总量"控制、"速度"合理、"比例"协调，任何超能力、超水平、超阶段的分配行为，都会偏离其"中性"原则，造成效率的损失，不利于公平。

第三，有效兼顾事权、财权、财力之间关系。由事权与财权相匹配，到事权与财力相匹配，我们经历了一个重要的认知过程。可以说，事权与财权匹配是财税体制设计的起点，事权与财力匹配则是体制执行的结果。既然我国选择了财政分权体制，就必须赋予地方政府相对完整的财政权（含事权决定权、税收权、举债权、预算权等），只有财力没有财权的分税制是不完整的，也不应当作为未来的改革取向。为实现基本公共服务大致均等化的目标，只有当财权内财源不足时，才通过转移支付等形式，提供必要的财力补充。所以，三者之间关系要协调，但财权与财力不能混淆。

第四，有效兼顾集权、分权、授权之间关系。过度集权和分权都会带来体制效率的损失。适度集权型财政体制符合中国国情。因政府间"职责同构"，而又通过"委托—代理"占主导地位的授权模式，并非最优的匹配。所以，未来的分税制财税体制改革取向，应该是适度集权、适度分权、充分授权。

第五，有效兼顾中央、地方、部门之间关系。广义的分税财政体

---

① 中国社会科学院高培勇在 2017 年 2 月 27 日《人民日报》撰文认为：财政概念的新变化是从经济范畴扩展为综合性范畴，财政职能的新定位是优化资源配置、维护市场统一、促进社会公平、实现国家长治久安，财政活动主体的新拓展是由单一扩展至多元，财政学科属性新方向是还原于"交叉性"，财政学理论体系新发展是以满足国家治理层面的社会公共需要为中心线索的逻辑体系架构。

制，是纵向关系和横向关系的集合。1994 年的分税制改革，我们较好解决了中央与"诸侯"（地方）之间问题，但却忽略了政府与"王爷"（部门）之间的约束，致使部门利益膨胀，政府财权部门化。因此，优化分税制财税体制改革，必须摒弃中央主义、地方主义、部门主义的思维惯性，秉持国家利益、全局利益、长远利益至上原则，妥善处理好政府间、条块间财政利益关系。

第六，有效兼顾税、费（基金）、利（租）之间关系。也称第一财政、第二财政、第三财政①之间的关系。目前，"税"通过国地税征管，构成了政府财政资源的主体，得到有效使用、监管。"费"则逐步纳入了财政预算或专户管理体系，并在地方财政体系发挥了重要作用，但其"政府所有，部门使用"性质没有太大改观。"利"则是近几年才开始纳入财政预算体系之中②，构成了垄断集团的超额利润。2010 年第三财政规模高达 2.14 万亿元（张馨，2012），而 2015 年全国国有资本经营预算收入为 2043.6 亿元，其中：中央 1475.4 亿元，地方 568.2 亿元。因此，优化分税制财税体制改革，要在全口径预算前提下，本着正本清源、完整统一的原则，有效推进费改税进程，强化国有资本经营预算编制执行力度。

第七，有效兼顾存量、增量、流量之间关系。"基数 + 增长"的渐进性改革，确保了地方既得利益，确保了 1994 年分税制的顺利实施。以流转税为主导的税制结构，倒逼着地方在"流量"上大做文章，形成了外延型财政增长方式，但随着时间推移这一"流量"增长模式产生了一定的负激励。因此，优化分税制财税体制改革，要弱化"存量"约束，控制"流量"规模，做实"增量"，切实构建有质有量的内生增长机制。

第八，有效兼顾初次分配、再分配、三次分配之间关系。在我国现行的财政分配体系中，存在着严重的结构失调问题，即一次分配比例失

---

① 张馨：《论第三财政》，载《财政研究》2012 年第 3 期。
② 近年来推行的国有资本经营预算改革，尚处起步阶段。

衡，再分配明显越位，三次分配严重缺位。一次分配讲效益、再次分配讲公平、三次分配作补充是通行规则。因此，优化分税制财税体制改革，就是要发挥三次分配的独特功能，取长补短，共同作用。初次分配要充分发挥市场机制的作用，实现财力资源优化配置。再分配要充分发挥财政作用机制，有效弥补市场缺陷。三次分配要充分发挥社会组织作用，有效弥补政府失灵。

第九，有效兼顾层级、辖区、命令之间关系。本着"一级政府、一级财政"原则，我国存有5级财政体系。近些年自上而下强制推行的"省直管县"扁平化试验，也因种种原因停滞不前。目前看，扁平化只是权宜之计，并非治本之策。因此，优化分税制财税体制改革，亟须转变行政层级逻辑思维，从满足基本服务均等化要求出发，引入"命令模式"，以省级政府为责任主体，充分尊重地方政府的自主选择，避免一刀切、运动式，造成财政秩序的混乱。

第十，有效兼顾人治、法治、自治之间关系。我国现行政府间财政关系重大事项的确定、划分、调整，主要依靠"红头文件"来进行，上级决定下级，地方从属于上级，法治化、规范化程度不高，人治色彩鲜明。未来的改革完善，要充分体现法治精神及其原则，减少人为因素的干扰，较好赋予地方政府独立行使履行辖区责任的权利。

三、立足现实需求，进一步优化分税制财税体制改革具体方案的设计

在有效兼顾上述多元利益关系的基础上，研究提出一个简要的改进框架体系。

重新定位财政职能范围。要在"两个新凡是"[1] 的前提下，"有所为，有所不为"，重新考量政府财政活动领域和作用边界。一个基本的改革建议，就是凡市场能做的，政府就要少介入或者不介入；凡通过间

---

[1] 凡是公民能自行解决的，政府就要退出；凡是市场能调节的，政府都要退出。

接手段能调节的，政府就少用或者不用直接手段来干预；凡更低一级政府能做的，更上一级政府就少介入。合理确定财政收入规模和速度，减少行政手段在财力资源配置上的无节制运用，还原市场机制的本原，最大限度地满足社会公共需要。

科学划分政府间事权范围。本着外部性、信息复杂程度和激励相容的原则，重新划分中央政府、省级政府和地方政府（市、县、乡镇）之间事权范围，有效克服"上下一般粗""职责同构"的问题。当下，要将一些事关全局、流动性强、跨界域的事权和支出上划省级以上政府。

适度降低政府宏观税负。以 2012 年为例，我国大口径的宏观税负为 35.8%，超出了仍处于发展初级阶段的国情。要从国民收入初次分配入手，通过一系列税费改革，如结构性减税、减费等，合理控制政府收入规模和增长速度。

合理划分政府间财权。一方面，积极探求"集权"与"分权"的平衡点，适度降低中央财政的集中度，通过减少共享税种、降低共享比例等，适度下沉财力，建议中央与地方政府间的税收收入初次分配比例控制在"50∶50"的水平①。另一方面，赋予地方政府适度的税权，将那些保证全国政令和税收政策统一，维护全国统一市场和公平竞争的地方税的税收立法权集中在中央外，可将其"余权"让渡地方。

省以下财政体制实行"命令模式"。层级分权思维主导下的政府间收入划分，到了县乡层面几乎无税可分。前些年，财政单项力推的"省直管县"改革试验，也因与现行的行政管理体制不匹配、区域经济发展不协调以及省级管理幅度和县级运行成本等问题的制约，效果不理想。为此，要从弱化层级财政思维入手，不断强化辖区财政责任。同时借鉴俄罗斯、巴西等转轨国家省以下财政体制经验，引入"命令模式"，由中央政府明确规定主要税种在地方各级中的最低划分比例。

---

① 以 2011 年为例，中央与地方间财政收入划分比例为 49.4∶50.6，而税收收入则为 54.2∶45.8，大致有 5 个点的差异。

加速推进税制改革。我国现行的税收制度，大体延续1994年的制度框架，虽然经历了近年来的两税合一、个税起征点变动、增值税"转型"和"扩围"试点等项改革，但流转税、间接税的主体地位没有改变。这种税制结构，适应了组织财政收入的需要，特别是确保了中央财政收入的稳定增长。地方税制的先天不足和逐年萎缩，伤害了地方政府的财源基础，迫使地方政府纷纷在土地、资源、环境上作文章，造成了不规范竞争、产业趋同、产能过剩。新一轮税制改革，要在总体改进完善的基础上，亟须将地方税建设置于重要地位，通过重新划分增值税和所得税分享比例，改进消费税并让渡地方，以及完善房产税、遗产和赠与税等，确保地方政府拥有较为稳固的主体税源。

改进财政转移支付制度。明确转移支付来源，合理确定转移支付规模，优化转移支付结构，自上而下加大专项整合力度，积极探索横向转移支付形式，加大以"因数法"为主导的分配办法，切实提高转移支付绩效。

统一政府财政权。政府财权部门化、部门财权法治化，是当前我国财政经济运行中的最大顽疾。从根本上解决"各路大臣都分钱"的问题是当务之急。要从维护国家和地方财政经济安全的高度入手，通过完善各项财政法规制度，推进依法理财和"阳光财政"建设，深化政府预算改革，整合政府财力资源，实行"金财工程"等措施，确保政府财政权的完整、统一。

第四章

深化事权与支出责任划分改革研究

深化财税体制改革涉及中央与地方、政府与企业以及部门间的权力和利益调整，是一项系统性极强的改革任务，理顺政府间财政关系是其中的核心和关键所在。政府间事权的合理划分是现代财政制度有效运转的基础，是处理好政府间财政关系的逻辑起点。事权和支出责任划分一直是财政体制改革的重点内容之一，自分税制财政体制改革以来，我国学者就对事权的划分进行了长期的研究。自十八届三中全会提出要"财政是国家治理的基础和重要支柱"深化财税体制改革，建立事权和支出责任相适应的财政体制以来，事权和支出责任划分也就成为当前学术界研究和实际部门关注的重点。

从财政体制改革的实践层面来看，1994 年的分税制财政体制改革，有效激励了地方各级政府理财积极性，根本上扭转了财政"两个比重"过低的问题，切实增强了国家财政宏观调控能力。但是政府间事权和支出责任划分改革没有进展，一直沿袭之前的划分模式，十多年来并没有多大的变化。由于我国各级政府间事权与支出责任划分存在不清晰、不合理、不规范等问题，政府实际职能的履行和行政效率的提高受到了很大的制约。党的十八届三中全会在全面深化改革的总体目标中提出要"推进国家治理体系和治理能力现代化"，并将财政确立为是国家治理的基础和重要支柱，这是对新时期我国财政职能和财政改革目标的全新定位和要求。然而，从现实角度看，我国政府间事权与支出责任划分存在诸多弊端，尚不能承担起国家治理的基础和重要支柱的任务。因此，进一步推进政府间事权与支出责任划分，是建立现代财政制度，进而实现国家治理现代化的要求。

第一节　事权、支出责任及相关概念的内涵辨析

"事权"与"支出责任"的概念在我国学界早已使用，根据"中国知网"的检索结果，对"事权"做主题研究的文章最早出现于 20 世纪 80 年代中期①，对"支出责任"做主题研究的文章最早出现在 20 世纪 90 年代②。

在西方的财政学理论文献中，并没有"事权"的概念，事权一词是我国背景下的特有称谓，是计划经济体制下各级政府对其治下的国营企事业单位的行政管理权，突出的是一种行政隶属关系，应该将事权概念改变为公共服务职责（倪红日，2006）。李齐云、马万里（2012）认为，在市场经济条件下，政府职能主要是提供公共产品，事权的内涵就是政府的公共产品供给职责，对应在财政支出上就是支出责任。楼继伟（2013a）认为，事权是指各级政府的职能，事权是我国传统体制下出现的词汇，主要是指分层次管控社会经济事务在不同级政府间权力的划分，现在含义已经转变，在财政学术语中通常称为"职能划分"、"事权划分"或"支出责任划分"。因此，从概念上来看，事权的确定不仅与财政相关，而且也涉及政府职能的界定。

但是，柯华庆（2014）指出，在十八届三中全会《决定》出来之前，主流财税界一直将"事权"与"支出责任"或"职能"混为一谈。他认为事权是政府在公共事务和服务中应承担的任务和职责，而支出责

① 刘戎：《对国家财政事权范围的看法》，载《财经问题研究》1986 年第 1 期。
② 孙贵文：《分税制存在的问题和解决途径》，载《金融教学与研究》1994 年第 4 期。

任是政府承担的运用财政资金履行其事权、满足公共服务需要的财政支出义务，与事权相比，支出责任更体现出政府财政支出的义务，而非权力。在这里，事权与支出责任的不同并不是具体的内容，而是在法律意义上的。从法律角度而言事权是宪法赋予政府的职权，我国《宪法》及其相关法律规定了各级国家机构的职权，支出责任是财税体制法律化的直接表现，支出责任的落实状况决定着政府履行法定义务的状况。

理顺政府间财政关系是财税体制改革的核心内容。财政管理体制确定了政府职能和公共资源配置方式，是经济体制中与市场机制的重要组成部分。事权、支出责任、财权、财力是政府间财政关系的基本构成要素，其各自的内涵与彼此关联为多级政府财政管理体制模式的选择与改革提供了理论依据，特别是分权财政管理体制中政府间事权和支出责任的划分、收入的分配、转移支付制度的设计，更组成了联邦主义财政政府间财政关系的主要内容。

从分税制改革以来的我国财税体制改革的具体实践和历史沿革来看，对于以事权、支出责任、财权、财力彼此间对应关系为核心的政府间财政关系在不同阶段有过不同的理性认识和表述形式，这也客观地反映出我国政府间财政关系调整由表及里、由易及难的改革脉络，同时，对于政府间财政关系问题的本质认识也在不断深化。具体而言，到目前为止，我国政府间财政关系的清晰表述可以分为三个历史阶段。一是在1994年分税制改革至2007年十七大之前，主要使用"事权与财权相结合"的表述，在这一阶段，市场经济的建立迫切需要理顺中央和地方政府之间的财政关系，因此，在构建与市场经济相适应的政府间财政关系改革伊始，使用了"事权与财权相结合"的说法。二是从十七大至十八届三中全会前主要使用"财力与事权相匹配"的表述，在这一阶段，基层政府在公共服务提供过程中出现了较为严重的收支问题，这一时期的政府间财政关系调整主要强调通过给予地方及基层充足的财力以完成基层公共服务供给。三是在十八届三中全会后，强调"事权和支出责任相适应"。一方面科学有效设定和细化多级政府间事权责任，另一方面明确政府间交叉事权的支出责任划分，进一步强化中央事权和支出责任,即中央政府需要进一步增加事权,尤其是支出责任(见表4-1)。

表4-1 分税制以来党和国家重要文献相关事权划分改革表述

文献名称	相关事权划分改革表述
"九五"计划(1996~2000年)	完善分税制,合理划分中央与地方的事权,划清支出范围。建立规范的转移支付制度
十六届三中全会"决定"(《关于完善社会主义市场经济体制若干问题的决定》,2003年10月)	推进财政管理体制改革。健全公共财政体制,明确各级政府的财政支出责任
"十一五"规划建议(2005年10月,2006~2010年)。	合理界定各级政府的事权,调整和规范中央与地方、地方各级政府间的收支关系,建立健全与事权相匹配的财税体制
十七大报告(2007年10月)	健全中央和地方财力与事权相匹配的体制,加快形成统一规范透明的财政转移支付制度,提高一般性转移支付规模和比例,加大公共服务领域投入
"十二五"规划建议(2010年10月,2011~2015年)	在合理界定事权基础上,按照财力与事权相匹配的要求,进一步顺各级政府间财政分配关系。增加一般性转移支付规模和比例,加强县级政府提供基本公共服务财力保障
十八大报告(2012年11月)	加快改革财税体制,健全中央和地方财力与事权相匹配的体制,完善促进基本公共服务均等化和主体功能区建设的公共财政体系
十八届三中全会"决定"(《关于全面深化改革若干重大问题的决定》,2013年11月)	建立事权和支出责任相适应的制度。适度加强中央事权和支出责任,国防、外交、国家安全、关系全国统一市场规则和管理等作为中央事权;部分社会保障、跨区域重大项目建设维护等作为中央和地方共同事权,逐步理顺事权关系;区域性公共服务作为地方事权。中央和地方按照事权划分相应承担和分担支出责任。中央可通过安排转移支付将部分事权支出责任委托地方承担。对于跨区域且对其他地区影响较大的公共服务,中央通过转移支付承担一部分地方事权支出责任
"十三五"规划建议(2015年10月,2016~2020年)	建立事权和支出责任相适应的制度,适度加强中央事权和支出责任。调动各方面积极性,考虑税种属性,进一步理顺中央和地方收入划分

资料来源:根据有关文献整理。

第二节 中央与地方事权与支出责任 划分的历史及现状

从财政体制的角度来看，我国的政府间财政关系大体经历了以下三个不同的阶段：1949～1978 年的统收统支财政体制，1979～1993 年的财政包干体制，以及 1994 年以来的分税制财政体制。中央与地方事权与支出责任的阶段也大致与财政体制相一致。

1. 分税制改革之前事权和支出责任的划分

统收统支体制和财政包干体制两个时期在财权分配上大不相同，但在事权的分配上，两个时期的相同点更多。在事权与支出责任的分配上，主要是按照行政和事业单位的行政隶属关系来划分的，即中央行政、事业和企业单位的事权属于中央财政的支出责任，归属各级地方政府（包含省、市和县）所管的行政、事业和企业单位的事权属于地方财政的支出责任。换言之，在分税制改革之前，除了国防、外交等少数事权为中央专属外，支出责任在中央与地方之间划分的主要依据，并非事项本身的差异，而是执行责任的单位的行政隶属。统收统支体制和财政包干体制两个时期同时属于计划经济时期，而计划经济的行政性分权一直延续到 1993 年（分税制改革之前）。事权划分一直沿袭着计划经济时代的行政性分权（楼继伟，2013）。

事权与支出责任的划分按照行政隶属关系来划分的方式，可以说与财权的划分相一致，也可以说行政隶属关系对财权划分产生了一定的影响，或者说二者是相互影响的。例如，企业收入的归属往往根据企业的行政归属而定，即中央所属企业收入为中央收入，地方企业收入为地方收入。但是，决定财权划分的根本变量是由中央政府规定的各个省级行政区地方财政收入征收基数、支出指标、上解中央基数、从中央获得补贴指标、收入与中央分成方法等一系列财政体制规则决定的，中央政府始终保持单方面制定并改变规则的权力（张光，2017）。

2. 分税制下事权和支出责任的划分

1994 年后，由于市场经济资源配置方式引入，政府和企业职能的分离，从根本上改变了我国税收体制和政府间财政关系（楼继伟，2013）。1993 年 12 月 15 日，《国务院关于实行分税制财政管理体制的决定》（以下简称"决定"）的出台是改革的标志性事件。该决定提出从 1994 年 1 月 1 日起改革分级包干体制，在全国范围内实行分税制。20 多年来，这一体制不断调整完善，在渐进中发挥出了助益发展的巨大功效，中央与地方政府之间的收入划分格局也随之演进，逐步呈现出趋于稳定的态势。分税制改革的实施，中央和地方的收入分配关系基本理顺，但是事权划分仍是行政性分权，虽有改进，但旧体制痕迹太多，沿袭多于革新。

《国务院关于实行分税制财政管理体制的决定》关于中央与地方事权划分的主要规定如表 4-2 所示。

表 4-2　　　　　　　　　　　1994 年中央与地方事权划分

中央财政事权		地方财政事权	
主要职责	具体范围	主要职责	具体范围
主要承担国家安全、外交和中央国家机关运转所需经费，调整国民经济结构、协调地区发展、实施宏观调控所必需的支出以及由中央直接管理的事业发展支出	国防费，武警经费，外交和援外支出，中央级行政管理费，中央统管的基本建设投资，中央直属企业的技术改造和新产品试制费，地质勘探费，由中央财政安排的支农支出，由中央负担的国内外债务的还本付息支出，以及中央本级负担的公检法支出和文化、教育、卫生、科学等各项事业费支出	主要承担本地区政权机关运转所需支出以及本地区经济、事业发展所需支出	地方行政管理费，公检法支出，部分武警经费，民兵事业费，地方统筹的基本建设投资，地方企业的技术改造和新产品试制经费，支农支出，城市维护建设经费，地方文化、教育、卫生等各项事业费，价格补贴支出以及其他支出

资料来源：《国务院关于实行分税制财政管理体制的决定》。

显然，在这个分税制改革的纲领性文件中，除了国防、外交以及外援支出责任完全由中央承担、城市维护和建设经费完全由地方承担外，其余各项支出依然按照行政级别归属予以划分的。

在财政收入划分方面，分税制改革完全取消了按行政隶属划分收入的传统做法。分税制改革将政府的财政收入分为中央固定收入、地方固定收入和中央地方共享收入三个组成部分（如表4-3所示）。

表4-3　　　　　　　　　1994年中央与地方收入划分框架

中央固定收入	地方固定收入	中央地方共享收入
关税，海关代征消费税和增值税，消费税，中央企业所得税，地方银行和外资银行及非银行金融企业所得税，铁道部门、各银行总行、各保险总公司等集中交纳的收入（包括营业税、所得税、利润和城市维护建设税），中央企业上交利润等	营业税（不含铁道部门、各银行总行、各保险总公司集中交纳的营业税），地方企业所得税（不含上述地方银行和外资银行及非银行金融企业所得税），地方企业上交利润，个人所得税，城镇土地使用税，固定资产投资方向调节税，城市维护建设税（不含铁道部门、各银行总行、各保险总公司集中交纳的部分），房产税，车船使用税，印花税，屠宰费，农牧业税，农业特产税，耕地占用税，契税，遗产或赠予税，土地增值税，国有土地有偿使用收入等	增值税中央分享75%，地方分享25%。资源税按不同的资源品种划分，大部分资源税作为地方收入，海洋石油资源税作为中央收入。证券交易税，中央与地方各分享50%

资料来源：《国务院关于实行分税制财政管理体制的决定》。

分税制收入划分方式与包干制完全不同，收入分成在理念上被否定，在体制上暂时退居到次要位置，部分税种分割、部分税种共享成为分税制主要特征，由此形成了中央与地方政府之间的收入划分基础框架。中央与地方财政收入占比局面在1994年当年就出现了扭转，由1993年的22%：78%，上升为55.7%：44.3%。

1994年的分税制财政体制改革具有明显的政策意图，即提高"两个比重"，提高中央政府调控能力。地方政府财政收入比重下降的同时，支出却在不断上升，而且新增的政府支出责任，尤其是社会保障支出责任，几乎由地方政府来执行。这样一来，地方财政的收支缺口越来大。地方财政的收支缺口，就由中央对地方的巨额财政转移支付来弥补，这也意味着中央通过转移支付承担了由地方政府执行的众多支出的部分责任。

以 2014 年、2015 年财政支出为例（如表 4 - 4 所示）。在 19 类支出中，中央支出占全国支出占比超过 97% 的有外交与国防，其支出责任几乎完全由中央承担；粮油物资储备支出中中央占比达 60% ~ 70%，支出的主要责任是由中央承担的。中央支出比重在 40% ~ 60% 的有金融业和科技，这两类支出责任是由中央和地方分别分担的。其余的各类支出责任绝大多数则是由地方政府执行的。在各类地方支出中，中央政府通过专项转移支付和一般性转移支付的方式，承担部分事权，按其承担比重排序依次是：住房保障、节能环保、社会保障、农林水、交通运输、医疗卫生、商业服务业、国土海洋气象、教育和文化。

表 4 - 4　　　　　一般公共预算支出：中央、地方与转移
支付的分布（2014 ~ 2015 年）　　　　　单位：%

支出分类	2014 年			2015 年		
	中央支出占比	地方支出占比	转移支付占地方支出比重	中央支出占比	地方支出占比	转移支付占地方支出比重
一般公共服务	7.92	92.08	1.64	7.79	92.21	1.58
外交	99.60	0.40	0.00	99.26	0.74	0.00
国防	97.17	2.83	11.83	97.59	2.41	12.41
公共安全	17.68	82.32	9.34	16.89	83.11	8.23
教育	5.44	94.56	13.07	5.17	94.83	11.59
科技	45.85	54.15	3.65	42.27	57.73	1.89
文化	8.29	91.71	11.56	8.84	91.16	10.45
社会保障	4.38	95.62	41.69	3.80	96.20	38.11
住房保障	8.04	91.96	45.80	6.92	93.08	45.41
医疗卫生计生	0.89	99.11	28.17	0.71	99.29	28.06
节能环保	9.03	90.97	48.64	8.34	91.66	42.12

续表

支出分类	2014 年			2015 年		
	中央支出占比	地方支出占比	转移支付占地方支出比重	中央支出占比	地方支出占比	转移支付占地方支出比重
城乡社区建设	0.13	99.87	0.58	0.07	99.93	0.78
农林水	3.81	96.19	43.53	4.25	95.75	35.80
交通运输	7.03	92.97	36.60	6.90	93.10	32.62
资源勘探信息	7.25	92.75	7.45	5.70	94.30	5.70
商业服务业	1.80	98.20	26.25	1.29	98.71	19.43
金融业	48.49	51.51	1.15	48.29	51.71	1.31
国土海洋气象	17.31	82.69	10.33	16.45	83.55	14.45
粮油物资储备	59.86	40.14	48.67	70.26	29.74	40.38

在分税制体制下，中央与地方的财权分配方式，同以往相比，发生了本质的变化。地方政府所支配的财力或财权由两个部分构成：地方政府自己征收的收入和从中央获得的转移支付和税收返还收入。但是，在事权或支出责任分配上则基本沿袭了此前按行政隶属关系划分的方式，地方政府承担了85%的国家财政支出任务，中央政府是以向地方政府提供转移支付的方式来承担或分担由后者执行的支出责任的。在这个思路下，在地方支出中，那些专项转移支付和准专项性的"一般转移支付"占比较高的支出类别，社会保障、住房保障、节能环保、交通运输等，可视为中央与地方共同事权的领域。

第三节 事权与支出责任划分中的突出问题

目前，我国中央和地方政府事权和支出责任划分不清晰、不合理、不规范，政府与市场分工不明确，政府事权和支出责任经常因政策而变化，政府事权层层下压，职责同构、事权错配普遍存在。对于事权与支出责任划分中出现的问题及其影响，可以概括为以下几大问题：

（一）政府与市场边界不清

政府与市场边界模糊不清、分工不明确，从而，政府事权"越位"和"缺位"问题并存。政府的"越位"干预直接增加了支出责任。例如，政府直接投资于商业流通、工业项目等一般竞争性领域，对民间投资产生了挤出效应，市场配置资源的作用难以发挥出来。因对企业特别是国有企业的直接投资、财政补贴、财政贴息等，会在一定程度上造成企业甚至行业的盲目发展，产能过剩、重复建设屡见不鲜。在市场失灵领域，政府又存在着"缺位"现象，如水利设施、环境保护、市场监管、历史遗留问题等。政府对于经济发展的不当干预，尤其是在政绩考核下体系形成的对 GDP 的盲目追求，导致政府行为与市场行为不分。如地方政府招商引资政策，工程项目开发，产业政策等，尤其是地方政府融资平台公司的出现，使得地方政府成为经济发展和市场开发的主体。在这种情况下，不仅浪费了大量的财力资源，而且导致致使事权划分的难度越来越大。

（二）政府事权边界经常变动

在当前的发展阶段，我国政府职能不断扩展，政府事权也不断增加，以前各级政府主要是围绕"经济增长"下功夫，现在则需要在经济、政治、社会、文化、生态等方面统筹兼顾。随着经济社会的快速发展，政府具备了提供更多更好公共服务的能力，其中因为政策性变化导致政府事权边界也在不断变动。例如，自 2003 年提出把三农工作作为党和政府工作的重中之重以来，在三农方面的支出也越来越多，各级政府承担的三农支出责任也不断增多，涉及农村的支出大多是新增加的。而且政府每推动一项改革，必然伴随着事权和支出责任的增加，例如，保障性安居工程，医疗改革，是对原有缺位的弥补，社会事业改革基本靠财政支出来推动，造成政府支出责任的增加。而这种增加的趋势，在弥补原有不足的同时，更延伸至各个领域，政府财政作用边界不断扩张，缺位问题没有解决，新的越位又会出现。同时，突发事件、社会问题出现的频率也越来越高，引起政府事权和支出责任的增加，如群体性事件、信访维稳、征地拆迁、公共灾害、公共卫生安全等。社会公共风险点越来越多，导致政府尤其是基层政府财政压力不断增大，增加了各级政府间博弈机会与谈判成本。

（三）职责同构普遍存在，事权共担现象比较明显

我国各级政府在纵向间职能、职责和机构设置上高度一致，呈现"职责同构"现象（朱光磊、张志红，2005）。"职责同构"是不同层级的政府在纵向间职能、职责和机构设置上的高度统一、一致。职责同构是计划经济时代的产物，在向社会主义市场经济体制过渡的过程中，由"职责同构"导致的"全能型"政府，严重地阻碍了全国统一市场的形成，也限制了市场机制作用的发挥，不利于地方发展。形成了同一事务各级政府"齐抓共管"的局面，各级政府之间的分工主要体现在同一事务的具体划分和相应的支出比例大小。中央与地方财政对社会保障、公共卫生、义务教育等相当多的事项的职责和支出责任实行共同承担的办法。不少事项以中央按一定比例负担的方式对地方补助。职责同构严重，多级政府共同管理的事项过多，容易导致权力不清，责任不明。职责重叠、共同管理、使得各级政府通过各种形式进行博弈，容易造成职责不清、互相挤占或者双方都不管、无从问责。

由于我国各级政府在纵向间职能、职责和机构设置上"职责同构"，对于事权和支出责任根据公共产品的层次划分提出了难题。而在实践中导致人们认为高度重视财权和财力的划分，对事权和支出责任的划分并不关注，实际部门工作者和相关领域的研究者把重点放在构建财力、财权和事权的关系上，而对基础的政府事权划分认识不足。

（四）事权交叉、事权错配普遍存在

事权交叉普遍存在。应该上级政府负责的事务，交给了下级处理。如国际界河的保护、跨流域大江大河的治理、跨地区污染防治、海域和

海洋的使用管理等方面，事关国家利益，涉及多个省份，应该由中央管理，却交给了地方。属于下级管理的事项，上级政府承担了较多的支出责任。对于地方管理的任何事项，中央都可以无条件介入，并给予财政补助。例如，从区域性重大基础设施建设到农村厕所改造等地方项目，中央相关部门都有相当的资金补助。

楼继伟（2013）指出，目前我国中央与地方政府间事权与支出责任划分存在"错位"的问题，一是应该中央负责的事务交给了地方处理。如国际界河的保护、跨地区污染防治、跨地区经济纠纷司法管辖、海域和海洋的使用管理，部分公共安全、食品药品安全等方面。二是属于地方管理的事项中央承担了较多的支出责任。对于地方管理的任何事项，中央都可以无条件介入，并给予财政补助。既不利于地方因地制宜发挥主动性，也导致中央部门陷入大量的微观事务，也为有关部门寻租创造了机会。

（五）事权层层委托、层层下压的现象普遍存在

在我国，政府间事权和支出责任的划分以上级决定为主，缺乏必要和足够的协商与统筹，且变更随意性比较大，缺乏稳定性。这种安排本身即先天存在一定的局限性，以致各级之间的事权安排存在一定的责任与权利上的不平衡。上级政府条条块块下指标、布置任务，"上面点菜、下面买单"。上级政府习惯性地将事权下移，这就导致随着政府层级的越低，事权反而增多。地方政府支出责任重大，再加上事权的不断下移，地方政府需要更大的财力。这样导致的结果是，基本公共服务管理和支出责任重心设置偏低，事权配置与各级政府行政和财政能力不适应。高级次政府承担的管理与支出责任相对不足，地方政府尤其是基层地方政府承担了过多的实际支出责任。从而导致受益范围难以确定，层级划分模式遭遇难题。由于当前各级政府的支出责任比较复杂、繁琐，几乎每一个事项都能形成政府的支出责任，这个支出责任又需要在省级以下的各级政府间进行划分，没有稳定的结构，省级的做法一般是以市为单位进行分配，而市级的做法一般以县区为单位进行分配，结果就是

"层层委托"，在缺乏有效的考核与监督机制的条件下，极易演变成"层层推脱"。

这样导致的结果是事权重心下移，基本公共服务管理和支出责任重心设置偏低，事权配置与各级政府行政和财政能力不适应。高级次政府承担的管理与支出责任相对不足，地方政府尤其是基层地方政府承担了过多的实际支出责任。一方面中央政府承担的事权和直接支出责任不足，中央政府相对缺位。另一方面能力比较有限的地方政府尤其是基层地方政府承担了过多的事权和支出责任。

如表4-5所示，2015年我国公共财政预算中央本级支出只占全国财政支出的14.5%，事权履行的过度下沉，制约市场统一、司法公正和基本公共服务均等化，与推进国家治理体系和治理能力现代化的要求不尽吻合。上级政府习惯性地将事权下移，这就导致随着政府层级的越低，事权反而增多。地方政府支出责任重大，再加上事权的不断下移，地方政府需要更大的财力。然而，地方在制度内获得的收入却无法达到完成事务管理与建设这一目的，地方财政困难特别是县级基层政府财政困难是常态。

表4-5　　　　1994~2015年公共财政预算支出级次比重情况　　单位: %

年份	中央级	地方级	省级	市级	县级	乡级
1994	30.3	67.8	16.6	21.9	20.4	9.0
1995	29.2	70.8	16.9	23.9	21.2	8.8
1996	27.1	72.9	17.4	24.7	21.8	9.1
1997	27.4	71.1	17.8	23.6	20.8	8.8
1998	28.9	71.1	18.8	24.1	19.9	8.3
1999	31.5	68.2	19.3	20.6	20.3	8.0
2000	34.7	65.8	19.3	20.1	19.1	7.4
2001	30.5	69.5	20.7	20.9	20.5	7.4
2002	30.7	69.3	19.6	21.0	21.9	6.8

年份	中央级	地方级	省级	市级	县级	乡级
2003	30.1	69.9	18.5	21.6	23.5	6.4
2004	27.7	72.3	18.7	22.2	25.2	6.1
2005	25.9	74.1	18.9	22.7	26.7	5.9
2006	24.7	75.3	18.3	22.5	28.8	5.6
2007	23.0	77.0	17.7	22.2	31.7	5.4
2008	21.3	78.7	17.8	21.6	33.9	5.3
2009	20.0	80.0	18.3	21.6	35.2	4.9
2010	17.8	82.2	17.1	22.5	37.4	5.2
2011	15.1	84.9	18.3	22.8	38.7	5.1
2012	14.9	85.1	17.0	22.7	40.1	5.3
2013	14.6	85.4	16.1	23.0	41.0	5.3
2014	14.9	85.1	15.5	23.1	41.1	5.4
2015	14.5	85.5	15.3	24.1	40.8	5.4

（六）新增事权划分以一事一议模式为主

由于政府和市场关系的不明确，政府的事权边界会由于种种原因而不断变动，这样就会导致事权划分难度较大，无法通过固定的制度加以稳定。例如，近年来我国在民生领域的许多支出责任，大多由上级部门出台政策，下级部门具体执行，上下级政府之间按照财力和地域经济、社会发展等因素确定分摊比例。项目化的事权和支出责任划分模式使得新增事权划分的一事一议成为常态，无统一规范的制度设计。"一事一议型"的模式只适用于突发性的、暂时性的财政资金分配中，并不适用于事权和支出责任的整体制度安排。

（七）事权和支出责任划分缺乏法律规范

分税制财政体制改革改变了财政包干体制，冲破了计划经济体制的束缚，对于建设社会主义市场经济体制提供了有力保障。分税制改革形成了分税分级的中央与地方财权关系，但是事权的划分仍然按照行政隶属关系划分。按照行政隶属关系划分的政府间事权关系具有高度的"职责同构"特征，因而在事权划分内容上显得比较模糊。同时相关法律层次不高，缺少约束力，而宪法对政府间事权的划分只是进行了原则性规定，如我国宪法规定，"中央和地方的国家机构职权的划分，遵循在中央的统一领导下，充分发挥地方的主动性、积极性的原则"，并授权国务院规定中央和省、自治区、直辖市国家行政机关的具体职权划分。而在实践中，我国多以政府文件的形式处理政府间事权关系，缺乏必要的法律权威，容易导致事权频繁上收下放，尤其是在一些新增和变动的事权领域的划分存在着很大的偶然性和随意性，从而导致了整体财政制度的稳定性不足，增加了各级政府间的交易成本，降低了财政体制运行效率。

（八）部分事权在执行领域不规范

在已经明确了中央和地方的部分事权领域在实际执行过程中存在不规范问题。一是地方政府由于利益原因对中央政府的政策执行存在不规范。地方在执行过程中存在走样和变形，如宏观调控政策属于中央事权，但是实际执行中需要地方政府的配合执行，部分地方政府基于地方利益变通落实中央政策，这样极大地影响了宏观调控效果。例如，地方政府为了发展本地经济、招商引资的需要，在未取得授权情况下，越权制定减免税政策，或通过财政返还等方式变相实行税收优惠，制造税收"洼地"，干扰地区间资源有效配置，严重干扰了中央政府的税收立法权和税政管理权。二是在部门事权执行过程中中央和地方政府都存在"越俎代庖"的现象（杨志勇，2016）。例如，地方政府在属于中央事权范围的某些口岸建设中耗费财力，是因为地方政府在其他方面有求于中央政府，地方政府通过承担前期支出费用，之后可能从中央政府进一步的支出中受益，或者其他经济因素以外的原因。中央也会出于种种原因，帮助地方承担独立的事权。这种明确范围内事权在执行中的相互交叉，不利于规范的政府间财政关系的形成。

第四节　十八届三中全会以来的事权划分改革

2013 年党的十八届三中全会通过《中共中央关于全面深化改革若干重大问题的决定》对于我国事权划分改革提出了以下要求，作为现代建立现代财政制度一个重要组成部分，要建立事权和支出责任相适应的制度，逐步理顺事权关系，发挥中央和地方两个积极性。自 2014 年起，每一年的预算报告都有关于中央与地方事权和支出责任划分改革的内容，如 2014 年提出"抓紧研究调整中央与地方的事权和支出责任"，2015 年提出"研究提出合理划分中央与地方事权和支出责任的指导意见"，2016 年则提出"研究推进中央与地方事权和支出责任划分改革"。2016 年 8 月国务院发布了《指导意见》，这个文件是根据"党的十八大和十八届三中、四中、五中全会提出的建立事权和支出责任相适应的制度"形成的。根据这一指导意见，到 2020 年，要基本完成主要领域改革，逐步规范化、法律化，形成中央与地方财政事权和支出责任划分的清晰框架。除此之外，它也进一步细化了十八届三中全会关于事权和支出责任划分的原则和要求，提出改革主要聚焦于各级政府运用财政资金提供基本公共服务的"财政事权"，明确并具体说明了强中央、保地方、减共管的改革思路。

《指导意见》在划分财政事权的指导原则上，对既有的体制形成了某种突破，但在中央事权、地方事权和中央与地方共同事权的具体分类上，仍旧因袭了现行的做法（张光，2017）。

首先，《指导意见》摒弃了按行政隶属关系划分支出责任的传统陈述，提出了"受益原则、效率原则、权责利相统一原则、激励地方政府主动作为原则和支出责任与财政事权相适应原则"等五条划分事权的指导性原则。这些原则都可以从第一代和第二代财政联邦主义理论获得理论支持。

更加值得注意的是，《指导意见》给出了如表4-6所示的中央财政事权、地方财政事权与中央和地方共同财政事权的清单，并要求在2017～2018年取得突破，在2019～2020年完成基本领域改革。从事权划分清档可以看出，纳入中央与地方共同事权类别却非常多，对于中央事权、地方事权和中央地方共同事权分类，基本上就是对我国目前的事权分配方式的认定和再现，中央与地方共同事权的范围被泛化了（张光，2017）。《指导意见》把大量的事权划入了中央与地方共同事权的范畴，这是对分税制实施以来中央对地方转移支付的事实的认定。不如此划分，接近中央公共预算收入的80%、公共预算支出的70%，占地方公共预算支出40%的转移支付，就没有存在的合理理由。巨大规模的转移支付的存在背后，是某些强势部门和强势地方的利益（张光，2017）。《指导意见》也指出，清理整合与财政事权划分不相匹配的中央对地方转移支付，对保留的专项转移支付进行甄别，属于地方财政事权的划入一般性转移支付。"显然，中央与地方共同财政事权泛化、转移支付规模过大的问题，需要克服强势部门和地区利益。

表4-6　　　　　　　《指导意见》对财政事权划分清单

中央财政事权	国防、外交、国家安全、出入境管理、国防公路、国界河湖治理、全国性重大传染病防治、全国性大通道、全国性战略性自然资源使用和保护
地方财政事权	社会治安、市政交通、农村公路、城乡社区事务
中央与地方共同财政事权	义务教育、高等教育、科技研发、公共文化、基本养老保险、基本医疗和公共卫生、城乡居民基本医疗保险、就业、粮食安全、跨省（区、市）重大基础设施项目建设和环境保护与治理

资料来源：《国务院关于推进中央与地方财政事权和支出责任划分改革的指导意见》。

十八届三中全会以来的财政体制改革有所突破，但是总体上却相对滞后，需要继续推进。对于定位于"有利于发挥中央和地方两个积极性"的财政体制改革目标，目前在很大程度上还没有实质推进，如建立事权与支出责任相适应的制度没有得到有效推进，相关部门对于中央和地方事权和支出责任划分改革尚处于研究状态，最终作为改革成果拿出的有关事权与支出责任划分的方案，又将"事权与支出责任划分"缩水为"财政事权和支出责任划分"。因而，实质是一个"缩水版"（高培勇，2016）。

第五节　事权划分改革"两种思路"的比较分析

当前我国政府间事权与支出责任划分存在的问题的整体表述是：不清晰、不合理、不规范，因此，相对应的改革目标就是建立清晰、合理、规范的政府间事权关系。针对当前我国政府间事权和支出责任划分出现的问题，学术界提出了不同版本的改革方案。本文通过梳理理论文献和分析实际改革进程及政策执行情况，将事权划分改革归纳为两种"思路"，一是事权划分的"系统性重构"思路，二是事权划分的"局部性调整"思路，二者各有利弊。本文在对比分析的基础上，认为"系统性重构"思路虽然具有逻辑理论完整性的优势，但是"局部性调整"思路在实践层面更可取。

（一）事权划分的"系统性重构"思路

通过文献梳理我们发现，事权划分的系统性重构思路主要包括事权配置的系统逻辑体系、清晰的政府层级间事权分工范围和事权划分法制化路径。

1. 事权配置的系统逻辑体系

马万里（2013）总结了政府间事权划分的较为系统的逻辑（见图4-1），即首先要明确整个社会私人产品与公共产品的界限，其次将政府公共产品供给职责在各级政府间纵向分解，当各级政府公共产品供给范围确定之后，政府与市场、非营利组织合作，进行横向分解，以实现提高公共产品供给效率的目的。

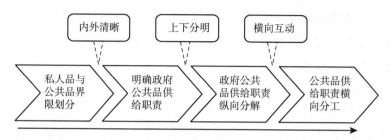

图 4 - 1　政府间事权划分的逻辑体系

从理论角度来看，事权配置存在三个逻辑层次：一是事权的初次界定，按照"内外清晰"的原则，实现政府市场边界清晰，政府事权范围明确；二是事权的二次界定，按照"上下分明"的要求，实现中央地方各级政府事权殊异，各有侧重，突出事权的重点；三是事权的三次界定，即按照"横向互动"的要求，根据市场和非营利组织的优势和特点，将政府承担的部分事权进行横向分解，从而鼓励市场和非营利组织参与公共产品供给（马万里，2017）。

上述路径下的事权配置要求每一个环节均要做到清晰明了，不存在职责同构与推诿卸责的情况发生，因此这种思路属于事权"系统性重构"逻辑。政府间事权系统性重构逻辑与政府间财政关系的重构逻辑是一致的，即建立理想的分税制财政体制，需要突破传统的路径依赖，因此从逻辑上来看，首先要建立政府市场之间的清晰边界，确保政府事权范围明确；其次要以各级政府职责清晰划分为逻辑前提，从而建立以分税制为主要内容、以转移支付制度为辅助形式的分级管理的财政体制；最后，将政府承担的部分事权进行横向分解，发挥非营利社会组织的作用。

由于事权和支出责任属于本源和派生的关系，只要政府事权边界清晰、各级政府事权界定科学合理，则自然实现十八届三中全会提出的"事权和支出责任相适应"的目标。现有政府事权清单中的中央事权、地方事权和混合（共有）事权三个类别，明确中央支出责任、地方支出责任和共同支出责任，其核心在于确定支出责任主体，从而确保支出责任和事权有效履行，进而实现支出责任与事权相匹配的目标。该路径将既定的政府及政府间事权视为改革的既有基础，重点针对原本应由各级政府履行而现实中却被下放或上收的事权和支出责任，通过明确责任主体，确保事权的有效履行。

2. 清晰的政府层级间事权分工范围

公共产品及其层次性理论为政府间事权和支出责任的划分提供了主要依据，事权和支出责任划分（公共产品提供）应该根据层次性和受益范围原则进行划分，即全国性公共产品，应由中央政府提供；地方性公共产品和公共服务受益范围仅局限于地方，应由地方政府提供；具有外溢性的地方性公共产品和公共服务，可由中央政府和地方政府共同提供，或中央政府补助地方政府提供，或直接由中央政府提供。这种事权划分方式是财政学界推崇的"范本"。

根据公共产品及其层次性理论来划分政府间事权和支出责任的原则，在我国的政策文件中得到了承认和体现，如"十一五"规划指出，"根据支出受益范围等原则，进一步界定各级政府的财政支出责任。全国性基本公共产品和服务以及具有调节收入分配性质的支出责任，由中央政府承担；地区性公共产品和服务的支出责任，由地方政府承担；对具有跨地区性质的公共产品和服务的支出责任，分清主次责任，由中央与地方各级政府共同承担。"再如，《指导意见》提出事权划分的原则要"体现基本公共服务受益范围""国家主权、维护统一市场以及受益范围覆盖全国的基本公共服务由中央负责，地区性基本公共服务由地方负责，跨省（区、市）的基本公共服务由中央与地方共同负责"。

在西方发达国家的实践中也能看到这种政府事权和支出责任层级分工构建的例子，如表4-7所示：

表4-7   国际上事权和支出责任划分的一般原则

支出种类	服务职能	服务提供	备注
国防、外交、货币、宏观经济	F	F	全国性公共品
国内贸易、国际贸易	F	F	全国性公共品

续表

支出种类	服务职能	服务提供	备注
失业保险	F	F	全国性公共品
航空和铁路运输	F	F	全国性公共品
工业农业	F，S，L	S，L	区域性外溢效益
环境保护	F，S，L	S，L	存在受益转移
教育	F，S，L	S，L	存在受益转移
保健卫生	F，S，L	S，L	存在受益转移
社会福利	F，S，L	S，L	存在受益转移
治安	S，L	S，L	地方性公共品
高速公路	F，S，L	S，L	部分属于地方公共品，部分具有区域性外溢效益
自然资源	F，S，L	S，L	促进统一市场

注：F 代表中央政府，S 代表州或者省政府，L 地方政府或者基层政府。

资料来源：Anwar Shah：Perspective on the Design of the Inter-governmental Fiscal Relations。转引自郑培（2012）。

世界银行《1997 年世界发展报告》提出了按政府级次解决支出责任共享问题的参考意见，如表 4 - 8 所示。

表 4 - 8 政府支出责任共享意见表

中央政府	州（省）政府	地方（省）政府
三级医疗保健（控制传染病、研究） 大学教育 道路和高速公路（城市间） 公共交通（城市间） 自然资源管理 防务	二级医疗保健（医院、治疗） 大学和中等教育 道路和高速公路（城市间） 公共交通（城市间） 空气和水污染 自然资源管理 警察保安	初级医疗保健 初等和中等教育 道路和高速公路（城市间） 公共交通（城市间） 空气和水污染 土地使用管理和区域划分 警察保安 住房 固体废物处理、供水、排污和防火 文化政策 促进旅游

我国学者根据西方的理论和实践也提出了事权和支出责任的具体范围。李齐云（2001）较早地提出我国政府间事权的具体范围：

中央政府的事权范围。（1）从国家整体利益考虑对全体公众提供全国性的公共产品。（2）保持国民经济稳定运行。（3）具有规模经济或经济外部性等特点，或在一定程度上涉及国家整体利益的一些公共事务。（4）货币的发行、基准利率的确定、汇率的调整、重要税种税率的调整等宏观经济调控权以及关税权、国债权。（5）承担中央级国有资产监管职责。（6）制订国家有关民族宗教政策和法律法规，支持民族地区及贫困地区经济社会发展、均衡地区差异，维护民族团结和国家统一。

地方政府的事权范围。（1）贯彻执行中央制订的政策法规，并按照国家法律、法规和宏观政策的要求结合本地实际，制定地区性的法规、政策和规划。（2）通过地方税收和预算，调节本地区经济活动和社会事务，实施地区性产业结构的调整。（3）充分利用地方资源优势，促进本地区的经济和社会发展。（4）履行地方财政资源配置职能，通过地方政府预算安排，提供区域性公共产品和辖区内居民受益的项目。（5）负责协调区域内基层地方政府之间的行政、经济管理和社会关系，调节各基层地方政府间的收入分配。（6）按国有资产分级监管的要求，承担地方级国有资产监管职责，参与国有资产收益分配。

中央与地方政府共担的事权。（1）中央与地方共有职能。（2）某项公共产品属于中央政府职能范围，但出于效率或其他方面的考虑，由地方分别去做，成为事实上的政府职能共有或政府财政责任共负，但以中央政府为主，在财权财力上也应作相应的划分。（3）某项公共产品属于地方政府职能范围，但由于其经济社会效益的外部性，使其成本与受益范围涉及到其他地方政府辖区的，由中央政府帮助协调，有关的地方政府协作承担。（4）一些大的社会福利或公共服务项目，需要建立费用分担机制，其费用往往需要由两级或多级政府共同分担。

上述事权划分方案基本体现了"受益范围原则"：（1）事权归纳为三大类：一是由中央政府独立承担的，二是由地方各级政府独立承担的，三是由中央和地方政府共同承担的。（2）中央政府侧重于宏观调控以及国民收入再分配，同时提供全国性公共产品，地方政府侧重于资源配置，并提供地方性公共产品。

由于我国政府层级多于西方发达国家的政府层级，在事权划分和分税制财政体制改革过程中，就会遭遇政府（财政）层级过多的难以分税的体制困境。贾康（2007）提出当前政府间事权划分要在贯彻分税制的整体框架下进行，要在1994年分税制财政体制改革的基础上进行财政层级改革，减少政府财政层级，将分税制原则彻底贯彻到省以下财政体制中，重点改革投资事权，进一步厘清政府间事权，最终"一级政权，一级事权，一级财权，一级税基，一级预算"的制度安排。这一观点逐渐成为我国财政学界的主流观点，并在一定程度上得到了财政省直管县改革改革试点的支持。

中国国际经济交流中心财税改革课题组[①]（2014）延续了政府（财政）层级扁平化的观点，政府（财政）层级"扁平化"作为改革的主体框架，建立中央、省、市县三级政府间职责与财权的划分体系。该课题组把政府职能分为五大类，即国家主权和政权运转类、民生保障和公共事业类、公共设施和市政工程类、市场监管和经济调节类以及国有资产和公共资源类，并在此基础上继续细分出十五项政府基本职责。同时，政府职责按照承担主体标准分为独立承担职责、共同承担职责、上级政府委托性职责和上级政府引导性职责四类。整体的改革思路是：一是各级政府的职责类型要细化，做到一级政府明确承担其独立承担的职责，上级委托性和引导性职责作为辅助职责，这样就能改变过去各级政府"共同承担"职责为主的情况。二是中央政府上收部分过去由地方政府承担的职责，如司法、国税、边境、边防、海关等中央机构的工作设施费用。三是中央政府本级独立承担的职责由中央机构完成，如果中央机构能力不足，应建立相关的建立垂直派出机构，负责直接支出和监督的职责。四是按照三级政府的行政层级来划分政府职责，中央政府的

---

① 课题组组长为贾康。

职责定位在提供基本公共服务，负责"兜底"，市县级政府职责定位于提供改善性公共服务、市域内基础设施、治安等。

在我国事权划分过程中，也会遭遇事权划分的"纵向"困境，这也是事权划分不清晰的原因之一。刘尚希（2012）总结了事权和支出责任划分的两种模式：一类是按照公共产品的特点进行划分，并在各级政府之间做出明确的分工，属于事权的"横向"划分模式；另一类是按照责任要素（决策权、执行权、监督权与支出权）在各级政府间进行划分，属于事权的"纵向"划分模式，而且同一种公共产品可按照不同责任要素在各级政府间进行划分。按照这种划分模式的分类，西方发达国家大多采用"横向"划分模式，我国目前采用"纵向"划分模式。

针对事权划分中的"纵向"划分模式这一问题，郑培（2012）提出了事权划分的一个设想：各级政府事权的划分，不仅要明确事权的整体归属及其在各级政府之间支出责任的分担比例，还要按照事权的决策、管理与执行、支出和监督等具体职责分工。中央或者省级政府主要负责事权决策与监督的职能，市县政府应主要负责具体管理或执行职能。具体分工如表4-9所示。

表4-9　　　　　　　　各级政府事权和支出责任划分

财政支出事项分类	项目主要内容	职能分工			
		决策及政策制定	支出责任	管理与执行	监督
国防	军队建设、军事工业、军用设施、装备等	中央	中央	中央	中央
	武警、民兵	中央、省	中央、省	省、市、县	中央、省
对外事务	外交、外债、对外援助	中央	中央	中央	中央
宏观经济运行	货币发行、利率、外汇	中央	中央	中央	中央

续表

财政支出事项分类	项目主要内容	职能分工			
		决策及政策制定	支出责任	管理与执行	监督
教育	学前教育	中央、省	省、市、县	省、市、县	中央、省
	义务教育		中央、省	省、市、县	
	高中教育及职业教育		省、市、县	省、市、县	
	高等教育		中央、省	中央、省	
医疗卫生	公共卫生、重大疫情、传染病防治	中央、省	中央、省	省、市、县	中央、省
	医疗服务（各类医院、基层卫生机构）		省、市、县		
社会保障	养老保险、医疗保险、失业保险、生育保险	中央、省	中央、省、市	省、市、县	中央、省
	社会福利、社会救济、优抚安置		中央、省		
	军人社会保障		中央、省		
环境保护生态建设	环境监测、污染治理、生态屏障建设、水土资源保护等	中央、省	中央、省	省、市、县	中央、省
基础设施	全国或者跨区域重大交通、水利、能源、通信设施	中央	中央	中央、省	中央
	城市道路、防洪、给排水、垃圾处理、供电等	中央、省	省、市、县	省、市、县	中央、省
科学研究	基础科学、国防科技、重大科技专项等	中央	中央、省	中央、省	中央
	一般性科研、科技推广和服务	中央、省	省、市、县	省、市、县	中央、省
文化	国家重点文物发掘、文物保护和文化遗产	中央	中央、省	中央、省	中央
	国家级图书馆、博物馆	中央	中央	中央	中央
	地方图书馆、博物馆、科技馆	中央、省	省、市、县	省、市、县	中央、省

财政支出事项分类	项目主要内容	职能分工			
		决策及政策制定	支出责任	管理与执行	监督
产业发展	产业规划、产业政策、产业布局、重点产业发展	中央、省	中央、省	中央、省	中央、省
物资储备	粮食、石油等战略物资储备	中央	中央、省	中央、省	中央

资料来源：郑培：《新时期完善我国政府间事权划分的基本构想及对策建议》，载《地方财政研究》2012 年第 5 期。

这个方案是把事权的纵向分工和横向分工结合起来，回应了刘尚希提出的事权纵向划分模式的问题，但是总体来讲，这种混合划分的方式，并不符合系统性划分的原意，是结合中国国情提出的，虽然有一定的合理性，但是也使得事权和支出责任的划分更加复杂化，造成共担事权过多的问题，在实践中无法清晰划分。

3. 事权划分法制化路径

我国宪法对中央和各级政府事权的划分只是进行了原则性规定，现有的事权划分缺少法律权威和约束力，实践中多以文件形式处理政府间关系，一些领域事权安排存在一定的偶然性和随意性，增加了各级政府间博弈机会与谈判成本，制度的可预期性、稳定性不足。因此，政府间事权划分在科学界定的同时，也要以法律的形式予以固定下来。从发达国家的实践来看，政府间财政分配关系，特别是政府间事权和支出责任的划分应以法律保障为基础。如德国先后制定了包括《基本法》《财政预算法》《财政平衡法》等在内的一整套财政法律规范，以法律形式明确规定各级政府的事权、财权以及财政平衡制度。十八届四中全会提出"推进各级政府事权规范化、法律化，完善不同层级政府特别是中央和地方政府事权法律制度"，政府间事权划分法治化作为财税改革和依法治国的重点任务之一，法治化也是我国事权和支出责任稳定分工和配置的趋势和方向。

事权划分的经济标准更为基础，法律标准对由经济标准导出的划分格局进行调适（刘剑文、侯卓，2017）。事权划分法治化要求制定财政基本法明确各级政府的事权；政府间财权划分和转移支付体制的优化、预算硬约束的实现，是事权划分的制度保障；从根本上，通过对公民权利体系的法律确认，可以促进法定事权的落实。我国在发展市场经济公共财政过程中，应加快财政法制建设的步伐，增强事权划分的制度性、科学性和法治化的刚性。

确立事权划分的法制化体系，进而实现事权划分法治化是事权划分"系统性重构"思路的重要方面，从法制化体系来讲应该包括以下几个层次：（1）宪法；（2）财政性法律；（3）其他法律的综合规制。首先，应从《宪法》层面认识到这种政府间财政分配关系的重要性，通过《宪法》的规定来监督中央的权力，让地方政府在利益分配方面能有一个稳定的预期，使地方政府的宪法地位与其实际的财政地位相统一、财政地位与公共职能相匹配。其次，制定较为完备财政性法规，同时化解综合治理产生的冲突。例如，单行法中关于"法定支出"的规定，对财政性法规中的事权划分现状造成冲击，违背了"以事权定支出"的财税法原理。

4. 小结

事权划分的系统性重构思路是当前我国主流财政学界认同的方式，因为这正好针对了中国当前政府间财政关系存在的主要问题，而且系统性重构方案与学界的理论资源和逻辑认知高度一致。重构政府间财政关系，建立事权与支出责任相匹配的财政体制，必须要突破传统的路径依赖的"痕迹"，从全面深化财税体制改革的系统性和整体性出发，首先要确保市场机制的基础决定性作用，合理界定市场和政府各自的职责边界，协调好政府间利益关系，建立起符合社会主义市场经济发展要求的，以各级政府职责清晰划分为基础、以分税制为主要内容、以转移支付制度为辅助形式的，由各级政府分级管理的现代财政体制，实现我国经济社会发展的战略目标。

（二）事权划分的"局部性调整"思路

事权划分的"局部性调整"思路是在事权划分改革实践过程中形成的，由于事权划分的"系统性重构"思路在实际执行过程中阻力很大，而且事权和支出责任的划分复杂性，问题较多，特点突出，需要一个过程来逐渐摸索实情，进而选择适应自己的路径。

1. 以中央政府为主导的事权局部调整和纠正

在我国中央政府决定着事权配置的大格局，中央与地方的事权和支出责任的划分需要有明确的改革思路和稳定的方案，这对事权和支出责任的划分，甚至财政体制改革影响极其深远。由于我国事权划分中"一些应由中央负责的事务交给了地方承担，一些适宜地方负责的事务中央承担了较多的支出责任。同时，中央和地方职责交叉重叠、共同管理的事项较多"（楼继伟，2013b）。因此，"强化中央政府事权和支出责任，明确政府间职责分工"（楼继伟，2013a）是当务之急。"适度加强中央事权和支出责任，国防、外交、国家安全、关系全国统一市场规则和管理等作为中央事权；部分社会保障、跨区域重大项目建设维护等作为中央和地方共同事权，逐步理顺事权关系"。①

通过梳理相关文献，强化中央政府事权和支出责任主要包括以下几点（如表 4－10 所示）：（1）集中部分社会保障责任；（2）集中部分公共卫生职能；（3）中央集中一部分教育职能；（4）集中部分跨区重大项目的建设和维护职能；（5）集中部分关系社会和谐稳定、公平正义，又涉及全国市场统一标准的管理职能。例如，全国范围内销售的食品、药品；（6）中央承担国防、边境安全、界河管理等关系国家安全的支出责任；（7）集中部分司法支出责任。（楼继伟，2013a）

---

① 中共中央关于全面深化改革若干重大问题的决定，2013.

表 4 - 10　　　　　　　　中央预期集中的部分事权

序号	事权 （支出领域）	内容和责任	原因
1	社会保障	养老保险，部分医疗保险（地方管理为主，中央帮助）	养老保险信息复杂程度低且容易收集，应该由中央管理
2	公共卫生	上收传染病及免疫业务，普通公共卫生支出应由地方管理	传染病及免疫业务具有明显的外部性；普通公共卫生支出和管理信息处理较为复杂，影响范围有限
3	教育	义务教育支出应由地方政府管理，中央对财力困难地区提供一般性转移支付；高等教育和科研支出应由中央和省级管理	义务教育信息管理极度复杂，应由地方政府管理，但由于教育资源分布高度不均和，中央须进行转移支付。高等教育和科研支出服务范围广，外部性特征明显
4	跨区域重大项目建设和维护	跨境高速公路、国道和铁路建设主要由中央承担，非营利性的国道项目的维护由中央承担；地方承担相应的维护责任。海域和流域管理、航运、水利调度、大江大河治理、全流域国土整治、全国性生态和环保重点项目建设等由中央承担	跨境交通建设具有较强的外部性，应由中央承担，地方是受益者，掌握相关信息，应承担维护责任。海域和流域管理等具有一定的辖区外溢效应，支出责任应由中央承担，并统一管理
5	关系社会稳定、公平正义，涉及全国市场统一标准的管理	全国范围内销售的食品、药品安全应由中央承担	全国范围内销售的食品、药品安全举要较大的全域正外部性，而且地方管理不符合激励相容原则，应由中央承担
6	国家安全	国防、边境安全、海域界河管理由中央统一承担和管理	国防、边境安全、海域界河管理属于典型的全国性公共产品
7	司法	部分司法应由中央承担	一些司法服务属于全国性公共产品，具有强烈的外部性

资料来源：楼继伟（2013、2014、2015）。

以中央政府为主导的事权局部调整和纠正的思路同样体现在《指导意见》中。如适度加强中央的财政事权，坚持基本公共服务的普惠性、保基本、均等化方向，加强中央在保障国家安全、维护全国统一市场、体现社会公平正义、推动区域协调发展等方面的财政事权。虽然，从事权划分清档可以看出，纳入中央与地方共同事权类别却非常多，对于中央事权、地方事权和中央地方共同事权分类，基本上就是对我国目前的事权分配方式的认定和再现，中央与地方共同事权的范围被泛化了（张光，2017）。但是这种改革的进路却符合实际改革的执行思路，属于局部性调整。

2. 重点领域事权的调整

事权划分的"局部性调整"思路另一方要对当前重点领域的事权进行调整，如优先对各级政府在基本公共服务领域交叉的事权进行明确并具体的细分。尤其是要优先明确义务教育、公共卫生、社会保障、环境保护、司法体制等公共服务领域的事权划分及各级政府分担比例。《指导意见》对于改革的实践安排也体现了这个思路（见表 4 - 11）。

表 4 - 11　　　　中央与地方财政事权和支出责任划分改革时间安排

年份	改革进程	中央与地方改革领域	省以下改革进程
2016 年	研究制定相关基本公共服务领域改革具体实施方案	选取国防、国家安全、外交、公共安全等基本公共服务领域率先启动财政事权和支出责任划分改革	部署推进省以下相关领域财政事权和支出责任划分改革
2017 ~ 2018 年	总结相关领域中央与地方财政事权和支出责任划分改革经验	争取在教育、医疗卫生、环境保护、交通运输等基本公共服务领域取得突破性进展	参照中央改革进程，加快推进省以下相关领域财政事权和支出责任划分改革
2019 ~ 2020 年	基本完成主要领域改革，形成中央与地方财政事权和支出责任划分的清晰框架	主要领域改革，适时制定（修订）相关法律、行政法规，研究起草政府间财政关系法	督促地方完成主要领域改革，形成省以下财政事权和支出责任划分的清晰框架

《指导意见》对于重点领域事权划分时间安排基本上遵循着循序渐进、结合实际的原则，由于深化财税体制改革总体目标的"倒逼"效应，事权划分改革还是需要在目标上紧跟改革总目标，事权划分改革的目标有些"激进"。

对于重点领域的事权划分还需要与具体的制度改革进程相适应，如养老事权的划分需要与我国养老保险制度改革和基本养老金全国统筹同步进行。同样，近期在环境保护、司法体制、医疗体制等领域改革步伐较大，事权划分要与具体的改革相协同。因为，在具体领域事权划分确定的同时，支出责任已经相应形成了，而在财政支出投入过程中，并没有同步对于相关行业制度进行改革，在片面的支出扩大政策下，有可能导致"投入陷阱"。最明显的就是教育支出占比和医疗改革问题。财政投入与相关制度改革不同步、不配套，一方面是由于改革利益部门化，另一方面是对财政资金的无限依赖。

3. 事权划分的动态调整

从理论上讲，政府职能会随着时间的推移而发成变化，有些职能会消亡，有些职能需要加强，应建立起政府职能的动态调整机制。同时，公共产品范围的动态变化的特征增加了事权划分的难度，公共品动态变迁决定了各级政府事权边界的动态变化，以往某些公共品可能是地方政府负责的，但随着经济社会发展，其重要意义已经不再局限于地方层面，而是涉及更大、更广的人群，而需要由中央政府负责。公共产品的范围是社会选择的结果，对于事权划分来说，其影响因素是不但变化的，事权划分也就需要随着时间的变化不断调整。

《指导意见》也指出，"建立财政事权划分动态调整机制。财政事权划分要根据客观条件变化进行动态调整。在条件成熟时，将全国范围内环境质量监测和对全国生态具有基础性、战略性作用的生态环境保护等基本公共服务，逐步上划为中央的财政事权。对新增及尚未明确划分的基本公共服务，要根据社会主义市场经济体制改革进展、经济社会发展需求以及各级政府财力增长情况，将应由市场或社会承担的事务交由市场主体或社会力量承担，将应由政府提供的基本公共服务统筹研究划分为中央财政事权、地方财政事权或中央与地方共同财政事权。"

(三) 事权划分改革"两种思路"的对比分析

1. 事权划分的"系统性重构"的利弊分析

(1)"系统性重构"思路具有改革的彻底性,理论逻辑严密,体现了逻辑认知的系统性,树立了长期改革的标杆,"系统性重构"也是深化改革的一个方向。同时,事权的系统性重构思路的可执行性较差,与实践脱离比较严重,是分税制财政体制改革不能承受之重,是单一的财税体制改革不能负担起的一项改革任务。

第一,系统性重构改革目标短时间内难以完成。由于我国政府与市场边界模糊,政府间事权配置混乱,职责同构与职能错配问题比较突出,因此,要想在短时间内通过系统性重构事权的路径建立事权和支出责任相适应的制度,实现 2020 年形成中央与地方财政事权和支出责任划分的清晰框架的目标,恐怕难以做到。

第二,系统性重构改革目标过于庞大,应选择改革的切入点和着力点。鉴于我国政府职能定位不清,财政包揽过多,完善政府间事权与支出责任划分,建立事权和支出责任相适应的制度,必须科学理性地选择政策着力点。否则,不但事倍功半,恐怕财政体制改革乃至国家治理目标的实现均要受到不同程度的负面影响。

第三,事权的系统性重构逻辑在思路上严重依赖与西方的分权理论和划分实际,由于西方国家具有地方政府高度自治、中央(联邦)政府事权直接执行能力强的特点,这些实践经验脱离我国中央地方关系的实际国情,事权系统性重构在很大程度上受到行政体制的制约。而以财政体制改革为突破点而撬动行政体制改革会造成现行行政系统的紊乱,得不偿失,从而也违背了系统性改革的本意。

(2)公共产品及其层次理论为事权划分提供了部分依据,但也面临着诸多难题,对事权划分的指导意义有限。

第一,公共产品及其层次理论指明了事权和支出责任划分的实质性内容,即对公共产品提供责任的划分;对具有明显封闭特性的公共产品的划分提供基本依据，在实际操作层面只限于一些区域外溢性能够准确计算的事权提供依据，如跨区域的河流、湖泊等存在明显界限的事权领域。

第二，公共产品及其层次理论面临的难题有：地方性公共品的范围呈现动态变化的特征增加了理论指导的难度；实践中开放性地方公共品的存在使对公共产品层次性的界定存在困难；影响地方公共产品层次与地方政府财政支出层次因素的差异性削弱了公共产品理论的指导效果。

第三，公共产品及其层次理论在我国"水土不服"。公共产品及其层次理论基本上是按照既定的事权划分方式结果的总结，主要依据是西方联邦制国家的经验，这种事后的经验总结对于正在动态调整的中国事权划分改革借鉴意义并不大，政府建制自身的层次性和公共品层次的不相匹配，如何认定公共产品的受益范围，对于某种公共产品或者公共服务的外溢性衡量也缺乏可执行的标准。以基础教育为例，其公共服务的外溢性是市级层面，省级层面，还是全国层面根本无法计算。从这点来看，公共产品层次理论对事权划分指导只限于原则层面。

（3）事权划分法制化路径存在现实困境。

从立法的实际情况来看，某项制度的法制化是总结成熟经验基础上形成的，最明显案例就是《预算法》的修订，新《预算法》的出台是我国多年财政和预算改革基础上的经验和制度的定型。而事权划分的法制化路径在我国并没有可供借鉴的成熟经验，有的只是西方国家的立法模式。而且从具体的内容来看，事权划分的法制化路径存在政府和市场分工不明确的困境，各级政府的事权范围在理论和法律文本中并不清晰，而且也存在不少争议，也就不能明确认定哪些政府活动是越位的，哪些是缺位的，也不能明确认定某项事权和支出责任是该有哪一级政府负责的。只有清晰的文本才能呈现在法律上，对各级政府有所制约。但是当前政府事权边界不稳定，各级政府职能定位不清普遍存在，法制化虽然方向明确，却实施困难。

如果某一项存在很多争议，或利益无法平衡，强制性地通过立法会产生两种后果，一是消极被动执法，二是对现实问题的解决不仅没有帮助，而且会增加改革的复杂性和难度。所以政府事权和支出责任的划分应在一个领域或者区域之内尽量让制度固化，形成既定的文本和成熟的经验和制度，最后上升到制度和立法层面，将其稳定下来。

（4）多于理想模式的政府（财政）层级是不得不面对的难题。

由于多级政府的存在，各级政府的事权划分可能要比财政收入的划分更加复杂。楼继伟（2014）指出，要明晰各级政府事权配置的着力点，以各级政府事权配置的着力点来突出主要职责，从而缓解政府（层级）多于理想模式存在的难题。如中央政府事权配置的着力点主要放在宏观管理、制度设定职责和必要的执法权方面，省级政府事权配置的着力点则主要强化统筹推进区域内基本公共服务均等化职责，而市县政府事权配置的着力点主要在于强化执行职责。事权和支出责任在三级政府间的划分确实比在五级政府间的划分容易，这是政府（财政）层级扁平化思路的主要依据，但是从现实来看，扁平化思路并不能够解决实践中遇到的错综复杂的问题。由于事权配置的复杂性，其牵涉到政府职能、行政体制、历史文化、经济发展、财政体制、社会等诸多方面，如果仅从财政分权角度来看待事权划分的问题，可能要陷入财力分配博弈与层级设置的怪圈之中。简化财政层级又会反作用于行政层级设置，而扁平化的处理方式，会陷入形式主义的困境之中。

2. 事权划分的"局部性调整"的利弊分析

（1）如前文所述，《指导意见》中的事权划分清单中，纳入中央与地方共同事权类别最多，共同事权的范围存在泛化的情况，因此事权划分改革方案改革不彻底。同时其中最大的特点就是对于现状的承认，这其中也包含了许多合理的成分，因为实践并不总是沿着理想的路径走下去，这种改革的路径恰恰符合实际改革的执行思路。

（2）从政府间关系的角度，可以把财政体制的目标定为"控制"目标和"效率"目标，在大多数情况下，这两种目标在同一种制度下不可兼得。基于控制目标可认为当前事权配置现状存在很大程度上的合理性，而基于效率目标也可认为强制改变当前事权配置现状具有合理性，即当前现状导致财政体制过度强调上级对于下级的控制而导致的效率弊端，从而致使整体财政体制的治理作用在地方大大降低，因此需要强化制度的效率目标，赋予下级政府合理的、相对独立的事权和必要的财政权。为了避免无效的非理性博弈和单方强势划分导致的执行困境，折中路线是现实中较为可行的选择。

（3）事权配置需要建立中期动态调整机制，即在一定时期内（3～5年）将事权配置格局暂时明确下来，然后再根据经济改革和行政改革、政府职能变化的总体趋势进行中期的事权划分调整，这也是"试错"机制在事权配置中的应用。当然动态调整机制需要有正式的制度来规范，而且要适时评估事权配置的结果，为下一次调整做好准备，这样才能避免制度改革目标"非此即彼"的极端状态，达到一个切实可行的利益平衡点。

（4）以《指导意见》为代表的局部性调整改革方案，对事权划分中既有问题进行了纠正，并对事权的要素进行分解，"先改革总结经验再行立法"的模式忽视了法律对改革的指引和规范作用，这也是事权划分法制化的两难困境。

第六节　结论及改革建议

通过以上分析可以看出，我们既需要对事权与支出责任划分进行整体性的认知和分析，也需要把握分税制财政体制改革的实践特征，才能对当前改革进程有所借鉴。本书认为，从改革的实践过程来分析事权与支出责任划分，"局部性调整"的改革路径更为可取。因事权改革的滞后所导致的财税体制运转的问题，并不能在分税制财政体制框架内得到合理的解释，而需要更大范围的行政体制改革及相关配套改革来推进。

1. 深化对事权内涵的理解，从整体角度认识事权和支出责任划分

当前的政策表述和研究思路把事权划分当作分税制改革或者财政体制改革的一部分，这种思路把事权划分局限于财税体制的一部分，从而认为这是一个财政问题，而不是行政问题。思路被限定在财政改革的范

围之内，不能从更广泛的视角去研究并推动整体的改革进程。对于事权和支出责任划分的路径选择，既要着眼于财政，又要跳出财政的视野，进行深入分析。首先，事权划分是财税体制改革的一部分，因此事权划分要与财政体制改革的相互协调进行。政府事权和支出责任划分和调整涉及到政府间财力配置和转移支付设计，是财政体制改革的一部分，所以要充分考虑改革的协调性和统一性。其次，作为分税制财政体制逻辑起点的事权划分又是行政体制改革的一部分，事权同时也是政府职能派生的，事权又是政府职能的一部分，所以需要从行政体制改革的角度来与事权划分改革相互协调和衔接。

因此，事权内涵的"双重"属性，仅从公共经济学和财政学的角度进行研究理论视野相对较窄，在实际改革层面上仅从财政体制角度推进，会缺少整体改革的联动效应，阻碍重重。所以，事权和支出责任划分的研究要从拓展学科视野和实际改革两方面同时推进，才能取得较好的研究成果，推动实际改革的进行。

2. 高度重视理论和实践冲突问题，选择更加务实的改革路径

许多学者对事权和支出责任的内涵、划分方式、难点与问题作了深入的理论探讨，并针对出现的问题提出了一些改革的思路和方案。但是当前的研究大部分还属于理论层面的探讨，或者处于理论思路拓宽阶段，并没有针对实际中的问题进行调研求证，所以改革思路和方案的可行性值得商榷。反倒是改革中的一些实践经验在政府政策文件中得到了支持，例如《指导意见》对共担事权的承认，即使学术界批评不少。事权划分改革阻碍很多，但这也是建立在对事权划分复杂性认识基础上的。

改革开放以来我们习惯通过借鉴发达国家经验的方式来解决发展和制度上问题，但在事权的划分上，却需要我们更多地立足国情，寻找适应自身发展需要的制度。理想的事权划分方案需要较长的时间，但事权与财权、财力相匹配原则的实现无法等待（杨志勇，2015）。因此，需要选择务实的改革路径，即保证事权的稳定性。同样的问题还在于，要辨别清楚各级政府应该做什么，并不是容易的事。即使说清了，在现实

中可能会出现一系列的执行问题。因此，政府间事权划分是一个"知易行难"的问题，我们要高度重视理论和实践冲突的问题，选择更加务实的改革路径。

3. 多元化视角有利于认识事权及其层级划分的复杂性，实践经验和试错机制更有助于事权划分的可行性

我们要从多个角度看待事权划分的问题，不要陷入财力分配与层级设置的怪圈之中。政府承担事权和支出责任，需要各级政府来共同分担，而分担的方式具有不确定性，没有任何现成的固定模式可以照搬。由于在现实的改革实践中，事权与支出责任的划分存在许多难点，涉及到经济、社会和行政体制改革，这些难点在短期内难以解决，而且全国各地，甚至区域之内的情况复杂而多变，难以定论，我们需要以开放的思维，选择多元化的方案，从各个角度来讨论不同的模式和路径，才能提供更多的选项和机会。

事权划分改革的经验性和试错机制，需要设置较为合理和可执行的路线图和时间表。当前，需要做好事权划分的路线图和时间表，并在试点和探索的基础上逐步推进。试点先行，逐步廓清，形成清单，选择重点领域进行推进，然后逐项明确，并能够根据政策的变化适时动态调整。

4. 省以下政府间事权划分要从实际情况出发，因地制宜制定相应的改革方案

目前的事权和支出责任划分改革方案，主要集中在中央与地方政府间，相对来说比较简单，而省以下政府间事权和支出责任就显得比较复杂。各省的实际情况则千差万别，省以下财政体制情况差别很大。目前的改革方案对省以下划分能够提供的指导非常少。从财力来源的角度来看，中国的政府层级设置，不能像西方那样分税，成为一个无解的难题，最终又会反作用于行政层级设置，而扁平化的处理方式，会陷入形式主义的纠结之中。省以下事权和支出责任的划分，需要各地从实际情况出发，因地制宜制定相应的改革策略。

第五章

政府间收入划分评价与优化改进研究

　　尽管分税制的内涵很丰富，我们仍可以顾名思义地加以概括：分税制就是对税种及其收入①的权益划分。可见，收入划分是分税制的主题。现实情况也的确如此。虽然从逻辑上看事权界定是收入划分的起点，但回顾我国财政体制改革历程可以看到，当 20 世纪 90 年代初财政包干制越来越难以为继的时候，中央政府主导实施的分税制改革第一目标就是提高"两个比重"，增强中央宏观调控能力，背后发挥决定作用的改革逻辑其实是收入划分决定了收入划分，而非事权界定。刘尚希等（2013）指出从整体情况看，1994 年的分税制改革主要是财政收入划分方式的改革，以保基数、调增量为原则，与支出责任、事权的关联考虑不多。进一步地，随着中央财政收入占全国财政收入比重的逐步提升，并大致稳定在目前的 45% ~ 46% 左右②，中央政府满足支出需要之后出现了收入剩余。这些剩余收入成为转移支付和税收返还制度的建立前提。经过多年的渐进式调整，中央对地方的转移支付规模不断扩大，目前中央本级收入的 80% 通过转移支付等渠道下放给地方。

---

　　① 　当然，这里的税种及其收入是广义的，它指代着整个财政收入。
　　② 　参见"分时期财政收入'两个比重'变化情况"，地方财政研究，2016 年第 7 期。

合理调整收入划分对于优化分税制改革具有重要影响。第一，收入划分事关"两个比重"，它直接影响中央占全国财政收入的比重，同时通过地方税体系的构建激励"地方积极性"，间接影响财政收入占 GDP 比重。第二，收入划分调整频繁。1994 年至今，多数主体税种都进行过调整，共享税种及其分享比例尤为频繁，而且这种调整仍在进行之中。第三，收入划分并未以事权清晰界定为起点，反而是在中央与地方政府间事权存在诸多模糊地带的状况下进行的。虽然这种模式与理论界关于分税制改革的主流认识并不一致。第四，稳定收入划分格局已经在国家战略层面成为继续改革的前提①。在绝大多数（80%）中央本级收入都要先集中上来再转移下去的情况下，收入循环链条和信息不对称程度大大增加，财政运行成本势必不低。保持这样的财力格局稳定，事实上增加了改革难度。

收入划分成了我国分税制改革的核心问题和关键因素。结合改革动态，这个结论可以进一步拓展到三个方面，形成以下三点疑问：（1）在以往的改革中，中央与地方的收入划分格局是怎么形成的？为什么早期是 55:45，现在又变成了 45:55？（2）当前，十八届三中全会为什么要提出"保持现有中央和地方财力格局总体稳定"？是否有必要保持这种稳定？（3）下一阶段，保持财力格局稳定与优化收入划分之间是否存在两难选择？如果是，如何权衡取舍？

基于以上考虑，本书的主要内容是立足实际联系实际，在进行文献回顾的基础上，对我国分税制以来收入划分改革的现实状况加以梳理，通过回答以上三点疑问对我国分税制收入划分改革的发展趋势进行分析和预测，最后，试着给出一些基本结论与优化建议。

---

① 十八届三中全会《关于全面深化改革若干重大问题的决定》中就明确提出："保持现有中央和地方财力格局总体稳定，结合税制改革，考虑税种属性，进一步理顺中央和地方收入划分。"

第一节 文献回顾

政府间财政关系一直是财政理论的重要内容，特别是我国分税制改革实施以来，国内学者关于政府间财政关系的研究文献日益丰富，已经形成了相应的研究专题。受其影响，20 世纪 90 年代之后关于收入划分的研究成果也逐渐增多。

（一）相关文献的类型及主要内容

在研究视角上，这些文献基本上都与分税制改革紧密联系在一起，并大致可以分为三种类型。第一，绝大多数研究都包含在关于分税制的文献之中，作为其中的一部分出现。第二，少数研究将分税制改革作为背景，以整个财政体制为出发点，形成专门的针对收入划分的研究文献。第三，还有一类研究同样是以分税制为背景和出发点，但是站在地方政府角度，通过地方税体系的构建探讨收入划分。

属于第一种类型的研究成果非常丰富，系统深入地阐述分税制改革问题的文献大抵都会涉及到政府间收入划分。胡中流和王刚（1989）认为分税制的特征是按税种划分中央与地方政府的收入范围，建立各自稳定的收入来源体系。彭月兰（2000）针对当时的改革实际，提出了"我国现行分税制财政体制若干问题"，其中就包括"收入划分不规范"。高培勇和杨志勇（2014）认为分税制财政管理体制改革在促进中央财政收入比重提高中发挥了重要作用，但分税制距离全面规范仍有较长的路要走。今后，政府间财政关系改革需要继续坚守"分税制"的方向，构建与完善地方税系应以共享税为主，最终应建立分税、分租与分利相结合的政府收入划分体系。

属于第二种类型的研究成果数量相对较少，研究重点主要是税收收入划分。刘国艳（2009）是少数专门针对收入划分进行分析的代表性文献，该文从税收收入、非税收入、财权划分等方面着眼，比较全面地讨论了政府间收入划分问题，指出了分税制改革未按税种本身属性、与支出责任相适应的原则划分收入，不利于转变经济发展方式，导致基层财政陷入困境。该文章在中国知网数据库中显示了较高的被引次数（24 次）。白景明（2015）认为最新一轮的中央与地方收入划分调整难度极大，需要破解三大难题：一是如何实现区域间财力格局稳定；二是如何与税制改革衔接；三是如何与支出责任划分调整相适应。应该重点考虑调整共享税收入，防止税收过度集中到局部区域以及部分基层政府财政收入的锐减。

属于第三种类型的研究成果数量较多，主要以完善地方税体系为主进行研究。樊丽明和李文（2000）认为分税制规范了政府间的收入分配关系，但并不彻底，地方主体税种无从谈起，结合我国现状提出营业税、财产税、城乡维护建设税和农牧业税可以充当地方主体税种。胡洪曙（2011）认为地方税体系是财政分权的核心支撑因素，财产税与理想的地方税主体税种具有很高的吻合度，销售税和个人所得税不应该作为地方税主体税种。为此，中央政府的主体税种应为所得税与增值税，省级政府应为营业税与增值税，市县政府应为通过整合现行房地产税收体系形成的新的财产税。刘蓉（2016）认为财政体制及其形成包含是个相互关联的要件：支出责任划分、收入划分、转移支付和地方债务。地方税体系与上述四个要件紧密相连，环环相扣。我国地方税的税制结构既主体税种不明确，收入划分难以保障地方政府有充足的收入，完成其支出责任。因此要科学测算税收收入与税负，以确定地方税体系主体税种。

（二）一些具体问题的主流认识

在研究视角比较集中的同时，现有文献也形成了关于优化分税制收入划分的诸多观点和政策建议，尤其是 2012 年营改增实施以来，收入划分又到了一个新的十字路口，许多专家学者都结合当前实际情况对一些基本问题给出了自己的解释与回答。

关于收入划分的依据，多数学者认为应该以事权界定为前提进行收入划分。如楼继伟（2013）认为要在以调整事权和支出责任划分为改革基本方向的前提下，适当调整政府间收入划分，考虑税种属性、事权和支出责任划分状况、地区间财力差异程度等因素。刘尚希等（2013）基于对河北财政改革的调查指出，一般来说，依据事权分配财力更符合逻辑。杨志勇（2015）认为没有明确界定的事权，就很难做到财权与事权匹配，很难做到财力与事权匹配，事权的界定是前提条件，事权划分再难，也必须迎难而进。

关于中央财政收入占比，学者之间的观点存在一定分歧。一部分学者认为中央财政收入比重不高。楼继伟（2013）认为从国际比较来看，当前我国中央政府财力集中度并不高，中央政府承担的支出责任应当增加。彭建（2014）通过对 20 年分税制改革的回顾与思考，提出了规范政府间财政关系的一套框架性建议，包括进一步理顺中央和地方收入划分，适度提高中央的财政集中度。但是，有一部分学者对此则持不同意见。杨继绳（2002）指出学者们列出了大量的外国数据，问题在于，他们引用的外国数据和中国没有可比性。地方财政比中央财政更为困难。王振宇（2014）提出积极探求"集权"与"分权"的平衡点，适度降低中央财政的集中度，通过减少共享税种、降低共享比例等，适度下沉财力，建议中央与地方政府间的税收收入初次分配比例控制在"50∶50"的水平。谢国财和王少泉（2016）认为中央地方财政收入比重应该大致相等，两者的不断变化是一种常态，无须令两者固定于某一个值，可根据现实情况适时调整。

关于地方主体税种选择，理论界的观点比较一致，多数学者都认为需要尽快构建地方税体系，财产税、房地产税等被看作是地方主体税种的理想选择。邓子基（2007）鉴于地方税系税种数量较多，但税源充足、收入稳定的主体税种缺乏的现状，提出近期以营业税和所得税为双主体、中期以所得税和财产行为税为双主体、远期以财产行为税为主体的目标模式。马海涛（2016）认为房产税在地方税体系种占有十分重要的地位，应成为地方税的主体税种。也有一些学者提出不同的建议，如楼继伟（2013）、吕冰洋（2013）等认为可以考虑开征零售税作为地方主体税种之一，杨志勇（2015）则认为针对增值税、消费税，构建以共享税为主的地方税体系。

（三）现有研究的不足之处

虽然已有文献比较丰富，但仍然存在着一定程度的不足。一是已有研究方法创新不足，缺少符合中国现实、具有中国特色的理论基础，更多的是借用西方财政理论，局限地应用在现实改革之中。吕冰洋和聂辉华（2014）按照契约理论，提出分税制相当于一个包含了多种形式的弹性分成合同系统，是一个中央与地方收入划分的总契约。以契约理论，而非传统的财政分权理论为基础分析分税制问题，为本书的研究提供了一个可资借鉴的视角。二是多数文献对现行收入划分格局的形成机理的关注不够，缺乏对政府间收入划分逻辑的深入剖析。这种不足对于本文研究主线的选择起到了佐证的作用。在现阶段，结合我国改革实际情况，分析收入划分的内在机理，找出既有财力格局的形成脉络，进而讨论收入划分形成的财力格局和受到财力格局约束的收入划分两难问题，不仅仅对于我们理解收入划分富有现实意义，对于整个分税制的进一步完善同样具有重要作用。

第二节　收入划分的框架构建与演进

分税制始于 1994 年。1993 年 12 月 15 日，《国务院关于实行分税制财政管理体制的决定》（以下简称《决定》）的出台是改革的标志性事件。该决定提出从 1994 年 1 月 1 日起改革分级包干体制，在全国范围内实行分税制。20 多年来，这一体制不断调整完善，在渐进中发挥出了助益发展的巨大功效，中央与地方政府之间的收入划分格局也随之演进，逐步呈现出趋于稳定的态势。

（一）确立收入划分基础框架

据《中国财政情况（2014～2015）》介绍，党的十四大提出建立社会主义市场经济体制的目标后，在立足国情的基础上，借鉴成熟市场经

济国家的经验，我国财政相继实施分税制财政体制、所得税收入分享和
出口退税负担机制等改革措施，初步建立符合市场经济一般要求的政府
间财政关系框架。在收入划分上，分税制改革将维护国家权益、实施宏
观调控所必需的税种划为中央税；将同经济发展直接相关的主要税种划
为中央与地方共享税；将适合地方征管的税种化为地方税，并调整、充
实地方税种，增加地方税收入。

在《决定》中，政府的财政收入分为中央固定收入、地方固定收
入和中央地方共享收入三个组成部分。其中，中央固定收入是比较传统
的国家色彩较浓的税种，包括关税、海关代征得消费税和增值税，以及
与中央利益直接相关的中央企业、银行、铁路、保险等领域的所得税、
营业税等。同时，消费税也被纳入中央固定收入。地方固定收入除了营
业税之外，大多属于小规模、较为零散的税种，如个人所得税、车船使
用税、印花税、屠宰税、农牧业税、农业特产税，以及与土地相关的城
镇土地使用税、城市维护建设税、房产税、耕地占用税、契税、土地增
值税。其余的三个税种，包括增值税、资源税、证券交易税被确定为中
央地方共享收入（见表5-1）。

表5-1　　　　　　　　1994年中央与地方收入划分框架

中央固定收入	地方固定收入	中央地方共享收入
关税，海关代征消费税和增值税，消费税，中央企业所得税，地方银行和外资银行及非银行金融企业所得税，铁道部门、各银行总行、各保险总公司等集中交纳的收入（包括营业税、所得税、利润和城市维护建设税），中央企业上交利润等	营业税（不含铁路部门、各银行总行、各保险总公司集中交纳的营业税），地方企业所得税（不含上述地方银行和外资银行及非银行金融企业所得税），地方企业上交利润，个人所得税，城镇土地使用税，固定资产投资方向调节税，城市维护建设税（不含铁路部门、各银行总行、各保险总公司集中交纳的部分），房产税，车船使用税，印花税，屠宰费，农牧业税，农业特产税，耕地占用税，契税，遗产或赠予税，土地增值税，国有土地有偿使用收入等	增值税中央分享75%，地方分享25%。资源税按不同的资源品种划分，大部分资源税作为地方收入，海洋石油资源税作为中央收入。证券交易税，中央与地方各分享50%

除此之外，改革还分设两套税务机构，与收入划分相配套，由国税局征收中央固定收入和中央地方共享收入，地税局征收地方固定收入。为维护地方既有财政收入利益，改革还设立了税收返还制度，将 1993 年地方上划给中央的净额作为税收返还的基数，对各地区的增值税和消费税实施 1∶0.3 的增量返还。

这一轮收入划分调整变动巨大。原有财政包干制的基本原则是"分级包干"，以实施"收入递增包干"的北京、辽宁为例，两个地区的留成比例分别为 50% 和 58.25%，收入递增率为 4% 和 3.5%。按照这种包干方式，这两个地区递增率以内收入，实行中央地方分成，超过递增率的收入，全部归地方所有。此外，中央与天津、山西等地区实行"总额分成"，与上海、山东等地区实行"定额上解"，与吉林、江西等地区实行"定额补助"等。分税制收入划分方式与包干制完全不同，收入分成在理念上被否定，在体制上暂时退居到次要位置，部分税种分割、部分税种共享成为分税制主要特征，由此形成了中央与地方政府之间的收入划分基础框架。中央与地方财政收入占比局面在 1994 年当年就出现了扭转，由 1993 年的 22∶78，上升为 55.7∶44.3，用立竿见影来形容这种变化也不为过。从此以后，数次收入划分的调整都是以这个框架为依据进行的。

（二）收入划分的渐进式调整

1994 年之后，分税制改革以渐进的方式不断完善，收入划分的格局也呈现出渐进式调整的特征，证券交易税、成品油消费税、所得税、资源税、营业税和增值税等诸多税种及其收入的权益被重新分割。

证券交易印花税是最早进行调整的税种。因为证券交易印花税属于一种行为税，征税便利，牵涉范围较小，主要是中央与上海、深圳两个地区之间的收入划分。1994 年之后，印花税规模出现大幅增长，中央决定对其分享比例进行调整。1997 年，国务院决定将分享比例调整为中央 80%、地方 20%。2000 年，该比例分三年逐步调整为中央 97%、地方 3%。2015 年 12 月 31 日，《国务院关于调整证券交易印花税中央与地方分享比例的通知》发布，从 2016 年 1 月 1 日起，证券交易印花税调整为中央收入。

交通领域税费改革也是较早进行的一项调整。20 世纪 90 年代末期，全国交通和车辆乱收费现象日益加重。据不完全统计，1997 年全国涉及交通和车辆的各种收费多达 530 项，名目繁多，中央批准的仅有 39 项，地方越权收费，层层加码，当年收费资金约为 1626 亿元，占同期全国收费资金总额的 38.8%。① 这些资金，虽然促进了交通基础设施建设等事业发展，但管理不规范，人民负担重，社会反映强烈。为此，国家开始对交通领域税费进行大幅调整，实施道路、车辆、成品油等方面的税费改革。1999 年，国家开始出台法规要求取消交通领域不合理收费，并于 2001 年开征车辆购置税、重新将船舶吨位税纳入预算管理，收入归中央所有。2009 年，成品油税费改革正式落地。公路养路费等多项原来属于地方行政事业性收费性质的收费被取消，取而代之的是属于中央税的成品油消费税附加（增加单位税额）。

所得税分享改革是收入划分格局的一次大变动。由于 1994 年不具备机构改革调整、财务会计制度等方面的基础支撑条件，企业所得税成为分税制改革的一个遗留问题。中央和地方之间的企业所得税按隶属关系划分，不利于市场经济发展，地区间的财力差距也因此扩大，负面效应不断凸现。2001 年 12 月 31 日，《国务院关于印发所得税收入分享改革方案的通知》明确从 2002 年 1 月 1 日起，改革现行按企业隶属关系划分所得税收入的办法，对企业所得税和个人所得税收入实行中央和地方按比例分享。此次改革，以进一步规范中央和地方的财政分配关系为指导思想，仍然遵循维护地方既得利益的渐进式原则，同时改革的对象不仅针对企业所得税，还将个人所得税也纳入到调整范围，捆绑打包成所得税收入分享调整，主要内容见表 5 - 2。这种调整事实上形成了中央对地方的又一次收入集中。按照方案规定，中央新增收入将全部用于对地方主要是中西部地区的一般性转移支付。

---

① 目前交通和车辆收费的基本状况如何？四川政报，1999 年第 29 期。

表 5 - 2 　　　　　　2002 年所得税收入分享改革方案的主要内容

事项	内容	补充说明
分享范围	企业所得税和个人所得税收入由中央与地方按比例分享	铁路、邮政、银行、海洋石油天然气企业所得税继续作为中央收入
分享比例	2002 年所得税收入中央分享 50%，地方分享 50%；2003 年所得税收入中央分享 60%，地方分享 40%	2003 年以后年份的分享比例根据实际收入情况再行考虑
分享基数	以 2001 年为基期，按改革方案确定的分享范围和比例计算	地方分享的所得税收入，如果小于地方实际所得税收入，差额部分由中央作为基数返还地方；如果大于地方实际所得税收入，差额部分由地方作为基数上解中央

注：根据《国务院关于印发所得税收入分享改革方案的通知》整理。

　　2008 年 12 月 16 日，《国家税务总局关于调整新增企业所得税征管范围问题的通知》下发。该文件明确 2009 年起，国税总局对新增企业所得税的征管范围进行调整，对于缴纳增值税的新增企业，由国税局征收企业所得税，对于缴纳营业税的新增企业，由地税局征收企业所得税。可见，这种调整具有显著的行业分类性质，地方获得了局部的独立税种征收权，对其发展服务业具有一定激励作用，间接地影响了中央与地方的收入划分格局。2002 年、2009 年的两次所得税改革，都对收入划分格局产生了重要影响。2002 年，中央企业所得税收入由 2001 年的 945.29 亿元猛增到 1882.21 亿元，增幅高达 99.1%，中央企业所得税占比也由 2001 年的 35.9% 上升到 61.1%，中央与地方之间的企业所得税划分格局出现逆转式变化。同样的，2009 年的征管体制改革也带来了相似的效果，中央企业所得税占比由 2008 年的 64.2% 增加到 66.0%，但强度弱于上一次改革（见图 5 - 1）。

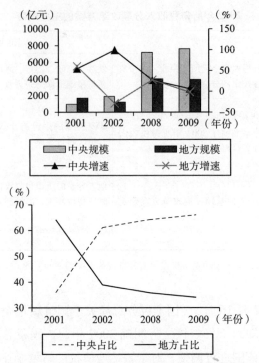

图5-1 两次企业所得税分享改革带来的收入格局变化情况

营业税和增值税一直是我国税收体系中的主体税种，针对它们的改革多年来从未间断，尤其是2012年以来的"营改增"，影响广泛而深远。在"营改增"之前，国家曾经对部分行业的营业税收入划分进行过几次调整。从1997年起，国家将金融保险业营业税税率从5%提高到8%，对该行业（不含各银行总行、保险总公司缴纳的营业税）进行税率共享（中央分享3%、地方分享5%）。从2001年起，国家又分三年逐步取消中央分享的3个百分点营业税，该行业税率重新下降到5%。从2012年起，铁路运输企业营业税由中央收入调整为地方收入。在此过程中，营业税的地方税属性得到增强。

2012年1月1日，"营改增"改革正式实施。截止2016年5月1日，全国各地区涉及营业税的所有行业已全部推开该项改革。试点期间为保持收入划分格局基本稳定，原归属试点地区的营业税收入，改征增值税后收入仍归属试点地区。2016 年 4 月 29 日,《国务院关于印发全面推开营改增试点后调整中央与地方增值税收入划分过渡方案的通知》公开发布。该过渡方案设置了 2~3 年的过渡期,在此期间中央与地方按照 50:50 的比例分享所有行业企业缴纳的增值税,并以 2014 年为基数核定中央返还和地方上缴基数(见表 5 - 3)。营改增是我国税制的一项重大改革,而被改革的对象又是地方税的第一大税种,所以可以说这次改革也是对整个分税制的深刻调整,在过渡期之后,中央与地方收入划分将迎来一个新的变革窗口。

表 5 - 3　　　　　　　　　增值税收入划分过渡方案情况

基本原则	主要内容	实施时间	过渡期限
保持现有财力格局不变;注重调动地方积极性;兼顾好东中西部利益关系	以 2014 年为基数;中央与地方分享比例 50:50;中央上划收入通过税收返还方式给地方;中央集中的收入增量通过均衡性转移支付分配给地方,主要用于加大对中西部地区的支持力度	2016 年 5 月 1 日起	2~3 年

注:根据《国务院关于印发全面推开营改增试点后调整中央与地方增值税收入划分过渡方案的通知》整理。

除此之外,为了调整出口贸易结构,平衡沿海和内地省份之间的利益关系,国家还对增值税出口退税负担机制进行多次调整,形成了不同的负担模式和比例,中央与地方之间的分担比例从中央完全负担变为中央与地方按比例负担,以及现行的地方定额之外中央完全负担模式,总体上坚持了中央与地方共同负担的原则,大致的脉络参见表 5 - 4。值得注意的是,在 2015 年的出口退税负担机制调整中,国家采用了与 2002 年推行企业所得税分享改革相似的方式,再一次将消费税税收返还捆绑到其中,一并推行[1]。

---

① 参见《国务院关于完善出口退税负担机制有关问题的通知》, http://www.ahsj.gov.cn/views/show/32252.htm。

表 5 - 4   1994 年以来中央与地方出口退税负担机制变化情况

时期	模式	负担比例
1994~2004 年	中央完全负担	中央 100%
2004 年	中央与地方按比例负担	超 2003 年基数部分 75∶25
2005~2014 年	中央与地方按比例负担	超国务院核定基数部分 92.5∶7.5
2015 年至今	中央完全负担与地方定额上解相结合	中央 100%，地方按 2014 年基数定额上解

注：根据《中国财政可持续发展研究：中国财税研究报告 2016》相关内容整理。

（三）中央与地方的收入划分格局

中央与地方之间的收入划分经过多年的调整，格局呈现出变化中趋于稳定的总体特征，税种的分割格局变化不大。与 1994 年相比，现行税种仍然分为中央税、地方税和共享税，对于关税、消费税、部分中央企业所得税等中央税，在历年的改革中几乎没有进行过调整，并且还增加了一项证券交易印花税。比较而言，地方税变化要多一些，具有支柱作用的营业税被取消，同样属于主体税种之一的所得税早在 2002 年就被改造成共享税。相应的，共享税的范围从原来的增值税、资源税、证券交易印花税等 3 个税种变化成现今的增值税、所得税、资源税等 3 个税种，数量未变，但税种之间发生了置换。总体上，中央独享和分享的税种增加，地方独享和分享的税种减少（见表 5 - 5）。

表 5 - 5   现行中央与地方收入划分框架

中央收入	地方收入	中央地方共享收入
关税，海关代征消费税和增值税，消费税，证券交易印花税，各银行总行、各保险总公司等集中缴纳的收入（包括利润和城市维护建设税），未纳入共享范围的中央企业所得税、中央企业上缴的利润等	地方企业上交利润，城镇土地使用税，城市维护建设税（不含各银行总行、各保险总公司集中缴纳的部分），房产税，车船税，印花税（不含证券交易印花税），耕地占用税，契税、烟叶税、土地增值税，国有土地有偿使用收入等	增值税中央分享 75%，地方分享 25%。纳入共享范围的企业所得税和个人所得税中央分享 60%，地方分享 40%。资源税按不同的资源品种划分，海洋石油资源税为中央收入，其余资源税为地方收入

注：根据《中国财政情况（2014~2015）》等整理。

　　财政收入经过多年的增长，无论是中央本级财政收入还是地方本级财政收入规模都出现了质的提升。1994 年分税制实施之后，中央占比过低的问题迅速得到解决。在吸取了财政包干制的经验教训之后，中央财政一直在一定时期内努力提高"两个比重"。中央本级收入得到了基本的保障，而且随着我国经济多年的高速增长，总体规模大幅提升，从 1994 年的 2906.5 亿元，提高到 2016 年的 72357 亿元，增长了 24.9 倍；与此同时，地方本级收入从 2311.6 亿元，提高到了 87195 亿元，增长了 37.7 倍（参见图 5-2）。20 多年间，财力规模从不到 3000 亿元变化为数万亿元，体量上已经完成了质的跃迁。

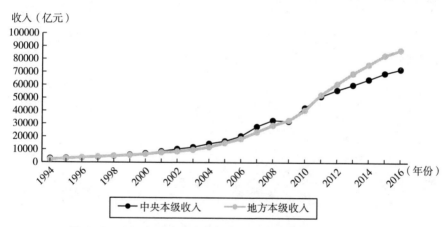

图 5-2　1994 年以来中央本级收入与地方本级收入规模比较

　　中央与地方之间的占比关系虽然波动不断，但总体上趋于稳定（如图 5-3 所示）。（1）对于中央本级收入而言，其占比的历史最高值是 1994 年的 55.7%，历史最低值是 2016 年的 45.4%。（2）对比中央占比与地方占比，两者之间在 1994 年和 2004 年出现了较大的差值，分别是 11.4 和 9.9 个百分点。较小的差值则出现在 1996 年、1998 年、2009 年、2011 年，分别是 1.2、0.9、1.1 和 1.2 个百分点。（3）中央与地方占比数值所处的区间范围很小，一直处在（44，56）区间内，区间上下限之间的差值为 12 个百分点。（4）具体分析时可

以将 1994～2016 年中央与地方的占比关系划分为五个阶段，分别是
1994～1995 年、1996～1998 年、1999～2008 年、2009～2011 年、
2012～2016 年。在这五个阶段里面，中央占比与地方占比交替占优，
但是波动的幅度比较稳定。1994～1995 年，分税制刚刚建立，中央的
财政汲取能力迅速提升，短时间内获得了很大的占比优势。1996～
1998 年和 2009～2011 年这两个阶段，中央与地方的占比非常接近，
两者大致均分了全国一般公共预算收入。1999～2008 年，中央财政连
续 10 个年度占据优势，中央财政的控制力得到进一步的加强。
2012～2016 年，我国经济进入新常态，占比关系出现反转，中央财政
占比小幅下降，暂时性地失去了占比优势。

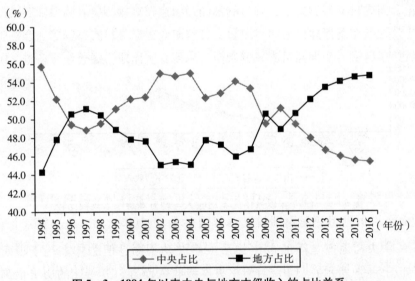

图 5 - 3　1994 年以来中央与地方本级收入的占比关系

　　除了包括税收收入和非税收入的一般公共预算收入，政府性基金收
入以及 2010 年之前存在的预算外收入也都是政府收入的重要组成部分
（见表 5 - 6），并且资金规模比较庞大，2015 年我国政府性基金达
42330.1 亿元，相当于同期一般公共预算收入的 27.8%。当然，与一般

公共预算收入不同，政府性基金收入具有专项用途，并且绝大多数收入归属于地方政府所有，这种占比关系与一般公共预算收入划分形成的财力格局性质不同。

表 5 - 6　　　　广义口径下中央与地方收入划分情况　　　单位：亿元

年份	一般公共预算收入			政府性基金收入			预算外资金收入		
	合计	中央占比（％）	地方占比（％）	合计	中央占比（％）	地方占比（％）	合计	中央占比（％）	地方占比（％）
1994	5218.1	55.7	44.3				1862.5	15.2	84.8
1995	6242.2	52.2	47.8				2406.5	13.2	86.8
1996	7408.0	49.4	50.6				3893.3	24.3	75.7
1997	8651.1	48.9	51.1	1586.6	67.0	33.0	2826.0	5.1	94.9
1998	9876.0	49.5	50.5	1784.5	64.1	35.9	3082.3	5.3	94.7
1999	11444.1	51.1	48.9	2038.1	62.6	37.4	3385.2	6.8	93.2
2000	13395.2	52.2	47.8	2138.1	55.2	44.8	3826.4	6.5	93.5
2001	16386.0	52.4	47.6	1970.6	42.7	57.3	4300.0	8.1	91.9
2002	18903.6	55.0	45.0	2523.5	31.2	68.8	4479.0	9.8	90.2
2003	21715.3	54.6	45.4	3296.8	24.1	75.9	4566.8	8.3	91.7
2004	26396.5	54.9	45.1	4093.4	21.6	78.4	4699.2	7.5	92.5
2005	31649.3	52.3	47.7	5189.9	20.3	79.7	5544.2	7.3	92.7
2006	38760.2	52.8	47.2	6810.0	18.6	81.4	6407.9	7.3	92.7
2007	51321.8	54.1	45.9	26236.5	64.5	35.5	6820.3	7.8	92.2
2008	61330.4	53.3	46.7	14985.3	16.7	83.3	6617.3	7.4	92.6
2009	68518.3	52.4	47.6	18350.6	13.7	86.3	6414.7	5.5	94.5
2010	83101.5	51.1	48.9	36785.0	8.6	91.4	5794.4	6.9	93.1
2011	103874.4	49.4	50.6	41363.1	7.6	92.4			
2012	117253.5	47.9	52.1	37534.9	8.8	91.2			
2013	129142.9	46.6	53.4	52238.6	8.1	91.9			
2014	140370.0	45.9	54.1	54113.7	7.6	92.4			
2015	152216.1	45.5	54.5	42330.1	9.3	90.7			

资料来源：《1994～2015年中央与地方政府间收入划分情况》，载《地方财政研究》2016年第4期。

第三节　收入划分的发展趋势分析

(一) 收入划分格局的成因分析：跃迁式改革与渐进式调整

回顾 20 多年来分税制走过的历程，中央与地方收入划分格局的成因可以归结为：跃迁式改革与渐进式调整的共同作用。所谓跃迁式改革是指分税制构建的基础框架和制度规则，与 20 世纪 90 年代原有的财政包干制存在本质的不同，属于一种制度规则上的跃迁。持续的时间不长。所谓渐进式调整是指跃迁式改革完成后，对新情况和新问题，以及改革之初遗留下来的旧有情况和问题进行逐步完善。持续的时间较长。

1. 分税制改革是一次分配关系的跃迁

财政收入是政府服务社会的必要条件，也相当于一种回报，形成了相应的产权。这种收益在中央和地方之间的分割就是对产权的分配。分税制与财政包干制所代表的产权分配方式完全不同。20 世纪 80 年代初，农村土地家庭联产承包责任制（俗称"大包干"①）取得巨大的成功，得到中央的认可，并在全国范围内推广，它要求农民按照粮食常年产量的固定比例上交粮食，政府与农民之间是一种固定比例的分配关系。承包制影响了中央与地方之间的分配关系。可以说，财政包干制其实是农村承包制的移植，各地区要么与中央"总额分成"，要么"定额上解"等，同样是"交够国家的，剩下的都是自己"。财政包干制本质上属于产权的"定比＋定额"分配。分税制脱胎于中央财政危机之中，在产权分配关系上更多地着眼于不同的税种之间的分配，有的税种中央

---

① 大包干，即包干到户，在农业承包合同中不规定生产费用限额和产量指标，由承包者自行安排生产活动，产品除向国家交纳农业税、向集体交纳公共提留以外，完全归承包者所有。即"交够国家的，留够集体的，剩下都是自己的"。按照《中华人民共和国农业税条例》，农业税以征收粮食为主，平均税率为粮食作物常年产量的 15.5%。自农村普遍实行家庭联产承包责任制之后，承包户成为农业税的主要纳税人。

占比 100%，有的税种中央占比 0%，有的则介于 0～100%，本质上属于"分税 + 分成"分配。

2. 分税制改革是一次交易效率的跃迁

"定比 + 定额"的包干制，具有较大的制度刚性，本身无法照顾到我国各个地区之间的巨大差异性，因此，在实施之后，地区差异让制度演化得非常复杂，出现了六种包干方式，将近 40 个地区（包括省、直辖市、自治区、计划单列市）"一省一率"，中央与地方之间不断因为分配的比例和额度进行协商，中央需要处理的信息越来越多，越来越复杂，渐渐在信息处理方面丧失了优势，中央财政疲于应付，与地方互不信任，大大增加了收入划分的交易费用，交易效率越来越低。分税制改革之前，中央与地方的交易效率已经降到了临界值以下，需要重新调整组织分工方式，改革已势在必行。"分税 + 分成"的分税制，本身就具有较高的弹性，分什么税、按什么比例分，都存在较大的调整空间，不同税种的经济属性不同，产生的税收收入不同，即便是同一税种，不同年度、不同经济形势下，也会带来不同规模的税收收入。这种弹性，对于一个中央和地方之间的分配关系非常重要。与此同时，分税制将分配的目光从全国近 40 个地区上面转移出来，聚焦于税种，毕竟整个税系中只有二十多个税种，除去零散、小规模的税种以及无须过多考虑的关税等特殊税种，需要把握只有消费税、增值税、营业税、所得税、资源税等少数几个主体税种。就这样，需要作出统筹决策的中央处理的信息量大大降低，信息劣势得到扭转。新的组织分工方式大大降低了中央与地方的交易费用，提高了交易效率。多数人认为当年的分税制改革激发了"地方积极性"，事实上，从交易效率的角度看，这次改革将中央财政从复杂的博弈中解放出来，对"中央积极性"更是一种保护。

3. 分税制与财政包干制相比，在中央与地方的权责方面形成了新规则，确立了一种全新的组织分工方式

分税制以来，中央重获宏观调控能力，开始进行渐进式调整，在中央控制力和地方活力之间寻求平衡。改革之初，中央获得了超过 50%，甚至一度接近 60% 的财政收入，中央与地方的占比关系大致为 55∶45，

这得益于新的产权分配关系和更高的交易效率。同时，55∶45 这一比例关系为整个收入划分格局建立了一个基础的参照系。不发生大的经济波动和社会变革，收入划分格局不会出现大的偏离。在此期间，我国一直运用积极的财政政策进行宏观调控，促进经济发展，保持了较高的 GDP 增速。2012 年之后，我国经济进行新常态，全国财政收入增速下降，中央财政开始结合"营改增"实施减税政策，作为共享税的国内增值税和企业所得税增速放缓。在中央层面，关税、进口消费税和增值税等进口税收大幅下降。在地方层面，虽然部分税种增速下滑，但地方拿大头的非税收入增长较快。因此，中央占比出现下滑，大致维持在 45∶55 的比例上。

（二）保持既定财力格局稳定的利弊分析：有效性与潜在风险

回顾变革历程，我们发现，分税制实施最本质的诱因是财政包干制导致整个财力格局丧失了稳定性，应该说国家对此有清醒的认识，因此十八届三中全会针对收入划分明确提出"保持现有中央和地方财力格局总体稳定，结合税制改革，考虑税种属性，进一步理顺中央和地方收入划分。"所以，想要弄清为什么中央政府如此看重既定财力格局的稳定，以及是否有必要在理顺收入划分的时候保持这种稳定，还是要从财政包干制说起。

1. 有效性与稳定性

现在看来，将农村承包制移植到财政领域，是一次失败的改革。在当时的历史条件下，中央与地方的包干制实际上是包住了中央自己，也不利于经济的持久发展。从经济学视角分析，农村土地承包制之所以成功，有两个原因：第一，市场竞争更加充分。农民都是分散的微观个体，将土地承包给他们，极大地激发了他们从事农业生产的积极性，但是不会带来农产品市场的垄断，反而使市场竞争更为充分。第二，社会福利水平更高。农产品是一种普通的商品，可以在市场上相互交易，产量的提升增加了市场供给，能够增进政府、农民和农产品消费者三方的福利水平。

反过来看财政包干制之所以失败,第一,包干制形成了变相的寡头垄断。在数量关系上,地方政府与农民不同,只有为数不多的几十个。中央将财政收入包干给他们,虽然能激发他们汲取财政收入的积极性,但是形成了局部的地方利益,地方政府类似于市场中的寡头,在地方与中央之间形成了不对等的产权分配关系,在地区之间也形成了产业垄断。第二,社会福利水平的不确定性增大。依靠财政收入实现的公共服务,与农产品不同,不能有效地在市场上交易。地方政府获得了更多的财政收入后,是否会提供更多更高质量的公共服务,具有很大的不确定性。也就是说,地方政府财力的增大,不一定会带来民众福利的提升。

丧失了财力格局的稳定,大大增加了财政不确定性。中央与地方政府之间只能不断地通过一次性或者是暂时性的谈判来协商收入划分的比例关系,导致交易效率低下。这对一个国家的财政运行非常不利,也势必会影响到经济发展与社会进步。"正确处理中央与地方的分配关系,调动两个积极性,促进国家财政收入合理增长。"成为分税制改革的首要指导思想,正式写入国家文件,就是中央政府消除财政不确定性的迫切心情的最好反映。

坚持"既定财力格局稳定",有着深刻的历史原因。基于这种历史因素,收入划分的改革取向反映出一种历史经验主义的改革逻辑。现有的财力格局本质上是当年改革的一个结果,在改革之前人们只能预期到"两个比重"会有所提高,但是到底会提高到什么程度是不确定的。当这个结果在1994年出现后(中央占比从22.0%跃升到55.7%),后续的占比程度就有了遵循的依据,并且随着时间的推移,这种占比程度被证明是行之有效的。这种历史经验中蕴含的有效性,就代表了保持既定财力格局这种观念及提法的有利之处。

2. 经济环境变化与潜在风险

那么这种观念及提法是否存在弊端呢?答案可想而知。基于历史经验的有效性,自然而然地,会因为影响因素的变化而丧失原来的有效性。一旦这种有效性丧失,那么相应地,财力格局的稳定性也会再一次丧失。所以，问题的关键就在于收入划分面临的影响因素是否发生了本质变化。如果没有发生本质变化，那么基于历史经验的有效性仍将存在。反之，如果影响因素发生了本质的变化，基于历史经验的有效性就会丧失。

1994 年以来，一次性的跃迁式改革在经过多年的渐进式调整之后，我国经济社会发生了翻天覆地的巨大变化，整个国家已经进入了一个新的历史阶段，要不然也就不会有所谓"经济新常态"的认识。随着整个经济环境的不断变化，收入划分的影响因素也势必发生巨大变化。政府保持稳定的主观改革取向会对这种局面产生一定的影响，但无法完全决定最后的结果。也就是说，收入划分稳定性不会以政府单方面的主观意愿为转移，它其实是多方面条件和利益关系相互作用乃至共同博弈的最终结果，是每一个参与方都不得不接受的客观变化趋势。基于此种判断，现有收入划分方式的有效性值得怀疑。既定财力格局的稳定面临着较大的潜在风险与挑战，这是主观上保持既定财力格局稳定的不利之处。

综上所述，在影响因素发生巨大变化的新常态下，保持既定财力格局稳定，利弊参半。尤其是要防止过度依赖以往改革经验，不考虑外界环境的变化，简单地保持既定财力格局的稳定，并非可取之举。在必要的时候，一定要考虑再一次实施跃迁式改革，构建新的组织分工方式，将中央与地方之间的交易效率提高到一个新的高度，形成新的收入划分占比关系。

（三）调整收入划分面临的两难选择：保持稳定与理顺关系

下一阶段，我国分税制改革将在十八届三中全会的基调下推进，面临着收入划分调整的两难。一方面，理顺中央与地方的收入划分关系，需要调整收入划分；另一方面，既定财力格局总体稳定，需要维持收入划分现状。改革需要在两者之间进行必要的权衡取舍。

1. 收入划分调整存在多方博弈

关于收入划分，中央政府与地方政府之间存在一定的利益冲突，中央政府的目标是在保持地方积极性的同时获得更高比例的财政收入，而地方政府的目标是在听从中央行政命令的同时获得更高比例的财政收入。我们发现，中央政府在颁布相关文件的时候存在非常明显的时点控制，文件颁布日期与相关政策正式实施的日期之间几乎没有间隔，如在下一年 1 月 1 日正式的收入划分政策，颁布日期往往是在上一年的年末，甚至是上一年 12 月 31 日，最大限度地控制地方政府运用时间间隔人为改变收入基数的行为（见表 5－7）。

表 5－7　　　　　　中央政府对收入划分调整政策的时点控制

文件	颁布日期	实施日期	时间间隔
《国务院关于实行分税制财政管理体制的决定》	1993 年 12 月 15 日	1994 年 1 月 1 日	17 天
《国务院关于印发所得税收入分享改革方案的通知》	2001 年 12 月 31 日	2002 年 1 月 1 日	1 天
《国家税务总局关于调整新增企业所得税征管范围问题的通知》	2008 年 12 月 16 日	2009 年 1 月 1 日	16 天
《国务院关于调整证券交易印花税中央与地方分享比例的通知》	2015 年 12 月 31 日	2016 年 1 月 1 日	1 天
《国务院关于印发全面推开营改增试点后调整中央与地方增值税收入划分过渡方案的通知》	2016 年 4 月 29 日	2016 年 5 月 1 日	2 天

注：根据相关文件整理。

此外，中央政府还会采取捆绑调整的方式推动收入划分，如在 2002 年企业所得税划分方式调整将个人所得税纳入其中、2015 年出口退税负担机制调整将消费税纳入其中，以降低收入划分调整所需的协商成本。之所以采取时点控制和捆绑调整，就是因为中央与地方之间存在博弈关系。

即使同属于地方政府，由于所在地区不同导致实际情况的巨大差异，也会形成不一致的利益诉求。发达地区因为经济繁荣更关注增值税、营业税、房地产税等税种，欠发达地区因为资源丰富更关注资源税，还会因为总部经济的原因更关注分支机构企业所得税的分享问题。因此，在收入划分调整的过程中中央政府、发达地区地方政府、欠发达地区地方政府等利益主体之间存在复杂的多方博弈关系。

2. 保持稳定与理顺关系的两难

在多方博弈过程中，收入划分调整事关"两个比重"，影响着"两个积极性"。保持既定财力格局的稳定，是对现有收入划分状况的一种承认和延续，意味着继续将事权界定放在次要的位置上，对"两个比重"影响较小，有利于维持甚至能够提高中央的财政控制力，而且易行简便，不会大幅增加决策成本和履职难度，中央政府对此存在较强的路径依赖。但是，这种做法在维持稳定的同时，也带来较大的不确定性，地方会因此继续面临缺少主体税种、过度依赖转移支付、基层财力不足等困境，地方难以获得满意的自主财力，不利于地方积极性的发挥。

相反地，优化收入划分，就是要求理顺中央与地方之间的收入划分关系，意味着以事权界定为逻辑起点，按照事权与支出责任划分的结果进行相应的收入划分，从而改变原有的"两个比重"，有利于承担较多事权的地方政府获得更高比例的自主财力，但是划分关系的理顺，一是会减少中央收入占比，降低中央的财政控制力；二是要求中央细化事权与支出责任配置，提高了中央的决策成本和履职难度。

总体上，保持既定财力格局稳定会约束"两个积极性"，但理顺中央与地方的收入划分关系能够进一步激发"两个积极性"，尤其是地方积极性。在两者之间，存在着两难选择。这种两难，即使是具有强大的行政控制能力的中央政府，也无法依靠单方面的意愿和行为来决定，只能通过中央与地方彼此之间的相互作用和影响来完成选择。除非中央政府完全不考虑地方积极性，运用计划手段命令地方政府的各种行为，显然这是不可能的。只要中央政府承认"地方积极性"的存在及其合理性，就必须给予地方必要的博弈空间。

3. 提高"两个积极性"是权衡两难的决定因素

收入划分到底应该如何调整？在实践中，这项改革既没有遵循事权界定的理论逻辑，也不能完全遵循收入划分自我决定的现实逻辑。因为遵循理论逻辑的改革方式成本过高，遵循现实逻辑的改革方式会因为外界条件变化丧失有效性。通过对中央地方博弈过程的分析，可以看到，保持稳定走的是现实逻辑，先定收入，再考虑事权；理顺关系走的是理论逻辑，先调事权，再定收入。这两种改革方式其实都是对"两个积极性"的权衡取舍。

收入划分的调整最终要落在"两个积极性"的发挥之上。到底采取哪种方式来推进下一阶段的改革，要看那种方式有利于提高"两个积极性"，而非一味地将目光停留在"两个比重"上。如果提高了"两个积极性"，就会提高中央与地方之间的交易效率，收入划分格局就能够适应财政经济需要，这种情况下即使出现了比现在更低的"两个比重"也很正常。反之，如果降低了"两个积极性"，中央与地方之间的交易效率也会下降，收入划分格局将无法适应财政经济的发展需要，这种情况下即使维持了较高的"两个比重"，也会不利于经济社会的持久发展。

简而言之，我们应该放弃关注"两个比重"的路径依赖，转而关注"两个积极性"，将提高"两个积极性"作为权衡保持稳定和理顺关系两难的决定因素。

第四节　基本结论与优化建议

至此，本书已经对引言部分提出的三个问题进行了回答，并作出了相应的发展趋势分析和预测。收入划分格局形成、保持既定财力格局稳定，以及权衡保持稳定和理顺关系之间的两难，是基于收入划分发展变化脉络的三个关键性节点。这些关键问题的结论使我们对收入划分有了更为清晰系统的认识，可以据此提出下一阶段优化收入划分的针对性对策建议。

(一) 关于三点疑问的基本结论

1. 关于收入划分格局的形成

1994 年分税制的跃迁式改革和之后的渐进式调整决定了我国收入划分格局的形成。

与"定比＋定额"的财政包干制相比,分税制改革是分配关系和交易效率的一次跃迁,在分配关系上更多地着眼于不同税种,本质上属于"分税＋分成"分配,本身就具有较高的弹性,新的组织分工方式大大降低了中央与地方的交易费用,提高了交易效率。

20 多年来持续进行的分税制改革一直在中央控制力和地方活力之间寻求平衡。1994 年的跃迁式改革形成了中央与地方 55∶45 的比例关系,为整个收入划分格局建立了一个基础的参照系。不发生大的经济波动和社会变革,收入划分格局不会出现大的偏离。近年来我国经济进入新常态,经济环境发生改变,中央占比出现小幅下滑,大致维持在 45∶55 的比例上。

2. 关于保持既定财力格局稳定

保持既定财力格局稳定,在有效性和潜在风险之间,利弊参半。

该做法反映出一种历史经验主义的改革逻辑。基于历史经验的有效性,会因为影响因素的变化而丧失。随着经济环境的不断变化,收入划分的影响因素也势必发生巨大变化。刻意保持稳定面临着较大的潜在风险与挑战。

谨防不考虑外界环境的变化,过度依赖历史经验。如果经济环境剧变,就要考虑再一次实施跃迁式改革,构建新的组织分工方式,将中央与地方之间的交易效率提高到一个新的高度,形成新的收入划分占比关系。

3. 关于保持稳定与理顺关系之间的两难选择

提高"两个积极性"是权衡保持稳定和理顺关系的决定因素。

保持既定财力格局的稳定,意味着把事权界定放在次要的位置上,有利于维持甚至能够提高中央的财政控制力，不会大幅增加决策成本和履职难度。但是地方难以获得满意的自主财力，不利于地方积极性的发挥。

理顺中央与地方收入划分关系，意味着以事权界定为逻辑起点，有利于地方获得更高比例的自主财力，但是会降低中央的财政控制力，提高了中央的决策成本和履职难度。

这种两难，即使是具有强大的行政控制能力的中央政府，也无法依靠单方面的意愿和行为来决定，只能通过中央与地方彼此之间的相互作用和影响来完成选择。

（二）基于"两个积极性"的优化建议

1. 放松对"两个比重"的行政控制，切实关注"两个积极性"

过去，我们关注的焦点更多地放在了"两个比重"身上，直接针对调整"两个比重"的改革措施和理论分析都比较多，对于"两个积极性"表面上喊得多、实际中做得少。的确，"两个比重"对于一国发展具有重要作用。但是从我国多年来改革的历史经验上看，"两个比重"不会一直稳定在一个固定的水平上，以中央占比为例，1953年曾经高达83%，1975年曾经缩减到11.8%，2016年为45.4%，变化的幅度很大。即使是在其他国家，中央本级财政收入占比水平也没有一个固定的比例可言。以2011年中央税收占比为例，单一制国家日本和英国分别为57.2%、94.1%，联邦制国家德国和美国分别为51.5%、52.3%。对于一些发展中国家，如泰国（单一制）、智利（单一制）、印度（联邦制）、巴西（联邦制）分别为92.2%、93.3%、60.6%、59.8%（见表5-8）。可见，在发达国家和发展中国家之间，在单一制国家和联邦制国家之间，中央与地方的占比关系并非完全一致，没有一个固定的水平。

表 5 – 8 不同类型国家的中央占比情况

发展程度＼政治体制	单一制	联邦制
发达国家	日本 57.2% 英国 94.1%	德国 51.5% 美国 52.3%
发展中国家	泰国 92.2% 智利 93.3%	印度 60.6% 巴西 59.8%

注：根据霍军（2015）相关内容整理。

如果考虑我国与部分发达国家的数据可比性，我们还需要将社会保障税剔出在外。社会保障税大约占到英国预算收入的 16%[1]，美国税收收入的 17%[2]。扣除社会保障税，英国中央占比大致为 78.1%，美国中央占比大致为 35.3%。也就是说，这些国家中央占比并不像有些人说的那么高，所谓的中央与地方之间"倒金字塔"收入划分结构对我国分税制改革的解释和预测作用有待商榷。

为此，应该放弃关注"两个比重"的路径依赖，转而在实际操作中关注"两个积极性"，进而权衡理顺关系和保持稳定的两难。第一，将是否能够提高"两个积极性"尤其是地方积极性作为收入划分调整的第一准则。作为改革的主要推动者，中央政府的积极性一直较高，但是地方政府的积极性会因为制度的不同安排而大相径庭。当前，要特别关注地方积极性，不能有意无意地忽视地方积极性，单纯依靠行政命令推动的改革只会事倍功半。在制度设计的时候要考虑地方利益诉求，避免扩大中央与地方之间的利益冲突。如营改增之后，中央虽然出台了50：50 的增值税划分过渡方案，但地方营业税的主体税种已经缺失，过渡期之后的划分比例存在不确定性，地方积极性受到较大压抑。下一阶

---

[1] 楼继伟：《中国政府间财政关系再思考》，中国财政经济出版社 2013 年版，第 168 ～ 169 页。

[2] 李本贵：《从国外政府间税收收入划分透视我国分税制改革的进一步深化》，载《地方财政研究》2013 年第 10 期。

段收入划分必须充分考虑地方积极性，适当向地方倾斜。

第二，在保证"两个积极性"的前提下，放松对"两个比重"的行政控制，允许市场对"两个比重"的自发调整。从表 5 - 8 及其分析中可以看到，发达国家可比口径下的中央占比与我们原来想象的程度要低出十几个百分点（美国甚至不到 40%），反而是发展中国家的中央占比程度更高一些。因此，收入划分不能走回头路。随着发展程度的提高，我们不必过于在意 2012 年以来中央占比出现小幅下滑的态势。中央可以借助日益发达的信息化技术，消除信息劣势，增强对地方的控制力和对整个经济的宏观调控能力，减少行政命令式地控制"两个比重"，从而激发地方积极性。

2. 结合税种属性，按照"分税 + 分成"的分配关系推进收入划分

"分税 + 分成"的分配关系是分税制的本质特征，也是分税制取得成功的关键因素。下一阶段的收入划分调整，还应该继续按照这一分配关系来进行，只是要特别注重不同税种的固有属性。适应税种固有属性也是对"两个积极性"原则的一种遵循。虽然我国现有近二十个税种，但是多数都属于规模较小的地方税种，真正需要纳入收入划分考虑范围内的税种并不多，主要包括增值税、所得税、资源税、消费税、房产税，以及有关法规和文献提及的新开税种，包括环境保护税和零售税（楼继伟，2013；吕冰洋，2014）。

第一，对于增值税，建议在过渡期之后，仍然定为共享税，近期中央分享 40% ~ 50%。全面营改增之前，原增值税是货物环节流转税，原营业税是劳务环节流转税。现行增值税其实是货物和劳务环节流转税的综合体，具有很强的流动性，不适宜划为地方税。由于原营业税属于地方税，增值税也不宜划为中央税。在分享比例上，原增值税税源以工商制造业为主，原营业税以服务业为主，并且服务业占整个经济的比重会越来越高，因此，现行增值税的税源中超过 50% 来自服务业（原为地方所属）[1]，按照"两个积极性"原则，中央分享比例不应高于

---

① 据《财政统计摘要 2016》，2015 年地方所属的营业税额为 19161.87 亿元、增值税额为 10112.28 亿元，两者之和大于中央所属增值税额 20996.82 亿元。

50%，同时由于增值税在规模上已经成为第一大税种，中央分享比例也不能过低，以不低于 40% 为宜。对于部分文献（赵云旗，2005）提出的增值税分享会造成地方行为扭曲等问题因而应该由中央独享增值税，本文认为，地方行为扭曲的根源不在于增值税是否共享，而在于我国政府实施的工业优先发展战略及其相应的产业政策。如果这些战略和政策不变，地方的投资冲动不会消除。至于增值税负地区间的转移，是流转税的固有特点，与独享还是共享无关。

第二，对于所得税和资源税，建议近期保持现状，定为共享税，分享比例和方式暂时不变。所得税对于提高地方积极性具有重要作用，因为毕竟绝大多数企业和就业者都分布在地方辖区之内，而为这些企业和就业者服务是地方政府的重要职责，只有赋予其相应的税收收益，才能保证服务质量。否则，要么地方政府降低服务质量，要么增加各种收费向企业和就业者变相征税。同时，所得税具由显著的累进性质，牵涉到收入再分配与社会公平问题，也不适宜定为地方税。至于分享比例，中央与地方 60∶40 的分享比例，有利于中央的宏观调控，可以暂时不变。对于资源税，由于我国的资源大多分布在西部欠发达地区，将这类税收大部分留在本地有利于地区间均衡发展，所以现行分享方式比较符合实际情况。此外，个人所得税具有成为地方主体税种的潜力，但在短期内无法实现，其原因会在下文结合培植地方主体税种进行分析。

第三，对于消费税和零售税，建议消费税保持现状，不建议开征零售税。消费税和零售税的取舍，要结合对增值税的定位来分析。我国现行消费税实际上是选择性消费税，是在增值税的基础上针对烟酒、奢侈品、燃油等部分特殊商品消费进行调节的税种，无论是地方独享还是分享其中的一部分，都会造成地方行为扭曲，刺激不当消费膨胀。因此消费税应该定为中央税。在增值税和消费税都不作过多调整的前提下，将增值税销售环节的税源剥离出来征收零售税，在某种程度上相当于营业税的变种，复杂了税制，降低了增值税的中性效力，与我国整体上的税制简化改革方向不符。因此，不建议开征零售税。

第四，对于房产税，建议尽快完善基础条件，适时开征，定为地方税。将房产税作为地方税，对保有环节的房产征收税款，目前在实践层面和理论界都达成了比较一致的看法。因为房产税缺乏流动性，税收的规模同地方软硬件基础设施密切相关，可以形成对地方较强的正向激励，非常符合地方主体税种的理想标准。但是由于相关税法、信息化程度、既得利益关系等因素的影响，现在还不具备开征房产税的客观条件，因此要加快全国人大立法节奏，建立基础数据信息平台，调整既得利益格局，争取早日开征房产税。

第五，对于环境保护税，2016 年 12 月 25 日，《中华人民共和国环境保护税法》在十二届全国人大常委会第二十五次会议上获表决通过。该法将环境保护税定为地方税，从 2018 年 1 月 1 日起实施。具体效果还有待观察，短期内不必进行调整。

3. 以个人所得税和房产税为对象，探索在不同类型地区培植差异化地方主体税种

培植地方主体税种进而构建起一个完善的地方税体系是分税制收入划分的一大难题，也是改革面临的迫切任务。以往改革过程中惯有的思路是按照税种的经济属性和中央宏观调控的需要设计地方税体系，存在一定局限性。刘尚希和梁季（2014）就曾提出过去 20 年税制改革更多地强调和强化税收的经济属性，而淡化或忽略了税收的政治属性和社会属性。

下一阶段，应该从"两个积极性"的角度全面系统地看待和处理地方主体税种的构建问题。首先，要保护中央积极性。地方主体税种不能削弱中央的统治地位和控制力，不能损害中央的宏观调控能力，避免侵占中央主体税种。其次，要增强地方积极性，不能将地方置于过度依赖转移支付的境地，必须承认地方作为一级政府的主体地位，允许地方拥有必要的主体税种。最后，我国地区差异非常显著，各地经济结构不同，税源结构不同，导致地方积极性的具体指向也会不同。因此，有必要探索在不同类型的地区之间配置不同的地方主体税种，形成富有弹性的地方税体系。

如前文所述，个人所得税和房产税都具备成为地方主体税种的潜

力。下面具体分析个人所得税。（1）按照传统的财政分权理论和惯常认识，个人所得税由于劳动力要素的流动性和税率的累进性，应该定为中央税，不适宜做地方税。但是这一结论考虑的主要是外部性问题（如地区间争夺税源、不利于收入再分配），没有考虑个人所得税的信息不对称、地方积极性问题。（2）如果考虑到信息不对称，我们就会看到，个人所得税征管的信息复杂程度很高，尤其是未来个人所得税制度将按照综合与分类相结合的模式来调整，中央具有明显的信息劣势，处理起来的难度很高。反观地方政府，更接近纳税人，对纳税人及其工作行业形势、岗位状况也很了解，具有明显的信息优势，征管起来效率更高。这就是当前个人所得税由地方分享 40% 的重要现实基础。（3）如果考虑到地方积极性，将个人所得税定为地方税，符合受益对等原则，能有效激励地方政府改善就业环境，提高诸如交通、信息、治安、教育、医疗、环保等各个方面的公共服务质量，其中原理与房产税相通。（4）至于外部性，地区间争夺税源其实是一个伪问题，适度的税收竞争也可以促进经济发展。收入再分配问题则可以通过由中央统一规定高阶税率的累进程度加以解决。外部性其实来自流动性，神野直彦（2012）就提出地方税最好采取税源流动性小的方式，以人为课税对象的所得税[①]可以成为地方税。在以人为课税对象的角度上，个人所得税其实与营业税是相似的。营业税针对服务业劳务，其课税对象与人间接相关。既然营业税在我国开征的时期可以定为地方税，那么个人所得税也可以。

综上所述，地方主体税种的培植，应该因地制宜，赋予地方一定自主权，使其能够在个人所得税和房产税两个潜在的主体税种之间进行选择和设计，这里面既包括不同类型地区的地方政府对个人所得税和房产税的选择，也包括同一地区省级政府和市县政府之间对个人所得税和房产税的选择。当然，个人所得税和房产税都需要较高标准的配套改革，

---

① 从征税对象流动性高低的角度看，商品的流动性最高，劳动者的流动性中等，房地产的流动性最低，因此，商品税的流动性最高，个人所得税的流动性中等，房地产税的流动性最低。

还需要一定的完善时间，在此之前，可以在增值税分享方面向地方倾斜。在地方形成自己的主体税种之后，可以对增值税进行反方向调整，分享比例向中央倾斜。本书绘制了表 5 - 9，给出基于"两个积极性"的收入划分框架设计。

表 5 - 9　　　基于提高"两个积极性"的政府间收入划分框架设计

收入归属	近期		远期	
	主体税种	划分比例	主体税种	划分比例
中央税	消费税等	100%	消费税等	中央 100%
共享税	增值税	中央 40% ~50% 地方 50% ~60%	增值税	中央 60% ~70% 地方 30% ~40%
	所得税	中央 60% 地方 40%	企业所得税	中央 60% 地方 40%
	资源税	按品种划分	资源税	按品种划分
地方税	无	0	个人所得税	地方 100%
			房产税	地方 100%

4. 统筹兼顾非税收入、政府性基金收入、国有资本经营收益收入、社会保障基金收入、政府债务收入，完善收入划分

税收收入是中央与地方收入划分的核心，除此之外，各层级政府收入还包括非税、政府性基金、国有资本经营收益、社会保障基金、政府性债务等一系列渠道和来源。这些收入来源都很重要，同样是各级政府履行职责不可或缺的财力基础。只是与税收收入相比，收入规模相对不大、使用方向相对明确、管理方式相对独立，因此关于这些收入的划分也就相对简单。

第一，对于非税收入，建议按照谁服务、谁收费的原则进行划分。非税收入以政府收费居多，中央政府提供的服务项目对应的收费划归中央，地方政府提供的服务项目对应的收费划归地方。如果某一项服务，在改革中从地方上收到中央，或者从中央下放到地方，其收费划分也应

该进行相应的调整。

第二，对于政府性基金、社会保障基金、政府性债务，建议划分方式与非税收入大致相同。这些收入大多有固定的支出方向，不必通过中央和地方之间的集中和转移支付。特别是地方政府性债务，现在已经构建起来了更为规范的管理制度，地方可以自主发行债券，用于本地政府支出需要。对于社会保障基金，现在还处于省级统筹的层次，收入主要由地方所有。未来可能会将统筹层次上升到国家层面，相应的收入也应该调整为中央所有。

第三，对于国有资本经营收益，建议按照资产所有者权益的归属进行划分。由中央出资形成的经营收益划归中央，由地方出资形成的经营收益划归地方。

5. 以交易效率的高低为标准，进行事权界定，为远期收入划分提供依据

按照理论逻辑，事权界定应该是收入划分的先决条件。但是在实践中，完全按照理论逻辑进行改革付出的交易费用过高，导致交易效率过低而无法实施。所以我们在现实中往往会看到收入划分并没有严格按照事权在不同层级政府之间的分配来完成，反而是我国各级政府之间的事权界定一直存在不完整、不清晰之处，表现出来一定的模糊度，这便是存在交易费用的缘故。

当前，财政改革已经从整体上明确建立事权与支出责任相适应的制度，在此过程中，仍然要考虑交易费用的因素，以交易效率的高低为标准进行制度设计与实施，将着力点放在降低政府扭曲行为、解决信息不对称等产生交易费用的环节。从而在远期，通过明晰合理的事权界定为收入划分提供前提依据。

6. 在进行事权界定和转移支付制度设计的时候，充分考虑既定财力格局

既定财力格局稳定，虽然与理顺收入划分关系之间存在较大的两难冲突，但不顾现实约束条件，完全按照理想化模式进行改革，并不可取。尤其是收入划分，作为事权界定的下游和转移支付制度设计的上

游，具有承上启下的枢纽作用，对于保持改革连续性和改革效果具有重要作用。

在进行事权界定的时候，必须要考虑既定的财力格局。如果理想中的事权安排将带来过大的收入格局调整，就会伤害到"两个积极性"，这样的理想化模式就不应该被选择。同样的原因，转移支付制度的设计也应该与既定财力格局相匹配。现行转移支付规模占到了中央本级收入的80%左右，这一过高比例，实际上与既定财力格局并不适应，在财政收入从上到下，再从下到上的过程中，不断有矛盾和问题产生。因此，转移支付制度的改革方向应该是逐渐缩小规模，逐步匹配既定财力格局。

以收入划分为一个重要节点，可以将分税制看成是一个制度链条，事权界定、收入划分、转移支付等都可以看作是这个制度链条上的不同环节。为了保证这条制度链的顺畅运行，分税制改革的最终目标应该是在提高"两个积极性"的原则下实现事权、收入划分与转移支付的全面匹配。

第六章

基于转移支付效果的政府间转移
支付制度优化研究

政府间转移支付制度是分税制财政体制的重要组成部分，对于理顺中央与地方政府间财政关系，增强宏观调控能力意义重大。伴随我国分税制财政体制的不断调整，转移支付规模也逐渐扩大。2016 年我国转移支付规模 52804 亿元，是 1994 年 550 亿元的 96 倍。规模庞大的转移支付资金已成为地方政府财力的重要来源，一直以来转移支付因不够规范、多头管理、跑部钱进等问题而饱受诟病，近年来国家层面陆续出台相关文件逐步加大对转移支付改革力度，转移支付制度不断规范。那么，不断完善的我国转移支付制度是否实现了预期效果？当前我国转移支付制度又将面对哪些变化？这些问题的解答对于明确我国转移支付下一步改革的方向和现有转移支付的优化具有重要意义。本书首先以我国转移支付制度核心目标的演变为标准对我国转移支付制度进行了时间段划分，在此基础上对比了不同时间段转移支付制度目标的实现程度及存在的问题，并结合当前我国转移支付制度面临的新问题，从提高转移支付效率角度提出了未来我国转移支付制度的优化方向和具体措施。

第一节 文献综述

对转移支付效应的研究一直是学界研究的热点，学者们对转移支付效应研究主要集中于以下几个方面：一是转移支付的财力均等化效应；二是转移支付的基本公共服务均等化效应；三是转移支付的区域协调发展效应；四是转移支付对地方政府收支行为的影响。在转移支付的财力均等化方面，许多学者从实证角度考察了我国财政均等化效应，但研究结论尚未达成一致，一些学者认为我国转移支付制度并未实现财力均衡的效果，实际上拉大了财力差距（Tsui，2005；尹恒等，2007；贾晓俊，2009；范子英，2011）。一些研究发现专项转移支付由于存在多头管理、项目交叉重复等问题，使项目分配中受人为影响较大（Knight，2002），导致分配结果不均等。范子英、张军（2010）通过对我国政府官员任职经历和转移支付关系进行的研究结果也证实了这一观点。即使是财力性转移支付，由于决定其分配的既有经济因素也有政治因素，甚至政治因素在资金分配中比经济因素更加重要，如中国出于政治稳定性考虑会给予少于民族地区更多的照顾（王绍光，2004）。多数学者则认为我国转移支付制度实现了财力均等化目标（刘亮，2003；赵桂芝、寇铁军，2012；戴平生等，2015）。

在转移支付的基本公共服务均等化方面，对于财力均等化是否促进了基本公共服务均等化的研究不断深入，从总量转移支付与基本公共服务均等化关系、分类转移支付与基本公共服务均等化间关系、引入公共产品提供成本因素的基本公共服务均等化效应以及引入人口因素的公共服务均等化效应多个方面进行了研究。但结论上差异较大。宋小宁等（2012）对一般性转移支付占比的提升是否真正能实现基本公共服务均等化问题进行了研究，结果发现就基本公共服务供给而言，专项转移支付更能提高基本公共服务的供给。这是因为一般性转移支付对公共产品提供存在正负两种效应，即财力增加，提高了增加公共产品供给的可能；但因公共产品供给未知、不易考量，又为地方政府偏离支出方向提供了可乘之机，因此总效应取决于两种效应的此消彼长。贾晓俊（2015）基于我国地方政府"重投资轻民生"的支出偏好条件下，研究了不同类别转移支付对公共服务均等化效果的影响，并得出了分类拨款更有利于均等化目标实现的结论。此外，一些学者认为当前纵向转移支付制度并不利于基本公共服务的均等化，应该建立纵横交错的转移支付制度（刘大帅，2013；李永友，2017），如省际间横向转移支付制度，省内横向财政协调制度等。

对转移支付是否能缩小区域间经济差距，现有研究主要集中于转移支付与经济增长关系研究。理论研究从新经济地理学集聚效应和分权理论出发认为转移支付对经济增长作用是负面的。新经济地理学指出集聚效应会促进地区经济发展，而我国集聚效应偏小，中国经济还应进一步向东部集中（Au & Hnderson，2006；陆铭等，2006），转移支付的区域间平衡目标会降低我国集聚程度，进而不利于地方经济发展；分权理论则认为分权会提高地方政府发展本地经济积极性，对经济发展有促进作用，但转移支付的前提是集权，因而也不利于经济发展。那么转移支付是否一定能促进长期的经济增长？结果是不确定的，因为倾斜性转移支付政策的经济增长效果存在两面性。一方面转移支付能够通过促进基础设施等公共产品完善，带动经济发展；另一方面过大的政府支出会挤出私人投资，并带来欠发达地方政府搭便车、发展经济动力不足问题，而仅形成一个低水平均衡，不利于地区经济发展。实证研究成果也不尽相同，张栓友等（2003）研究表明转移支付不仅未实现地区间经济差距的缩小，反而扩大了区域经济差距。马光荣，郭庆旺，刘畅（2016）研究则认为一般性和专项转移支付对地方经济增长均有促进作用，但专项转移支付对经济增长的拉动作用要高于一般性转移支付。范子英，张军（2010）的研究则区分了转移支付对经济增长的短期效应和长期效应，基于我国分地区数据进行了实证分析，发现虽然数量上中西部地区获得了更多的转移支付，但其经济增长作用仅仅体现在短期，长期来看会对经济增长有消极影响。

转移支付对地方政府行为的影响主要反映在收入和支出两个方面。支出方面，因为地方政府支出对转移支付的弹性要高于自给性收入，地区间财力均等化可能会刺激地方政府过度扩张支出，即转移支付会带来"粘蝇纸效应"。范子英、张军（2010）对我国的研究发现，"粘蝇纸效应"导致了我国政府支出规模和人员规模的膨胀，相对于一般性转移支付，专项转移支付会导致更为严重的冗员问题。在支出结构方面，转移支付有可能导致地方支出的"可替换效应"，即在我国转移支付制度相对不够规范，地区间财力差异较大的背景下，地方财力状况的改善可能导致地方支出扭曲而更偏向于行政性支出，我国目前的转移支付制度不仅会带来"粘蝇纸效应"而且会存在"可替换效应"，转移支付流入越多地区扭曲效应越明显（付文林、沈坤荣，2012）。收入方面，研究侧重于对地方税收努力的影响，多数研究结果都证明两者间呈负相关关系。一方面，转移支付与征税相比成本更低，因而降低了地方政府的税收努力程度。另一方面，转移支付会带来地方间税收竞争的强化，进而导致减收。李永友（2015）研究表明中国转移支付实际上强化了地方政府间的税收竞争，不具有协调地方政府间财政竞争的作用。

总结以上对转移支付效应的研究尚存在以下两点不足：一是研究多局限于单一效应，没有将多种效应综合考虑。二是研究没有以转移支付的演变为背景，没有考虑不同时期不同转移支付体制背景对最终效果的影响，以至于不同时期的学者对同一效应的研究结果出现截然相反的情况。本书将弥补以上两个方面的不足，在区分不同时期转移支付核心目标为背景，对我国转移支付不同时间段的多种效应进行对比分析，以期为我国转移支付制度的优化提供参考。

第二节　中国转移支付制度：主导功能由财力补偿向基本公共服务均等化转变

作为分税制配套措施的转移支付是中央与地方财政关系中的一个重

要组成部分。从 1994 年过渡期转移支付制度建立，经过二十余年的发展我国逐步形成一套具有中国特色的纵横交错的转移支付体系。广义上讲，我国的财政转移支付一般包括税收返还、一般性转移支付、专项转移支付三类；狭义上讲，则仅指一般性转移支付和专项转移支付。此处选择广义的转移支付为研究对象，从转移支付制度设立的背景动因、目标、规模、主要方式及管理体制等几个方面对我国转移支付制度变迁过程进行考察（见表 6-1）。

（一）以纵向财力均衡为核心的转移支付制度（1994~1999 年）

1992 年党的十四大确立了建立社会主义市场经济体制的总目标，市场经济体制的建立需要统一开放的大市场，政府调控经济要由过去以计划手段为主的直接管理向以经济杠杆为手段的间接调控为主转变。而当时包干制财政体制弱化了中央财政宏观调控能力，造成地方政府减免税无序竞争，以及重复建设和区域封锁等问题。在中央财政濒临"破产"边缘和地方不满于体制频繁变动的双重压力推动下，1994 年分税制改革正式施行。这次改革按照"存量不动、增量调整，逐步提高中央的宏观调控能力，建立合理的财政分配机制"原则设计，在财政承包制确定中央和地方间财力基本不变的情况下，结合税制改革，对财政收入增量进行了重大调整（谢旭人，2008）。为了使本次财政体制改革顺利运行，维持地方 1993 年既定利益，我国构建起以税收返还和过渡期转移支付为主要内容的政府间转移支付制度。1994~1999 年间实现纵向财力均衡①一直是我国转移支付制度的主要目标。

首先，资金规模以保证地方既得利益为标准进行确定。其中税收返还额以 1993 年为基期年，按分税后地方净上划中央收入数额，作为中

---

① 纵向财力均衡指的是一个多层级政府体制里，每一个层级的政府支出都有足够的收入来源。本书指经过初次分配和再次分配两个阶段分配后中央、地方两级政府财力与支出相匹配的平衡状态。

表 6 - 1　　　　分税制以来的收入分享与转移支付改革

时间	1994 年	2001 年	2002 年	2004 年	2007 年	2009 年	2014 年	2016 年
收入改革	分税制	农村税费改革	所得税收入分享改革	农业税减免				全面营改增
目标	纵向财力平衡		横向财力均衡			基本公共服务均等化		
规模	分税所得增量财力中拿出一部分		建立了一般性转移支付资金的稳定增长机制				明确将一般性转移支付占比提高到 60% 以上	
分类	税收返还；过渡期转移支付		税收返还；财力性转移支付		专项转移支付	税收返还；一般性转移支付；专项转移支付		
分类口径调整		过渡期转移支付改称财力性转移支付			为规范转移支付制度，从 2007 年起，中央对地方体制性补助列入中央对地方财力性转移支付	(1) 2009 年转移支付科目调整，部分专项类科目调入一般性转移支付；(2) 财力性转移支付改称一般性转移支付；(3) 一般性转移支付改称均衡性转移支付		

续表

时间	1994年	2001年	2002年	2004年	2007年	2009年	2014年	2016年
新增项目		(1) 调整工资转移支付(1999);(2) 农村税费改革转移支付(2000);(3) 民族地区转移支付(2000)		县乡奖补转移支付(2005)	资源枯竭城市转移支付(2007)	国家重点生态功能区转移支付(2008)		

央对地方的税收返还基数。为了尽量减少对地方财力的影响，从 1994
年后实行增量返还的办法。1995 年正式引入的过渡期转移支付在不影
响地方既定利益的情况下，每年从中央收入增量部分划拨一部分资金重
点用于财政困难地区及民族地区财力补充。这一阶段转移支付资金总规
模从 1994 年的 2389 亿元上升至 1999 年的 4087 亿元，转移后地方政府
财力与地方本级支出基本实现平衡。

其次，税收返还是平衡纵向财力的主要手段。1999 年以前，税收
返还额在转移支付总额中占比一直保持在 50% 以上；起均衡地方政府
间财力作用的过渡期转移支付（一般性转移支付）虽占比从 1994 年的
8% 增至 1999 年的 13%，但因规模较小难以起到横向财力均衡作用
（如图 6 - 1 所示）。专项转移支付则具有明显的逆周期调节特征，1998
年遭遇亚洲金融危机时，中央采取了扩张性财政政策，专项转移支付从
1997 年的 516 亿元迅速增加至 1999 年的 1424 亿元。

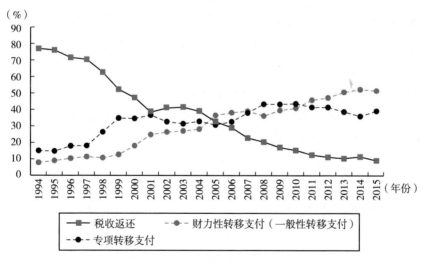

图 6 - 1　1994 ~ 2015 年我国分类转移支付占比

最后，资金分配重正式规则，地方财政收入来源具有一定确定性。
税收返还按基数法、一般性转移支付按标准收支缺口及转移支付系数确

定，资金分配规则明确。财政部每年发布《过渡期转移支付办法》对资金分配逐步规范、完善。这段时间，国家对专项转移支付始终缺乏清晰的定位，项目设置与分配没有统一的规则，甚至找不到可资参考的指导性文件。专项资金的分配遵循了"地方申报—央地谈判—领导批示"的管理模式，谈判要价能力强弱对专项转移资金分配干预较大，专项转移支付因带有暗箱操作性质而成为众矢之的，改革呼声高涨，但因规模相对较小，对地方财政收入变动影响不大。

（二）以横向财力均衡为核心的转移支付制度（2000～2007 年）

经济体制改革以来，地区经济发展日益活跃，但随之而来的是 20 世纪 90 年代中后期我国中、西部地区经济社会发展水平与东部差距持续扩大，地区差距严重威胁社会稳定，生态环境压力日益加大。在 1998 年亚洲金融危机的冲击下，为拉动内需、促进地区间经济平衡发展，1999 年党的十五届四中全会通过的《中共中央关于国有企业改革和发展若干重大问题的决定》正式提出实施西部大开发战略。为支持西部大开发战略，国家进一步扩大转移支付规模，并加大了对中、西部地区转移支付力度。这一时期，转移支付以均衡东、中、西部地区间横向财力为主要目标。

首先，在规模上，建立了倾向于中西部地区的转移支付资金稳定增长机制。2002 年为了扭转地区间税基分布不均，财力差距扩大的趋势，根据《国务院关于印发所得税收入分享改革方案的通知》开始实施所得税分享改革。这次改革使原本全部划归地方政府的所得税按照 50% 进行分成，这一度使中央财政收入比重提高了 3 个百分点，《通知》中规定中央因所得税分享改革增加收入将全部划入一般性转移支付，主要用于中西部地区。图 6 - 2 给出了 2004 年以来我国东中西部转移支付规模及占比情况①，数据显示 2004 年以来我国对中、西部地区的转移支付

---

① 由于 1999～2003 年分地区转移支付及税收返还数据缺失，因此只测算了 2004 年以来转移支付分地区情况。

呈现逐年上升趋势，总规模从 2004 年的 10223 亿元增长至 2015 年的 55200 亿元；占比从 2004 年的 69% 提升至 2007 年的 77%，其后中、西部转移支付占比保持相对稳定。

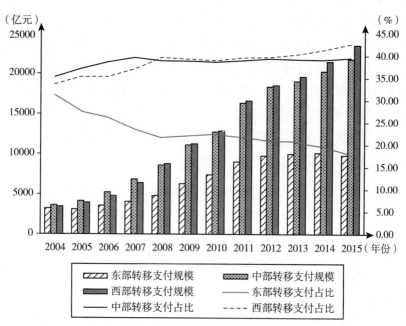

图 6 – 2　东、中、西部转移支付规模及占比

数据来源：根据《财政统计摘要 2016》计算得出；图中转移支付额为税收返还、一般性转移支付和专项转移支付总额。

其次，专项转移支付是实现横向财力均衡的主要手段。为支持西部大开发，促进地区间均衡发展，能够更好贯彻中央政策意图的专项转移支付成为了平衡地区间财力的主要手段。从图 6 – 1 中可以看出，1999 年以后我国转移支付结构开始发生较大变化，专项转移支付和一般性转移支付占比迅速提升，两类转移支付占比从 1999 年的 48% 上升至 2007 年的 77%，其中专项转移支付占比较高。1999～2007 年三类转移支付中专项转移支付规模增幅最大，增加了 8538 亿元，高于一般性转移支付的 7803 亿元和税收返还的 2749 亿元。

最后，管理体制上，专项转移支付制度从非正式规则向正式规则过渡。随着转移支付资金规模的不断扩大，资金管理、分配方式对地方政府行为及转移支付效果的影响显著增强。大规模的专项转移支付因一直没有明确的管理制度，致使"跑部钱进"等乱象丛生，引起了各主管部委和地方政府的强烈不满。为此，2000年财政部正式出台《中央对地方专项拨款管理办法》，对专项拨款申请、审批、分配、使用以及执行和监督环节做了具体规定。规则的正规化，一定程度上减轻了对主管部委和地方政府行为的扭曲作用，但同时办法也赋予了主管部委正式参与分配资金的合法权力，这也为各部委之间竞争专项转移支付控制权，不断扩大专项转移支付规模、数量，多头管理，"跑部钱进"等一系列问题埋下隐患。

（三）以基本公共服务均等化为核心的转移支付制度（2008年以来）

历经30多年的改革与发展，经济领域取得了丰硕成果。但经济和社会发展不平衡、不协调成为中国社会的主要矛盾，城乡、区域和社会不同群体之间的名义收入差距很大，并成为影响社会稳定和谐的重大问题，缩小公共服务方面差距，对于缓解城乡差距、区域差距、群体和个人差距都具有积极作用和重要意义。因此，2005年中共十六届五中全会通过的《中共中央关于制定国民经济和社会发展第十一个五年规的划的建议》中，首次提出"按照公共服务均等化原则，加大对欠发达地区的支持力度"。十七大进一步明确"围绕基本公共服务均等化和主体功能区建设，完善公共财政体系。"随着财政职能转向，转移制度功能定位也由财力补偿为主导功能向公共服务均等化为主导功能转变，从以物为核心的转移支付向以人为核心的转移支付转变。同时，为配合"营改增"收入改革，2014年以来国家加快了转移支付制度改革步伐。

首先，规模上，建立一般性转移支付稳定增长机制。2007～2008年政府报告中均提出"依法增加地方'两税'返还和一般性转移支付的支出,提高一般性转移支付规模和比例"。2014 年出台的《国务院关于改革和完善中央对地方转移支付制度的意见》首次明确了一般性转移支付占比提高到 60% 以上的目标。改变了均衡性转移支付与所得税增量挂钩的方式。2007 年以来,随着我国转移支付规模的快速提升,一般性转移支付规模也大幅提高。在转移支付总规模上,我国虽没有明确的转移支付规模确定机制,但多年来,中央对地方税收返还和转移支付总和占中央本级收入比重一直稳定在 70% ~80% 之间,包括税收返还的转移支付总额与中央本级财政收入间一直保持着同步增长,2007 年以来我国包含税收返还的转移支付总额快速提升(见图 6 - 3)。2007 ~2015 年 9 年间转移支付总规模 343109 亿元,是 1994 ~2006 年 13 年转移支付总规模 79585 亿元的 4 倍。与此相适应,一般性转移支付(原财力性转移支付,2009 年后改称一般性转移支付)规模大幅提升。2007 ~2015 年间,一般性转移支付规模由 7093 亿元增长至 28475 亿元,增长了 301% 。

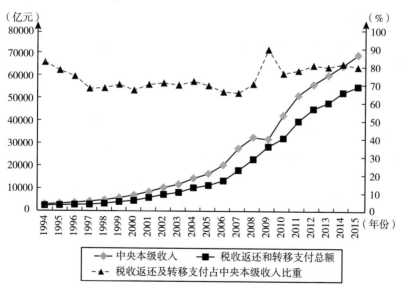

图 6 - 3 1994 ~2015 年中央本级收入及税收返还和转移支付情况

其次，一般性转移支付成为实现基本公共服务均等化的主要手段。由于公共服务需求、提供成本具有地区差异性，一般性转移支付相对专项转移支付能够赋予地方更多的自主权，因地制宜地提供公共产品，因而一般性转移支付成为实现基本公共服务均等化的主要工具。一般性转移支付占包含税收返还的转移支付总额比重也由 2007 年的 39% 提升至 2015 年的 52%，如只考虑一般和专项两类转移支付，2015 年一般性转移支付占比则高达 57%。

最后，管理体制从重分配向重效率转变。从技术手段看，2008 年调整了一般性转移支付分配公式，将原来按财政供养人口计算的支出改为按总人口测算，更突出了公共服务均等化定位。从管理体制上看更注重效率提高，均衡性转移支付制度在 2011 年引入激励约束机制，包括增幅控制机制和奖励财政努力地区的激励机制。专项转移支付方面，清理整合专项转移支付、严控专项转移支付项目增加、取消竞争性领域专项，规范资金分配，取消配套要求，增强转移支付透明度，完善绩效评价制度。

第三节 我国转移支付制度的有效性分析

政府间转移支付制度目标可分为终极目标、基本目标、直接目标[1]三个层次（马海涛，2004）。从我国转移支付制度演变历程可以看出，我国转移支付制度目标经历了由财力均等化向基本公共服务均等化的转变，其中纵向和横向财力均等化是直接目标，地区间经济均衡发展、基本公共服务均等化是基本目标。我国转移支付制度是否实现了预期目标？是否有效？由于不同时期我国转移支付的目标不同，因此，分析转

---

[1] 直接目标是实现各级政府财政能力和公共服务水平的均等化，本书基本目标仅指财政能力均等化，因为基本公共服务均等化主要是通过财力均衡来实现的，因此将公共服务水平均等化纳入基本目标。基本目标是实现经济均衡发展。终极目标是实现社会公平，包含个人公平和地区公平两层含义，即使个人收入差距和地区间收入水平被控制在社会可接受范围之内。

移支付效果时区分不同时间段进行对比分析将更为合理。本书将区分不同时间段，从直接目标和基本目标两个层次，从纵向与横向财力平衡、基本公共服务均等化、地区间经济均衡发展四个方面对我国转移支付制度效率进行分析。

（一）纵向财力结构不平衡问题凸显，均衡性作用逐渐弱化

转移支付制度是纠正纵向财力不平衡的重要机制，如前文所述纵向财力平衡是指经过初次分配和再次分配两个阶段分配后不同层级政府财力与支出相匹配的平衡状态。纵向财力不平衡形成的超过适度规模的财力缺口将造成不同层级政府财政困难、制约其公共品提供能力，进而对经济和社会发展造成影响。1994年以来我国转移支付制度的纵向财力均衡作用效果如下：

一是从总量来看，纵向不平衡主要体现在中央。图 6－4、图 6－5 给出了财力转移后中央财政收支和地方财政收支情况，可以看到 1994 年以来财政收支缺口主要体现在中央，2008 年以来中央财政收支缺口呈现逐年扩大趋势，由 2008 年的 3655 亿元增长至 2015 年的 11496 亿元。同期，包含税收返还和转移支付后的地方财力与地方一般公共预算支出一直呈现平衡状态，2010 年以后地方才出现收支缺口，缺口规模一直维持在 750 亿元左右，远低于中央收支缺口。但值得注意的是，2015 年地方收支极速扩大至 12055 亿元，比 2014 年的 748 亿元增加了 11307 亿元，这主要是由 2015 年地方财政支出迅速扩大所致。分时间段来看，1994～1999 年间，中央与地方间纵向财力基本实现均衡；2000～2007 年间，中央转移支付后收支缺口增大但因收入增长较快收支缺口有缩小趋势；2008 年以后，受 2007 年金融危机影响收支缺口逐渐增大，中央一般公共预算支出快速增加与收入减收双重因素导致缺口不断扩大。

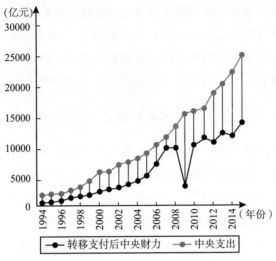

图 6 - 4 转移支付后中央财政收支缺口

资料来源:《财政统计摘要 2016》。

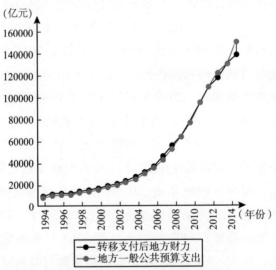

图 6 - 5 转移支付后地方财政收支缺口

资料来源:《财政统计摘要 2016》。

二是分地区结构来看,纵向不平衡问题凸显,中西部地区财力保障不足。对纵向财力平衡的分析,除了要考虑中央和地方间的纵向财力不平衡，更应该对转移支付是否实现了各地区财力与支出匹配进行分析，因为即使总量上实现了纵向财力均衡，地方局部财力的极大不平衡仍将对经济发展、政府治理结果产生较大影响。我国纵向财力结构不平衡的主要特点如下：第一，总体来看，我国东、中、西部地区转移支付后财力与支出缺口呈现不断扩大趋势。对比图6-6和图6-7可以看出，转移支付一定程度上弥补了地区财力，实现了纵向的财力均衡。第二，结构不均衡问题严重。转移支付的二次分配使经济相对发达的东部地区得到了更多的财力保障，中西部地区财力保障不足，二次分配财力供给与需求不匹配。分时间段来看，2004~2007年间，转移支付以横向财力均衡为主要目标时期，各地财力均得到了有效保障；2008年至今，转移支付以基本公共服务均等化为主要目标时期，受经济形势影响，中西部收支缺口快速加大，转移支付难以弥补中西部财力缺口使中西部财政收支缺口不断扩大；而受宏观调控影响，中央转移支付在2009年和2011年两次大幅提高对东部地区的转移支付，使得东部地区财力得到了过渡保障。

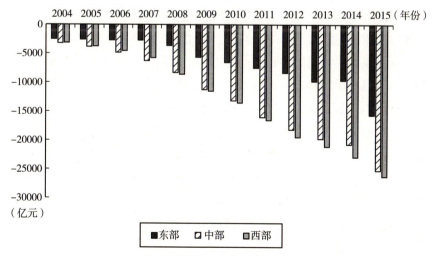

图6-6 转移支付前东、中、西部地区一般公共预算
收入与一般公共预算支出缺口

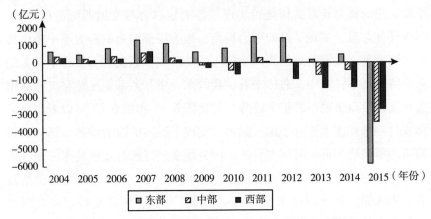

（亿元）

图 6 - 7　转移支付后我国东、中、西部财政收支缺口

注：财政收支缺口＝地区一般公共预算收入＋税收返还和转移支付额－地区一般公共预算支出。

资料来源：《财政统计摘要》。

（二）横向区域间财力均等化效果显著，区域内财力失衡状况持续恶化

1. 横向区域间财力均等化效果弱化

横向财力均等化主要反映地区间财力差异情况，衡量财政均等化情况较为广泛使用的方法有基尼系数、泰尔指数、变异系数。此处，主要采用变异系数法对我国转移支付对不同地区的横向财力均等化效应进行测算。通过对比转移支付前后东、中、西部区域间人均财力差异变动情况得出横向均等化效果。已有分析中普遍将人均一般公共预算收入视为转移支付前财力水平，人均一般公共预算支出视为转移支付后的财力水平。因此，东、中、西各地区人均一般公共预算收入差异反映地区间初次财力分配的均等化状况，即转移支付前差异情况；各地区人均一般公共预算支出差异反映转移支付后各地区人均财力差异，二者差额越大，说明横向财力均等化效果越好。横向财力均等化公式为：

横向财力均等化系数＝各地区人均财政收入变异系数

－各地区人均财政支出变异系数

从表 6 - 2 可以看出，1994～2015 年，转移支付对缩小区域间财力

差异起到了较明显的调节作用，但不同时期，均等化程度不同。1994 ~
1999 年，均等化系数由 0.19 上升至 0.24，均等化效应不明显，转移支
付主要功能为平衡纵向财力。2000 ~ 2009 年，均等化效果最为显著时
期，均等化系数由 0.30 上升至 0.44，从该时期转移支付前后财力差异
可以看出，西部大开发、中部崛起战略进一步加大了地区间财力差异，
财力差异从 2000 年的 0.65 上升至 2003 年的 0.75 后回落至 2009 年的
0.63，而同期的转移支付对平衡地区间财力起到了非常大的作用。
2010 ~ 2015 年，均等化效应弱化阶段，横向财力均等化系数逐步降低
至 0.31 左右，恢复至 2000 年水平。随着区域间转移支付前财力差异的
减小，转移支付横向财力均衡作用空间收窄，均等化程度趋于稳定。

表 6 - 2　　　　　　1994 ~ 2015 年我国东中西区域间财力均等化情况

年份 差异情况	转移支付前 财力差异	转移支付后 财力差异	均等化系数
1994	0.51	0.32	0.19
1995	0.54	0.36	0.18
1996	0.54	0.37	0.17
1997	0.56	0.38	0.18
1998	0.57	0.39	0.18
1999	0.62	0.38	0.24
2000	0.65	0.36	0.30
2001	0.72	0.33	0.39
2002	0.73	0.34	0.39
2003	0.75	0.38	0.36
2004	0.72	0.37	0.35
2005	0.73	0.35	0.38
2006	0.68	0.29	0.39
2007	0.69	0.27	0.42
2008	0.66	0.22	0.43

差异情况 年份	转移支付前 财力差异	转移支付后 财力差异	均等化系数
2009	0.63	0.20	0.44
2010	0.59	0.19	0.40
2011	0.52	0.17	0.35
2012	0.49	0.16	0.33
2013	0.48	0.16	0.31
2014	0.47	0.17	0.31
2015	0.49	0.17	0.31

资料来源：财政统计摘要 2012~2016；表中"财力差异"指标数值越大说明区域间财力差异越大。

2. 区域内财力均衡状况持续恶化

赵桂芝、寇铁军（2012）运用泰尔熵指数分解对我国东部、东北部、中部、西部四区域横向财力失衡的原因进行分析。结果显示转移支付后四区域财力失衡来源构成中，呈现组内失衡贡献率不断上升，而组间失衡贡献率持续下滑的特点。1995 年转移支付后组内差距贡献率由转移支付前的 60% 上升到 67%；2003 年后，组内失衡贡献率快速上升，而组间失衡贡献率下滑；2009 年组内财力失衡贡献率达到 82%，该发展态势说明转移支付制度的实施使区域内部的财力失衡状况持续恶化。长此以往，我国转移支付制度横向财力均衡职能不仅弱化，而且可能出现逆向调节。因此，现行转移支付仅靠扩大转移支付规模解决横向财政失衡问题已不现实，同时还将造成财政资金浪费和政策效果偏离与扭曲。

（三）区域间基本公共服务差距较大，区域内城乡基本公共服务均等化受抑制

地区间横向财力均等并不代表区域间基本公共服务均等化。虽然财

政能力均等意味着基本公共服务支出费用均等，这是实现均等化的前提和条件，但二者之间内涵和目标并不相同。基本公共服务均等化是让所有居民享受大体相等的基本公共服务，财力的均衡虽然有助于促进基本公共服务均等化这一目标，但财力的均衡针对的是政府，而基本公共服务均等化针对的却是公民。财力的均等化并不能代表基本公共服务的均等化（陈莹、孙荣，2017）。公共服务均等化表现为在不同区域之间、城乡之间、居民个人之间的公共服务分布均等。然而，从开始到成熟，公共服务均等化要经历不同的阶段，每个阶段目标及表现不尽相同。初级阶段目标为实现区域公共服务均等化，主要表现为区域之间的公共服务均等；中级阶段目标为实现城乡公共服务均等化，主要表现为区域之间、城乡之间的公共服务均等；高级阶段的目标为实现全民公共服务均等化，主要表现为区域之间、城乡之间、居民个人之间的公共服务分布均等（中国财政学会课题组，2007）。那么我国转移支付制度是否实现了基本公共服务的均等化？由于我国支出改革逐渐加大了教育、医疗、社会保障等基本公共服务支出，因此，公共服务均等化是因政府支出范围转变引起的还是因转移支付引起的很难通过支出数据对比直接得出结论，因此，学者们多通过计量分析方法来考察转移支付对基本公共服务均等化的影响，并从区域间和区域内两个层面得出了以下主要结论：

首先，区域间基本公共服务差距巨大。近年来，有关转移支付与基本公共服务均等化间存在区域间平衡区域内失衡的研究结论（田发等，2013；赵建国等，2015）得到广泛共识。但这种从总量上研究转移支付与基本公共服务均等化之间关系的研究忽略了不同区域间财力差异、成本差异、人口规模差异等因素，忽略以上前提下得出的均衡结论只能是总量上的均衡，而并非真正实现了区域间居民在享有基本一致教育、医疗、社会保障等公共服务方面的均等化。吴强等（2015）选取社会保障、公共卫生、基础设施、环境保护以及教育文化 5 个指标来衡量基本公共服务支出水平，在考虑区域间提供基本公共服务成本差异的基础上，动态测算了我国 31 个省级行政区 2007 ~ 2011 年所需的转移支付数额并与实际转移支付额对比后得出，人均支出最多和最少的区际差距有

5 倍多；有的发达省份获得的基本公共服务支出，远超过均等化需要，个别发达省份支出低于均等化需要；西部多数省份和个别中部省份支出长期低于均等化需求；也有个别西部省份获得了比较多的转移支付，超出了均等化需求；除了个别年份，多数年份支出低于均等化需要的，既有中部、西部省份，也有个别经济发达省份。说明我国现行的政府间转移支付安排，难以合理反映各地区的基本公共服务需求，促进区际基本公共服务均等化。

其次，转移支付抑制了区域内城乡公共服务差距缩小。缪小林等（2017）对转移支付是否会对地区内部城乡公共服务差距产生影响进行了研究，结果表明：无论是一般性转移支付还是专项转移支付，均显著抑制了城乡公共服务差距的缩小。长期处于高经济赶超水平的落后地区，很容易陷入转移支付阻碍城乡公共服务差距缩小的陷阱。

（四）缩小地区间经济发展差距效应不显著

就长远目标而言，不管是中央的直接投资，还是通过转移支付的方式对地方建设的间接投资，其最终目标都是要促进落后地区的经济发展，使区域经济能够平衡发展。转移支付的一个重要的间接目标就是通过财力的二次分配使落后地区能够有一定的财力发展经济，缩小地区间经济发展差距。

现有研究均证明了转移支付促进经济发展作用的有限性。马拴友和红霞（2003）利用中国 1995～2000 年分省数据，得出转移支付并没有促进地区经济收敛的结论，他们认为当时的财政转移支付体制包含太多的税收返还，而这实际上会进一步加大地区之间的差距。贾晓俊和岳希明（2012）实证研究认为，当前中国的转移支付政策并未有效缩小区域经济发展差距。何文和安虎森（2013）认为相对于税收政策，转移支付政策难以缩小区域经济发展的差距。安虎森和吴浩波（2016）利用 1995～2012 年数据实证研究得出转移支付不但没有促进区际经济发展差距收敛，反而扩大了地区差距。并认为这个结果是转移支付政策自身存在缺陷所致，尤其是如果中央政府对欠发达地区的直接补贴和优惠扶持政策不能实实在在地为这些地区所完全享有，那么几乎所有转移支付计划的预期目标都难以达成。

就单纯的增长目标而言，转移支付的表现并不如意。总体来看，一个省在中央转移支付中所占份额更多，反而增长更慢（Chen & lu，2008）。范子英、张军（2010）研究发现，在短期内转移支付对当地经济增长有一定促进作用，因为地方政府支出会因此而增长，从而直接贡献了 GDP 增长，但从长期来看，转移支付甚至还会对当地经济增长产生负面作用。其模拟结果是，转移支付每增加 1 个百分点将使地方经济长期增长率降低 0.03 个百分点，这种无效率的水平在西部地区更是达到 0.37 个百分点。因为，严格来说，转移支付与分权结构是冲突的，会降低转出地和转入地的经济激励，同时过多的政府支出会削弱私有经济的发展延缓市场制度的建设，不利于区域间经济差距的缩小。

从以上对我国转移支付制度效果的评价可以得出，纵向和横向财力均衡等直接目标基本实现，但财力均等效应仍存在纵向区域间结构差异和横向区域内财力差异等问题，同时，基本公共服务均等化和缩小地区间经济发展差距等基本目标并未实现。虽然自 1995 年转移支付制度构建以来，逐渐对该制度进行规范性、结构性改革，但从结果来看并未真正促进基本公共服务的均等化水平。转移支付在致力于以上目标实现的同时，还带来了政府支出规模扩大（粘蝇纸效应）、政府自身规模扩张、税收努力程度下降等一系列负面影响。以提高一般性转移支付比重为核心的改革并未真正实现基本公共服务均等化目标。

第四节 我国转移支付制度面临的新问题

从上文分析可知，经过历次改革，我国转移支付制度已基本实现了财力均衡，但对基本公共服务均等化、缩小地区间经济发展差距等目标实现收效甚微。需要注意的是当前转移支付财力均等化效果的实现是以经济增长、转移支付规模增大为前提的，在经济转为低速发展的背景下，原有纵向财力平衡能否继续保持？横向地区间和基本公共服务不平衡发生了怎样的新变化？转移支付制度的基本公共服务均等化效应为何没有实现？同时随着"营改增"收入分享体制改革，如何在不影响经济发展积极性的前提下减少转移支付制度的扭曲效应都是当前转移支付改革面临的新问题。

（一）在蛋糕难以做大的前提下，转移支付规模受限，纵向财力均衡功能不可持续

首先，财政收入增速放缓与支出刚性增长导致纵向财力缺口不断扩大。2008 年后，受经济危机和积极财政政策影响，地方支出规模快速加大，而财政收入增速放缓，全国一般公共预算收入与全国一般公共预算支出缺口不断加大。由于造成政府间财力纵向失衡的原因在于经济发展水平有限，因此，这样的财力纵向失衡将会长期存在。首先，从需求角度看，在经济短期内回暖形势不明显、总财力不足的情况下，实现纵向财力均衡需要不断增大转移支付规模。其次，从供给角度看，受收入减收影响，转移支付规模不可能持续扩大。转移支付资金需求扩大和供给不足的问题使现有制度下，转移支付的纵向财力均衡功能难以持续。

（二）横向财力失衡由区域间失衡转向区域内失衡

从转移支付的横向转移支付效果分析结果可以看出，横向财力的逐渐均等化反而加大了区域内省际间的财力失衡状况。这种状况的形成主要有两方面原因：一是中央转移支付对重点区域、重点城市倾斜支持的做法对区域内财力不均等加剧起到了助推作用。二是省以下转移支付体制不够完善造成的省域内财力失衡严重而导致的与区域内其他省的财力差距加大。因此，对我国横向财力失衡的有效调节，不能仅寄希望于中央财政转移支付规模的扩大，而应加快推进省以下财政转移支付制度的改革与创新，自下而上逐步提升财政转移支付制度的财力均等化功效，只有这样才能促进我国财政转移支付制度财力均等化功效多层面、全方位的提高。

（三）转移支付、地方政府行为与基本公共服务均等化、经济增长效应扭曲

对下级政府来说，无论出于什么原因，来自中央政府的转移支付总是增加了本级财政的可支配收入。可支配收入增加对接受转移支付的地方政府来说，意味着预算约束线变了。所以，在分散决策机制下，大规模转移支付必然会影响地方政府的最优财政收支决策。这种影响又会通过地方政府的财政收支传递到区域经济增长和公共产品供给上（李永友，2012）。转移支付通过平衡地方财力在提高公共产品供给进而促进经济增长的同时，还会从支出和收入两方面对地方政府行为产生负面影响（见表6-3）。

表6-3　　　　　　　　转移支付对地方政府收支行为影响

项目	主要方式	具体内容	来源
支出影响	财政支出规模扩大	粘蝇纸效应：地方政府的收入结构中，如果转移支付比重越高，其政府支出规模也会越大	Hines & Thaler（1995）；范子英、张军（2010）
	政府自身规模扩张	转移支付，尤其是专项转移支付会诱导地方政府冗员问题	Shih& Zhang（2007）；袁飞等（2007）
	支出结构	存在可替换效应：地方财力改善后，通过调整现有财政支出结构，偏离转移支付的基本公共服务均等化目标，支出更偏向于经济性公共品	Stein（1997）；傅勇、张晏（2007）；尹恒、朱虹（2011）
收入影响	征税努力程度下降	地方政府往往会把转移支付当做征税的替代，进而相应减少征税努力	Moffitt（1992）；张恒龙、陈宪（2007）
	地方政府间竞争引起的实际税率降低	转移支付会强化地方政府间竞争导致地方政府为竞争税收而压低实际税率	安体富（2002）；沈坤荣、付文林（2006）

从现有研究来看，支出方面有促进地方财政扩大支出、扩大政府自

身规模并在支出结构上偏离公共服务均等化目标倾向。收入方面会减弱地方提高收入自给能力激励，由于地方在税收努力上可调整的空间很大，使实际税率会远低于名义税率。中国当前的地方财政中，支出责任与事权不统一已是不争事实，事权过度下移，已引发中央与地方之间矛盾并导致政府效率低下，在这种体制下，地方政府通过"倒逼"致使近年来转移支付迅猛增加，虽然转移支付的支出占比相对稳定，但规模庞大。中央对地方政府大规模的财政解困会产生预算软约束。同时，转移支付分配缺乏规范性和透明度，种类繁多、项目庞杂、琐碎，这些都将诱使地方政府采取策略性行为以争夺财政资源。

（四）深层次制度问题

（1）政府职能转变尚未到位。政府财政承担的经济事务仍然比较多，使政府的财力难以集中于公共服务事务，或用于公共服务事务的资金受到限制。

（2）中央和地方各级政府所承担的公共事务划分不稳定，省以下地方各级政府所承担的公共事务与其财力不匹配。中、西部地区和农业为主的县乡财力往往难以满足其承担的公共事务需要。政府间税权划分方面的改革尚没有实质性推进，地方政府的税收管理权限过小，不利于地方政府因地制宜解决收入不足的矛盾。

（3）转移支付制度的目标不清晰。由于采取的是渐进性改革，制定明确的转移支付目标模式似乎不是很重要。当前仅有方向性目标，但具体目标并不清晰，包括各级政府的支出责任划分、中央财政收入集中度等。改革目标的模糊就会带来两方面问题，一是中央财力集中度上限不明确，缺乏合理范围，可能对经济发达地区乃至全国经济增长产生负面影响；二是由于目标不清晰，会在中央与地方矛盾和摩擦加剧时，存在走回头路的可能。

（4）省以下转移支付制度不够完善。目前，省以下转移支付制度缺少统一规范。分税制改革后，地方各级政府普遍参照中央做法对本级与下级的收入进行了划分，但出于保本级财力的原因，仅有少数省份建立了省对下一般转移支付制度，多数省份仅将中央直接对市县转移支付和由其省级配套的资金下拨到市县。在省对县财政转移支付中，专项转移支付占比较大，一般性转移支付比例低，有必要规范省以下转移支付制度，形成针对省以下纵向与横向财政失衡的平衡机制，特别要建立目标明确、责任清晰的省以下一般性转移支付制度，切实改变各级政府在财政支出上本级优先的倾向。

（五）"营改增"收入分享体制改革下转移支付制度调整方向——基于地方政府激励视角的分析

转移支付体制是财税体制的重要组成部分，收入分享体制调整将对转移支付制度产生重大影响。财政收入分权和转移支付制度是激励地方政府实现经济发展效率提高、财政增收与公共品均等化提供的重要机制。"营改增"收入分享体制改革和转移支付调整将对地方政府行为同时产生正面和负面影响。那么应该基于何种原则对转移支付进行调整才能最小化负面影响是当前转移支付制度改革需要面对的问题。本部分首先，基于财政分权、转移支付制度与地方政府激励之间的关系对"营改增"改革对地方政府行为影响进行分析；其次，基于激励地方政府视角，提出转移支付调整方向。

1. "营改增"收入分享改革、转移支付制度与地方政府激励

对地方而言，最大限度获取本级财政可支配收入是其财政行为的根本出发点。现行财税体制中，地方政府获得财政收入的主要渠道有三个：税收收入（包括地方税收收入和共享收入）、地方非税收入和转移支付收入。三类财政收入的决定机制和地方政府有效控制的程度各有特点（见表6-4）。

表6-4　　　　　财政分权、转移支付与地方政府激励效应

收入形式	控制能力	收入决定机制	激励程度
地方税收收入	完全掌控	受经济条件影响	激励有限
共享收入	干预能力有限	受经济条件影响	

收入形式	控制能力	收入决定机制	激励程度
非税收入	强控制力	地方政府根据相关政策制定征收项目和标准	强激励
转移支付	弱控制力	财力缺口和争取到的项目决定	弱激励

三种收入对地方政府激励程度存在显著差别。税收收入具有激励上限，地方政府倾向于以完成既定税收任务为上限，仅限于满足上级财政对本级政府财政努力的基本要求。现行激励机制设计使地方不愿选择超收，因为没有可持续的经济基础作保障，而且会提高以后财政年度的任务基数。非税收入具有强激励，地方政府倾向于尽可能扩大其收入范围和规模。转移支付具有弱激励性质，现行财政体制下，地方政府为获取更多转移支付可以从两方面着手，一方面人为调整财力缺口，通过扩大财政支出，或隐瞒真实收入来实现。另一方面通过"跑部钱进"等方式通过申报项目获取更多的转移支付。

从三类收入激励效应的变动来看现行财政体制的地方政府激励程度逐步弱化。首先，非税收入的逐步规范，强激励效应受到一定限制。近年来随着我国经济进入新常态，在简政放权、减轻企业负担等供给侧改革背景下，对非税收入的管理逐步规范，地方政府只能在一定的约束条件下组织非税收入，与之前相比，强激励机制有所弱化。其次，税收收入方面，"营改增"全面改革后，地方政府将面临主体税种缺失，而过渡期实行的分成办法与营业税时期相比对地方政府有限激励效应将进一步弱化。再次，转移支付收入方面，转移支付规模不断扩大，中西部地区长期对转移支付保持高度依赖，转移支付弱激励效应得以增强。总体来看，当前财政体制对地方政府激励呈弱化趋势。

2. "营改增"收入分享体制改革、地方政府激励与转移支付调整方向

"营改增"收入分享体制改革动摇了分税制基础，地方政府激励结构面临重构。在原有分税制体制下，营业税是地方税收收入的主要来源，营业税占地方税收入比例一直保持在30%以上。"营改增"后，地方主体税种缺失，原有财政体制对地方政府的激励效应面临重新调整。当前，我国制定了通过增值税中央、地方五五分成的过渡办法来平衡中央、地方财力的纵向不平衡。虽然短期内从财力上地方政府得到了补充，但地方只有收入，没有权力，地方征税的权利相对削弱了。

"营改增"后地方税体系的构建面临着较大的不确定性，地方政府积极性受到抑制。那么是否要减弱地方政府和经济发展、财政收入之间的关联性？是当前增强地方政府激励必要性的前提。从我国供给侧改革背景来看，未来经济发展要发挥市场在经济中的主导作用，但由于我国是发展中国家，经济发展仍是未来很长一段时间的主要任务，而经济发展离不开地方政府，虽然政府职能由建设型向服务型转变，但无论是需求拉动还是制度供给推动，都离不开地方政府积极性的发挥。至于政府是通过扩大投资还是政策引导来实现经济发展，这是工具的选择，不是减少地方收入就能解决的，而应从政绩考核体系合理引导。在举债权下放短期效果不明显、税权下放受到严格控制的情况下，财政分权的最后一条路径就是寄希望于地方政府的转移支付收入。因此，转移支付制度应以不大幅度影响地方发展积极性或最小化扭曲地方政府行为为原则来进行调整，即尽量减弱"营改增"弱激励调整对地方政府的影响。

具体来看，可以通过提高一般性转移支付规模和比重加强地方政府自主可用财力，按照"保基本""强激励"相结合原则完善一般性转移支付体系等方式。这种"财政分钱"改革也将带来财政分权改革：国家通过把财政专项转移支付整合为一般性转移支付，将中央各部委分散的直接控制转变为中央统一的间接引导，有效避免地方政府"跑部钱进"和恶性竞争，既整合了财政资源，又提高了地方政府统筹能力。

第五节　优化我国转移支付改革的建议

对我国转移支付制度演变的梳理可以看出转移支付作为财政体制的重要组成部分，其目标已逐步明确，并在《预算法》第十六条首次以法律形式明确了转移支付目标是推进地区间公共服务均等化。通过对不同阶段不同目标下转移支付效果的分析，本书发现转移支付虽已实现了财力均等的直接目标，但基本公共服务均等化目标并未实现。2007 年以来以提高一般性转移支付比例为核心的转移支付结构性改革对该问题的解决也颇显无力。在现有转移支付体制成效不高的前提下，转移支付又面临着规模扩张受限、横向区域内失衡问题严重、"营改增"收入分享体制改革等一系列变化。针对如何解决老问题、应对新变化，本书对我国转移支付制度改革提出以下建议：

（一）从增量改革到存量改革

在我国转移支付渐进式改革的过程中，转移支付分配逐渐形成了基数加上地方财政收支挂钩边际性增长的模式，而这种基数加上地方政府收支挂钩的渐进式分配有很强大的"惯性"，反映了现有地区和部门利益分配的固化，偏离了地方公共服务的实际需求。同时"基数＋增长"模式存续的基石已发生改变，保基数是我国为保证财政体制改革的顺利推行以及效率优先时期鼓励部分先进地区发展的背景下产生的，这一时期转移支付为维护地方政府既得利益呈现出一定的激励性质。随着经济的发展，转移支付目标已转变为基本公共服务均等化，经济发展也从效率优先转为效率与公平兼顾阶段。此外，当前我国的财力不均衡已从总量不均衡转变为结构不均衡，经济下行时期转移支付增量有限，仅靠增量调整难以抹平结构不均衡，因此，从存量入手统筹分配转移支付有利于实现财政资源的有效配置。

（二）从管理型改革到治理型改革

我国转移支付制度无论是决策还是分配均呈现出自上而下的管理型特征，这种背景下形成的多样化、覆盖面广的转移支付制度不能与地方需求形成有效匹配，交易成本高、效率损失严重、运行效果不理想。因此，需要向治理方向转型。首先，转移支付要重新界定与市场之间的关系回归其公共职能属性，在方向上要逐步退出竞争性领域，要适度控制规模尽量保持转移支付制度对政府行为影响的中性，避免对政府干预市场行为产生推动作用。其次，在调整政府间关系方面，转移支付制度的选择要遵循对等性、稳定性和客观性原则。对等性原则，就是确定收入分配关系时，充分尊重下级政府权益，平等对待下级政府，通过增加地方政府在决策中的参与能力、尽快立法等方式明确规则避免上级政府主导的负面影响。稳定性，就是要保证转移支付资金来源、分配方式和依据，具有可预期性和固定性，使地方政府的支出安排不过分受转移支付制度波动影响。

（三）从重规范到重效率改革

大规模、多样化的转移支付已经涵盖几乎所有支出项目，转移支付资金管理虽逐步完善，但对于资金效果和执行效率的提升都差强人意。当前主要转移支付管理办法有均衡性转移支付管理办法每年修正一次，但相对而言是各项转移支付制度中最完善的制度。纵观 20 余年的变化，最明显的特征是分配办法中采用的客观因素越来越多，分配规则越来越细。专项转移支付方面 2000 年中央出台了综合指导性管理办法《中央对地方专项拨款管理办法》，并在 2015 年重新制定了专项转移支付管理办法。专项转移支付分配规则逐步细化，基数法、项目法、因素法各有所用，2015 年新版管理办法对专项转移支付的执行、资金使用效率也进行了一定程度的规范。但总的来说，管理办法执行机制相对较弱，效率导向没有得到体现，没有将资金使用效果与资金分配相挂钩，不利于资金使用效率和转移支付效果的实现。尤其是在当前财政资金吃紧的背景下，怎样分钱已相对明确，更应该重视怎样通过高效使用财政资金真正达到预期效果。

（四）明确转移支付制度的改革目标

政府间财政转移支付制度改革的目标是诸多角度政策目标的有机结合，要依据客观环境做出正确判断。构建有效的政府间财政转移支付制度的政策目标体系必须包括宏观政策目标中的终极宏观政策目标公共服务均等化；也要包括体制性目标，财力横向、纵向均衡、区域间外溢效应调整、弥补税收划分不足几个方面；同时还要根据基本国情和时代背景，确立科学的阶段性改革目标。在实际操作中，转移支付要依据公共服务的层次，做到目标主次分明，范围上选择伸缩有度。首先，是政府运转层面的支出需求；其次，是政府行使职能层面的支出需求；最后，是基本公共服务层面的支出需求。当前转移支付制度改革的目标可以按照时间顺序概括为短期、中期和远期三个层次：

一是短期目标。通过均等化转移支付缓解县乡财政困难，保障基层政权的正常运转和基础公共服务的有效供给。二是中期目标。中期目标是按照财政均等化原则分配中央财力，实现财力的纵向、横向均衡，有效解决区域间利益外溢性，实现区域间基本公共服务的均等化。三是远期目标。通过财政均等化更好地促进全国范围内的公共服务均等化，有效保障社会公平的实现，推进经济社会全面和谐发展。

（五）事权重心适度上移，解决纵向财力不平衡问题

地方事权与支出责任不匹配，使地方财政收支缺口过大，当前由于经济发展形势制约转移支付规模不可能无限扩大，同时也为提高地方财政自主权和积极性，减小转移支付一上一下带来的较大效率损失，建议将现有事权适度上收。重点上收有关收入分配方面的事权，如社会保险、社会救济；具有辖区间外溢性质的事权，如基础教育、公共卫生、环境保护等。这些事权，无论从公平还是效率角度考虑，在我国转移支付管理仍存在漏洞、各级政府普遍存在严重自利偏好倾向的情况下，将

其重心定位于较低一级的地方政府，其结果必然是落后地区基层财政因缺乏提供基本公共品能力，而形成二元财政局面。同时也加剧了我国地区间经济发展差异和社会不稳定因素。随着财权的适度上移，我国地方政府事权与支出责任的非对称程度可以得到适当缓解，从而可以调减转移支付规模，对于地方政府来说自主权的提升和支出压力的缓解，有助于其更好地服务于经济发展，提供公共品，降低公平目标的成本。

（六）完善省以下财政体制，减小区域内财力失衡

首先，尽快理清省以下各级政府间支出责任。按支出责任匹配转移支付资金，保障地方财力，促进基本公共服务均等化。其次，要建立统一的政府间财政转移支付制度体系。随着中央和地方转移支付制度改革的不断深化，未来省以下政府间财政转移支付制度改革和完善要在中央层面推进，建立大一统的政府间财政转移支付的基本制度框架。不仅在具体运行机制方面，更要在制度保障方面建立起一整套硬性约束和规范，改变省以下体制各自为政、拈轻怕重、争利避责的现状。同时，在同一制度框架下和一定范围内，允许地方在提高体制运行效率和增进社会福利的前提下，采取因地制宜的措施，发展和完善有地方特色的省以下财政转移支付制度体系。其次，进一步完善以纵向为主，横向为辅的转移支付制度。纵向转移支付可以从总量和整体上解决纵向的不平衡，但难免出现横向上结构性的财力不均衡，可以鼓励省内财力比较充裕地区向财力困难地区自愿性进行财力转移，通过纵、横交错的转移支付制度一定程度上缓解一些地区的财政困难，降低区域内不均衡程度。

（七）修正一般性转移支付的客观因素，一定程度上纠正公共产品供给不平衡问题

首先，适度考虑人口因素影响。人口大规模流动使地方政府事权和财力匹配不确定性增加，在公共服务均等化目标框架下，现行转移支付制度必然受到冲击和挑战。在大数据时代，一般性转移支付估算可适当将人口流动因素引入转移支付公式，大致平衡人口流动的省级影响。其

次，按国土功能区划设定标准财政收入测算标准。按照每个区域相应的国土功能，设定标准财政收入的测算模式。将财政创收的主要职能放在优化和重点开发区域，让限制和禁止开发区地方政府将主要精力放到生态和资源保护上来。

（八）完善激励约束机制，加强对地方政府机会主义行为约束力

在多级政府并存的财政体制中，转移支付实践往往伴生下级政府的负面依赖，从而使构建有效的激励约束机制成为转移支付制度完善的一个关键环节。我国现行激励约束机制主要有，一般性转移支付中的标准收支方法、三奖一补政策等，这些机制虽然发挥了一定作用，但应注意到我国转移支付激励约束机制存在明显的制度设计缺陷，即存在明显的激励、约束不对称。首先，激励约束的对象要严格限定在制度范围内。对非制度内的政策目标，不宜在激励约束机制设计中混入。比如增加收入的激励政策应该谨慎出台。激励与约束的重点要考虑放在公共支出管理与社会发展指标方面，以防止政府间事权划分不明确背景下水分收入等现象的出现。通过必要的、严格的约束机制，既可以抑制地方机会主义倾向，也有助于提高政府间财政转移支付的效率。其次，进一步增强激励约束政策的公开透明度和影响力。由于中央和地方间信息不对称，难以对公共产品供给情况进行掌握，通过增强政策透明度与影响力，实现公民对地方政府的监督，使地方政府从对上负责实现到对下负责的转变，提高地方政府更好地满足当地公民公共产品提供的能力。

第七章

跨级财政管理体制改革试点的起源演进、改革属性及绩效评价

　　财政管理体制是国家管理和规范财政分配关系，在中央与地方以及各级地方政府之间、国家与企事业单位之间，划分财政收支范围和管理职责，并规定同级政府各财政职能机构之间职责分工的一项根本制度。从法理上看，我国现行政府财政层级有五级，与行政管理体制对应，实行一级政府一级财政，并形成了中央对省、省对市、市对县、县对乡镇四对财政关系。但在条块结合的管理体制下，上级政府具备决定下级政府的收入分配和支出责任的经济权力，下级政府不可避免地扮演着上级的"代理人"角色（贾康、于长革，2010）。这种财政管理体制与行政管理体制相统一、逐级代理的体制格局有其合理性，但也存在一定的问题，集中反映为三大"漏斗效应"：财政漏斗、权力漏斗和效率漏斗（才国伟、黄亮雄，2010）。这些问题随着时间的推移逐渐积累，并开始在某种程度上影响中国的进一步发展，引起社会各个层面（政府、学者甚至普通民众）的普遍关注。财政体制作为我国经济体制和政治体制改革的交汇点（楼继伟，2013），又一次成为改革的排头兵，在部分地区、部分时期采取了跨级财政管理体制的改革试点。跨级财政管理体制在中央－地方层面表现为计划单列体制，经历三次设立和一次调整，目前仅剩下大连、青岛、宁波、厦门和深圳 5 个城市。跨级财政管理体制在省以下表现为省直管县体制，自 2004 年试点推行后，不同程度的省

直管县在不同地区进行推广，并经历了起步、快速发展和目前趋缓（部分地区甚至逆向发展）三个阶段。

在经济发展进入新常态，进一步发展依赖于全面深化改革的今天，我们不仅要在新领域开展改革，勇于啃硬骨头，也应适时反思已有改革，加强改革的连续性、整体性和系统性。正是基于这一目的，本书拟对跨级财政管理体制对政府间的权力分配、区域经济发展的影响进行深入分析，以期深刻认识和理解改革的成效和不足，为明确今后的改革方向提供有益借鉴。

第一节　跨级财政管理体制的内涵、起源及其演进

在单一制中国，以条为基础的职能部门，再加上以块为基础的政府是以条为基础的职能部门组成的，所以下级政府与上级政府之间具有行政隶属关系便理所当然。在条块结合的管理体制下，财政与行政一样，事实上也是逐级代理模式。与逐级代理相对应，跨级财政管理体制有两个要件：一是从行政层级上看，打破了传统的中央对省、省对市、市对县、县对乡镇的一一对应关系，采取中央直接对市，或者省直接对县区的体制安排；二是此处的跨级意味着财政管理体制与行政管理体制的分离，即行政上依然维持逐级代理，仅在财政体制上实行跨级管理。这种跨级财政管理体制与直辖市或者县升格为地级市不同，属于一种独特的政府间财政管理体制，也是分税制以来我国财政管理体制方面一个重要的改革尝试。

（一）跨级财政管理体制的起源——计划单列体制

从全局来看，我国的财政体制变迁经历了20世纪80年代以前的统收统支阶段和20世纪80年代后的分灶吃饭阶段，但是分级管理的财政体制在新中国成立之初就有了萌芽。例如，在1950年高度集中的"统收统支"财政管理体制时期，东北大区和福建省根据需要，采取了"划分

收支，分级管理"的财政体制，收大于支的上解，收不抵支的拨补。

同样，中央—地方层面的跨级财政管理体制也可以追溯到20世纪80年代开始陆续设立的第三次计划单列。新中国成立以来，我国有过三次城市计划单列，第一次是1949～1957年对武汉、南京、西安等六大城市实行计划单列；第二次是1962年10月全国城市工作会议后，对天津、沈阳、武汉、重庆等九大城市计划单列。与前两次计划单列没有涉及财政计划不同，第三次计划单列实行行政管理权限与经济管理权限（包括财政）相分离，国家对计划单列市视同省级计划单位，其经济与社会发展（包括财政）直接纳入全国计划，在国家计划中单列户头。具体而言，计划单列在财政上主要体现在财政计划、财政体制、财政管理权限三个方面。①财政计划单列是指中央财政在安排地方年度财政预算时，单列市财政收支计划从所属省中单列出来，中央财政在分配专款时，也根据省市提供的基础资料，在分配给省的某些专项拨款中，列明单列市的分配数。②财政体制单列是指省和单列市经过协商并经中央财政同意，计划单列市按照国家对省、直辖市、自治区的财政收支范围，重新划分市财政收支基数和上解（留成）比例。财政体制单列后，国库业务一般也相应单列，单列市组织的属于中央财政的收入直接缴入中央金库，中央财政拨给单列市的财政资金也直接拨付到市金库，不再通过省金库划拨。③在财政管理权限方面，计划单列市不再受制于省政府，享受省级财政税收管理权限（见表7-1）。

表7-1　　　　　　第三次计划单列城市的财政金融单列情况

城市	设立时间	取消时间	单列情况	是否直辖或计划单列	财政体制情况
重庆	1983年	1997年	财政、信贷、国库	1949～1954年为直辖市，20世纪60年代计划单列市	中央、省、市挂钩，1985～1987年为固定比例分成，市分成比例为37.5%；1988～1993年为收入递增包干，递增率4%，留成比例33.5%，上解省的比例为10.7%

城市	设立时间	取消时间	单列情况	是否直辖或计划单列	财政体制情况
武汉	1984年	1994年	财政、信贷、国库	1949~1954年为直辖市，20世纪60年代计划单列市	中央、省、市挂钩，1985~1987年为固定比例分成，分成比例为20%；1988~1993年为总额分成+增长分成，总额分成17%，增长分成25%，上解省的比例为4.6%
沈阳	1984年	1994年	财政、信贷、国库	1949~1954年为直辖市，20世纪60年代计划单列市	财政上与中央单独核算，1985~1987年为固定比例分成，分成比例为36.9%；1988~1993年为收入递增包干，递增率4%，留成比例30.29%
大连	1984年	—	财政、信贷、国库	1950~1954年为直辖市	财政上与中央单独核算。1985~1987年为固定比例分成，分成比例为34.14%；1988~1993年为总额分成+增长分成，总额分成37.74%，增长分成27.76%
广州	1984年	1994年	财政、信贷	1949~1954年为直辖市，20世纪60年代计划单列市	财政体制同中央不挂钩，单列不单算
西安	1984年	1994年	财政、信贷	1949~1954年为直辖市，20世纪60年代计划单列市	财政体制同中央不挂钩，单列不单算
哈尔滨	1984年	1994年	财政、信贷、国库	1949~1954年为直辖市，20世纪60年代计划单列市	财政上与中央单独核算，1985~1987年为固定比例分成，分成比例为38.12%；1988~1993年为收入递增包干，递增率5%，留成比例45%
青岛	1986年	—	财政、信贷、国库	—	财政上与中央单独核算，1988~1993年为总额分成+增长分成，总额分成16%，增长分成34%

续表

城市	设立时间	取消时间	单列情况	是否直辖或计划单列	财政体制情况
宁波	1987 年	—	财政、信贷、国库		财政上与中央单独核算，1988～1993 年为收入递增包干，递增率5.3%，留成比例27.93%
厦门	1988 年	—	信贷	—	财政体制同中央不挂钩
深圳	1988 年	—	信贷	—	财政体制同中央不挂钩
南京	1989 年	1994 年	信贷	1949～1952 年为直辖市	财政体制同中央不挂钩
成都	1989 年	1994 年	—	—	财政体制同中央不挂钩
长春	1989 年	1994 年	国库	1953～1954 年为直辖市	财政体制同中央不挂钩

注：单列情况截至 1990 年。财政、金融单列情况来源于顾国新、刘雄伟. 我国城市计划单列的现状、问题和发展趋势［J］. 经济体制改革，1990（6）：44－48。财政体制情况来源于周飞舟. 以利为利——财政关系与地方政府行为［M］. 上海三联书店 2012 年版，第 37 页。

社会主义市场经济体制的确立后，现存计划单列城市的财政体制、财政管理权限方面依然保持第三次计划时期的设置，仅在 2000 年之后才开始出现部分调整（见表 7-2）。

表 7-2　　现存 5 个计划单列市与所在省的财政收入体制安排调整

大连市	青岛市	宁波市	厦门市	深圳市
从 2003 年开始向辽宁专项上解财力，以 2 亿元为基数，按全省财政收入增速环比递增	从 2012 年起向山东省定额上解6 亿元，从 2014 年起以 8 亿元为基数，每年环比递增5%	2005 年起向浙江省上解财力，以3 亿元为基数，每年环比递增5%	从 1994 年起，向福建省上解财力，基数为 5.4 亿元，每年环比递增9%	与广东省的财政收入政策"三年一定"，2013～2015 年定额上解35 亿元

（二）跨级财政管理体制的演进——21 世纪的省直管县改革

省以下财政管理层级几经变化，主体表现为两个确立：市级财政地位的确立和市对县行政隶属关系的确立，1983 年开始，我国地方基本形成了省—市—县—乡镇四级财政管理层级。1994 年分税制改革之后，随着更高一级政府普遍效仿中央对省集中收入的做法，不同层面出现了基层财政困难，主要表现为欠发公教人员工资。特别是所得税共享改革、取消农业税后，这一矛盾更加突出。同时，在压力型、政绩考核体系下，素来稳健的县域经济成为行政传导体系的最终承担者，在浙江经验、美国模式外加"三大漏斗效应"的出现，"省直管县"改革应运而生，这是跨级财政管理体制在实践中的延伸，从中央－地方之间延伸到省以下财政管理体制中（见表 7-3）。

时至今日，只有内蒙古、西藏和新疆这三个自治区未推行这项改革，其余 24 个省份均在不同程度上开展了该项改革，并形成"行政省直管县""财政省直管县""强县扩权"和"扩权强县"四种模式。

四种模式中，"行政省直管县"只在少数省份（海南、江苏、黑龙江、河北等）试点，是全面的省直管县。这种模式下，市和县不存在行政上下级关系。

21 个省份推行"财政省直管县"（见表 7-4）。2009 年 6 月，财政部发布《关于推进省直接管理县财政改革的意见》，按照该文件的定义，省直管县即是在政府间收入划分、转移支付、资金往来、预决算、年终结算等方面，从市级政府向县级政府转移，取消市县之间的日常资金往来关系，直接实现省财政与市、县财政直接联系，开展相关业务。

21 个省份推行了"强县扩权"和"扩权强县"（见表 7-4），即将一些资本形成、劳动供给以及技术进步等经济政策的制定权从市级政府下放到被直管的县级政府（郑新业等，2011），属于经济管理权限下放。

表 7 - 3　　　　　　　　我国地方财政管理层级的历史演变

时期	层级	备注
新中国成立至 1954 年	大区—省—（市）—县	市当时称地区，属于省政府派出机构；1950 年辽宁旅大市管辖金县、长山县，1951 年浙江杭州管辖航县，这是最早的市管县
1954～1958 年	省—县	大区被撤销
1958～1982 年	省—县＋省—市—县	市管县体制的第一次大起大落。1958 年河北设立省辖的天津，并将武清、静海等 12 个县划归天津领导。1959 年对市管县体制做出法律上的规定。1960 年，全国已有 52 个市领导 243 个县，约占全国县建制总数的 1/8。随后，由于"大跃进"、"文化大革命"等历史原因，改革基本终止
1983～2002 年	省—市—县—乡	1982 年，市管县体制首先在江苏省试点，之后在全国各地展开，全国除浙江、海南，其余省普遍实行了四级财政管理体制
2003～	省—市—县—（乡）＋省—县—（乡）	"乡财县管"改革推出之后，乡镇一级在有些地方，事实上已经变成县级部门预算单位，可以称之为"半"财政形式。同时，市管县和省直管县财政管理体制并存

表 7 - 4　　　　　　　　省直管县改革进程一览表

序号	地区	财政省管县年份	经济管理权限下放年份	序号	地区	财政省管县年份	经济管理权限下放年份
1	浙江	1953	1992	11	黑龙江	2007	2004
2	山西	1987	NA	12	江苏	2007	2012
3	海南	1988	1988	13	青海	2007	NA
4	重庆	1998	1998	14	陕西	2007	2007
5	安徽	2004	2006	15	贵州	2009	NA
6	河南	2004	2004	16	河北	2009	2005
7	湖北	2004	2003	17	山东	2009	2003
8	吉林	2005	2005	18	广东	2010	2005
9	江西	2005	NA	19	广西	2010	2004
10	甘肃	2007	2005	20	湖南	2010	2005

续表

序号	地区	财政省管县年份	经济管理权限下放年份	序号	地区	财政省管县年份	经济管理权限下放年份
21	辽宁	2010	2006	25	宁夏	NA	2009
22	云南	2010	2009	26	内蒙古	NA	NA
23	福建	NA	2003	27	西藏	NA	NA
24	四川	NA	2007	28	新疆	NA	NA

第二节 跨级财政管理体制的改革属性——分权抑或集权?

一个有行动边界的层级制有机体,如果它的规模足够大,其有效运转便需要借助基层组织来实现,或者说,为了使该有机体有效运转,上层组织通常将全部或部分权力下放给基层组织(刘承礼,2011),国家就是这样的有机体。根据政府内部权力配置进行划分,主要有三类:中央主导型、地方主导型和中央地方混合型(钟开斌,2009)。普遍认为纯粹的中央集权体制和纯粹的地方分权体制在现实世界中都不存在,而是介于两者之间。促成中国改革开放以来经济跨越式发展的重要制度性动因之一是中国各级政府之间的权力配置改革(路瑶、张国林,2014)。

跨级财政管理体制本质上也是政府间权力配置的一种方式。从理论上看,不同维度的制度体系可能带来不同的效率,带来不同的经济表现,同样,不同维度的分权制度可能对经济产生不同的影响(Eggertsson,2013)。为了深入分析跨级财政管理体制改革的效果,本书借鉴特雷斯曼(2002)一文的度量方法,着重分析跨级财政管理体制涉及的中央与地方权力分配问题[1],以厘清该项改革的属性。

---

① 分权包括内外的分权、左右分权和上下分权。其中,内外分权重点解决政府与市场的权力界限问题;左右分权重点解决同级国家机构之间职能分工的问题;上下分权重点解决中央和地方以及地方各级政府之间的权力分配问题。本书将着重探讨第三个维度的权力分配问题。

（一）测度方法

跨级财政管理体制涉及三个以上政府层级，各个层级政府在该项改革中权力增减并不相同。为了避免歧义，本报告假定如果该项改革提高所涉及的最高层级政府的权力，则倾向于集权。如果最高层级政府权力下降，则分权趋势增强[①]。具体而言，在计划单列体制下，最高层级为中央级政府，中间层级为省级政府，最低层级为地市级政府；在省直管县体制下，最高层级为省级政府，中间层级为地市级政府，最低层级为县级政府。

特雷斯曼（2002）构建了 6 个术语来讨论政府之间的纵向产权结构，包括层级数量（Vertical decentralization）、决策权分权（Decision-making decentralization）、财政分权（Fiscal decentralization）、任命权分权（Appointment decentralization）、选举权分权（Electoral decentralization）和职员数量（Personnel decentralization）。

给定中国的政治、社会和文化特征，度量跨级财政管理体制的纵向产权结构的指标有如下调整：一是决策权。中国是一个政治集权的国家，所以特雷斯曼（2002）界定的决策权在本文仅指政府行政系统中的权力，不涉及立法、司法方面的权力。二是任命权。跨级财政管理体制不涉及人事事项，对该项分权没有影响，删除该项分权测度指标。三是用信息获取权替代选举权和职员数量。斯韦托扎尔·平乔维奇（1999）认为在集权背景下，官僚阶层成员的生存策略就是认清上级的偏好并且投其所好。因此假定直接从最高层级获取信息的下一层级政府数量越多，权力越集中，反之亦反之。具体设置如下：

1. 层级数量

按照特雷斯曼（2002）的界定，如果 a 的管辖权在 b 的管辖权之

---

① 特雷斯曼（2002）指出目前很多研究认为一个系统既可能是集权，也可能是分权，即集权-分权更多的时候是程度问题（degree），而不是两分问题（dichotomy），所以本书并未界定是集权还是分权，而是分析分权程度。

内，则 b 是更高层级，而 a 是较低层级。一个第 n + 1 级层级是指它是第 n 层级的子集，而不是任何比第 n 层级更低的其他层级的子集。层级数量越多，纵向分权程度越高。

2. 决策权分权

决策权分权是指政府决策权在各个层级之间的分布情况。如果所有决策都有中央政府决定，这个系统就是高度集权；如果所有决策都是地方政府决定，这个系统就是高度分权。在分析决策权分权时，需要注意的是，有的时候，决策权分权并不是把某个决策权分给某个层级，而是将一个决策的不同环节，例如制定、审批、执行和监督分给不同层级。

3. 财政分权

财政分权中央政府给予地方政府一定的税收权和支出责任范围，允许地方政府自行决定其预算支出规模和结构（杨灿明，赵福军，2004）。学者们通常从财政收入、财政支出和转移支付等角度进行衡量。

4. 信息获取权

信息获取权是指信息在政府层级间的传递。如果中央政府直接传递给所有层级，这个系统就是高度集权。如果层层传递，则这个系统分权程度较高。

（二）跨级财政管理体制的分权程度测度

根据层级数量、决策权、财政权、信息获取权和任免权的定义，对跨级财政管理体制的分权程度进行度量，具体如下：

从层级数量看，跨级财政管理体制使政府层级由三个变成了两个，因此倾向于增强集权趋势。

从决策权看，跨级财政管理体制将审批、监督等环节的权力由中间层级政府上移至最高层级政府，相当于增强了集权趋势。

从财政权看，跨级财政管理体制使得最低层级政府的财政收支基本上直接对接最高层级政府，这表明，该体制增加了最高层级政府的财政收支控制能力，倾向于增强集权趋势。

从信息获取权看，跨级财政管理体制下，最高层级政府的计划、文件、会议、项目审批等均是同时下达到中间层级政府和最低层级政府，最低层级政府也可以直接向最高层级政府报送文件、参加会议和申报项目，这表明该体制增强了集权趋势。

由上述分析可知（见表7-5），跨级财政管理体制并不是分权的一个代表，相反，这一体制增强了集权趋势。

表7-5　　　　　　　　跨级财政管理体制的分权程度测度

分权程度度量指标	最高层级	中间层级	集权—分权趋势
1. 层级数量	增强	—	增强集权
2. 决策权	增强	削弱	增强集权
3. 财政权	增强	削弱	增强集权
4. 信息获取权	增强	—	增强集权

该结论可以由计划单列体制的设置、取消与中国计划经济时期集权-分权循环相吻合得到佐证，计划单列体制一般在中央"收权"情况下设立，在中央"放权"条件下取消（见表7-6）。如果以省级政府权限代表地方的话，可以认为第一次和第二次计划单列实际上削弱了地方政府的权利，进一步增强了中央的管理权力，这是由计划经济体制决定的。因为利用行政命令配置资源的本质性要求是权力高度集中，由中央机关统一下达指令性计划，而且做到令行禁止（吴敬琏，1999）。

表7-6　　　　　　　　计划单列与我国行政性放权的反复试验

序号	时期	集权—放权	设置或取消	涉及的城市
1	1954~1958年	中央集权，条条控制为主	第一次设置	沈阳、武汉、广州重庆、西安
2	1959~1962年	中央放权，块块控制为主	第一次取消	
3	1963~1966年	中央集权，条条控制为主	第二次设置	哈尔滨、沈阳、西安武汉、重庆、广州
4	1967~1979年	中央放权，块块控制为主	第二次取消	

第三节　跨级财政管理体制的绩效评价

在中央—地方层面的跨级财政管理体制，即计划单列体制，已经推行 34 年之久。省以下跨级财政管理体制，即财政省直管县，从 2004 年算起，也推行了 13 年之久。这些改革是否实现了预期改革目标，是否有助于解决现实中出现的问题？显然，这些问题的澄清有助于确定进一步改革的方向。

（一）中央—地方层面的跨级管理体制与经济增长的实证分析

中央—地方层面的跨级财政管理体制，即计划单列体制，其改革目的是希冀通过行政管理权限和经济管理权限相分离，逐步走出一条以大中城市为依托的经济区来组织经济的改革尝试（陈敏之，1988；王保畲、孙学光，1992）。现有研究针对这一目的开展实证研究的不多，仅有的两篇实证文献均从城市经济效率入手（史宇鹏、周黎安，2007；金祥荣、赵雪娇，2017），尚没有文献实证分析计划单列体制是否影响、如何影响省域经济绩效。这种研究从源头上低估了该项改革的意义和作用。一个市域的独自发展，还不需体制改革加以促进。体制改革的目标至少是省域层面的。特别的，计划单列城市具有特殊的经济政治地位。第三次计划单列调整前，14 个计划单列市和 3 个直辖市的综合经济规模大约占全国 1/3，财政上缴和外贸出口占全国的一半。1994 ~ 2015 年，大连、宁波、厦门、青岛和深圳占所在省 GDP 平均水平分别为 25.9%、18.4%、13.8%、14.2% 和 20.4%[①]；占所在省一般公共预算收入分别为 23.4%、17.4%、21.8%、16.2% 和 24.0%，个别年份接近 1/3；占所在省全社会固定资产投资分别为 20.9%、14.0%、14.4%、11.2% 和 14.6%，个别年份超过 1/4。这样一个经济财政体

[①]　其中大连和深圳的平均数是 1994 ~ 2015 年。数据来源于 Wind 数据库。

量，足以让我们预期针对其开展的改革至少要影响一个区域。所以，在评估计划单列体制这一跨级财政管理体制改革时，与现有文献不同，本报告将从省域经济增长入手进行分析。

1. 机理分析与直观判断

计划单列体制影响省域经济增长的内在机理主要有以下两方面：

首先，作为核算省域经济一部分的计划单列城市在计划单列体制下会获得一些优势。在计划经济时期，计划单列体制使得这些城市在国家经济发展总体布局和生产力布局中的地位大大提高，有基数划转时的财政、资金的补助，还有外贸外汇额度、技术改造指标及物资的计划调配和指标等多方面的政策支持，一些重点工程、重点项目也纷纷在计划单列城市落后，成为国家重点投资地区，以宁波为例，实行计划单列之后，国家投资在宁波整个固定资产投资的比重由 1/10 上升到 1/3 以上（张健，1999）。在社会主义市场经济条件下，计划单列政策的重要性和含金量虽然下降，但是相对于省辖市，计划单列城市与国家各部门的联系更加密切，可以直接与国家各部门衔接，国家各部门的发展计划、工作安排及资金、政策等也直接下达给计划单列市，管理层次的缩短有利于信息的传递，也有利于快速准确的做出经济决策。更为重要的是，中央政府把省一级的经济管理权限下放给城市，这种放权不仅是财政上的，而是从项目审批到外贸进出口等多方面权力的下放，经济发展的自主权显著扩大，有助于强化单列市政府推动经济发展的财政激励（唐睿、刘红芹，2012），史宇鹏、周黎安（2007）的实证研究证明了这一点。

从计划单列市与所在省经济发展的数据对比上看（见表 7-7），计划单列市人均 GDP 是所在省人均 GDP 的 1.4~2.5 倍，人均公共预算支出在 1.4~6.4 倍，在岗职工平均工资在 1.1~1.3 倍，农村居民人均纯收入在 1.3~1.7 倍，计划单列市的发展远远高于全省平均水平。我国在核算省级 GDP 时包含计划单列市 GDP 在内，所以计划单列市自身的经济增长会使所在省的经济向好。

表 7 – 7　　　　　　　　现存 5 个计划单列市的经济发展状况

项目		大连市	青岛市	宁波市	厦门市	深圳市
人均 GDP（万元）	2015 年	11.07	10.26	13.68	9.04	15.80
所在省人均 GDP（万元）	2015 年	6.52	6.09	7.30	6.35	6.35
人均公共预算支出（万元）	2014 年	1.67	1.38	1.72	2.74	6.74
所在省人均公共预算支出（万元）	2014 年	1.20	0.74	1.07	0.90	1.05
在岗职工平均工资（万元）	2015 年	6.94	6.95	7.50	6.70	8.10
所在省在岗职工平均工资（万元）	2015 年	5.36	5.82	6.77	5.87	6.63
农村居民人均纯收入（万元）	2013 年	1.77	1.57	2.05	1.50	—
所在省农村居民家庭人均纯收入（万元）	2013 年	1.05	1.06	1.61	1.11	1.17

注：根据 Wind 数据库整理；在岗职工平均工资为城镇非私营单位在岗人员就业人员平均工资。

　　其次，作为历史长期形成具有中心地位的计划单列市的发展会对周边地区产生影响，但受制于省与单列市之间的交易成本。已有的经验研究多数承认受益于地理位置的空间相邻、投入与产出的行业关联等，空间溢出效应是中国地区经济发展不可忽视的重要影响因素（孙斌栋，丁嵩，2016）。从理论上看，缪尔达尔"回波—扩散"、赫希曼"极化—涓滴"和弗里德曼"核心—边缘"理论，都认为大城市对周边地区有作用[①]。该作用的发挥与发展阶段有关，与政府间关系也有关。现有研究表明，地方经济增长的一个原因是地方政府维持和实施各种形式的地区性行政垄断（于良春，2008）。由于计划管理层次与行政层次的错位、行政管理权与经济管理权的难以分离、再加上"块块"体制环境仍然存在并有强化的趋势（毛振华，1988），使得计划单列市与所在省

① 这种作用有两个方面：集聚作用和扩散作用。集聚作用强调中心城市从周边地区吸纳要素，抑制周边地区的发展，这一点也得到了新经济地理学"集聚阴影"效应的支持。扩散作用则是周边地区从中心城市得到正向的溢出效应而获得更强的增长动力。一般认为，集聚作用还是扩散作用取决于发展阶段，发展初期，一般是集聚作用占主导地位，发展后期，则是扩散作用占主导地位。

域之间也面临地区性行政垄断壁垒，制约经济发展要素在域内的流动和使用，影响所在省的产业布局，加剧所在省的恶性竞争等现象，制约了计划单列城市自身的发展，也抑制了其对周边地区的扩散作用的发挥。

从实践中看，计划单列市与所在省域之间的生产要素流动受阻，计划经济时期表现为电力、运输等生产条件指标，市场经济时期表现为土地、水资源等。如表 7－8 所示，现存的 5 个计划单列市行政区域土地面积基本保持不变，常住人口是户籍人口 1.2～3.2 倍，要素供给增长空间明显不足。与之相对应的省会城市则不然，例如辽宁沈阳、抚顺、铁岭同城建设，浙江大杭州建设，要素供给弹性和空间都非常充足。此外，计划单列体制某种程度上也加剧了省内的地方割据现象①，重复建设现象明显，并削弱了省级政府区域调控能力。例如，大连的人均财力是辽宁省内人均财力水平最低地区近 4 倍，大连所属的瓦房店市的人均财力是辽宁省内人均财力水平最低的西丰县的 5.7 倍。2015 年 5 个计划单列市的财政收入规模占所在省的 1/5～1/3 的水平（见表 7－8），形成了域内巨大财力差异，不利于统筹区域经济社会协调发展。

表 7－8　　　　　现存 5 个计划单列市的土地、人口情况

项目		大连市	青岛市	宁波市	厦门市	深圳市
行政区域土地面积（平方千米）	1985 年	12574	10654	9365	1516	2021
	2014 年	12574	11282	9816	1573	1997
户籍人口（万人）	2015 年	593.6	783.1	586.6	211.2	355.0
常住人口（万人）	2015 年	698.7	909.7	782.5	386.0	1137.9
公共预算收入占所在省比重（%）	2015 年	27.3	18.2	20.9	23.8	29.1

注：根据 Wind 数据库等整理。

计划单列体制对所在省域经济增长的影响取决于两个机理谁占据主导地位，如果单列市与所在省级政府之间的交易成本较低，则地区行政

---

① 省内地方割据与省际之间的割据相比，对现有生产力的合理配置影响更大。

垄断性壁垒较弱，计划单列市与所在省其他地区会形成良性互动，促进省域经济增长。反之，如果单列市与所在省级政府之间的交易成本较高，则地区行政垄断性壁垒较强，计划单列市与所在省其他地区会形成恶性循环，制约省域经济的进一步发展。

2. 实证模型与结果分析

（1）模型设定和变量选择。

许多学者在研究经济增长问题时，首先设置生产函数，本文沿袭这一分析方法，构建生产函数如下：

$$Y(K, A, L, P) = \alpha \ln K_{it} + \beta P_{it} + (1 - \alpha - \beta) \ln L_{it} + \ln A \qquad (7.1)$$

其中，Y 为国内生产总值（此处为省级 GDP），K 为资本存量，L 为劳动力总量。P 表示计划单列体制。A 表示除资本存量、劳动力总量和计划单列体制之外的影响 GDP 的因素。方程（7.1）与传统的 Cobb - Douglas 生产函数有些微不同，其变化主要体现在，此处的 P 取线性形式，而不是对数形式。这种改变主要是为了让我们可以考察计划单列体制效果为零的情形。该方程中，我们关注的是系数 β，即计划单列市体制对所在省经济增长的影响。如果 β 显著大于 0，则计划单列体制会促进所在省的经济增长。如果 β 显著小于 0，则计划单列体制不利于所在省的经济增长。如果系数 β 在统计上不显著，则表示计划单列体制对所在省经济增长的影响在统计上不显著。

以该经济模型为基础，本书构建的计量模型如下：

$$\ln pgdp_{it} = \alpha + \beta P_{it} + \gamma \ln rpk_{it} + \lambda X_{it} + \mu_{it} \qquad (7.2)$$

式（7.2）中，$ggdp_{it}$ 表示 t 年 i 省的人均 GDP，用 CPI 指数进行平减。P_{it} 表示 t 年 i 省是否有计划单列市，如果有，该值取 1，如果没有，该值取 0。μ_{it} 表示随机误差项。rpk_{it} 表示人均资本存量。资本存量采用文献中通行的永续盘存法 $K_{t+1} = (1 - \delta)K_t + I_{t+1}$ 来计算，其中 K_0 为基年物质资本存量，本书取张军等（2004）计算的 1978 年中国各省物质资本存量估计值，固定资产折旧率 $\delta = 10\%$（史宇鹏、周黎安，2007；龚六堂、谢丹阳，2004），I_{t+1} 为固定资本形成总额，是支出法国内生产总值中的资本形成总额 - 存货增加。各省 I_{t+1} 的数据基本来自 Wind 数据库，辽宁、吉林、黑龙江、浙江、江苏五省1978~1992年的数据来自《新中国五十年统计资料汇编》。物质资本存量 K_0 和各省固定资本形成总额 I_{t+1} 用投资价格指数进行平减。1990年之后的投资价格指数采用《中国统计年鉴》公布的以1990年为基期的固定资产投资价格指数，1990年之前的投资价格指数采用张军等（2004）的做法，用各年固定资本形成总额（当年价格）和以1952年为1的固定资本形成总额指数（该数据来源于《中国国内生产总值核算历史资料（1952~1995）》）计算投资隐含平减指数，再折算成基期为1990年（见表7-9）。人均资本存量为资本存量除以地区人口数，为了与人均GDP保持一致，本书用地区GDP/人均GDP计算地区人口数。

表7-9　　　　　以1990年为基期的固定资产投资价格指数

年份	1978	1979	1980	1981	1982	1983	1984	1985	1986	1987
指数	54.12	55.28	56.98	58.80	60.15	61.64	64.13	68.73	73.13	76.98
年份	1988	1989	1990	1991	1992	1993	1994	1995	1996	1997
指数	87.39	94.80	100.00	109.50	126.30	159.80	176.50	186.90	194.30	197.60
年份	1998	1999	2000	2001	2002	2003	2004	2005	2006	2007
指数	197.30	196.50	198.60	199.40	199.80	204.20	215.70	219.10	222.40	231.10
年份	2008	2009	2010	2011	2012	2013	2014	2015	—	—
指数	251.80	245.80	254.60	271.40	274.40	275.20	276.60	271.60	—	—

为了得到计划单列对所在省份经济增长的影响，关键在于从各种可能的因素中分离出计划单列对经济增长的影响。根据张军（2002）一文，中国经济增长除了体制变化因素之外，还是"东亚发展模式"的延伸，即成功的农业工业化、外资流入和贸易导向的一揽子政策也是中国经济增长的影响因素。基于此，本书选择外贸依存度、实际利用外资水平和城镇化水平作为控制变量（即式（7.2）中的 X_{it}），具体设置如下：

A. 外贸依存度（rptra）。在现有的研究中，外贸依存度多数是用外贸总额与GDP的比重来表示，但是由于GDP本身是我们所研究的对象。因此，本文借鉴史宇鹏、周黎安（2007）的做法，采用人均对外出口来表示。其中出口额数据来自 Wind 数据库，四川和陕西 1978 ~ 1999 年出口数据来自《新中国五十年统计资料汇编》。人民币兑美元汇率由以美元为单位的出口总额和以人民币为单位的出口总额计算得到。地区人口数以地区 GDP/人均 GDP 计算得到，并用以 1978 年 = 100 的 CPI 指数进行平减。

B. 实际利用外资水平（fin）。同外贸依存度一样，国内研究通常采用各省 FDI 总额与 GDP 比值表示（何枫、陈荣，2004），但是由于 GDP 本身是我们所研究的对象，因此，本书借鉴史宇鹏、周黎安（2007）的做法，采用实际使用外商直接投资占当年固定资产的比重来表示。汇率的计算同外贸依存度。数据来源于 Wind 数据库，2015 年部分省的数据来自《2016 中国统计摘要》。福建省 1978 ~ 1993 年全社会固定资产投资的数据《新中国五十年统计资料汇编》。

C. 城镇化水平（urb）。史宇鹏、周黎安（2007）一文采用非农人口在城市总人口的比例①。考虑到数据可获得性，本文采用非农业人口占地区人口比重表示。数据来源于 Wind 数据库，2015 年部分数据来自《2016 中国统计年鉴》。

（2）样本区间和实证结果。

为了便于考察计划单列体制的实施效果，主要选取在历史上执行过计划单列市的省份进行分析。1978 年改革开放前后，计划单列市的功能和目的不同，而现存的 5 个计划单列市脱胎于第三次计划单列，所以样本区间选择 1978 ~ 2015 年，采用 Stata12.0 软件进行实证分析。经检验，模型采用双向固定效应模型，即同时考虑时间效应和地区效应。由于样本数据存在组间异方差、序列相关和截面相关等问题，采用 Stata XTSCC 命令进行回归，并加入 AR(1) 控制序列相关。回归结果见表 7 – 10。

---

① 在搜集数据时发现，非农业人口与城镇人口在很多年份是一样的，所以本书未采用该种方法。

A. 总体政策效果。表 7 – 10 中，方程（1）为计划单列体制的总体政策效果。平均来说，计划单列体制会使所在省人均收入增加 13%。

B. 分时间段的政策效果。方程（2）为计划单列市在不同时间段的表现，与方程（1）相比，方程（2）中添加了 1994～2015 年期间的虚拟变量（y94_15）和计划单列体制与该虚拟变量的交互项（plan_y94_15）。此时 plan 的系数表示计划单列体制在 1978～1994 年的政策效果，该系数为负，但是在统计上不显著，表明 1978～1994 年期间，有计划单列市和没有计划单列市对所在省人均收入的影响没有显著差别。交互项（plan_y94_15）系数显著为正，表明 1994 年之后计划单列市体制效果要好于 1994 年之前。

y94_15 的系数表示未实行计划单列体制的省份在 1994～2015 年这一时间段对人均收入的影响，该系数为 2.107406，与 1979～1994 年相比，平均高出 722%（100 × [exp(2.107406) – 1]）。此时的交互项（plan_y94_15）表示实行计划单列体制的省份在 1994～2015 年这一时间段对人均收入的影响，该系数为 0.2336697，与 1979～1994 年相比，平均高出 26%（100 × [exp(0.2336697) – 1]）。很显然，1994～2015 年期间，未执行计划单列体制的省域经济表现更好。这表明计划单列市与所在省之间的交易成本可能在一定程度上制约了所在省经济进一步发展。

表 7 – 10   模型 2 固定效应估计结果

解释变量	方程（1）	方程（2）	方程（3）
Plan	0.1313432 *** (0.0364313)	– 0.18183 (0.145006)	0.039272 * (0.225735)
y94_15		2.107406 *** (0.0450573)	
plan_y94_15		0.2336697 *** (0.0470828)	
plan_陕西			– 0.0643492 * (0.334542)

续表

解释变量	方程（1）	方程（2）	方程（3）
plan_吉林			−0.0559573 （0.0363996）
plan_江苏			−0.0043486 （0.485844）
plan_黑龙江			0.024363 （0.052165）
plan_湖北			0.0393137 （0.036516）
plan_辽宁			0.3228673 *** （0.1058741）
plan_福建			0.2664963 *** （0.0676871）
plan_浙江			0.2765269 *** （0.068698）
plan_广东			0.2141908 *** （0.0503958）
plan_山东			0.160018 * （0.0796615）
lnrpk	0.1305957 *** （0.0127307）	0.1489418 *** （0.0133479）	0.1365021 *** （0.271607）
lnrptra	0.0247987 * （0.0139539）	0.0123572 （0.0108554）	0.0422372 *** （0.0153154）
fin	0.6818989 *** （0.0839018）	0.665635 *** （0.0798517）	0.5314227 *** （0.09364）
lnurb	0.6320958 *** （0.1039434）	0.4668057 *** （0.0144828）	0.8836101 *** （0.1731016）
常数项	4.894624 *** （0.0704775）	4.826984 *** （0.873763）	4.779062 *** （0.01513786）
N	407	407	407
组间 R^2	0.9918	0.9927	0.9942
F 值	419.63 （prob > F = 0.0000）	1678.7 （prob > F = 0.0000）	5506.19 （prob > F = 0.0000）

注：*、**、*** 分别表示在 10%、5% 和 1% 水平下显著。括号内数值为标准误。

C. 分地区的政策效果。方程（3）为计划单列市在不同省份的表现。与方程（1）相比，方程（3）中添加了计划单列市与省份虚拟变量的交互项（plan_各省）。此时 plan 的系数表示四川计划单列市的政策效果。显著为正，表明计划单列体制有助于该省的经济表现。与四川相比，计划单列体制对辽宁、福建、浙江、广东、山东五个省的影响更为积极，对陕西、吉林、江苏三个省的影响不如四川；湖北、黑龙江两省计划单列体制与四川在统计上不存在显著差别。

3. 对计划单列体制作用的进一步考察

一般认为计划单列市可以发挥大城市的辐射作用，带动所在省其他地区经济发展（毛振华，1988）。但张健（1999）认为区域竞争中的政策因素正在弱化，一些自身发展较好、机制活力足、创新能力强的城市，即使没有计划单列，其发展地位的确立和区域中心城市作用的发挥依然能够实现。为了考察这两种观点，本书对被解释变量人均 GDP做了调整，从中删除计划单列市 GDP 之后再进行回归，回归结果见表 7 - 11。

对比表 7 - 10 和表 7 - 11 的估计结果，有以下几点不同：一是从总体效应来看（表中方程 1），plan 系数在表 7 - 10 显著，在表 7 - 11 不显著。由此可以认为，计划单列体制对所在省经济表现的影响主要是第一种机理在起作用，即自身经济增长使得所在省经济表现向好。

表 7 - 11　　　　　模型 2 数据调整后的固定效应估计结果

解释变量	方程（1）	方程（2）	方程（3）
Plan	0.372188 (0.0375527)	− 0.0049126 (0.0274618)	− 0.1165562 ** (0.539302)
y94_15		1.529378 *** (0.0644737)	
plan_y94_15		0.0480181 (0.05652)	
plan_陕西			0.0242272 (0.07116971)

续表

解释变量	方程（1）	方程（2）	方程（3）
plan_吉林			0. 0868556 (0. 0891391)
plan_江苏			0. 6642077 *** (0. 09499746)
plan_黑龙江			0. 170636398 * (0. 0928929)
plan_湖北			0. 2374488 *** (0. 0617215)
plan_辽宁			0. 5916041 *** (0. 0965393)
plan_福建			0. 5934887 *** (0. 0965393)
plan_浙江			0. 8979693 *** (0. 118683)
plan_广东			0. 2948174 *** (0. 066800)
plan_山东			0. 4437418 *** (0. 1552181)
lnrpk	0. 1353673 *** (0. 0274374)	0. 1371363 *** (0. 0271945)	0. 1824507 *** (0. 0891391)
lnrptra	0. 0240254 (0. 0202629)	0. 0224874 (0. 0194557)	0. 0684979 * (0. 0431842)
fin	0. 9099686 *** (0. 1937398)	0. 9094283 *** (0. 1970679)	0. 6840766 *** (0. 2012153)
lnurb	1. 495896 *** (0. 2754131)	1. 493113 *** (0. 2756282)	4. 180887 *** (0. 2373829)
常数项	4. 628174 *** (0. 1518702)	4. 618626 *** (0. 151075)	4. 779062 *** (0. 01513786)
N	335	335	335
组间 R^2	0. 9843	0. 9843	0. 9913
F 值	753467. 55 (prob > F = 0. 0000)	4904. 20 (prob > F = 0. 0000)	14113. 77 (prob > F = 0. 0000)

注：*、**、*** 分别表示在 10%、5% 和 1% 水平下显著。括号内数值为标准误。

二是从时间段来看（表中的方程2），交互项（plan_y94_15）的系数在表 7 – 10 中显著，在表 7 – 11 中不显著。这表明 1994 年之前和 1994 年之后，计划单列体制对所在省经济表现的影响机理没有变化，同总体效应一致，都是通过第一种机理在其作用。

三是分地区来看（表中的方程3），Plan 的系数在表 7 – 10 中显著为正，在表 7 – 11 中显著为负，表明计划单列体制在四川省表现出一定的掠夺效应，制约了省内其他地区的发展。现存计划单列体制的 5 个省份的表现在表 7 – 10 和表 7 – 11 中均优于四川，这在某种程度上支持了 1994 年计划单列体制的调整政策。

4. 稳健性检验说明

稳健性检验主要是通过改变某个特定的参数，进行重复的实验，来观察实证结果是否随着参数设定的改变而发生变化，一般可以通过数据、变量和计量方法三种途着手进行稳健性检验。从表 7 – 10 和表 7 – 11 的回归结果可以看出，人均人力资本（rpk）、外贸依存度（rptra）、实际利用外资水平（fin）和城镇化水平（urb）的系数和显著性在不同方程和不同数据下没有显著差别，表明本文的实证模型具有稳健性。

（二）省以下跨级财政管理体制与经济增长的荟萃回归分析

省以下跨级财政管理体制是省直管县改革。自 1953 年浙江省最先在我国推行"财政省直管县"后，不同程度的省直管县在不同地区进行推广，并经历"起步—快速推进—趋缓（部分地区逆向发展）"三个阶段。按照财政分权理论，结合中国各级政府尚未从经济建设职能为主转向以提供公共服务职能为主、地方政府对经济发展的行政干预还比较强、政府运作方式不规范的情况下，财税体制在各级政府中的分权程度对地方经济的发展有着重要影响。跨级财政管理体制使市管县体制下省—市—县三级政府的权力配置，这种变更促进还是阻碍经济增长？这一问题引起学术界的广泛关注和争议。理论争议和定性研究的不同结论，需要实践的检验。2010 年以来，越来越多的国内学者针对省直管县与经济增长关系进行了诸多实证研究。但是，现有实证研究的结论并不是一致的，在样本范围、指标选择、计量方法、控制变量等方面也有不同。不同研究的不同结论是否与具体研究特征相关，是本报告关心的主题。

荟萃回归分析是对实证研究文献进行评价、综述的一种有用工具，是指依靠搜集已有或未发表的具有某一可比特性的文献，用特定的设计和统计学方法对研究结果进行系统性的定量分析①。自 20 世纪 80 年代荟萃回归分析方法被引入后，它就被应用于经济学文献研究中，例如，移民对工资的影响（Longhi et al. , 2005）、FDI 与税制（Feld and Heck-emeyer, 2011），财政分权与经济增长（谢贞发，张玮，2015）等。本文借鉴谢贞发、张玮（2015）一文，采用荟萃回归分析方法分析省直管县对经济增长的影响是否具有普遍性？如果不具有普遍性，哪些特征决定两者之间的关系。

1. 经验证据

虽然关于"省直管县是否促进了经济增长"的问题还存在争议，但主流的观点还是认为促进了经济增长，特别是县域的经济增长。那么这个定性分析结论是否得到了中国经验证据的支持？为了解答这个问题，不少学者进行相关实证研究。这些实证研究的结论是否支持定性分析结论？它们又有哪些具体研究特征？这些问题是本部分所关注的重点。

进行比较分析的实证文献通过检索清华 CNKI 数据库获得。涉及经济增长、经济发展、经济绩效等实证文献中，三者的内涵差异不大，且通常采用 GDP 或人均 GDP 来表示。所以，本书在选取实证文献时，依次在 CNKI 数据库中，分别就题目、关键词、摘要等搜索经济增长、经济发展、经济绩效、省直管县、强县扩权、扩权强县等，共收集到1700 篇文献。删除定性分析、理论分析和没有建立回归模型的实证文

---

① 谢贞发，张玮. 中国财政分权与经济增长——一个荟萃回归分析 [J]. 经济学（季刊），2015（1）：435 –452. 引自 Weichselbaumer D. , and R. Winter – Ebmer. "A Meta – Analysis of the International Gender Wage Gap". Journal of Economic Surveys, 2005, 19（3），479 – 511.

献，在此基础上，删除两篇以微观企业数据为样本的文献、同一作者发表的不同时期文献和硕博论文，并依据现有文献进行二次检索，最后获得质量较高的 21 篇文献，96 个模型。

现有文献在度量省直管县的时候，主要是按照省直管县改革形式进行设置：一是选择财政省直管县进行研究，二是选择强县扩权和扩权强县改革进行研究，三是不加以区分，全部按照省直管县进行研究。在虚拟变量设置上，有两种方法，一是直接设置，执行省直管县（财政省直管县或者强县扩权）的设置为 1，否则设置为 0。二是分别设置时间虚拟变量和地区虚拟变量，二者交叉项为省直管县变量。

经济增长因变量的设置较为多元，有用 GDP 水平值，也有采用增长率。两种情况下均有采用总量 GDP 的情况，也有采用人均 GDP 的情况。现有研究文献中，有 8 篇文献并没有指出本文的 GDP 数据是名义 GDP，还是实际 GDP。所以本报告并没有将 GDP 数值是名义值、还是实际值作为一个分类标准，这也在一定程度上体现该领域的实证研究的相对不规范。

现有文献的研究结论是否一致？是否与省直管县指标、经济增长指标的选择有关？为了回答这些问题，按照经济增长、省直管县指标进行分类，将现有研究文献按照样本范围（单一地区还是全国样本）、政府层级（省级、市级还是县级）进行归类整理，具体结果见表 7 - 12。

由表 7 - 12 我们可以发现以下几点：

第一，在省直管县指标选择上，按照改革类型进行研究的文献相对较少。在 96 个模型中，有 18 个模型是分类研究，占比 19%。在指标设置上，直接设置略高于交叉设置，占比为 60%。从经济增长指标选择看，以增长率代表经济增长居多，占比为 69%，人均指标居多，占比为 64%。从样本范围看，以某一省为样本居多，占比 70%。从政府层级看，以县级经济增长为因变量的模型居多，占比 82%。

第二，从实证研究结果看，一半以上结果支持了省直管县改革促进经济增长，占比为 59%，不支持占比 18%，不相关占比 23%。从样本范围看，单一地区和全国样本的研究结论差异不大，均有约 60% 的文

表7-12　　省直管县与经济增长关系的实证文献综述

变量			单一地区 正向效应	单一地区 负向效应	单一地区 不显著	全国 正向效应	全国 负向效应	全国 不显著	省 正向效应	省 负向效应	省 不显著	市 正向效应	市 负向效应	市 不显著	县 正向效应	县 负向效应	县 不显著	合计
因变量	水平值	总量	12	0	0	0	0	0	0	0	0	0	0	0	12	0	0	12
		人均	5	7	6	0	0	0	0	0	0	0	0	0	5	7	6	18
	增长率	总量	15	5	3	0	5	7	3	0	5	4	3	0	11	5	3	23
		人均	8	0	6	17	5	7	3	0	5	2	3	0	20	2	8	43
	小计		40	12	15	17	5	7	3	0	5	6	3	0	48	14	17	96
指标设置	直接设置		27	0	2	17	5	7	3	0	5	6	3	0	35	2	4	58
	交叉设置		13	12	13	0	0	0	0	0	0	0	0	0	13	12	13	38
	小计		40	12	15	17	5	7	3	0	5	6	3	0	48	14	17	96
省直管县改革类型	财政省直管县		0	0	0	3	2	4	0	0	4	0	2	0	3	0	0	9
	强县扩权		0	0	0	6	0	3	3	0	1	2	0	0	1	0	2	9
	省直管县		40	12	15	8	3	0	0	0	0	4	1	0	44	14	15	78
	小计		40	12	15	17	5	7	3	0	5	6	3	0	48	14	17	96

注：（1）有些文献在分析省直管县时，既包含"财政省直管县"指标，又包含"强县扩权"指标，这会增加总模型数。（2）有些文献既分析市级，又分析县级，这会增加总模型数。

献支持促进经济增长，约 17% 的文献支持阻碍经济增长，约 23% 支持不相关。但是从政府层级看，实证结论存在差异，省级研究结果 37.5% 支持促进经济增长，62.5% 支持不相关。市级研究成果 67% 支持促进经济增长，33% 支持阻碍经济增长，这一结论与定性分析文献的结论不一致。县级研究成果 61% 支持促进经济增长，18% 支持阻碍经济增长，21% 支持不相关。

通过对现有实证文献的梳理，虽然一半以上支持促进经济增长，但支持阻碍经济增长和认为不相关的文献也占将近 50% 的比重，我们还难以得出比较一致的结论，还需借助荟萃分析方法进行深入研究。

2. 荟萃回归分析的数据和方法

（1）变量选择与数据来源。

因变量有三个：显著性（sig）、正向显著性（pos）和负向显著性（neg），以回归模型中的 t 统计量来进行判断。①显著性。当省直管县对经济增长的影响显著时，sig = 1，其余赋值为 0。②正向显著性。当省直管县对经济增长的有显著正向影响时，pos = 1，其余赋值为 0。③反向显著性。当省直管县对经济增长的有显著负向影响时，neg = 1，其余赋值为 0。

一般荟萃分析会选择样本数量、数据搜集的起止年份、区域范围、估计方法和文献模型数量权重。考虑到省直管县改革对不同层级政府的影响不一致，本书在上述 6 个变量基础上增加政府层级，以体现各实证研究文献的基础特征。文献模型数量权重是在同一篇文献中提取多个模型数的倒数，是为了处理同一篇文献中提取多组数据时可能产生误差问题的方法（Weichselbaumer D. , and R. Winter - Ebmer, 2005；谢贞发，张玮，2015）。

调节变量还应包括现有实证研究中选用的控制变量。表 7 - 12 给出了现有实证文献采用的控制变量。有些文献在考察省直管县改革的同时，也考察其他现象，例如转移支付、财政分权等。这些指标是模型的内生变量（而且这种情况仅在某一篇文章中出现，不具有普遍性），在表 7 - 13 中没有列出。表 7 - 13 中的模型数量 96 个模型中使用这些控制变量的数量，占比就是采用该控制变量的模型数量占 96 个模型比重。

由表 7 - 13 可知，96 个模型中，采用占比超过 25% 的控制变量共有 7 个，分别是投资、人口、政府规模、改革年份虚拟变量、改革地区虚拟变量、产业结构和经济发展水平。在 21 篇实证文献中，上述控制变量的应用比例在 33% 以上。对实证研究的结论的影响应该具有一定的普遍性，本书据此将这些变量也选作荟萃分析的调节变量。其余控制变量应用范围在 4 篇或者 4 篇以下，在 96 个实证模型中占比均低于 25%，代表性相对弱一些，在接下来荟萃分析中，未加以考虑。

表 7 - 13　　　　　　　　现有实证文献采用的控制变量及占比

序号	控制变量	指标	模型数量	占比 (%)
1	投资	人均固定资产投资 固定资产投资额的对数值 投资增长率 全社会固定资产投资占 GDP 的比重	82	85.4
2	人口	劳动力比重 城镇人口数量 各县市从业人员 城镇从业人员和农村从业人员之和的对数值 人口增长率 地区总人口	66	68.8
3	政府规模	人均财政预算支出 一般预算总支出的对数值 (一般预算支出 + 预算外支出)/GDP	41	42.7
4	产业结构	农业和工业产值/GDP 第一产业/GDP	31	32.3
5	经济发展水平	某一年 GDP 值 实际人均 GDP 实际人均 GDP 增长率	24	25.0

续表

序号	控制变量	指标	模型数量	占比（%）
6	经济开放程度	经营单位所在地进出口/GDP	22	22.9
		FDI/GDP		
7	滞后1期因变量	—	21	21.9
8	教育	人均教育支出	20	20.8
		普通中学在校人数占总人数的比例		
		中小学生占总人口比重		
		县级地区人口文盲率		
9	财税负担	税收收入总额	15	15.6
		财政一般预算收入总额		
10	消费	人均社会消费品零售总额	15	15.6
11	农村居民收入	农民人均纯收入的对数值	11	11.5
12	滞后1期省直管县	—	9	9.4
13	通货膨胀率	居民消费价格指数	8	8.3
14	支出结构	社会性支出占支出比例	6	6.3
15	地方财政收入比率	地方财政收入/GDP比率	4	4.2
16	城市化水平	农村人口与地区人口的比值	4	4.2
17	撤乡并镇改革	万人拥有乡镇数量	3	3.1
18		财政供养人口比例	3	3.1
19	县乡财政困难程度	—	1	1.0

表 7-14　　　　　　　用于荟萃回归分析的变量描述

因变量	描述	均值	标准差
显著性（SIG）	虚拟变量；省直管县改革对经济增长有显著性影响则赋值1，其余赋值为0	0.77	0.42
正向显著性（POS）	虚拟变量；省直管县改革对经济增长有正向的显著性影响则赋值1，其余赋值为0	0.59	0.49
负向显著性（NEG）	虚拟变量；省直管县改革对经济增长有负向的显著性影响则赋值1，其余赋值为0	0.18	0.38

调节变量	描述	均值	标准差
样本量（SAM）	文献模型中的观察值数量	1360.56	2548.62
起始年份（STRTY）	文献模型中所收集数据的起始年份	2001.80	3.80
终止年份（ENDY）	文献模型中所收集数据的终止年份	2009.41	3.18
估计法（DID）	虚拟变量；当模型估计方法为双重差分模型时赋值为1，其余赋值为0	0.61	0.49
县级政府（RGN1）	虚拟变量；当模型估计省直管县对县级经济增长影响时赋值为1，其余赋值为0	0.82	0.38
市级政府（RGN2）	虚拟变量；当模型估计省直管县对市级经济增长影响时赋值为1，其余赋值为0	0.09	0.29
权重 WGHT	每篇文献中模型数量的倒数	0.24	0.18
人均 GDP 增长率（PGD-PRT）	虚拟变量；当模型因变量为人均 GDP 增长率时赋值为1，其余赋值为0	0.45	0.50
投资（INVST）	虚拟变量；当模型解释变量含有投资时赋值为1，其余赋值为0	0.85	0.35
人口（POP）	虚拟变量；当模型解释变量含有人口时赋值为1，其余赋值为0	0.69	0.47
政府规模（GOV）	虚拟变量；当模型解释变量含有政府规模时赋值为1，其余赋值为0	0.43	0.50
产业结构（IND）	虚拟变量；当模型解释变量含有产业结构时赋值为1，其余赋值为0	0.32	0.47
经济发展水平（JJFZSP）	虚拟变量；当模型解释变量含有经济发展水平时赋值为1，其余赋值为0	0.25	0.44

本书构建的用于荟萃分析的样本集是在 21 篇实证文献的基础上获得的。表 7 – 14 给出了用于荟萃分析的变量和数据的基本信息。

（2）模型和实证方法。

根据一般荟萃回归分析，构建以下三个估计方程：

$$SIG = f(SAM, STRTY, ENDY, DID, RGN1, RGN2, WGHT, PGDPRT,$$
$$INVST, POP, GOV, TIME, EXPE, IND, JJFZSP) \qquad (7.3)$$
$$POS = f(SAM, STRTY, ENDY, DID, RGN1, RGN2, WGHT,$$

$$PGDPRT, INVST, POP, GOV, TIME, EXPE, IND, JJFZSP)$$

$$(7.4)$$

$$NEG = f(SAM, STRTY, ENDY, DID, RGN1, RGN2, WGHT,$$

$$PGDPRT, INVST, POP, GOV, TIME, EXPE, IND, JJFZSP)$$

$$(7.5)$$

由于因变量是二元虚拟变量，所以采用 Probit 模型分别对每组变量进行回归估计。

3. 荟萃回归分析结果

分别以"省直管县改革对经济增长有显著影响、有正向的显著影响和负向的显著影响"为因变量进行回归，回归的时候采用三种方法：一是全部投入变量，二是逐渐增加变量，三是逐渐减少变量，以伪 R^2 值和 LR 统计量的显著性为原则进行删选，回归结果见表 7 - 15。

由表 7 - 15 可知，省直管县改革对经济增长存在影响这一结论仅与文献模型中所收集数据的起始年份正相关。文献模型中收集数据的起始年份从 1994 年开始，到 2010 年结束。这说明早期省直管县改革对于经济增长产生影响的概率较小，也有可能表明省直管县改革对经济增长产生影响需要时间的积累。省直管县改革对经济增长存在影响与模型的其他具体特征无关，表明估计方法、县域产业结构、经济发展水平、投资、人口和政府规模，表明这一改革的影响具有一般性。

当以"正向显著性"为因变量进行回归时，估计方法、权重、产业结构和经济发展水平四个调节变量在统计上显著。其中，估计方法、权重和经济发展水平显著为负，以经济发展水平为例，显著为负表明经济发展水平高的地区执行省直管县会显著降低实证研究中正向显著性效应的结果。以第一产业占 GDP 的比重表示的产业结构显著为正，表明以第一产业为主的地区执行省直管县能显著增加实证研究中正向显著性的结果。

当以"负向显著性"为因变量进行回归时，样本量、起始年份和县级政府三个调节变量在统计上显著。其中，县级政府显著为负，表明当模型估计省直管县改革对经济增长影响时，如果是对县级经济增长的影响，则负向显著性效应会显著降低。其余 2 个调节变量为正，表明样本量越大，文献模型中所收集数据的起始年份越接近现在，越有可能显著增加实证研究中负向显著性效应的结果。

综合以上结果，我们可以发现，现有文献得出的省直管县改革对经济增长产生影响具有一般性，同时省直管县改革对经济增长的影响在不断增强，影响力要大于早期，而且不断增强的是对经济增长产生负向作用。此外，第一产业占比较大的地区执行省直管县效果较好，而经济发展水平较高的地区执行省直管县效果相对较差。

表 7 – 15　　　　　　　　　荟萃回归分析结果

调节变量	因变量：sig	因变量：pos	因变量：neg
样本量（SAM）	0.0004 (0.0002)	－ 0.0002 (0.0000)	0.0018 * (0.0010)
起始年份（STRTY）	0.1426 * (0.0807)	－ 0.1047 (0.0675)	2.0651 * (01.2183)
终止年份（ENDY）	0.0304 (0.0770)	－ 0.0268 (0.0693)	0.7812 (0.6358)
估计法（DID）	－ 0.1839 (0.5088)	－ 1.1844 ** (0.4064)	5.1066 (3.6428)
权重 WGHT	0.9789 (1.6575)	－ 2.7525 ** (1.1315)	19.5210 (12.6160)
县级政府（RGN1）	－ 0.3421 (0.60254)	0.4669 (0.4931)	－ 3.4835 * (2.0436)
人均 GDP 增长率（PGDPRT）	－ 0.0313 (0.5829)	0.2379 (0.5175)	15.3427 (10.6882)
投资（INVST）	—	－ 0.8874 (0.7251)	10.6819 (6.8605)
人口（POP）	－ 0.5801 (0.6052)	－ 0.4205 (0.5518)	－ 2.1434 (1.7684)
政府规模（GOV）	－ 0.0619 (0.5463)	0.4344 (0.4457)	－ 8.9289 (21.1975)
产业结构（IND）	0.3161 (0.6381)	1.4952 ** (0.5316)	—
经济发展水平（JJFZSP）	－ 0.9298 (0.6724)	－ 0.9885 ** (0.5180)	

续表

调节变量	因变量：sig	因变量：pos	因变量：neg
常数项	-345.2435 (211.4230)	265.3610 (171.0424)	-5730.5510 (3652.7780)
伪 R^2	0.2411	0.2269	0.7233
对数伪似然值	-39.2137	-50.1344	-12.4057
LR 统计量（联合显著性）	24.9200 **	29.4205 ***	64.8415 ***
N	96	96	96

第四节　研究结论与对策建议

(一) 研究结论

从改革属性看，跨级财政管理体制增加了最高层级政府的权力，倾向于集权而不是分权。

从对经济绩效的影响来看，计划单列体制作为中央—地方层面的跨级管理体制显著提高了自身经济效率，但并未带动周边地区发展，扩散机制不显著。主要原因可能是单列市与省级政府之间存在地区性行政垄断壁垒，基本上表现为各自独自发展，抑制了扩散机制的发挥。省直管县作为省以下的财政管理体制对县域经济增长存在影响具有一般性，仅与时间有关，且影响力在不断增强，不断增强的主要是对经济增长的负向作用。"省直管县"改革对县域经济增长产生正向影响一般与第一产业占比和经济发展初始水平有关，一般产业占比越大的地区，正向影响越大，而经济发展水平本身较高的地区推行省直管县的效果相对较差，这在某种程度上佐证跨级财政管理体制倾向于增强集权的研究结论。

综上所述，跨级财政管理体制虽然能够给予某一地区一定的财力优势，但是作为被跨越的计划单列体制下的省级政府和省直管县下的市级政府，承担一系列对下级政府（计划单列城市或者省直管的县）监管和服务职能的同时，却没有相应的财政控制权，这种财权与事权之间的分离，必将降低计划单列体制下省级政府和省直管县下市级政府的积极性，弱化其激励效应，影响经济绩效之余，也将影响各级政府公共服务职能的履行。

（二）对策建议

从未来看，随着改革的进一步推进，市场机制将发挥资源配置的决定性作用，政府将极大程度地从经济领域退出，转向公平和民生领域。在这种情况下，政府间的经济管理权限将会弱化，而行政管理权限的统一有助于降低地方各层级政府之间的地区性行政垄断程度。近期深圳市与广东省江门市共建万亩工业园区，表明了区域合作、协同发展这一趋势。当然，为了进一步降低现有地方各层级政府之间的地区性行政垄断程度，还应该在以下四个方面有所突破。

第一，更名为全面深化改革开放重点市，弱化经济管理权限分离。随着社会主义市场经济体制的逐步确立，计划经济赖以存在的基础条件已不复存在，继续称谓计划单列市实属不妥。党的十八届三中全会以来，全面深化改革、全方位对外开放已是当前和今后一个时期的主基调，鉴于现存的5个计划单列市的历史地位和区域优势等客观现实，建议将计划单列市更名为全面深化改革开放重点试点市（简称重点市），承接中央各项重大改革开放举措，以此积累经验，逐渐向全国复制推广。

第二，适度增加5个计划单列市的行政区划范围，增加要素供给弹性和空间。计划单列体制历经3次重大的历史变迁，在不断争论和博弈中保留了大连、青岛、宁波、厦门、深圳等城市。几十年来，5个计划单列市经济社会得以突飞猛进的发展，但其区划面积几乎未做调整，明显存在着发展空间不足、各种要素制约的种种瓶颈，仅从高房价上就可管窥这一"窘境"。为更好发挥现有5个城市在区域经济中的领头羊作用，建议从国家层面进行必要的行政区划微调，适度拓展计划单列市的行政管辖空间，最大限度地提高区域资源配置效率。

第三，适当调整与计划单列市的财政体制，缓和省与单列市之间的矛盾。前文仅从经济增长视角对我国计划单列体制进行的具体分析，而从行政管理、基本公共服务均等化等角度来衡量，计划单列体制的负向性矛盾和问题更加突出。就财政管理体制而言，5 个市实行的是与中央结算的体制，省与计划单列市无严格意义上的财政关系。2003 年以来，计划单列市所在省份相应选择了"基数 + 增长"模式进行体制微调，称之为"省里做贡献"，但规模不大，作用微乎其微，象征意义大于实际意义。为此，建议在计划单列体制改革过程中，要弱化中央与计划单列市、强化省与计划单列市的财政关系，充分发挥财政体制在政府财力资源配置中的基础性作用，尽量降低现行省与计划单列市的交易成本，减少不必要的体制摩擦，努力追求辖区内基本服务均等化。

第四，"省直管县"改革试点与计划单列体制异曲同工，但与计划单列样本不同，各省直管县的经济规模相对较小，自身发展潜力受限，对所在市、所在省的积极影响更小。而省直管县体制衍生出来的地区性行政壁垒依然存在，并且在不断增强其影响力，使得省直管县自身的经济发展也受到制约，同时催生了"县变区"等一系列现象。几年前，安徽省部分放弃了省直管县，浙江省"十三五"规划中删除"要深化省管县的改革"，辽宁更是从 2016 年末取消了仅有的两个试点县（绥中、昌图）。种种迹象表明，财政"省直管县"试点改革单兵突进，对于解决现有体制下县域经济和县域财政面临的问题作用不大，应该从更本质的改革、跟高层次的改革、更加综合的改革入手，解决问题。

第八章

分税制体制下地方政府性债务
风险识别与预警体系研究

—— 以辽宁为例 *

地方政府性债务在我国有两个分水岭、三个阶段：一是 2005 年之前，我国地方政府性债务主要是与县乡财政困难问题联系在一起（杨志勇、杨之刚，2008），是由于财政收支存在缺口而被动形成的负债，所以 2005 年之前或有负债占比较大（刘尚希、赵全厚，2002），越到基层政府或有债务越大，经济基础越薄弱、政府财力越拮据的地区或有债务越大（刘尚希、于国安，2002）。二是 2005~2015 年期间，特别是 2008 年以来，国务院出台 4 万亿元经济刺激计划，地方政府为了发展经济开始大规模主动融资，政府性债务急剧增加，主要用于城市建设和基础设施投资，占比达 90%，传统的"地方政府—债权人"双边关系也演变为"地方政府—政府融资平台—银行和资本市场等"的间接融资关系（时红秀，2010）。三是 2015 年新《预算法》颁布实施后，地方政府债务由不合法变成合法，建立和完善"借、用、管、还"相关的方法、措施和机制。

与这三个时期相对应，地方政府性债务风险基本呈现"倒 U 型"发展态势，在"十二五"时期逐渐显现，并在"十三五"时期逐渐被控制。一方面由于经济增速放缓与刚性的财政支出不协调，中国地方政

---

* 本章的研究完成于 2015 年，相关数据是依据 2014 年为基期进行推算的，特此说明。

府存量债务正在进一步扩大。根据审计署 2013 年底的审计结果，截至 2013 年 6 月底，地方政府负有偿还和担保责任的债务规模为人民币 17.9 万亿元，2010 年底该数据为 10.7 万亿元，增加了 67%。另一方面，即期偿债能力（指地方政府一般公共预算收入和土地出让收入）却在不断下降。一般公共预算收入在 2011 年实现 29.4% 的高增长之后，迅速演变为 2012 年的 16.2%、2013 年的 12.9%、2014 年的 9.9%，2015 年一季度为 7.5%、上半年为 8.3%、前三季度为 9.0%。特别需要引起重视的是，自 2013 年重庆首现 −0.6% 增长之后，2014 年辽宁再现 −4.6%，2015 年以来这一负增长态势进一步深化，辽宁、黑龙江和山西三省出现负增长。2016 年扩大为山西、黑龙江、江西、陕西、青海和新疆六个省区。除了个别城市和省份外，楼市不景气导致地方政府土地出让收入锐减，以沈阳为例，2013 年沈阳市土地成交 372 幅，成交占地面积 2156 万平方米，成交总金额 516 亿元；截至 2015 年 12 月 16 日，沈阳市土地成交 142 幅，成交占地面积 649 万平方米，成交总金额 111 亿元，下降 78%。地方政府性债务快速增长，即期偿债能力下降，且到期应偿还债务高度集中在 2015 年和 2016 年，使得地方政府性债务流动性风险加大，并有可能引发金融风险。针对 2010 年以来逐渐显现的地方政府性债务风险，课题组在辽宁省内开展大范围的实地调研，采集大量一手数据和情况，在此基础上，结合相关理论成果和国内外经验，创新地构建了辽宁省地方政府性债务风险预警系统，并开展滚动研究，对 2011 年、2013 年全省及省辖市（13 个市）存量政府性债务进行风险评价，对"十二五"后 4 年（2012~2015 年）和"十三五"时期的新增债务进行情景分析、风险预警，研究提出化解地方政府性债务的对策建议。

第一节　辽宁地方政府性债务现状分析

近年来辽宁地方政府性债务规模不断增长，尽管债务管理日益规范，取得一定效益，但财政经济形势日益严峻，地方政府性债务风险隐患也逐渐显露。

（一）全省债务规模短期内迅速膨胀

截至 2013 年 6 月 30 日，辽宁政府性债务总额 7590.9 亿元，比 2007 年的 1481.5 亿元增长了 4.1 倍。截至 2014 年末，债务规模又有了较大幅度的增长（见表 8 - 1）。

表 8 - 1　　　　　　　2006 年以来辽宁省地方政府性债务规模　　　　　单位：亿元

年份	合计	直接债务	担保债务
2007	1481.5	1481.5	—
2008	1723.2	1723.2	—
2009	4048.1	3324.8	723.3
2010	5095.7	4864.3	231.4
2011	5006.3	4762.8	243.5
2012.6	4225.1	3882.4	342.7
2013.6	7590.9	5663.3	1927.6

（二）全省债务规模与经济总量基本匹配，部分地市风险凸显

从负债率看，辽宁债务规模与经济总量基本匹配。以 2013 年 6 月 30 日数据为例，辽宁地方政府性债务占 GDP 比重排在上海、北京、四川、天津之后，与河北、江苏比较接近。由此推测，辽宁债务规模与经济总量基本匹配，略高于全国平均水平。但是部分地区、部分试点地方政府性债务风险不容忽视。

1. 部分市债务负担较重

2013 年辽宁债务率①超过 100% 的市有鞍山、本溪、丹东、盘锦、

---

① 负债率 = 地方政府性债务余额/GDP；债务率 = 地方政府性债务余额/政府综合财力，其中综合财力包括公共财政预算财力、政府性基金预算财力、国有资本经营预算财力、财政专户管理资金；债务逾期率 = 年末逾期债务总额/年末债务余额。

铁岭、葫芦岛，负债率超过 25% 的市有营口、盘锦（见表 8 - 2）。而且，全省债务率和负债率相较于 2012 年上升较快，并且超过 2010 年水平。13 市两个指标的平均值情况与全省一致，也是从 2011 年开始下降，然后 2013 年又迅速反弹，并超过 2010 年数值。值得一提的是，2010 年债务率超过 100% 的只有 4 个市，2013 年则达到 6 个市，这些数据的变化说明辽宁不仅债务负担程度在不断加深，范围也在不多扩大。

2. 部分市到期债务拖欠问题应引起关注

2013 年辽宁全省逾期债务率[①]为 9.2%（见表 8 - 3），低于国家现行规定的 10% 的警戒线，但是超过该警戒线的市有鞍山、本溪、丹东、锦州、营口、辽阳、朝阳和葫芦岛。从变化趋势看，全省债务逾期率一直在上升，但是 13 市平均值来看，2010 年最低、2012 年最高，2013 年有所下降。2013 年债务逾期率平均值下降主要得益于部分市该指标大幅改进，例如抚顺、阜新和沈阳。除了这 3 个市，其余 10 个市该指标与 2012 年相比上升较快，表明债务拖欠问题应引起关注。

表 8 - 2　　　　2010 年以来辽宁省地方政府性债务主要风险指标　　　单位：%

地区	负债率				债务率			
	2010 年	2011 年	2012 年	2013 年	2010 年	2011 年	2012 年	2013 年
全省（不含大连）	25.1	21.5	22.5	27.8	103.2	85.7	97.7	118.4
沈阳	19.1	17.1	17.8	23.1	95.7	82.9	98.9	124.2
鞍山	16.3	13	12.3	15.1	89.7	81.7	82.5	105.0
抚顺	16.4	12.7	13.4	16.2	62.7	60.6	81.1	95.4
本溪	12.7	13	12.8	14.9	107.2	76.5	89.4	104.5
丹东	18.9	17.1	14.3	18.6	106.1	89.5	71.5	107.0
锦州	12.6	10.3	11.7	16.8	74.3	57.8	74.2	82.7
营口	33.8	28.2	24.3	28.8	92.8	81.7	93.7	127.6
阜新	15.5	20.6	21.6	19.8	71.2	73.4	98.3	91.9

①　逾期债务率＝逾期债务/债务余额×100%。

地区	负债率				债务率			
	2010 年	2011 年	2012 年	2013 年	2010 年	2011 年	2012 年	2013 年
辽阳	15.4	12.9	10.8	14.7	82.4	66.7	59.0	88.4
盘锦	13.9	15.7	18.5	27.5	95.5	79	128.8	155.9
铁岭	9.2	13	14.8	19.7	40.5	55.5	86.5	105.9
朝阳	26.8	8.9	9.0	11.1	154.9	45	33.4	56.4
葫芦岛	24.5	18.8	26.4	23.2	122.5	65	129.2	106.0

表 8-3　　　　　　　　2010 年以来辽宁 13 市债务逾期率　　　　单位：%

地区	2010 年	2011 年	2012 年	2013 年
全省（不含大连）	4.0	7.0	6.7	9.2
沈阳	5.4	5.7	4.7	3.3
鞍山	3.4	6.9	9.9	13.2
抚顺	6.2	15.5	20.8	7.4
本溪	9.6	8.9	11.4	13.6
丹东	1.7	10	11.7	21.7
锦州	7.1	12.1	13.5	16.8
营口	3.0	8.3	17.7	24.8
阜新	8.9	6.3	21.0	2.8
辽阳	2.5	10.1	14.5	10.8
盘锦	6.9	6.4	5.4	9.8
铁岭	6.0	6.6	1.2	8.5
朝阳	6.6	24.2	24.0	22.8
葫芦岛	15.2	36.4	29.1	11.6

3. 2015 年和 2016 年辽宁偿债压力较大

辽宁偿债率①超过 30% 的市有营口、鞍山、葫芦岛、抚顺、锦州、

---

① 偿债率 = 偿债额/综合财力 × 100%。

辽阳和盘锦。从经济形势来看，2015 年财政收入仍将低速增长，保工资、保运转、保民生等重点支出将持续增加，各级财政可用于安排偿债资金的来源有限。从借旧债换新债角度看，《国务院关于加强地方政府性债务管理的意见》对地方政府债务实行规模控制，限额管理。按照当前政策，除保障性住房、交通、水利、土地储备等领域在建项目在 1 年过渡期内可继续以银行贷款等方式融资外，其他项目今后只能以地方政府债券作为唯一合法融资渠道①，原来常用的发行城投债、企业债，以及银行贷款借新还旧、贷款展期等偿债方式都可能受到政策制约。这就对地方政府原有的债务融资模式产生颠覆性的影响，进一步加剧辽宁 2015 年和 2016 年两年的偿债压力。

第二节　地方政府性债务风险预警系统构建

面对日益增长的地方政府性债务，经济学界已经有不少学者探讨如何识别和预警地方政府性债务风险。早期研究主要是定性研究（刘尚希、赵全厚，2002；王亚芬，2005；裴育、欧阳华生，2006），探讨地方政府性债务风险预警体系构建的原则和方法，对风险预警机制的具体流程进行了细化，结合风险的认知、分类、特点和结构等要素进行风险预警机制的完善。后期开始有学者尝试实证方面的定量研究（刘星、岳中志、刘谊，2005；胡光辉，2008；邵伟钰，2008；连志超，2011）。在新《预算法》和《国务院关于加强地方政府性债务管理的意见》颁布之前，各级政府对地方政府性债务的管理基本处于"真空"状态。在这种大背景下，地方政府性债务风险预警研究存在以下几个难点：一是地方债务口径的界定；二是债务数据的可获取性；三是评价指标体系构建；四是地方财政风险区间的界定；五是如何有效地进行预警；六是

---

① 出于防范财政风险和规范政府债务管理的需要，2014 年通过的新《预算法》打开了允许地方政府发债的前门。

隐性债务管理；等等。针对实践中的需求和学术研究的难点，本书以辽宁省 13 市为研究样本，收集加工处理 10 余万组数据，采用层次分析方法（AHP 方法）构建债务风险预警模型。

（一）建模方法的选择

从实践中看，地方政府部门主要套用国际上主权国家的两个指标：负债率（地方政府性债务余额/GDP）不超过 20%，债务率（地方政府性债务余额/政府综合财力）不超过 100%。运用这两个指标评价地方政府性债务风险虽然操作简单易行，但是公债指标主要是用来识别和预警主权国家的债务风险，地方政府性债务与主权国家债务存在本质上的差别。而且公债指标只考虑了债务本身，并未从系统的角度考虑与地方政府性债务风险紧密相关的其他因素（如区域经济发展水平、社会稳定情况、金融领域的相关政策等）的影响，所以运用公债单一指标难以科学、全面地识别和预警地方政府性债务风险情况。

正因为公债单一指标的缺陷，学术界已有学者尝试建立地方政府性债务风险预警模型（王亚芬、梁玉芳，2004；徐涤龙、何达之，2007；李昊，2010），主要采用主成分分析法、因子分析法、聚类分析法、层次分析法和神经网络法等。笔者利用辽宁样本数据对前四种分析方法均作了尝试，根据主成分分析法、因子分析法和聚类分析法得出的结果缺乏经济的合理解释。由于课题组在辽宁省进行大范围的实地调查，对地方政府性债务问题既有感性认识，又有理性思考，符合采用层次分析方法（以下简称为 AHP 方法）的条件，所以本书主要以 AHP 方法来选择预警指标并确定权重。

（二）基于 AHP 方法建构地方政府性债务风险预警体系

以 AHP 方法构建地方政府性债务风险预警体系的基本步骤如下：设定衡量地方政府性债务风险的预警指标→划分预警指标的风险区间→预警指标的指数化处理→确定预警指标的权重→建立地方政府性债务风险预警模型。

1. 地方政府性债务风险预警指标体系的设定

在合理借鉴国内外已有研究成果和辽宁省内大范围调研的基础上，选定宏观经济环境、债务压力和偿债能力作为地方政府性债务风险的三个子系统。同时，遵循规范性、重要性、时效性和数据可获得性等原则，将三个子系统进一步分解成 GDP 增长率、负债率等 10 个风险预警指标，构建以辽宁为样本的地方政府性债务风险预警指标体系（详见表 8 - 4）。

表 8 - 4　　　　辽宁省地方政府性债务风险指标体系及其说明

目标层	准则层	方案层	指标说明	经济含义
政府性债务风险	宏观经济环境（X_1）	GDP 增长率（X_{11}）	（$GDP_t - GDP_{t-1}$）/$GDP_{t-1} \times 100\%$	该指标反映各地区的经济增速。风险非单调型指标，指标过高或者过低都会增加地方政府性债务风险
		固定资产投资增长率（X_{12}）	（$IVST_t - IVST_{t-1}$）/$IVST_{t-1} \times 100\%$	该指标在一定程度上反映了财政投资的效率。风险非单调型指标
		金融深化率（X_{13}）	年末贷款余额/$GDP \times 100\%$	该指标反映了金融系统的抗风险能力。风险非单调型指标
	债务压力（X_2）	负债率（X_{21}）	地方政府性债务余额/$GDP \times 100\%$	该指标不仅反映了国民经济的应债能力，也反映了地方政府性债务的发行限度和余留空间。正指标，即该指标值越大，地方政府性债务风险越大
		债务率（X_{22}）	地方政府性债务余额/政府综合财力①$\times 100\%$	该指标反映了地方政府性债务与地方政府财政支配能力之间的关系，也从侧面反映了地方政府性债务规模是否具有合理性以及地方政府在今后的举债能力大小。正指标
		债务逾期率（X_{23}）	年末逾期债务总额/年末债务余额$\times 100\%$	该指标反映了潜在债务风险正在转化为债务危机的一种状况，是地方政府性债务风险最坏的结果。正指标

---

① 政府综合财力（决算口径）= 一般预算收入 + 返还性收入 + 一般性转移支付收入 - 体制上解 - 出口退税专项上解 - 税务经费上划专项上解 + 基金预算收入 + 预算外收入。

续表

目标层	准则层	方案层	指标说明	经济含义
政府性债务风险	债务压力（X_2）	偿债率（X_{24}）	当年还本付息额/政府综合财力×100%	该指标放映财政的债务偿还能力，正指标
	偿债能力（X_3）	公共预算收入增长率（X_{31}）	（$PR_t - PR_{t-1}$）/PR_{t-1}×100%	该指标反映了财政的总体资源动员能力，风险非单调型指标
		5个主体税种收入占比（X_{32}）	5个主体税种税收收入/公共财政收入×100%	该指标反映地方政府财力和债务偿还能力。逆指标，即该指标值越小，地方政府性债务风险越大
		财政自给率（X_{33}）	财政收入/财政支出×100%	该指标反映地方政府财政收支结构状况。逆指标

2. 划分预警指标的风险区间和预警指标的指数化处理

由于不同的预警指标有不同的性质，与地方政府性债务风险的关系也不同，所以需要对预警指标进行标准化处理才能综合测度风险。预警指标标准化处理的基础和关键是对各预警指标设置相应的风险区间。国内同类研究在这一环节大多数仅仅给出风险区间和临界值，但是没有列明设置的原因，从而不能令人信服，可操作性降低。本书将风险状态划分为"无警""轻警""中警"和"重警"四种，并尝试在设置每一个预警指标风险区间时做到有据可依（见表8-5和表8-6）。由于各个预警指标对应的风险状态是由区间表示的，借鉴丛树海、李生祥（2004）的区间映射法，将各预警指标的原始数据换算成分数值。

表 8 – 5   "十二五"时期地方政府性债务风险预警指标风险区间和临界值

准则层	方案层	风险区间			
		无警	轻警	中警	重警
宏观经济环境（X_1）	GDP 增长率（X_{11}）	[9%，11%]	[7%，9%）或（11%，12.5%]	[4%，7%）或（12.5%，14%]	[0，4%）或（14%，∞）
	固定资产投资增长率（X_{12}）	[16%，20%]	[13%，16%）或（20%，25.5%]	[9%，13%）或（25.5%，31%]	[0，9%）或（31%，∞）
	金融深化率（X_{13}）	[80%，100%]	[60%，80%）或（100%，120%]	[40%，60%）或（120%，160%]	[0，40%）或（160%，∞）
债务压力（X_2）	负债率（X_{21}）	[0，16%]	（16%，20%]	（20%，25%]	（25%，∞）
	债务率（X_{22}）	[0，80%]	（80%，100%]	（100%，120%]	（120%，∞）
	债务逾期率（X_{23}）	[0，1.15%]	（1.15%，3.0%]	（3.0%，10%]	（10%，∞）
	偿债率（X_{24}）	[0，10%]	（10%，16%]	（16%，30%]	（30%，∞）
偿债能力（X_3）	公共预算收入增长率（X_{31}）	[12%，16%]	（8%，12%]或（16%，20.5%]	（5%，8%]或（20.5%，25%]	[0，5%）或（25%，∞）
	5 个主体税收收入占比（X_{32}）	[42%，100%]	[36%，42%）	[30%，36%）	[0，30%）
	财政自给率（X_{33}）	[57%，100%]	[48%，57%）	[36%，48%）	[0，36%）

表 8 – 6   "十二五"时期地方政府性债务风险预警指标风险区间设置依据

准则层	方案层	风险区间设置说明
宏观经济环境（X_1）	GDP 增长率（X_{11}）	该指标安全区间的临界值设置为"十五"以来的计划经济增长率①。无警区间左边临界值设定主要基于历史发展情况。辽宁省"十一五"期间实际经济增长率为 14%，同期地方政府性债务规模急剧增长。鉴于资本边际收益率递减，未来想要达到或超过这一增长率所需债务规模应远大于此，从而将 14% 设为中警和重警临界值，而轻警和中警临界值取无警和重警临界值平均值。无警区间右边轻警区间临界值取《国民经济与社会发展第十二个五年规划纲要》预期 GDP 年均实际增长率 7%；重警区间临界值取值 4%

---

① 通常我国社会经济发展的"五年规划（计划）"或者每年的经济发展计划都会对将来的经济增长提出预期目标，该目标被称作计划经济增长率。

续表

准则层	方案层	风险区间设置说明
宏观经济环境（X_1）	固定资产投资增长率（X_{12}）	该指标风险区间的设定采用定性和定量相结合的方法。本书发现 1985～2011 年辽宁省固定资产投资增长率和 GDP 增长率存在长期均衡关系，全社会固定资产投资增长率是 GDP 增长率的 1.5 倍。所以本文以 GDP 增长率安全区间的临界值乘以 1.5 再加上 2006～2011 年平均物价指数上涨率①来确定该指标的无警区间。重警区间参照"十五"以来辽宁省固定资产投资增长率的计划值，以辽宁省"十一五"实际增长率 30.5% 为上限
	金融深化率（X_{13}）	该指标在设置时主要考虑辽宁省各地区的实际情况，并结合国内学者许涤龙和何达之（2007）的设定
债务压力（X_2）	负债率（X_{21}）	该指标风险区间在设置时通常以财政集中率，即财政收入占 GDP 比重为基础。辽宁省 2006～2011 年公共预算收入占现价 GDP 比重平均为 10.32%。考虑到地方政府偿债资金即来自公共预算收入，又可以来自地方政府性基金收入。地方政府性基金收入一般都有专项用途，根据调研情况取其值的 60% 作为偿债来源。地方政府性基金收入和公共预算收入基本持平，因此负债率的无警区间设定为（0，16%]。轻警区间和重警区间临界值的设定参考国际上通行做法：国际警戒线是 20%，美国为 13%～16%，加拿大规定不得超过 25%
	债务率（X_{22}）	目前国内学者一般认为该值不应该超过 100%。从各国实践来看，哥伦比亚规定不得超过 80%，美国规定不得超过 90%～120%。本文依据国际通行的标准并根据谨慎性的原则来确定该指标的风险预警区间
	债务逾期率（X_{23}）	该指标在设置时主要考虑辽宁省的实际情况，并结合胡光辉（2008）关于吉林省债务逾期率的设定
	偿债率（X_{24}）	从各国实践来看，日本政府规定不允许超过 10%，巴西规定该值小于 18%，国际认为应该小于 20%。本书根据谨慎性原则将该指标的无警区间设定为 10% 以内。由于政府还要履行其他职能，从辽宁省的实际情况来看，公共预算收入中只有 16% 可以用来偿债，所以轻警区间临界值设定为 10%～16%。中警和重警临界值的设定参照国家财政风险系统，即 30%

---

① GDP 增长率是以不变价格计算，所以计算固定资产投资增长率时加上平均物价指数上涨率。

续表

准则层	方案层	风险区间设置说明
偿债能力（X_3）	公共预算收入增长率（X_{31}）	该指标临界值的设定与 GDP 增长率正相关，一般认为与 GDP 增长率相等或者不超过 1.2 倍被认为是合理的。本文以 GDP 增长率的无警区间临界值乘以 1.2 加上平均消费者物价指数上涨率来确定公共预算收入增长率的无警区间，并考虑各地区"五年规划"中关于公共预算收入增长率的计划值。公共预算收入增长率重警区间上限临界值以 GDP 增长率无警区间上限临界值的 2 倍加上平均物价上涨指数；轻警和中警的临界值取无警和重警临界值的平均值
	5 个主体税收收入占比（X_{32}）	国内学者同类研究一般采用税收收入占比，将安全区间设定为大于 70%，危险区间设定为小于 50%。由于地方小税种存在虚报的可能性大，所以本文采用增值税、营业税、企业所得税、个人所得税和房产税 5 个主体税收收入占比。辽宁五个主体税收收入占总税收收入的比重大约 60%，所以本文将上述临界值向下调整 60%
	财政自给率（X_{33}）	国内学者同类研究中一般采用财政收支补偿系数①。地方政府财政收支补偿系数的风险区间目前尚没有公认的标准，所以替代的方法是借鉴国家财政支出补偿系数的情况。根据对国家财政风险系统的研究结果来看，国内学者普遍认为财政收支补偿系数达到 95% 以上是安全的，小于 80% 或者 60% 是危险的。按照中央财政与省级财政主体税种的共享比例估计，地方财政收入的 40% 要上交中央财政。所以本文财政自给率的风险区间相应向下调整 60%

3. 确定预警指标的权重

本书采用 AHP 方法来确定权重。首先由多位专家结合辽宁 2012 年以来的实际情况和地方政府性债务的相关理论独立地对各个评价指标给出相应的权重。然后计算各个指标权重的平均数和标准差，将所得出的平均数和标准差的资料反馈给专家，并请专家再次提出修改意见或者更改指标权重系数的建议，在此基础上重新确定权重平均数和标准差。重复以上操作步骤，直到对各个指标所确定的权数趋于一致或者不再有修

---

① 财政收支补偿系数 =（当年财政可用资金 + 当年可获取的资本性支出）÷（本级政府的经常性支出 + 资本性支出）。

改为止，把这个最后的结果作为初始的权数。将初始权数输入 AHP 计算系统，通过一致性检验，得到最终的权重（详见表 8 - 7）。

表 8 - 7 辽宁省地方政府性债务风险预警指标的权重

准则层	方案层	基于 AHP 的权重（%）
宏观经济环境 (X_1)	GDP 增长率 (X_{11})	8.1
	固定资产投资增长率 (X_{12})	9.7
	金融深化率 (X_{13})	7.7
债务压力 (X_2)	负债率 (X_{21})	7.6
	债务率 (X_{22})	12.0
	债务逾期率 (X_{23})	10.7
	偿债率 (X_{24})	12.0
偿债能力 (X_3)	公共预算收入增长率 (X_{31})	11.7
	5 个主体税收收入比重 (X_{32})	9.4
	财政自给率 (X_{33})	11.1

4. 地方政府性债务风险综合评价函数和预警信号系统

地方政府性债务风险综合评价函数如下：

$$R_1 = X_{11} \times 0.318 + X_{12} \times 0.379 + X_{13} \times 0.303 \tag{8.1}$$

$$R_2 = X_{21} \times 0.179 + X_{22} \times 0.284 + X_{23} \times 0.253 + X_{24} \times 0.284 \tag{8.2}$$

$$R_3 = X_{31} \times 0.363 + X_{32} \times 0.291 + X_{33} \times 0.346 \tag{8.3}$$

$$R = f(X_{11}, X_{12}, X_{13}, X_{21}, X_{22}, X_{23}, X_{24}, X_{31}, X_{32}, X_{33})$$

$$= 8.1X_{11} + 9.7X_{12} + 7.7X_{13} + 7.6X_{21} + 12.0X_{22} + 10.7X_{23}$$

$$+ 12.0X_{24} + 11.7X_{31} + 9.4X_{32} + 11.1X_{33} \tag{8.4}$$

其中，R_1 代表宏观经济子系统分数值；R_2 代表债务压力子系统分数值；R_3 代表偿债能力子系统分数值，X_{ij} 代表地方政府性债务风险评价的 10 个指标，R 代表地方政府性债务风险的综合分数值。

为了直观具体地描绘财政风险状况，本书也与王振宇等（2013）的做法一致，采取宏观经济预警研究中的类似信号系统设计方法，对于债务风险区间无警、轻警、中警和重警四种状态分别赋予一个信号灯，即绿灯、黄灯、蓝灯和红灯，以直观标识出各地区的地方政府性债务风险情况。此外，为了更加细致地区分风险区间，本报告将轻警和中警进一步分成低、中、高三档（参见表 8 - 8）。

表 8 - 8　　　　　　　地方政府性债务风险预警信号系统

风险分数值	0 ~ 25	25 ~ 50			50 ~ 75			75 ~ 100
地方政府性债务风险状况	无警	轻警			中警			重警
		轻警 - (25 ~ 32)	轻警 (32 ~ 44)	轻警 + (44 ~ 50)	中警 - (50 ~ 56)	中警 (56 ~ 68)	中警 + (68 ~ 75)	
信号灯	绿灯	黄灯			蓝灯			红灯

第三节　"十二五"时期地方政府性债务风险现状评价及动态预警分析

（一）思路和方法

现有研究成果大多是基于存量地方政府性债务进行的静态预警，属于事后监督。而地方政府更加关注经济的可持续发展，地方政府性债务作为地方财政收入的来源之一，不可能在某一时点或者某一水平上保持不变，所以仅仅就存量地方政府性债务进行风险预警是远远不够的，必须结合经济增长的实际，就新增地方政府性债务进行动态风险预警。

本书分两个步骤来识别和预警"十二五"时期（2011 ~ 2005 年）辽宁省全省及 13 市的地方政府性债务风险。

第一步，2011 年末存量地方政府性债务风险识别和评价。一是对全省和 13 市地方政府性存量债务风险进行评判，二是将预警指标体系得出结论与实地调查结果相对比，校正地方政府性债务风险预警体系。

第二步，"十二五"后四年（2012 ~ 2015 年），基于不同经济增速的情景压力测试，对新增地方政府性债务风险情况进行动态预警。由于债务收入具有非固定性的特点，所以需要分析地方政府举借债务的原因。财政部科研所刘尚希、赵全厚等研究表明（2012），"十二五"时期地方政府性债务与经济增速、地方政府公共投资的资金需求和地方政府公共投资的资金供给能力密切相关（见图8-1）。

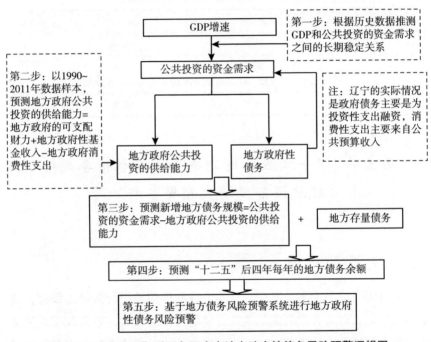

图8-1 "十二五"后四年辽宁省地方政府性债务风险预警逻辑图

图8-1的预警逻辑主要基于以下考虑：根据国民收入恒等式 $Y = C + (I_p + I_G) + G + NX$，我们可以看出政府的公共投资（$I_G$）与 Y（即国内生产总值 GDP）密切相关。辽宁经济具有典型的投资驱动型特征，对比1990~2011年辽宁省公共投资增速和 GDP 增速，发现二者之间存在较强的趋势趋同性；以1990~2011年省级数据为样本对辽宁省公共投资和 GDP 协整关系的验证也表明在5%的水平下，不能拒绝公共投资和 GDP 之间存在长期均衡关系。

地方政府用于公共投资的资金来源于两部分：一是地方政府公共投资的供给能力，即地方政府自己可以提供的资金；二是地方政府举借的债务。实地调研结果显示，辽宁省地方政府性债务主要是为投资性支出提供资金，消费性支出主要来自公共预算收入。所以，本研报告假定新增地方政府性债务等于为了实现既定的 GDP 增速下公共投资的资金需求减去地方政府的公共投资能力。从而可以在不同经济增速的情景压力下，预警"十二五"后四年辽宁省全省和 13 市的地方政府性债务风险。

（二）2011 年存量地方政府性债务风险识别的分析结果

2011 年辽宁全省和 13 市地方政府性债务风险是基于实际数据进行的评价。课题组将 2011 年全省及各市 GDP 增长率等 10 个指标的相关数据①进行指数化处理后得到风险分数值，将各指标的风险分数值代入式（8.1）中得到地方政府性债务风险的综合评价结果（详见表 8 - 9）。

1. 全省存量政府性债务风险评价

综合评价结果显示，2011 年全省地方政府性债务风险有所显现，但总体可控，综合指标分数值 47.84，属于轻警偏上状态。从分指标来看，宏观经济环境子系统的债务风险偏高，风险分数值 52.48，处于中警偏下状态。债务压力子系统和偿债能力子系统的债务风险基本可控，风险分数值分别为 49.26 和 42.44，分别处于轻警偏上和轻警偏中状态。表明当前政府性债务风险受宏观经济环境影响较大。

2. 13 市存量政府性债务风险评价

根据综合评价结果，本报告按照风险级别将 13 市分成四个梯队。从图 8 - 2 中我们可以明显看出，13 个市中，有 9 个处于中警以上的警别，说明分市的债务风险情况要严重于全省的状况。同时，尽管各市都处于轻警、中警的区间，风险可控，但是个别地区、个别环节的债务风

---

① 其中 GDP 增长率采用 5 年不变价格的平均增长率；固定资产投资增长率、公共预算收入增长率采用 5 年现价的平均增长率；5 个主体税种收入占比采用 3 年的平均值；其他指标采用 2011 年的数据。

险相当突出，如鞍山的宏观经济环境子系统和债务压力子系统的风险均排在前列，从单项指标来看，其偿债率的风险分数值已经处于重警"红灯区"状态，这也和实际调研中该市资金链条紧张的情况完全吻合。

表 8 - 9　　　2011 年全省及 13 市地方政府性债务风险综合评价结果

地区	宏观经济环境子系统风险指数	债务压力子系统风险指数	偿债能力子系统风险指数	综合风险分数值（R）	风险级别	信号灯	排名
全省	52.48	49.26	42.44	47.84	轻警+	黄灯	—
沈阳	52.78	44.82	48.96	48.14	轻警+	黄灯	11
鞍山	66.71	49.09	58.93	56.70	中警	橙灯	1
抚顺	75.72	34.21	60.73	53.30	中警-	橙灯	8
本溪	59.51	31.65	62.23	48.57	轻警+	黄灯	10
丹东	68.60	43.40	64.56	56.59	中警	橙灯	3
锦州	71.91	35.66	60.45	52.85	中警-	橙灯	9
营口	54.94	44.27	64.15	53.35	中警-	橙灯	7
阜新	56.10	42.67	75.51	56.63	中警	橙灯	2
辽阳	62.43	44.21	61.28	54.31	中警-	橙灯	5
盘锦	48.76	27.82	55.71	42.11	轻警	黄灯	13
铁岭	73.68	31.30	69.61	54.41	中警-	橙灯	4
朝阳	72.31	31.15	69.31	53.90	中警-	橙灯	6
葫芦岛	30.83	38.84	61.60	44.09	轻警+	黄灯	12

第一梯队（中警）：橙灯 鞍山、阜新、丹东	第二梯队（中警-）：橙灯 铁岭、辽阳、朝阳、营口、抚顺、锦州
第三梯队（轻警+）：黄灯 本溪、沈阳、葫芦岛	第四梯队（轻警）：黄灯 盘锦

图 8 - 2　2011 年 13 市地方政府性债务风险梯队矩阵

下面分梯队进行具体分析：

第一梯队：鞍山、阜新和丹东。鞍山的宏观经济环境子系统和债务压力子系统的风险均排在前列，从单指标来看，偿债率的风险分数值75.09 在 13 市中最高，处于重警状态。而且，鞍山市还有 35 亿元左右的 BT 项目融资①（为截至 2011 年度数据，下同），进一步加大了该市的潜在风险。阜新地方政府性债务风险主要表现在 GDP 增长率和 5 个主体税收收入占比两个指标，虽然近几年公共预算收入增长率大幅度提高，但是如果政府性债务不能有效发挥作用，转化成生产能力，那么未来阜新地方政府性债务风险将进一步扩大。丹东的宏观经济环境子系统、债务压力子系统和偿债能力子系统的风险分数值均位于前列，从而其地方政府性债务综合风险分数值排名也靠前。

第二梯队：铁岭、辽阳、朝阳、营口、抚顺和锦州。铁岭和朝阳地方政府性债务风险主要体现在偿债能力和宏观经济环境子系统上。它们的 GDP 增长率、固定资产投资增长率和公共预算收入增长率的风险分数值均位于前列。此外，铁岭的财政自给率的风险分数值在 13 市排名中是最高的。辽阳的债务逾期率较高，从而使得该市地方政府性债务综合风险分数值排名靠前。营口债务余额在 13 市中排名第二位，负债率风险分数值非常高，但是营口债务逾期率、偿债率、财政自给率和 5 个主体税收收入占比等指标的风险指数比较低，从而其地方政府性债务综合风险分数值反而不大。但是模型评价结果有可能低估营口债务风险。原因有两方面，一是营口地方政府性债务相当部分体现在 BT 项目上，达到 37 亿元之多，仅次于本溪；二是营口借新还旧率在 13 市中是最高的，土地出让收入在 13 市中排名第三位，在我国楼市调控趋紧，全国土地出让收入锐减，经济整体下滑的大背景下，营口债务风险未来有可能提高。抚顺和锦州两市仅从负债率和债务率角度看，它们的地方政府

---

① 省内 BT 和 BOT 项目融资均未纳入政府性债务统计当中，截至 2011 年度全省该类融资规模初步统计达到 257 亿元，其中 BT 类融资为 249 亿元，由于最终需由财政性资金偿还，属于直接债务，因此是不可忽视的一个潜在的政府性债务风险。

性债务处于安全状态。这两个市的地方政府性债务风险主要来源于宏观经济子系统和偿债能力子系统。抚顺的金融深化率在 13 市中的风险分数值最高,未来应该关注货币政策和金融系统,谨防因此而加大该市的地方政府性债务风险。锦州固定资产投资率、债务逾期率和公共预算收入增长率的风险分数值较高。

第三梯队:本溪、沈阳和葫芦岛。本溪地方政府性债务风险的各项预警指标的风险分数值位于中等偏下的位置,但是其综合风险分数值属于轻警偏高,而且存在 43 亿元的 BT 项目融资未计入债务统计,是各市中该模式融资额最高的,债务风险不容小觑。沈阳是 13 市中地方政府性债务余额最大的市。从地方政府性债务风险预警系统来看,沈阳宏观经济环境子系统和偿债能力子系统的风险较小,分别排在倒数第二位和倒数第一位,其债务压力子系统的风险虽较大,但是地方政府性债务综合风险排名并不靠前。葫芦岛近 5 年 GDP 增长率的风险分数值不高,但是债务逾期率的风险分数值在 13 市中排名最高,接下来分别是朝阳、抚顺和锦州,这四个市应该加大债务偿还方面的管理,防止地方政府性债务风险显性化。

第四梯队:盘锦。盘锦地方政府性债务风险预警系统中三个子系统的风险均比较小,而且其 2011 年存量政府性债务中,政府担保债务占比 54%,直接债务占比 46%。所以盘锦"十二五"时期主要是化解担保债务,其政府性债务风险相对较低。

(三)"十二五"后四年地方政府性债务风险预警情景压力分析结果

课题组运用所构建的辽宁省地方性债务风险预警体系,对"十二五"后四年假定的不同经济增速[①]下的债务余额进行了预测(见表 8 - 10 和

---

① 在假定经济增速的选择上,区间的最大值以不低于振兴以来的平均水平(13.4%)和东部地区的平均水平(12.8%)为基准,故设定为 13.4%。区间的最小值结合当前国内经济形势和财政部科研所类似研究的做法,设定为 7%。中间值取 9% 和 11%。各市由于增速普遍偏高,我们将 GDP 增速赋值区间设置为 9%、11% 和 13.4% 三档。

表 8 – 11）和预警（见表 8 – 12）。考虑 2012 年以来辽宁经济形势转折变化剧烈，因此在预测后几年债务风险的基期数据选取上，我们采用 2012 年上半年数据，以使预测结果更加符合实际。

1. 辽宁全省情况

2012 年全省政府性债务风险明显上升，由轻警进入中警区，主要是 2012 年财政经济相关指标大幅下滑，土地出让收入锐减，以及存量债务当年还款压力巨大等因素共同影响所造成的。而"十二五"后三年全省政府性债务余额在不同经济增速假定条件下，表现出较大的差异，风险状况也出现分化。经济高增长背景下的政府性债务风险明显大于低增长情况下的风险，而且两者的差距会随时间的推移敞口越来越大。比如经济增速在 13.4% 的目标下，全省债务余额明显逐年大幅攀升，债务风险也从之前 2011 年的轻警"黄灯区"进入到 2015 年的中警"橙灯区"。

2. 13 市情况

随着时间推移和 GDP 增速的提高，债务风险也普遍上升（除盘锦外）。与 2011 年债务风险情况相比，部分地区在随后四年的走势中出现较大变化。比如鞍山、丹东，2011 年的风险评价中排位居前，但是后四年变得相对平稳（这也和调研中鞍山开始主动压缩政府性债务的做法相符合）；而营口，2011 年风险只是有所显现，但后四年却有要集中爆发的感觉，如果再考虑该市大量 BT 项目融资未纳入债务统计口径等风险低估因素，后果将更为严重。

表 8 – 10　　"十二五"后四年全省政府性债务余额预测值　　　单位：亿元

GDP 增速的情景假设		2012 年	2013 年	2014 年	2015 年
新增政府性债务	7%	687	422	250	73
	9%		683	827	1096
	11%		946	1430	2209
	13.4%		1231	1879	3481

续表

GDP 增速的情景假设		2012 年	2013 年	2014 年	2015 年
政府性债务余额	7%	5343	5085	4628	4108
	9%		5389	5494	5931
	11%		5694	6386	7870
	13.4%		6029	7154	9845

表 8 – 11　　"十二五"后四年 13 市地方政府性债务余额预测值　单位：亿元

地区	2012 年	GDP 增速 9%			GDP 增速 11%			GDP 增速 13.4%		
		2013 年	2014 年	2015 年	2013 年	2014 年	2015 年	2013 年	2014 年	2015 年
沈阳	1077	1179	1416	1992	1267	1621	2415	1272	1753	2799
鞍山	411	511	678	898	541	749	1045	545	797	1180
抚顺	189	249	345	464	264	379	534	267	403	599
本溪	189	261	357	479	273	386	537	275	409	592
丹东	153	185	224	274	196	251	331	198	270	384
锦州	165	233	324	439	248	360	512	252	386	581
营口	354	393	467	610	422	533	747	424	577	872
阜新	91	111	152	205	118	168	236	119	180	266
辽阳	132	186	227	298	197	253	351	199	271	401
盘锦	111	95	81	69	99	81	69	101	94	97
铁岭	139	160	178	206	172	207	266	174	227	321
朝阳	55	71	107	152	80	127	192	83	142	231
葫芦岛	147	180	233	306	190	258	358	192	277	408

表 8 – 12　　不同经济增速下"十二五"后四年辽宁省 13 市地方
政府性债务风险预警

地区	风险类别	2011 年	2012 年	9% GDP 增速			11% GDP 增速			13% GDP 增速			后四年平均值
				2013 年	2014 年	2015 年	2013 年	2014 年	2015 年	2013 年	2014 年	2015 年	
全省	综合风险分数值	48.0	53.72	50.06	46.91	44.76	51.10	49.52	49.62	55.94	55.75	58.14	52
	警别	轻警[+]	中警[-]	中警[-]	轻警	中警[-]	中警[-]	轻警[+]	轻警[+]	中警[-]	中警[-]	中警	中警[-]
	警示灯	黄灯	橙灯	橙灯	黄灯	橙灯	橙灯	黄灯	黄灯	橙灯	橙灯	橙灯	橙灯

续表

地区	风险类别	2011年	2012年	9% GDP 增速			11% GDP 增速			13% GDP 增速			后四年平均值
				2013年	2014年	2015年	2013年	2014年	2015年	2013年	2014年	2015年	
沈阳	综合风险分数值	48.14	51.22	50.65	52.10	51.96	53.02	54.95	55.90	58.25	60.78	61.95	55
	警别	轻警+	中警-	中警-	中警-	中警-	中警-	中警-	中警-	中警	中警	中警	中警-
	警示灯	黄灯	橙灯	橙灯	橙灯	橙灯	橙灯	橙灯	橙灯	橙灯	橙灯	橙灯	橙灯
鞍山	综合风险分数值	56.70	54.05	54.67	55.25	57.55	56.59	57.78	59.71	61.86	63.54	65.41	59
	警别	中警	中警-	中警-	中警-	中警	中警	中警	中警	中警	中警	中警	中警
	警示灯	橙灯	橙灯	橙灯	橙灯	橙灯	橙灯	橙灯	橙灯	橙灯	橙灯	橙灯	橙灯
抚顺	综合风险分数值	53.30	55.10	56.23	57.80	59.65	58.17	60.18	62.13	63.52	65.82	68.06	61
	警别	中警-	中警-	中警	中警	中警	中警	中警	中警	中警	中警	中警	中警
	警示灯	橙灯	橙灯	橙灯	橙灯	橙灯	橙灯	橙灯	橙灯	橙灯	橙灯	橙灯	橙灯
本溪	综合风险分数值	48.57	64.33	63.33	65.30	66.18	65.15	67.25	68.26	70.47	72.89	73.47	68
	警别	轻警+	中警	中警	中警	中警	中警	中警	中警+	中警+	中警+	中警+	中警+
	警示灯	黄灯	橙灯	橙灯	橙灯	橙灯	橙灯	橙灯	橙灯	橙灯	橙灯	橙灯	橙灯
丹东	综合风险分数值	56.59	55.59	54.96	55.79	57.54	57.67	60.13	63.06	63.11	66.87	68.16	60
	警别	中警	中警-	中警-	中警-	中警	中警	中警	中警	中警	中警+	中警+	中警
	警示灯	橙灯	橙灯	橙灯	橙灯	橙灯	橙灯	橙灯	橙灯	橙灯	橙灯	橙灯	橙灯
锦州	综合风险分数值	52.85	52.63	57.22	58.55	60.08	58.25	61.09	62.55	63.60	66.95	68.48	61
	警别	中警-	中警-	中警	中警	中警	中警	中警	中警	中警	中警+	中警+	中警
	警示灯	橙灯	橙灯	橙灯	橙灯	橙灯	橙灯	橙灯	橙灯	橙灯	橙灯	橙灯	橙灯
营口	综合风险分数值	53.35	69.40	68.34	66.62	64.90	68.79	68.36	67.60	72.77	72.57	72.94	69
	警别	中警-	中警+	中警+	中警	中警	中警+	中警+	中警+	中警+	中警+	中警+	中警+
	警示灯	橙灯	橙灯	橙灯	橙灯	橙灯	橙灯	橙灯	橙灯	橙灯	橙灯	橙灯	橙灯

续表

地区	风险类别	2011年	2012年	9% GDP 增速			11% GDP 增速			13% GDP 增速			后四年平均值
				2013年	2014年	2015年	2013年	2014年	2015年	2013年	2014年	2015年	
阜新	综合风险分数值	56.63	63.86	62.62	65.08	66.08	63.78	65.87	67.93	67.73	70.12	72.70	67
	警别	中警	中警	中警	中警	中警	中警	中警	中警	中警	中警+	中警+	中警
	警示灯	橙灯	橙灯	橙灯	橙灯	橙灯	橙灯	橙灯	橙灯	橙灯	橙灯	橙灯	橙灯
辽阳	综合风险*分数值	54.31	56.31	56.55	64.65	61.85	59.30	64.55	65.75	64.62	70.36	71.33	64
	警别	中警-	中警	中警	中警	中警	中警	中警	中警	中警	中警+	中警+	中警
	警示灯	橙灯	橙灯	橙灯	橙灯	橙灯	橙灯	橙灯	橙灯	橙灯	橙灯	橙灯	橙灯
盘锦	综合风险分数值	42.11	49.81	41.12	37.87	36.04	41.21	39.36	37.47	44.89	45.06	43.27	42
	警别	轻警	轻警+	轻警	轻警	轻警	轻警	轻警	轻警	轻警	轻警+	轻警	轻警
	警示灯	黄灯	黄灯	黄灯	黄灯	黄灯	黄灯	黄灯	黄灯	黄灯	黄灯	黄灯	黄灯
铁岭	综合风险分数值	54.41	52.42	53.21	54.40	53.96	54.39	57.54	62.85	58.39	63.17	70.71	58
	警别	中警-	中警-	中警-	中警-	中警-	中警	中警	中警	中警	中警	中警+	中警
	警示灯	橙灯	橙灯	橙灯	橙灯	橙灯	橙灯	橙灯	橙灯	黄灯	橙灯	橙灯	橙灯
朝阳	综合风险分数值	53.90	55.74	47.78	48.27	49.51	49.56	50.61	55.34	54.57	56.56	64.99	53
	警别	中警	中警	轻警+	轻警+	轻警+	轻警+	中警-	中警-	中警	中警	中警	中警-
	警示灯	橙灯	橙灯	黄灯	黄灯	黄灯	黄灯	橙灯	橙灯	橙灯	橙灯	橙灯	橙灯
葫芦岛	综合风险分数值	44.09	59.15	58.03	58.45	60.77	59.62	60.77	63.32	65.01	66.46	69.33	62
	警别	轻警+	中警	中警	中警	中警	中警	中警	中警	中警	中警	中警+	中警
	警示灯	黄灯	橙灯	橙灯	橙灯	橙灯	橙灯	橙灯	橙灯	橙灯	橙灯	橙灯	橙灯

为使"十二五"后四年各地区债务风险情况看起来更加清晰，并与 2011 年债务风险情况形成更直观的对比，根据测得的不同年度、不同经济增速下 13 市债务综合风险分数情况，取平均值确定各市的风险

警别，并进行了风险梯队划分。从图 8 - 3 中我们可以看出，除盘锦仍处在轻警区内，其余 12 个市全部进入橙色预警区。尤其是本溪、营口等市将进入中警级别的上限，债务风险已经相当严重，必须引起高度重视。

第一梯队（中警+）：橙灯 本溪、营口	第二梯队（中警）：橙灯 阜新、辽阳、葫芦岛、锦州、抚顺、 丹东、鞍山、铁岭
第三梯队（中警-）：橙灯 沈阳、朝阳	第四梯队（轻警）：黄灯 盘锦

图 8 - 3　13 市地方政府性债务风险梯队矩阵

第四节　"十三五"时期地方政府性债务风险评估及动态风险预警

（一）地方政府性债务风险预警系统的修正

1. 预警指标再考证及其风险区间修正

2011 年之后，宏观经济环境发生了一些变化。受"三期叠加"影响，中国经济步入新常态，要求我们重新审视已有的地方政府性债务风险预警系统。具体而言，包括如下几个方面。

（1）GDP 增长率及其风险区间的修正。

经济新常态下，从政治层面看，我国面临"到 2020 年实现全面建成小康社会宏伟目标"；从经济社会发展潜力来看，我国目前正处于全面建设新型工业化、信息化、城镇化、农业现代化的关键时期；从经济发展的制约条件来看，我国正面临人口老龄化、债务压力和环境压力等。这些目标的实现和问题的化解均依赖于一定水平的 GDP 增长率。

国际经验普遍认为，分税制框架下地方政府更了解当地需求，除非地方政府拥有主要税基决定权或与中央政府共享主要税基（陈思霞、陈志勇，2015），否则地方政府适当负债进行基础设施建设、确保经济增速是合理的。而且，地方政府性债务的偿还也与 GDP 增速密切相关。闫坤、刘陈杰（2015）测算认为目前的债务压力（包括居民、非金融企业和政府债务）需要高速增长期增速（10%）的 50% ~ 60% 较为合适。

综合考虑上述需求，并结合我国的资本存量、劳动力要素和全要素生产率等供给方面的因素，学术界普遍认为"十三五"时期即新常态下中国平均潜在 GDP 增长率为 7% 左右（陈彦斌，2012；刘世锦，2014；闫坤，刘陈杰，2015）。同时，全国经济增速与 2008 ~ 2011 年年均增长 9.6% 相比，下降 2 个百分点左右，所以，本书将 GDP 增长率的无警区间下调 2 个百分点，即（7%，9%），重警区间设置不变，即（0，4%）或（14%，∞），轻警和中警的临界值取无警和重警临界值之间的平均值，即分别为（5.5%，7%）或（4%，5.5%）和（9%，11.5%）或（11.5%，14%）。

（2）固定资产投资增长率及其风险区间的修正。

经济新常态下，固定资产投资仍然是一定时期内我国经济增长的重要动力，即稳增长仍需要稳投资，我们要重消费，但也不可忽视投资，一定量适度的投资，仍然是一定时期内我国经济增长的重要动力。但是，随着调结构的深入，固定资产投资占 GDP 的比重会有所下降。2014 年全社会固定资产投资 512760.7 亿元，国内生产总值 636462.7 亿元，固定资产投资占国内生产总值比重为 80.6%。按照一般规律，当年投资中有 1/3 转化成消费，2/3 转化成固定资产，则 2014 年投资率 53.7%。这一比重无论是横向比还是纵向比都偏高。横向跟其他国家相比。韩国和日本的投资占比曾经是世界上最高的，最高达到过 40%，中国要远远超过他们历史最高值。纵向和中国过去比。中国在 1958 年"大跃进"时期，该比率达到了 42.8%，而 2014 年已经升到了 53.7%。因此，中国经济有必要进行结构调整以降低投资率的水平。与此相对应，2014 年辽宁全社会固定资产投资 24426.8 亿元，国内生产总值

28626.6亿元，固定资产投资占国内生产总值比重为85.3%，投资率为56.9%。辽宁的投资占比更高，更应该适度降低。

从1994～2014年全省固定资产投资和GDP增长率来看，固定资产投资增长率是GDP增长率的1.6倍。随着投资总量控制、投资效率的提升，"十三五"期间固定资产投资占GDP比重70%即可。与85.3%固定资产投资占比和1.6倍相比较，保守估计，70%固定资产投资占比，增速是GDP增速的1.3倍即可。

考虑到未来的结构转型，结合上述分析，本书以GDP无警区间临界值乘以1.3再加上物价上涨率3%来确定固定资产投资增长率的无警区间，即无警区间为（12%，14%），固定资产投资增长率的重警区间以辽宁"十一五"时期实际增长率31%为上限，以GDP重警下限值乘以1.3再加上物价上涨率3%为下限，即（-∞，8%）或（31%，∞）。轻警和中警的临界值取无警和重警临界值之间的平均值，即分别为（10%，12%）或（14%，22.5%）和（8%，10%）或（22.5%，31%]。

（3）公共预算收入增长率风险区间的修正。

税收增长与经济增长具有同向非固定系数性对应关系，当GDP增速超过9%时，税收增长率要超出GDP增长率一倍多；低于9%时，税收增长率超过GDP增长率一般在0.5倍左右，个别年份会达0.9倍（白景明，2015）。以税收为主的公共预算收入一般认为与GDP增长率相等或者不超过1.2倍被认为是合理的。

"十三五"期间，GDP增长率一般设定为7%左右，结合我国的现实情况，本书以GDP增长率的无警区间临界值上限的1.2倍，加上物价上涨率3%来确定公共预算收入增长率的无警区间的上限，上限值为14%，以GDP增长率的无警区间临界值的下限值加上物价上涨率3%来确定公共预算收入增长率无警区间的下限，下限值为10%。重警区间上限临界值为GDP增长率无警区间上限临界值的2倍，即18%，下限临界值为GDP增长率无警区间下限临界值的0.5倍，即3.5%；轻警区间和中警区间临界值无警区间和重警区间临界值一半。其他指标及风险区间的划分将保持不变，修正后的地方政府性债务风险预警指标的风险区间和临界值和设置依据见表 8 – 13 和表 8 – 14。

表 8 – 13　　地方政府性债务风险预警指标的风险区间和临界值

准则层	方案层	风险区间			
		无警	轻警	中警	重警
宏观经济环境 X_1	GDP 增长率（X_{11}）	(7%，9%)	(5.5%，7%) 或 (9%，11.5%)	(4%，5.5%) 或 (11.5%，14%)	(－∞，4%) 或 (14%，∞)
	固定资产投资增长率（X_{12}）	(12%，14%)	(10%，12%) 或 (14%，22.5%)	(8%，10%) 或 (22.5%，31%]	(－∞，8%) 或 (31%，∞)
	金融深化率（X_{13}）	保持不变			
债务压力 X_2	负债率（X_{21}）	保持不变			
	债务率（X_{22}）	保持不变			
	债务逾期率（X_{23}）	保持不变			
	偿债率（X_{24}）	保持不变			
偿债能力 X_3	公共预算收入增长率（X_{31}）	[10%，14%]	(6.8%，10%] 或 (14%，16%]	(3.5%，6.8%] 或 (16%，18%]	(－∞，3.5%) 或 (18%，∞)
	5 个主体税收收入比重（X_{32}）				
	财政自给率（X_{33}）	保持不变			

表 8 – 14　　地方政府性债务风险预警指标风险区间的设置依据

准则层	方案层	风险区间设置说明
宏观经济环境 X_1	GDP 增长率（X_{11}）	结合全国新常态下 7% 左右的增长率，本书将 GDP 增长率无警区间定义为 (7%，9%)，也就是说在这样一个区间内，经济增长对地方政府性债务风险的影响中性。无警区间右边临界值的设定基于以下考虑：辽宁"十一五"期间实际经济增长率为 14%，在这一期间全省地方政府性债务风险较大。鉴于资本的边际收益递减原则，未来想要达到或超过这一增长率所涉及的地方政府性债务规模应该远高于现在，从而本报告将 14% 设为重警的上限临界值，重警的下限临界值参照国内学者许涤龙和何达之（2007）的做法设为 4%。轻警和中警取无警区间和重警区间的中间值

准则层	方案层	风险区间设置说明
宏观经济环境 X_1	固定资产投资增长率（X_{12}）	本书以 GDP 无警区间临界值乘以 1.3 再加上物价上涨率 3% 来确定固定资产投资增长率的无警区间，即无警区间为（12%，14%），固定资产投资增长率的重警区间以辽宁"十一五"实际增长率 31% 为上限，以 GDP 重警下限值乘以 1.3 再加上物价上涨率 3% 为下限，即（$-\infty$，8%）或（31%，∞）。轻警和中警的临界值取无警和重警临界值之间的平均值，即分别为（10%，12%）或（14%，22.5%）和（8%，10%）或（22.5%，31%］
	金融深化率（X_{13}）	保持不变
债务压力 X_2	负债率（X_{21}）	保持不变
	债务率（X_{22}）	保持不变
	债务逾期率（X_{23}）	保持不变
	偿债率（X_{24}）	保持不变
偿债能力 X_3	公共预算收入增长率（X_{31}）	一般而言，该值与 GDP 增长率相等或者不超过 1.2 倍被认为是合理的。以 GDP 增长率的无警区间临界值的上限的 1.2 倍加上物价上涨率 3% 来确定公共预算收入增长率的无警区间的上限，上限值为 14%，以 GDP 增长率的无警区间临界值的下限的 1 倍加上物价上涨率 3% 来确定公共预算收入增长率无警区间的下限，下限值为 10%。重警区间上限临界值为 GDP 增长率无警区间上限临界值的 2 倍，即 18%，下限临界值为 GDP 增长率无警区间下限临界值的 0.5 倍，即 3.5%；轻警区间和中警区间的临界值无警区间和重警区间临界值的一半
	5 个主体税收收入占比（X_{32}）	保持不变
	财政自给率（X_{33}）	保持不变

2. 政府性债务风险预警思路的调整

2014 年 10 月 2 日，国务院发布《国务院关于加强地方政府性债务管理的意见》（以下简称《意见》），2015 年 1 月 1 日起，新《预算法》正式实施，并对地方政府性债务的"借、用、管、还"均制定了与之前明显不同的规定，势必会对 2014 年下半年以来地方政府性债务风险预警产生影响。

首先，债务规模实行限额管理。一般债务和专项债务规模都要纳入限额管理，由国务院确定并报全国人大或其常委会批准。需要说明的是，中央对地方的规模控制，只设定地方举债的上限。在不突破上限的前提下，地方举债的实际规模由本级人大或其常委会决定。具体到辽宁而言，根据调研情况获悉，由于辽宁地方政府性债务余额较大，"十三五"期间新增债务额度有限，2015 年原则上不能再举借新的债务。

其次，对甄别后纳入预算管理的地方政府存量债务允许各地区申请发行地方政府债券置换。例如，截至 2015 年 8 月 27 日，经全国人大、国务院批准，共计下达 3.2 万亿元的置换债券额度，并明确规定置换债券资金必须用于偿还审计（或财政部清理甄别后）确定的政府负有偿还责任的债务中 2015 年到期的债务本金，地方政府已经安排其他资金偿还的，可以用于偿还审计（或财政部清理甄别后）确定的政府负有偿还责任的其他债务本金。不得用于偿还应由企事业单位等自身收益偿还的债务；不得用于付息，不得用于经常性支出和上新项目、铺新摊子。这意味着置换债券属于借新还旧，解决存量债务到期偿还问题，缓解地方政府偿债压力。同时，财政部进行地方政府债务置换的目的很明确：延长地方政府到期债务期限，从而优化债务结构，并降低融资成本，降低利息负担。据财政部测算，1 万亿元的置换债券能让地方政府一年减轻利息负担 400 亿～500 亿元。按此估算，3.2 万亿元的置换债券能让地方政府减轻利息负担超千亿元。

最后，明确责任落实，各省、自治区、直辖市政府对本地区地方政府性债务负责任，中央政府实行不求助原则。牢牢守住不发生区域性和系统性风险的底线，切实防范和化解财政金融风险。

结合新《预算法》和《意见》的相关规定和辽宁的实际情况，"十三五"时期地方政府性债务风险预警拟做如下安排：

从预测方法上看，"十三五"时期，债务规模实行限额管理，虽然财政部没有公布限额管理的标准，但是从辽宁现有地方政府性债务风险点看，新增债务额度不再采用情景压力的方式、由公共资金供求缺口进行预测，而应根据谨慎性原则，以 120% 的债务率作为新增债务额度限制。超过该额度，该地区没有新增债务；未超过该额度，由差额确定其额度。

从研究思路上看，债务率均以综合财力为分母，所以地方政府性债务风险化解关键在于政府综合财力的预测。因此，本书遵循"政府综合财力预测→新增债务额度→存量债务重置比例→每年年末的债务余额→地方政府性债务风险点→对策建议"的思路进行分析。

从预警范围看，省级政府对辖区内的地方政府性债务负责，因此，"十三五"时期地方政府性债务风险仅预警省级层面，不再预警地级市层面。

从存量债务成本看，置换债券将显著降低现有地方政府性债务的利息支出，本书将按照存量债务置换比例相应调整"十三五"时期的债务利息支出数据。

（二）2013 年存量政府性债务风险评价

地方政府性存量债务风险评价主要是基于 2013 年全省及 13 市的实际数据进行的。本报告将 GDP 增长率等 10 个指标的相关数据进行指数化处理后得到风险分数值，将各指标的风险分数值代入式（8.1）~式（8.4）中，得到了 2013 年全省及 13 市地方债务风险水平的评价结果。

1. 全省存量债务风险评价

综合评价结果显示（见表 8 - 15），2013 年全省地方政府性债务风险有所提高，2011 年综合分数值为 47.84，属于轻警偏上区间。2013 年综合分数值上升为 54.03，由轻警偏上区间进入到中警偏下区间，上升一个级次。

从分系统来看，宏观经济子系统风险有所下降，风险分数值由52.48 下降为 40.66。这主要得益于近几年辽宁宏观经济政策的改变，更加注重经济发展质量，不再片面追求发展速度。

进一步地，由图 8 - 4 可知宏观经济子系统的三个指标 GDP 增长率、固定资产投资增长率和金融深化率均处于轻警空间，5 个主体税种比重处于轻警区间，财政自给率处于无警区间。但是经济增速的下降使

得债务压力子系统和偿债能力子系统风险上升，风险分数值分别由
49.26 上升为 69.21 和由 42.44 上升为 44.62，风险级别分别由轻警偏
上区间进入到中警偏上区间和由轻警偏中区间进入到轻警偏上区间。特
别是债务压力子系统，风险级别上升三个级次，由此而可能引发的风险
不容忽视。分指标来看（见图 8-4），债务压力子系统四个指标中，负
债率处于重警区间，债务率、债务逾期率和偿债率均处于中警区间。同
时，受经济增速影响，公共预算收入增长率也处于重警区间，影响当期
债务的偿还能力。

表 8-15　　　　　　　　2013 年全省地方政府性债务风险评价

地区	宏观经济子系统风险指数	债务压力子系统风险指数	偿债能力子系统风险指数	综合分数值	风险级别	信号灯	排名
全省	40.66	69.21	44.62	54.03	中警⁻	橙灯	—

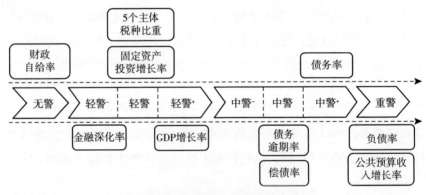

图 8-4　2013 年全省各指标风险评级

2. 辽宁 13 市存量政府性债务风险评价

根据综合评价结果，13 市全部处于中警区间，且有 7 个市位于中
警偏中区间（见表 8-16），表明分市地方政府性债务风险进一步提高。

从子系统来看，2013 年和 2011 年相比，除了盘锦、葫芦岛、阜新

之外①，其他各市宏观经济子系统风险指数均下降；除阜新外，其余 12
市债务压力子系统风险指数全部上升，且上升幅度较大，由无警、轻警
区间上升为中警、甚至重警区间；13 市偿债能力子系统的风险指数值
则全部向好。进一步分析债务压力子系统会发现，债务率和偿债率风险
分数值上升明显，特别是偿债率，除了阜新（无警区间）、抚顺（轻警
区间）之外，全部在中警及以上区间，鞍山、葫芦岛和营口更是进入到
重警区间。债务逾期率一直保持较高风险水平，2013 年同 2011 年一
样，大部分市处于中警区间，部分市进入重警区间。相对于债务率、债
务逾期率和偿债率等指标，负债率的风险分数值相对较低，除个别市
外，其余均处于无警或轻警区间。子系统的分析表明，目前全省地方政
府性债务风险主要表现在流量方面，即如何消化现有的存量债务。

表 8 - 16　　　　　　2013 年 13 市地方政府性债务风险评价

地区	宏观经济子系统风险指数	债务压力子系统风险指数	偿债能力子系统风险指数	综合分数值	风险级别	信号灯	排名
沈阳	47.43	64.13	37.34	51.25	中警⁻	橙灯	13
鞍山	58.02	61.58	47.93	56.28	中警	橙灯	7
抚顺	63.19	42.25	53.86	51.33	中警⁻	橙灯	12
本溪	65.57	56.78	58.72	59.66	中警	橙灯	4
丹东	56.56	65.98	57.73	60.94	中警	橙灯	2
锦州	62.03	49.80	52.89	53.93	中警⁻	橙灯	8
营口	44.10	79.85	55.99	63.07	中警	橙灯	1
阜新	56.64	36.59	72.80	53.38	中警⁻	橙灯	9
辽阳	54.91	51.38	50.85	52.12	中警⁻	橙灯	11
盘锦	54.38	71.83	47.92	59.70	中警	橙灯	3

---

① 值得一提的是，与盘锦、葫芦岛不同，阜新宏观子系统风险指数虽然上升，但是这种
宏观经济指标上升与债务无关，所以此处相当于高估了阜新的债务风险。

地区	宏观经济子系统风险指数	债务压力子系统风险指数	偿债能力子系统风险指数	综合分数值	风险级别	信号灯	排名
铁岭	46.58	60.53	64.38	58.22	中警	橙灯	5
朝阳	50.40	43.04	66.87	52.59	中警⁻	橙灯	10
葫芦岛	37.04	68.67	57.24	56.94	中警	橙灯	6

从综合分数值来看，鞍山、抚顺、阜新、辽阳、朝阳5个市表现为下降（见表8-17和表8-18），其中阜新下降较为明显，由2011年的56.63下降为2013年的53.38，风险级别由中警偏中区间下降为中警偏下区间，这主要源于地方政府性债务规模得到控制，2011～2013年，该市地方政府性债务余额增幅最小，并着力化解存量债务，债务逾期率从2011年的6.33下降为2013年的0.03，处于轻警区间，偿债率由2011年的13.34下降为2013年的0.07，处于无警区间。

表8-17　　　　　　　　13市地方政府性债务风险比较

时间	2011年	2013年
第一梯队（中警）	鞍山、阜新、丹东	营口、丹东、盘锦、本溪、铁岭、葫芦岛、鞍山
第二梯队（中警⁻）	铁岭、辽阳、朝阳、营口、抚顺、锦州	锦州、阜新、朝阳、辽阳、抚顺、沈阳
第三梯队（轻警⁺）	本溪、沈阳、葫芦岛	—
第四梯队（轻警）	盘锦	—

表8-18　　　　　　2013年和2011年综合风险分数值的比较

地区	2011年	2013年	变化量	变化方向
全省	47.84	54.03	6.19	↑
沈阳	48.14	51.25	3.11	↑

续表

地区	2011 年	2013 年	变化量	变化方向
鞍山	56.70	56.28	-0.42	
抚顺	53.30	51.33	-1.97	
本溪	48.57	59.66	11.09	↑
丹东	56.59	60.94	4.35	↑
锦州	52.85	53.93	1.08	↑
营口	53.35	63.07	9.72	↑
阜新	56.63	53.38	-3.25	
辽阳	54.31	52.12	-2.19	
盘锦	42.11	59.70	17.59	↑
铁岭	54.41	58.22	3.81	↑
朝阳	53.90	52.59	-1.31	
葫芦岛	44.09	56.94	12.85	↑

地方政府性债务风险水平上升（见表 8 - 17 和表 8 - 18）明显的有盘锦（由 42.11 上升为 59.70，风险级别由轻警偏中上升为中警偏中）、葫芦岛（由 44.09 上升为 56.94，风险级别由轻警偏上上升为中警偏中）、本溪（由 48.57 上升为 59.66，风险级别由轻警偏上上升为中警偏中）和营口（由 53.35 上升为 63.07，风险级别由中警偏下上升为中警偏中）。盘锦地方政府性债务风险水平上升的主要原因是地方政府性债务余额上升很快，2013 年同 2011 年相比，上升了 1.05 倍，从全省来看，增幅最大。其他三个市地方政府性债务余额增幅不大，地方政府性债务风险水平上升，主要原因在于综合财力增幅低于地方政府性债务余额和当年还本付息额增幅，导致债务率、偿债率风险分数值显著增加（见表 8 - 19）。

表 8 - 19　　　2011 年和 2013 年葫芦岛、本溪和营口三市部分指标比较

	地区	葫芦岛	本溪	营口
2011 年	GDP 增长率（%）	0.11	0.16	0.19
	公共预算收入增长率（%）	0.29	0.31	0.47
	综合财力（亿元）	188.10	177.1	421.20
	债务率（%）	0.65	0.77	0.82
	偿债率（%）	0.06	0.04	0.08
2013 年	GDP 增长率（%）	0.11	0.14	0.16
	公共预算收入增长率（%）	0.23	0.25	0.36
	综合财力（亿元）	169.20	170.2	341.80
	债务率（%）	1.06	1.05	1.28
	偿债率（%）	0.32	0.23	0.62

（三）"十三五"时期地方政府性债务风险预警

1. 综合财力预测

政府综合财力由一般公共预算、政府性基金预算、国有资本经营预算、其他财政专户资金四个部分组成。从 2014 年情况看，一般公共预算占比 61.7%，政府性基金预算占比 31.9%，国有资本经营预算占比 0.4%，其他财政专户资金占比 6%。国有资本经营预算占比较小，其他财政专户资金通常为专款专用，二者对地方政府性债务风险的影响不大，本报告将主要预测一般公共预算和政府性基金的可用财力。

（1）预测方法的选择。

王敏（2010）指出科学的税收预测有四个前提：税收经济关系的理论、预测方法的选择和使用、完整准确的数据资料和相应的计算机支持。财政收入预测也不例外。由于预测不确定性的客观存在，提高预测精确性除了尽可能地占有信息，还应着眼于预测模型的改进。地方财政

收入体系①是一个多层指标体系（见图8－5），各类指标发展趋势也较复杂，财政经济系统既具有明显的非线性、关联性和系统性，又具有一定的随机性，甚至某种混沌性。因此，很难事前选定一种方法或者模型进行预测，鉴于此，本书将采用多种方法进行预测，然后根据预测结果选择适宜辽宁财政收入预测的方法模型。

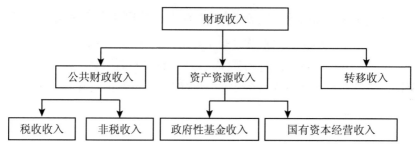

图8－5　地方财政收入体系

根据已有文献（见表8－20），本书拟采用的检测方法包括：时间序列模型、Holt－Winters 无季节模型和 ARMA 模型。

表8－20　　　　　　　　　**财政收入单项检验方法**

序号	单项检验方法	作者
1	Holt－Winters 无季节模型	孙元、吕宁
2	岭回归	孙元、吕宁
3	支持向量回归机	孙元、吕宁
4	灰色系统建模	范敏等
5	混沌动力学模型	范敏等
6	三阶段最小二乘法	Auten 和 Carroll（1999）

---

　　①　财政收入由很多界定口径。本书以《中国统计年鉴》作为划分标准，将财政收入分成公共财政收入、政府性基金收入、国有资本经营收入和债务收入。其中，与本课题提纲相对应，将政府性基金收入和国有资本经营收入统称为资产资源收入。

序号	单项检验方法	作者
7	季节性 ARIMA 模型	郭秀、路勇
8	BP 神经网络的非线性模型	李凯扬、韩文秀
9	ARMA 模型	郑鹏辉、单锐、陈静；聂少林等

财政收入预测的流程见图 8 - 6。首先，根据辽宁实际情况、国民经济指标的统计数据资料选择分析变量和模型。然后根据各个模型的预测结果对比分析，选择适宜的模型。最后通过模拟仿真运算，如果结果满意，结束整个财政收入预测；如果结果不满意，进行模型参数调整，直至最终结果满意。

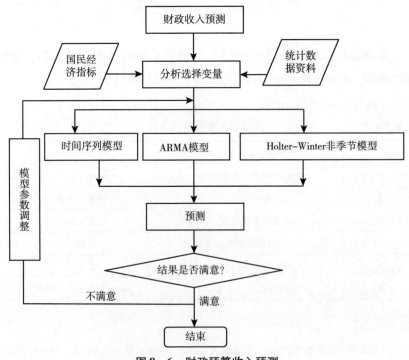

图 8 - 6　财政预算收入预测

（2）公共财政预算收入可用财力预测。

根据图 8 - 6 财政收入预测流程，本部分先进行单项预测，然后根据预测结果和辽宁"十三五"时期的实际情况进行选择。

①时间序列模型。

时间序列的建模方法，属于动态计量经济学的范畴。通常是运用时间序列的过去值、当期值及滞后扰动项的加权和建立模型来"解释"时间序列的变化规律。本书的时间序列以公共财政预算收入为被解释变量，解释变量包括 GDP、年份虚拟变量和财政收入的滞后值。由于2002 年对企业所得税和个人所得税地方分享比例进行了调整，而且辽宁公共财政预算收入自 2003 年开始增速发生了变化，所以本书设置了2003 年的虚拟变量。考虑到"十一五"开始，财政收入数据虚增的可能性，本书设置了 1999 年和 2010 年两个虚拟变量。样本区间为 1994 ～ 2014 年。公共财政预算收入和 GDP 采用辽宁统计年鉴的口径，均为当年价格。

时间序列模型的一个重要的假设是平稳性的假设。因此，本书首先对公共财政预算收入（Budget）和 GDP、LNGDP 进行 ADF 单位根检验。检验结果见表 8 - 21。其中，公共财政预算收入和 LNGDP 在 5% 的水平下是平稳的。

表 8 - 21　　　　　　　　各变量的 ADF 单位根检验

变量	测试临界值及 t 值			P 值
	1% level	5% level	10% level	
公共财政预算收入	- 4. 532598	- 3. 673616	- 3. 277364	0. 0262
GDP	- 4. 532598	- 3. 673616	- 3. 277364	0. 1332
LNGDP	- 4. 616209	- 3. 710482	- 3. 297799	0. 0322

因此，本书可以对公共财政预算收入和 LNGDP 建立时间序列模型。

初步设立线性回归模型如下:

$$Budget = c + \alpha_1 \times lnGDP + \alpha_2 \times dummy2003 + \alpha_3 \times dummy1999$$
$$+ \alpha_4 \times dummy2010 + \mu \tag{8.5}$$

式 (8.5) 回归结果显示, dummy2003 虚拟变量不显著, 对 dummy2003 进行冗余变量检验, 结果见表 8 – 22。似然比取值 2.598458, 其收尾概率是 0.1070, 在 5% 水平下不能拒绝原假设, 即 dummy2003 是冗余变量, 因此删除解释变量 dummy2003。

表 8 – 22　　　　　　　　**dummy2003 变量的冗余变量检验**

F 统计量	2.107474	概率 F (1, 16)	0.1659
似然比	2.598458	概率 Chi – Square (1)	0.1070

考虑到公共财政预算收入可能存在按基数增长的实际情况, 设置滞后一期变量 budget_1, 并对其进行遗漏变量检验, 结果见表 8 – 23。似然比取值 28.50817, 其收尾概率是 0.0000, 在 1% 水平下可以拒绝原假设, 即 budget_1 显著, 是遗漏变量, 因此应该添加解释变量 budget_1。

表 8 – 23　　　　　　　　**变量 budget_1 的遗漏变量检验**

F 统计量	43.29883	概率 F (1, 16)	0.0000
似然比	28.50817	概率 Chi – Square (1)	0.0000

根据以上分析设立新的时间序列模型如下:

$$Budget = c + \alpha_1 \times lnGDP + \alpha_2 \times dummy1999 + \alpha_3 \times dummy2010$$
$$+ \alpha_4 \times budget\_1 + \mu \tag{8.6}$$

对式 (8.6) 的残差进行 White 异方差检验, 结果见表 8 – 24。表 8 – 24 的收尾概率均大于 5%, 表明模型 (6) 的残差不存在异方差。

表 8 - 24　　　　　　　　　模型（6）的 White 异方差检验

F 统计量	2.874596	概率 . F（11, 9）	0.0619
n * R - squared	16.34718	概率 Chi - Square（11）	0.1287
Scaled explained SS	12.97804	概率 Chi - Square（11）	0.2948

对式（8.6）进行序列相关检验，检验结果见表 8 - 25，其中的 LM统计量显示在 5% 水平下不能拒绝原假设，所以模型（6）不存在序列相关。

表 8 - 25　　　　　　　　　模型（6）的序列相关检验

F 统计量	2.123410	概率值 F（2, 14）	0.1565
$T \times R^2$ 统计量	4.887603	概率值 Chi - Square（2）	0.0868

回归结果见表 8 - 26。拟合结果见图 8 - 7，其中 MAPE = 10.85，TIC = 0.02，表明模型预测精度还可以。偏差率和方差率较小，表明控制了系统性误差。

利用式（8.6）进行预测，需要假定 GDP 增速，本书设置如下：

情景一：名义 GDP 按照 10% 增长。

情景二：根据 2014 年实际情况设定 2015 年和"十三五"时期经济增速，即名义 GDP 按照 7.5% 增长。

情景三：考虑到我国正处于增长速度换档期、结构调整面临阵痛期和前期刺激政策消化期"三期叠加"的特殊时期，对 2015 年和"十三五"时期设定不同的经济增速。考虑到 2015 年依然将是一个深度调整期，因此将 2015 年的经济增速与 2014 年相同。假设 2016 年开始辽宁经济增速将进入复苏期，经济增速以每年 1% 的比率增加。式（8.6）不同经济增速下公共财政预算收入预测结果见表 8 - 27。

表 8－26 模型 6 的回归结果

解释变量	系数	t 值	P 值
常数项	－3970.40	－4.87	0.0002
lnGDP	504.38	4.91	0.0002
Budget_1	0.60	7.28	0.0000
Dummy2010	388.08	3.19	0.0057
Dummy1999	－165.88	－1.88	0.0778
R 值	0.99	F 值	564.79
D. W.	1.66	样本数	21
MAPE	10.85	TIC	0.02

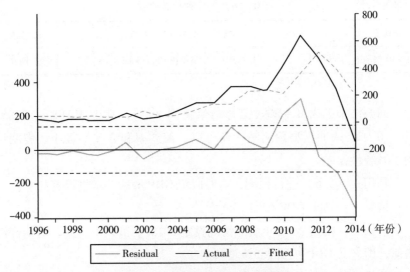

图 8－7 模型（2）的拟合结果

表 8－27 不同经济增速下辽宁公共财政预算收入预测结果 单位：亿元

	2015 年	2016 年	2017 年	2018 年	2019 年	2020 年
10% 增长	3386.36	3551.59	3698.59	3834.69	3964.25	3928.23
7.5% 增长	3374.76	3528.40	3663.81	3788.31	3906.28	3858.66
不同比例增长	3374.76	3533.07	3677.77	3816.16	3955.71	3908.10

②ARMA 模型。

ARMA 模型是一类常用的随机时序模型（亦称 B-J 方法），它是一种精度较高的时序短期预测方法，其基本思想是：某些事件序列是依赖于时间 t 的一组随机变量，构成该时序的单个序列值虽然具有不确定性，但整个序列的变化却有一定的规律性，可以用相应的数据模型近似模拟。建立随机时间序列模型，首先应当考虑研究对象的性质，以判断它是否满足建模的条件。

在 B-J 方法中，只有平稳的时间序列才能够直接建立 ARMA 模型。序列的平稳性可以用自相关分析图判断：如果序列的自相关系数很快地趋于 0，即落入随机区间，时序是平稳地。由图 8-8 公共财政预算收入的自相关和偏自相关数值及分析图可以判断，公共财政预算收入是一个平稳序列。

在对一个时间序列运用 B-J 方法建模时，应运用序列的自相关与偏自相关对序列适合的模型类型进行识别，确定适宜的阶数 d，D；p，q 以及 P，Q。由图 8-8 中的自相关分析图可见，自相关系数表现为拖尾。在偏自相关分析图中，滞后 1 期和 2 期的偏自相关系数都明显不为 0，而 k > 2 以后的值都在置信区间内，可以认为序列的偏自相关函数具有截尾性。因此，对序列公共财政预算收入可建立 AR（p）模型。阶数 p 由显著不为 0 的偏自相关系数的数目决定，因此，p 取值 1 或者 2。

利用 B-J 方法建模，要求滞后多项式的倒数根在单位圆内时，ARMA 过程才是平稳地。通过检验，公共财政预算收入的 AR（1）、AR（2）均不平稳。因此，本书对公共财政预算收入取一阶差分 d（budget）。

一阶差分后的公共财政预算收入的自相关分析见图 8-9。自相关表现为拖尾，偏自相关表现为截尾，可以建立 AR(p) 模型，p 取值为 1 或者 2。具体根据模型整体拟合效果进行判断。

Autocorrelation	Partial Correlation		AC	PAC	Q-Stat	Prob
		1	0.868	0.868	18.208	0.000
		2	0.686	−0.278	30.157	0.000
		3	0.495	−0.106	36.742	0.000
		4	0.325	−0.039	39.735	0.000
		5	0.192	−0.013	40.847	0.000
		6	0.081	−0.074	41.057	0.000
		7	−0.021	−0.092	41.072	0.000
		8	−0.103	−0.028	41.465	0.000
		9	−0.166	−0.036	42.580	0.000
		10	−0.220	−0.076	44.703	0.000
		11	−0.261	−0.056	48.002	0.000
		12	−0.293	−0.055	52.615	0.000
		13	−0.318	−0.065	58.720	0.000
		14	−0.332	−0.050	66.313	0.000
		15	−0.330	−0.028	75.096	0.000
		16	−0.320	−0.053	84.994	0.000
		17	−0.294	−0.007	95.408	0.000
		18	−0.240	0.055	104.67	0.000
		19	−0.167	0.033	111.39	0.000
		20	−0.082	0.031	114.61	0.000

图 8 − 8　公共财政预算收入的自相关分析

Autocorrelation	Partial Correlation		AC	PAC	Q-Stat	Prob
		1	0.663	0.663	10.181	0.001
		2	0.325	−0.204	12.765	0.002
		3	0.113	−0.021	13.095	0.004
		4	0.120	−0.195	13.487	0.009
		5	0.071	−0.155	13.634	0.018
		6	−0.052	−0.134	13.718	0.033
		7	−0.140	0.017	14.379	0.045
		8	−0.174	−0.093	15.495	0.050
		9	−0.219	−0.154	17.405	0.043
		10	−0.205	0.071	19.254	0.037
		11	−0.214	−0.119	21.482	0.029
		12	−0.221	−0.114	24.161	0.019
		13	−0.219	0.013	27.183	0.012
		14	−0.171	−0.021	29.320	0.009
		15	−0.153	−0.151	21.368	0.008
		16	−0.110	0.065	32.704	0.008
		17	−0.011	0.121	32.720	0.012
		18	0.041	−0.170	33.088	0.016
		19	0.055	0.039	34.417	0.016

图 8 − 9　一阶差分后的公共财政预算收入的自相关分析

根检验见图 8 - 10 和图 8 - 11。滞后多项式的倒数根均在单位圆内，表明 ARMA 过程是平稳地。模型设定合理。

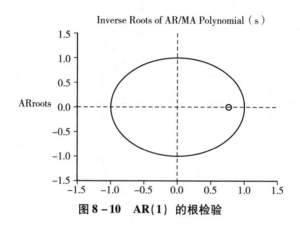

图 8 - 10　AR(1) 的根检验

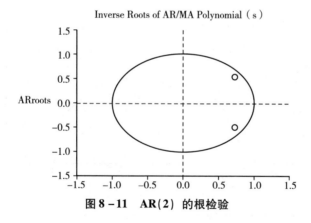

图 8 - 11　AR(2) 的根检验

另外，残差序列平稳并通过了异方差检验和序列相关检验。回归结果见表 8 - 28。拟合结果见图 8 - 12 和图 8 - 13。综合比较之后，本书采用 AR（2）。预测结果见表 8 - 29。

表 8 – 28   AR(p) 的回归结果

解释变量	AR(1)		AR(2)	
	系数	t 值	系数	t 值
常数项	125. 3509	0. 8879	121. 9978	1. 5554
AR(1)	0. 7726	4. 3092	1. 4467	5. 2084
AR(2)			− 0. 8081	− 2. 9477
R 值	0. 52		0. 69	
调整后的 R^2 值	0. 49		0. 65	
MAPE	49. 72		69. 72	
TIC	0. 18		0. 18	

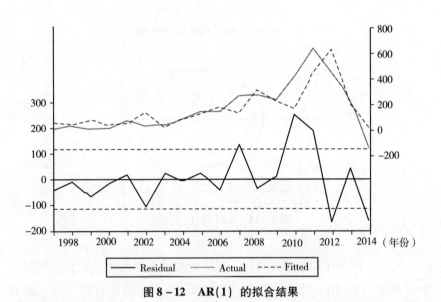

图 8 – 12 AR(1) 的拟合结果

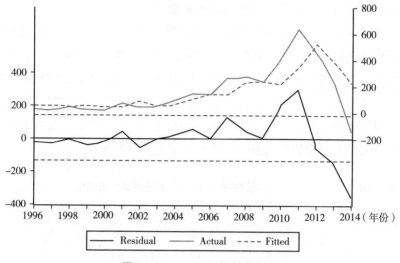

图 8 - 13　AR(2) 的拟合结果

表 8 - 29　　　　　　辽宁公共财政预算收入 AR 模型预测结果

	2015 年	2016 年	2017 年	2018 年	2019 年	2020 年
预测值（亿元）	2571.00	2570.70	2681.74	2797.33	2918.90	3045.46

③Holter-winter 非季节模型。

公共财政预算收入变化趋势可以分为长期趋势和短期趋势。长期趋势通常表现为线性增长趋势，短期趋势经常改变，有时向上，有时朝下。指数平滑方法能够自动追踪数据的变化，不断调整对序列中所含短期趋势的估计，从而达到较好的短期预测的效果。本书采用的数据为年份数据，故采用 Holter - Winter 非季节模型。预测结果见表 8 - 30。

表 8 - 30　　　　辽宁公共财政预算收入 Holter - Winter 无季节模型预测结果

	2015 年	2016 年	2017 年	2018 年	2019 年	2020 年
预测值（亿元）	3037.60	2884.50	2731.40	2578.30	2425.20	2272.10

④预测结果比较及可用财力他预测值。

根据三个模型的预测结果，本书将辽宁"十三五"时期的宏观经济形势分成好、中、坏三种情况，其中，好的宏观经济形势下，财政收入将取三个模型预测结果的最大值，坏的宏观经济形势下，财政收入将取三个模型预测结果的最小值，中等宏观经济形势下，财政收入将取三个模型结果的平均值。可用财力预测值按照2010～2014年公共财政收入占可用财力比值的平均值（86%）推算得出（见表8－31）。

表8－31　　　"十三五"时期辽宁公共财政收入可用财力预测值　　　单位：亿元

		2015 年	2016 年	2017 年	2018 年	2019 年	2020 年
时间序列模型	10% 增长	3386	3552	3699	3835	3964	3928
	7.5% 增长	3375	3528	3664	3788	3906	3859
	不同比例增长	3375	3533	3678	3816	3956	3908
AR（2）模型		2571	2571	2571	2682	2797	2919
Holter－Winter 无季节模型		3038	3038	2885	2731	2578	2425
公共预算收入预测值	好的宏观经济形势	2571	2571	2682	2578	2425	2272
	坏的宏观经济形势	3386	3552	3699	3835	3964	3928
	中等宏观经济形势	3149	3214	3291	3363	3434	3403
可用财力预测值	好的宏观经济形势	2990	2989	3118	2998	2820	2642
	坏的宏观经济形势	3938	4130	4301	4459	4610	4568
	中等宏观经济形势	3662	3737	3826	3910	3993	3956

（3）地方政府性基金收入可偿债能力预测。

财政收入中的政府性基金收入主要来自国有土地使用权出让收入。本书将以2001～2013年辽宁省土地出让收入数据为基础，分别利用指数平滑模型和ARMA模型对"十三五"时期的土地出让收入情况进行预测。土地出让收入数据中2007～2013年数据来源于《财政统计年鉴》，2001～2006年数据来源于《中国国土资源年鉴》[1]。

---

[1]　2007年财政部门对土地出让收入管理进行了规范，造成前后在统计口径上有一定差距。但是，2007年前土地出让收入额相对较小，对预测结果影响不大，本书未做相应调整。

①基于指数平滑模型预测土地出让收入。

指数平滑模型是传统时间序列模型中的一种，由于其应用简便，所需要的数据少，成本较小，因此在经济预测中得到广泛的应用。不同的指数平滑法适用于具有不同数据特征的时间序列。分析辽宁土地出让收入指标可以发现，该序列基本具有长期趋势，不具有季节趋势，因此，本书选择 Holt – Winters 无季节模型，预测结果见表 8 – 32。

表 8 – 32　　　　　　土地出让收入——指数平滑模型预测结果　　　单位：亿元

	2015 年	2016 年	2017 年	2018 年	2019 年	2020 年
预测值	1940	2024	2108	2192	2276	2360

②基于 ARMA 模型预测土地出让收入。

利用 ARMA 模型进行预测，首先应进行时间序列特征及模型识别。根据 2001～2013 年辽宁土地出让收入增速（TDSR）情况绘制成折线图（见图 8 – 14），结果显示序列具有一定的平稳度。

图 8 – 14　辽宁土地出让收入增速折线

自相关函数和偏相关函数是识别 ARMA 模型最主要的工具。土地出让收入自相关和偏相关分析图（见图 8 – 15）可知，滞后时期 k = 2

时，序列的自相关系数明显落入随机区间；在偏相关分析图中，k = 2 时恰好在置信区间边缘，而 k = 2 以后的值都在置信区间内，可以认为序列的偏自相关函数具有截尾性。考虑到 AR 模型是线性方程估计，相对于 MA 和 ARMA 模型的非线性估计容易，且参数意义便于解释，故实际建模时常希望用高阶的 AR 模型替换相应的 MA 或 ARMA 模型。综合考虑，可供选择的（p，q）组合有：（2，2），（3，1）。即：

$$S_t = \mu + \varphi_1 S_{t-1} + \varphi_2 S_{t-2} + \varphi_3 S_{t-3} + e_t - \theta_1 e_{t-1} \tag{8.7}$$

$$S_t = \mu + \varphi_1 S_{t-1} + \varphi_2 S_{t-2} + e_t - \theta_1 e_{t-1} - \theta_2 e_{t-2} \tag{8.8}$$

Autocorrelation	Partial Correlation		AC	PAC	Q-Stat	Prob
		1	0.181	0.181	0.5010	0.479
		2	−0.41...	−0.45...	3.3460	0.188
		3	−0.16...	0.038	3.8416	0.279
		4	−0.14...	−0.39...	4.3025	0.367
		5	−0.10...	−0.05...	4.5850	0.469
		6	0.199...	0.009	5.6980	0.458
		7	0.237	0.064	7.5797	0.371
		8	−0.21...	−0.32...	9.4489	0.306
		9	−0.17...	−0.079	11.243	0.259
		1...	0.075	−0.16...	11.720	0.304
		1...	0.029	0.066	11.857	0.374

图 8 – 15　土地出让收入增速序列的自相关—偏自相关分析

利用 Eviews 软件对两模型进行估计，模型的参数估计与相关检验结果见表 8 – 33 和表 8 – 34。比较两模型结果，第一个模型的 AIC 和 SC 值较小，试预测的 MAPE 值显示其预测精度更高，调整后的样本决定系数也高于第二个模型，因此选择第一个即 ARMA（3，1）模型比较合适。

表 8 – 33　　　　　　　　　　各模型参数估计结果

（p，q）	φ₁	φ₂	φ₃	φ₄	φ₅
（3，1）	0.2093	– 0.0015	0.3637	0.9999	—
（2，2）	0.7354	0.1469	—	– 0.0393	– 0.9605

表 8 – 34　　　　　　　　　　各模型检验结果

（p，q）	Adjus R2	AIC	SC	MAPE
（3，1）	0.4747	0.8515	1.0039	8.167
（2，2）	0.4182	0.8935	1.0145	15.13

利用 ARMA（3，1）模型预测出的土地出让收入增速，以 2013 年底土地出让收入为基期，计算得出"十三五"时期辽宁省土地出让收入情况见表 8 – 35。

表 8 – 35　　"十三五"时期土地出让收入 ARMA 模型预测结果

	2015 年	2016 年	2017 年	2018 年	2019 年	2020 年
预测值（亿元）	2163	2204	2225	2241	2259	2271

③预测结果比较及可用财力预测值。

将真实值与指数模型、ARMA 模型预测值进行对比（见表 8 – 36）可以发现，使用指数模型的预测值可能会低估实际值，而基于 ARMA 模型对土地出让收入的预测有高估的可能。与公共预算收入预测结果相对应，本书将辽宁"十三五"时期的宏观经济形势分成好、中、坏三种情况，其中，好的宏观经济形势下，土地财政收入将取两个模型预测结果的最大值，坏的宏观经济形势下，土地财政收入将取两个模型预测结果的最小值，中等宏观经济形势下，财政收入将取两个模型结果平均值。可用财力按照相关文献资料和调研情况得到的比例（70%①）进行预测。

---

①　在土地使用权出让收入中，约 30% 用于征地拆迁补偿成本性支出，30% 用于土地生地变熟地支出，40% 属于土地开发纯收益，可用于其他城市建设支出。因此，土地使用权出让收入的 70% 构成地方政府公共投资供给能力。

表 8 – 36　　　　　　　　　土地出让收入预测模型比较

年份	真实值	指数模型拟合值	ARMA 模型拟合值	指数模型差额*	ARMA 模型差额
2002	103	95	—	– 8	—
2003	181	165	—	– 16	—
2004	273	173	—	– 100	—
2005	269	251	332	– 18	63
2006	378	343	371	– 35	– 7
2007	513	340	554	– 173	41
2008	717	448	789	– 269	72
2009	1231	583	1248	– 648	17
2010	2324	787	2398	– 1537	74
2011	2598	1301	2711	– 1297	113
2012	1772	2394	1797	622	25
2013	2102	2668	2315	566	213

注：＊差额＝拟合值－真实值。

在地方政府性基金中，除地方土地使用权出让收入以外，其他地方政府性基金的总体规模较小，约占10%。本报告以土地出让收入预测值（÷90%×10%）进行测算。其他地方政府性基金可用财力按照100%计算，不再予以扣除。地方政府性基金可用财力预测结果将表8–37。

表 8 – 37　　　"十三五"时期辽宁地方政府性基金可用财力预测　　　单位：亿元

		2015 年	2016 年	2017 年	2018 年	2019 年	2020 年
指数平滑模型预测值		1940	2024	2108	2192	2276	2360
ARMA 模型预测值		2163	2204	2225	2241	2259	2271
土地出让收入预测值	好的宏观经济形势	1940	2024	2108	2192	2259	2271
	坏的宏观经济形势	2163	2204	2225	2241	2276	2360
	中等宏观经济形势	2052	2114	2167	2217	2268	2316

续表

		2015 年	2016 年	2017 年	2018 年	2019 年	2020 年
其他地方政府性基金预测值	好的宏观经济形势	216	225	234	244	251	252
	坏的宏观经济形势	240	245	247	249	253	262
	中等宏观经济形势	228	235	241	246	252	257
可用财力预测值	好的宏观经济形势	1574	1642	1710	1778	1832	1842
	坏的宏观经济形势	1754	1788	1805	1818	1846	1914
	中等宏观经济形势	1664	1715	1757	1798	1839	1878

（4）综合财力预测结果。

将表8－31和表8－37汇总，将得到"十三五"时期辽宁的综合财力预测值（见表8－38）。

表8－38　　　　　"十三五"时期辽宁综合财力预测值　　　单位：亿元

		2015 年	2016 年	2017 年	2018 年	2019 年	2020 年
公共预算收入可用财力预测值	好的宏观经济形势	2990	2989	3118	2998	2820	2642
	坏的宏观经济形势	3938	4130	4301	4459	4610	4568
	中等宏观经济形势	3662	3737	3826	3910	3993	3956
地方政府性基金可用财力预测值	好的宏观经济形势	1574	1642	1710	1778	1832	1842
	坏的宏观经济形势	1754	1788	1805	1818	1846	1914
	中等宏观经济形势	1664	1715	1757	1798	1839	1878
合计	好的宏观经济形势	4744	4777	4923	4816	4666	4556
	坏的宏观经济形势	5692	5917	6105	6277	6456	6482
	中等宏观经济形势	5326	5451	5584	5708	5832	5835

2. "十三五"时期辽宁地方政府性新增债务额度预测

根据前文所述，新增债务额度采取谨慎性原则，以120%的债务率作为额度限制，超过该额度，该地区没有新增债务；未超过该额度，由差额确定其额度。

在预测新增债务额度时，本书同时考虑了以下因素：

（1）年末债务余额的计算方法。

为了规范预算管理，保障在建项目融资和资金链条不断裂，处理好化解债务与稳增长的关系，优化债务结构，降低利息负担，缓解部分地方支出压力，腾出一部分资金用于加大其他支出，财政部允许地方政府发行地方政府债券置换存量债务。这意味着"十三五"时期每年的到期债务将有一部分以置换债务的形式再一次成为存量债务，即在没有新增债务的情况下，年末债务余额＝年初债务余额－当年到期政府性债务＋当年置换债券额度。

（2）置换债券额度的确定。

每年置换债权额度的确定主要考虑两点，一是2015年和2016年是存量债务偿还高峰期，对地方政府流动性影响较大，本报告假设2016年置换比例与2015年相同；二是以每年的还本付息额和偿债率基本保持不变为前提，逐步降低置换债券所占比例，加大化解存量债务比例。

（3）当年债务本金偿还额的计算方法。

当年债务本金偿还额等于当年到期政府性债务和置换债务之间的差额。根据调研和现有文献资料，目前发行的置换债券一般分为3年期、5年期、7年期和10年期四种，比例大致为2:3:3:2，这就意味着2015年发行的置换债券，2018年将有20%到期，2020年将有30%到期，成为当年的到期政府性债务，其他年份以此类推。

（4）存量债务利息的计算方法。

将每年的存量债务分成3~5年期、5年期以上和置换债券三类。3~5年期债务利息按照2012年3~5年期贷款年利率6.9%计算。5年期以上债务利息按照2012年5年期以上贷款年利率7.05%计算。目前国债利率为3.4%，如果按照市场一般的观点，地方债利率比国债利率高30~60BP，则地方债利率为3.7%~4.0%。本报告根据调研和现有文献资料，取各地方、各个期限置换债券利息率的平均值3.7775%作为置换债券的利息率。

根据上述假定，置换债券额度和当年债务本金偿还额的预测结果将

表8－39。以债务率120%作为上限，新增债务额度预测结果见表8－40至表8－42。由表8－37可知，"十三五"时期全省新增债务额度与宏观经济形势密切相关。宏观经济形势较好时，2018年将出现新增债务额度；如果GDP保持在5%左右的水平，债务率将于2019年低于120%，并产生一定的新增债务额度；而如果经济不能有效企稳回升时，根据预测，"十三五"时期将不会有新增债务额度可以利用。

表8－39　　　　　　　"十三五"时期全省偿债率预测值

		2015年	2016年	2017年	2018年	2019年	2020年
3～5年期	比例（%）	50	41	34	31	26	22
	金额（亿元）	296	234	184	157	122	94
5年期以上	比例（%）	50	41	34	31	26	22
	金额（亿元）	302	239	188	160	125	96
置换债券	比例（%）	0	18	32	38	48	56
	金额（亿元）	0	56	95	105	123	131
合计利息额（亿元）		597	529	466	423	370	320
当年还本额（亿元）		402	307	429	486	545	622
当年还本付息额（亿元）		999	836	895	909	915	942
偿债率（%）	坏的宏观经济形势	21	17	18	19	20	21
	好的宏观经济形势	18	14	15	14	14	15
	中等宏观经济形势	19	15	16	16	16	16

表8－40　　　　"十三五"时期好的宏观经济形势下全省新增债务预测值

	2015年	2016年	2017年	2018年	2019年	2020年
年初债务余额（亿元）	8967	8566	8259	7830	7343	6798
到期政府性债务（亿元）	1940	1462	1073	973	1211	1131
置换债务（亿元）	1538	1155	644	486	666	509
年末债务余额（亿元）	8566	8259	7830	7343	6798	6176

续表

	2015 年	2016 年	2017 年	2018 年	2019 年	2020 年
还本付息额（亿元）	999	836	895	909	915	942
综合财力（亿元）	5692	5917	6105	6277	6456	6482
债务率（%）	150	140	128	117	105	95
新增债务额度（亿元）	0	0	0	189	948	1602

表 8-41　　"十三五"时期坏的宏观经济形势下全省新增债务预测值

	2015 年	2016 年	2017 年	2018 年	2019 年	2020 年
年初债务余额（亿元）	8967	8566	8259	7830	7343	6798
到期政府性债务（亿元）	1940	1462	1073	973	1211	1131
置换债务（亿元）	1538	1155	644	486	666	509
年末债务余额（亿元）	8566	8259	7830	7343	6798	6176
综合财力（亿元）	4744	4777	4923	4816	4666	4556
债务率（%）	181	173	159	152	146	136
新增债务额度（亿元）	0	0	0	0	0	0

表 8-42　　"十三五"时期中等宏观经济形势下全省新增债务预测值

	2015 年	2016 年	2017 年	2018 年	2019 年	2020 年
年初债务余额（亿元）	8967	8566	8259	7830	7343	6798
到期政府性债务（亿元）	1940	1462	1073	973	1211	1131
置换债务（亿元）	1538	1155	644	486	666	509
年末债务余额（亿元）	8566	8259	7830	7343	6798	6176
综合财力（亿元）	5326	5451	5584	5708	5832	5835
债务率（%）	161	152	140	129	117	106
新增债务额度（亿元）	0	0	0	0	200	825

3. "十三五"时期地方政府性债务风险预警

由表 8-40 至表 8-42 可知，不考虑新增债务，按照每年的还本付息额基本保持不变为前提，现有存量债务在 2020 年会下降至 6176 亿元，债务化解率为 31%。债务化解程度不高。

同时，"十三五"时期新增债务额度有限，最快会出现在 2018 年，而且 GDP 必须保持每年以 10% 增速增长，就目前经济形势来看，这将很难实现。如果经济恶化，根据预测，债务率将维持在 130% 以上，经济将陷入两难境界，一方面，宏观经济亟须积极的财政政策稳增长，需要扩大财政赤字，另一方面，债务率居高不下，需要地方政府进一步控制债务规模。

需要注意的是，本书三种预测结果均显示，"十三五"时期经济形势表现为低起、高涨然后回落的态势，即从 2020 年左右开始，经济又将面临一次下行压力。

综上，给定新《预算法》和"45 号文件"的相关规定，"十三五"时期，全省新增债务额度有限，地方政府性债务风险主要表现在如何化解存量债务，避免债务风险显性化。考虑到地方政府拥有大量资产的国情，地方政府资不抵债问题并不会出现（杨志勇，2015）。地方政府与当地银行之间或隐或现的纽带，也意味着资金链条不会轻易断裂。

但是问题不容易出现，并不意味着没有风险。根据本报告的预测结果，地方政府性债务是否存在风险、风险是否显性化关键在于地方政府性债务和经济发展之间的良性循环是否能够形成。债务是调剂不同时间段资金余缺所必需，是让不同时期资产与负债对称的重要工具。当代人借债投资，形成资产，促进经济发展，产生更大经济利益，然后偿还本息，这是良性的债务与经济发展之间的关系。如果当代人借债投资，只对当年 GDP 产生影响，经济发展没有变化，这不仅造成了代际之间的不公平，也意味着债务风险显性化的不可避免。当前地方政府性债务余额居高与经济下行并行出现，除了债务久期短、期限错配问题之外，地方政府性债务和经济发展之间是否形成良性循环也是我们必须审视的。

（四）基本结论

（1）2013 年存量债务风险评价表明，除个别市外，辽宁地方政府性债务风险点普遍表现为债务率和偿债率两个指标趋于恶化，即存量债务如何化解是当前债务管理工作的重中之重。从全省来看，2013年地方政府性债务风险较之2011年有所提高，从轻警区间进入到中警区间。全省的分指标分析发现，宏观经济子系统的风险有所下降，这主要得益于辽宁近几年宏观经济政策的改变，更加注重经济发展质量，不再片面追求发展速度；但是经济增速的下降使得债务压力子系统和偿债能力子系统风险上升，特别是债务压力子系统，风险级别上升三个级次，由此可能引发的风险不容忽视。

（2）"十三五"时期辽宁存量债务化解率为31%。按照120%的债务率限额，①如果经济形势向好，GDP每年以10%的增速增长，新增债务额度将出现在2018年，目前来看，实现这一目标存在一定困难。②如果GDP以5%的增速增长，新增债务额度将出现在2019年，但新增债务额度较小，只有200亿元。③如果经济恶化，根据预测，债务率将维持在130%以上，届时经济将陷入两难境界，一方面宏观经济急需积极财政政策稳增长，根据目前的财税体制来看，地方政府需要扩大财政赤字；另一方面债务率居高不下，需要地方政府进一步控制债务规模。

（3）本书三种预测结果均显示，"十三五"时期的经济形势表现为低起、高涨然后回落的态势，换句话说，2020年左右经济又将面临一次下行压力。所以化解地方政府性债务的时机应好好把握，失不再来。

第五节　化解地方政府性债务风险的举措

（一）"十二五"时期的对策建议

根据上述分析，"十二五"时期辽宁省地方政府性债务风险压力虽然总体可控，但也不容乐观，有必要多管齐下、疏堵结合，缓解地方政府性债务风险压力。

1. 保持合理的经济增长速度，加快经济发展方式转变

某种意义上，现存数额庞大的地方政府性债务与潜在的财政危机，也是长期以来地方政府主动和被动迎合这种高增长潮流的产物，并且在应对 2008 年全球金融危机中进一步恶化。2011 年以来的宏观经济运行表明，继续追求经济的高速增长已经代价过高和不可持续。从辽宁政府债务压力测试情况看，适当降低经济增速，有利于政府从增长的压力中解脱出来，缓解政府收支矛盾，切实为防范债务风险创造良好的环境条件。

2. 加快政府职能转变，降低民间资本进入门槛

地方政府性债务迅速膨胀在很大程度上与政府职能越位有关，致使政府性债务居高不下，大量的民间资本又难以找到投资渠道。为此，一方面，要加快政府职能转变，明晰政府与市场的作用边界，做到有所为而有所不为；优化各级政府间财力与事权的合理匹配，根除地方政府过度盲目举债的内在压力和冲动；不断完善政绩考核机制，明确官员任职期间"社会经济成效—政绩运作成本—债务风险水平"的联动考核标准，强化离任审计，增强预算约束意识。另一方面，要逐步降低民间资本进入基础设施领域投资的门槛，鼓励民营资本以独资、参股等方式进入交通基础设施、保障房建设、产业园区建设等重点公共事业领域，并从财政、金融、土地等多领域给予优惠支持，实现基础设施投资主体多元化，缓解政府性债务压力。

3. 有效构建地方政府性债务风险预警和防范机制

一是构建地方政府性债务融资合理空间的评估体系。基于各市社会经济发展情况[①]和政府债务现状等因素，量化分析评估未来一个时期再融资的合理规模，切实将政府性债务风险预警和防范机制由事后监控变为事前监管。二是强化地方政府性债务的风险预警机制。在现有的政府性债务统计数据基础上，定期开展"滚动"研究，建立地方政府性债

---

① 如城市化、工业化水平，人口规模，GDP，财政收支规模与结构、公共资源的禀赋及其合理利用状况等。

务风险预警模型，评估预警地方政府性债务风险程度，为各级政府监控地方政府债务运行和制定化解风险对策提供科学依据。三是加快建立和完善偿债准备金制度。借鉴国际经验，根据地方政府性债务警示程度，相机设定级别不同的政府偿债基金制度。

4. 进一步提高财政管理水平

在既定的制度框架下，防范地方政府性债务风险的能力直接取决于财政管理水平。一是实行全口径预算管理。完善公共财政预算，细化政府性基金预算，健全国有资本经营预算，在完善社会保险基金预算基础上研究编制社会保障预算，建立健全有机衔接的政府预算体系。同时，试编地方政府性债务预算，加强对地方政府性债务融资主体的规范管理。二是逐步推行中期预算管理。在每年的预算中不仅要考虑当年的财政收支规模，也要预计将来若干年的这些变量的发展趋势，并提前采取相关措施。三是进一步强化财政在政府性债务管理上的统领作用。所有政府性债务，必须全部纳入财政管理范畴，其举借必须经过财政部门的审核同意。克服现行体制障碍，债务管理上应将省内所有地区完整包括进来，实现政府债务管理全省一盘棋。对债务风险格外突出地区，应进一步加强省财政对其风险监控和惩戒力度。此外，通过实行名录管理等制度，进一步加强对地方政府融资平台公司的规范和管理。

（二）新一轮财税体制改革下地方政府性债务管理改革的总体思路和对策建议

由于体制机制的原因，已有地方政府性债务管理措施不已能从根本上化解地方政府性债务风险。置换债券也只是缓兵之计，是给未来债务问题解决争取时间和空间，地方政府性债务风险并没有得到根本解决。十八届三中全会之后，财税体制启动了新一轮改革，部分改革将有利于化解地方政府性债务风险，部分改革将在短期内恶化该风险。因此，本部分将详细分析新一轮财税体制改革对地方政府性债务管理的影响，同时结合地方政府性债务风险预警结果和国际经验，提出地方政府性债务管理的总体思路和对策建议。

化解地方政府性债务风险的根本在于是否能够成功构建良性的地方政府性债务和经济发展关系。以地方政府性债券作为融资主要手段，构建良性的地方政府性债务和经济发展关系，需要在地方财政治理现代化格局中统筹解决，以改革为治本之策。改革涉及三个层级的结合：宏观改革、微观改革和配套改革。宏观改革应该着重体制机制建设，包括合理界定政府与市场的边界，有效地减少地方政府举借债务的需求；强化中央政府事权和支出责任，明确政府间职责分工；适度调整政府间收入划分，建设地方税体系；改革预算管理制度，硬化预算约束。微观改革包括加强财政支出绩效管理，由平衡状态、赤字规模向支出预算和政策拓展；拓展地方政府投融资机制，发展公私合作（PPP）；建立地方政府性债务风险预警体系并开展滚动研究等。配套改革包括政府会计制度改革、利率市场化改革、加强法制建设、科学政绩观的确立和实施全面规范、公开透明的预算制度等。其中，值得特别强调的有以下几个方面：

1. 正确定位债务的职能和作用

债务融资不应该是地方政府融资的主要方式，而只能是补充。地方政府可支配财力还应主要来自税收和上级乃至中央政府的转移支付（杨志勇，2015）。所以，化解地方政府性债务风险要加快推进政府间事权划分改革，加快推进事权和支出责任相适应的财政体制改革，构建与完善地方税体系，从根本上消除地方政府过度举债的体制弊端。

2. 夯实债务信息基础

地方政府性债务风险的评估、新增债务额度的确定和地方政府性债券的发行等都必须以准确信息的获取为基础。但是，债务统计的难度不小（杨志勇，2015），分散在各个地方不同项目之中的债务、性质可能发生转变的债务、性质本来就模糊的债务等，到底哪些属于地方政府性债务，需要甄别和区分责任，否则就会出现"企业→地方政府→中央政府"责任主体缺失和软预算约束机制，债务规模不断增加。这是一个长期任务，需要理论工作者和实际工作者不断摸索，找到符合中国地方政府性债务管理的方法和措施。

3. 推进地方政府性债务的公开透明

阳光是最好的防腐剂和消毒剂。地方政府性债务和经济发展之间良性循环的建立需要加强监督，赋予民众一定的发言权，有利于地方政府的决策更加科学有效，切实地为民众、企业提供优质必需的服务，激活市场动力，促进经济发展。

4. 积极培育地方政府性债券市场

目前来看，地方政府性债券市场存在很多不足：一是品种多样化明显不足。在成熟的市场经济体中，地方债有种种可以选择的品种，是和实际生活不同需要相对应的。例如，美国有100年的地方债，它是一种减息债，年年有收益，是对政府投资的长期支撑力量，其作用是超越我们想象的。二是债券发行机制还存在着明显的缺陷和制约。从已观察到的案例来看，我国地方政府性债券发行基本上是"规模切块"框架，即地方政府性债券额度（包括置换债券和新增债券）由中央政府确定，每个年度把中国总体地方债发行规模切块配额到各个省级行政区，规定省级行政区有权根据需要代市、县级政府发行地方债。虽然规定了地方债的发行要披露地方政府的资产负债表信息，进而接受有资质机构尽可能公正的地方政府信用评级，但是，按现行框架，评级结果逻辑上只能影响中国地方债形成的债券利率水平，完全不涉及举债能力与规模。从发行成本看，此框架下地方政府债券发行的时候，市场无法分辨国债和地方债的区别，即"金边债"与"银边债"形成的利率水平几乎一模一样，各省区新发行置换债券的成本接近同期限国债收益率，没有客观反映地方政府债券与国债的信用利差及资本占用的区别（王宇，2015）。三是市场分割问题。市场分割问题多年间表现为银行间市场和证券交易所市场怎么样有效连通。最近有学者将其进一步联系到我国现在金融改革方面利率市场化的机制问题：如果债券市场的连通有明显阻碍的话，显然不利于现在作为攻坚重大事项的中国"利率市场化"的改革。如果能以有效基础设施的支持和市场联盟作为统一市场的匹配状态，实质性地化解债券市场的分割，就能够较充分地使债券市场的潜力得到释放，并且呼应利率市场化这种已到"临门一脚"阶段的关键性改革。四是人才问题。从长期发展来看，我们债券方面专业、咨询、资产管理等机构和人才队伍的培养，虽然有了很多进步，但仍然存在着初步、青涩的感觉。当然要承认这方面难以一下子进入成熟状态，但是我们需要看到不足。机构和人员已经做出很多贡献，但是相对发展需要来说，还是不足的，有待加快发展与培养。以上问题如果不尽快解决，不仅不利于防范和化解地方政府性债务风险，而且也不利于我国债券市场的健康发展。

第九章

优化分税制财政管理体制
综合配套改革研究

财政体制改革，事关政治、经济、社会领域的方方面面，牵涉巨大。财政体制改革的核心是中央与地方关系。一般来说，内外轻重的政治主导原则是处理中央与地方关系首要的考量因素，也必然体现在财政体制改革当中。但就我国现实国情而言，国际国内政治局势相对稳定，进一步完善社会主义市场经济成为当前的首要目标。这就意味着，在推进新一轮财政体制改革过程中，目标的逻辑次序会有所不同，首先要解决的问题是处理好政府与市场关系，明确各自的作用边界，激发市场活力；其次解决政府体系内部的集权分权关系，明确中央与地方以及地方之间的权责边界，调动两个积极性；最后，解决相关联的重要法律、制度、技术支撑，使政府与市场、中央与地方之间关系更加稳固和高效。依循这样一个基本思路，我们从转变政府职能、调整行政区划、优化政绩考核、改进税收征管、完善相关法律和加强大数据背景下财政信息化支撑等环节入手，研究确定新一轮财政体制配套改革的逻辑分析框架和基本路线。

第一节 逻辑框架：财政压力、分税制 轨道与综合配套改革

（一）财政压力是深化改革的动力之源

何帆在其《为市场经济立宪》中曾提出一个著名的熊比特—希克斯—诺斯命题："凡是重大的改革，都有财政压力的背景，或者说财政压力决定改革的起因"。同时，一项重大改革能否成功，关键一点是改革的逻辑起点是否与历史起点相适应。1994 年分税制改革的逻辑起点是：中央面临沉重的财政压力，迫切需要提高"两个比重"，以增强中央宏观调控能力，适应和推进市场经济改革。而当时的历史起点是：1992 年邓小平南方谈话，明确了中国市场经济改革方向，市场经济建设必然要求打破地区封锁的保护主义行为，建立统一完整、要素自由流动的全国大市场，各地区企业执行统一的税收政策，开展公平竞争，这客观上要求加强中央集权，以具备应有的权威和调控手段。正是由于分税制适应了潮流，逻辑起点与历史起点相互吻合，实施以来取得了巨大成功。

但分税制运行之初就先天不足，仅关注了收入的划分，而没有解决事权和支出责任的划分问题。运行至今，开始逐渐偏离改革预定目标，越来越趋向于"分钱制"，由此带来一系列问题，财政压力重新凸显，最直观和突出的就是"两个失衡"[①]：以 2013 年为例，中央财政尽管收入集中很大，但本级支出只有约 30%，70% 左右落到了地方，而且扣除掉地方税收返还和转移支付，当年还要承受 8500 亿元的财政赤字，占到本级支出的 40% 还多，中央感到财政压力很大；而地方经过分税制改革后，收入显著下降，事权和支出责任却不降反增，最终自给率只有 57%，能力严重不足。尽管有转移支付的弥补，但由于来自中央的

---

① 高培勇：《财税体制改革与国家治理现代化》，社会科学文献出版社 2014 年版。

补助带有很大不确定性和使用方向上的约束，严重破坏了地方预算的完整性和事前确定原则，导致财政捉襟见肘，尤其是基层财政压力巨大，一些地区沦为吃饭财政，保工资、保运行都面临挑战。

（二）未来财政体制改革要坚持分税制的轨道

上述财政压力成为推进新一轮财政体制改革的内在动力。尤其是营改增全面推行，地方唯一的主体税种消失之后，关于深化新一轮分税制财政体制改革的讨论更是达到一个高潮。在探讨未来财政体制改革方向和路径上，国内争论比较激烈，但有一个基本的共识，就是目前的问题非分税制之过，而是分税制不到位之过，要化解财政压力，必须继续坚持分税制的轨道。

本书认为，未来新一轮财政体制改革基本思路应是：坚持分税制轨道（全面规范政府间财政关系，充分调动中央、地方两个积极性），进一步理顺政府市场关系（通过三项清单制度和"放管服"等加快转变政府职能，政府该放没放给市场、企业的坚决放权），保持中央适度的集权（政治上维护单一制政权权力集中需要；经济上统一市场秩序以及约束地方重复建设，化解过剩产能和库存的供给侧结构性改革需要），打破既得利益格局（改革税收返还等上轮改革妥协遗留问题，重点针对发达地区、权力部门、垄断国企），完善转移支付制度（重新核定区域经济成分，对特殊衰退区域从发达省份剔除，进一步向欠发达地区倾斜），理顺事权与财权、支出责任与财力的匹配关系（合理均衡政府间财力，部分事权上划中央，研究推进养老保险全国统筹），实现基本公共服务均等化和国家治理目标。

（三）新一轮财政体制改革的综合配套要求

按照上述新一轮财政体制改革的基本思路，除了完善财政体制自身设计之外，还需要推进相关领域的综合配套改革，形成改革的协同效应。从现实国情来看，当前重点要在行政性变迁、政治激励和法律技术支撑等层面推进配套改革（见图9-1）：

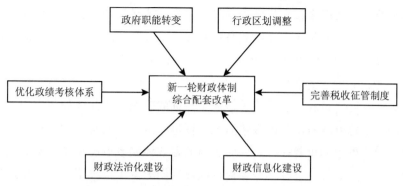

图 9 - 1　新一轮财政体制综合配套改革示意图

1. 行政性变迁：政府职能转变与行政区划调整

新一轮财政体制改革，逻辑起点还是首先处理好政府与市场关系，这是理顺政府间财政关系的一个前置条件。具体来说，就是要进一步转变政府职能，这是行政性变迁的一个重要内容。如果不能从根本上转变政府职能，合理界定行政权力边界，变无限责任政府为有限责任政府，把不该政府管的事交给市场，交给社会和民众，政府间再如何有效地集权和分权，事情也管不了、管不好。在现阶段，负面清单和"放管服"是政府转变职能所要重点推进的改革内容。同时，有效转变政府职能的另一重意味，就是政府该管的事情要管好，要有效率。这就需要进一步深化政府机构的改革，包括大部制的探讨、深化事业单位改革以及支持非营利组织的快速发展。

在明确政府与市场边界基础上，要有效推进分税制改革，还需要重新审视和优化国家权力再分配所依托的基本行政框架，也就是调整行政区划。这是行政性变迁的第二个重要内容。随着市场经济体制改革的不断深化，我国行政区划不适应经济发展的弊端逐渐显现。对财政来说，前期推进的财政省直管县和乡财县管等改革尝试就是对行政区划弊端的应激性举措。当改革进入深水区之后，需要对行政区划这类基础性、框架性的问题加以系统解决。

2. 激励重构：优化政绩考核与完善税收征管

处理好中央地方关系，关键一点就是建立起有效的激励和约束机制。改革开放以来，在推动中国经济长期高速增长的进程中，地方政府发挥了关键性的作用。受财政分权和晋升锦标赛的激励，地方政府主政官员以罕见的热情投入到经济事业中，促进了经济的快速增长。但在GDP为核心的不完善的政绩考核体系下，主政官员的短期化行为严重，对经济发展质量和生态环境等造成了深远的影响。因此，如何完善政绩考核，给地方政府以新的政治激励，促进经济社会的可持续发展，就成为配套改革中的重要一环。同时，新的财政体制改革思路中，中央仍需保持适度的集权，这在客观上对税收征管向上集中提出了要求。国地税分设的初衷就在于此，从实践看也基本达到了目的。但双重征管体系带来更高的征税成本，也是不争的事实。这也是近年来国内各界对此争论不休的一个重要原因。面对营改增后地方主体税种消失的局面，如何算好其中的政治账和经济账，对地方形成有效的激励和约束，也是配套改革中需要认真考虑的问题。

3. 法律技术支撑：财政法治化和信息化建设

分税制改革一个突出问题，就是中央与地方之间的权责划分缺乏法律保证，分税制因而在制度上是悬空的，缺乏坚实的法律基础。① 由于法律的缺失，导致中国府际间财政关系十分脆弱，基本由中央单边主导。虽然这是单一制集权国家的需要，但在中央本位主义盛行的时候，由于缺乏稳定的预期和矛盾解决机制，央地关系经常在短期政策下摇摆，给地方带来伤害的同时，也导致"双输"的局面。此外，随着云计算和大数据时代的到来，财政信息化建设也变得越来越重要。通过财政大数据的信息支撑，将极大地提升财政管理效率，未来一些传统体制性变革所难以解决的问题，有可能利用技术性手段轻松破解。

当然，与财政体制改革相关联的领域还有很多，比如国资国企改革。在政府财力资源之中，国有资产和国有资本收益都是重要内容，他们不仅仅代表着存量财富和增量收入，也是政府信用的关键性支撑。作为广义上对财政的理解，国有企业部分性地遵从财政原理。财政投融资

———————

① 辛向阳：《百年博弈——中国中央与地方关系100年》，山东人民出版社2000年版。

可以说是民间金融和政府补助金的中间形态。① 因此，国有企业在央地之间的归属和权益划分实际构成了政府间财政体制中的一个重要内容。再比如价格体制改革，特别是资源性产品价格和能源价格改革，都会通过价、税、费、租之间的联动机制，与财政体制发生密切关系，对于地方政府的财权、财力配置产生深刻的影响。此外，还有社会保障的问题。提到政府间财政关系，我们往往只想到中央政府与地方政府的关系。实际上，按照神野直彦的说法，从国民经济核算的角度，政府是由中央政府、地方政府，再加上社会保障基金这三个部分组成的，他们共同构成财政的主体。从目前中国许多地方政府实际运营来看，养老金支付已经成为政府支出的一个巨大黑洞。在父爱主义浓厚、中央财政最终必将兜底的中国，研究设计一个更加稳妥高效、精算平衡的社会保障体系，对于完善政府间财政体制，避免那些困难地区政府预算被拖垮、吞噬，也都有着非常现实的意义。

但是，我们的研究不可能面面俱到。一方面，财政涉及的领域的确太过广泛，我们很难全部囊括；另一方面，过于宽泛的研究将分散掉我们的注意力，而忽视那些更有意义的挖掘。因此，在我们的综合配套改革研究中，我们将集中于上述与财政体制改革最相关的六个方面，即转变政府职能、调整行政区划、优化政绩考核、改进税收征管、加强财政的法治化和信息化建设。

第二节　积极转变政府职能，为优化财政体制创造前置条件

（一）政府职能错位导致的财政压力及其对政府间财政关系的影响

如上所述，财政压力是倒逼财政体制改革深化的源头。那么，就政

---

① 神野直彦：《财政学——财政现象的实体化分析》，南京大学出版社 2012 年版。

府整体而言，压力的源头又在哪里呢？一般来说，财政和企业是逻辑不同的经营主体。财政不是基于个别回报性原则来提供产品和服务，而是根据社会公共需要向社会成员无偿提供物资和服务。在以税收形式筹措货币并向产品市场和要素市场支付货币的过程中，体现的不是逐一对应的交换关系。这是政府经济与市场经济根本上的差异。也因此，财政基本是以"量出为入"的原则运作，而与企业和家庭"量入为出"运作原则有很大的不同。当然从预算平衡考虑财政有时也会运用"量入为出"原则，但其深层逻辑上与企业是有根本不同的。

在"量出为入"运作原则下，政府职能所确定的保障范围或干预范围决定了财政支出的边界和强度。受长期计划经济体制影响，我国政府职能过宽，内部组织结构不合理，对市场和社会分权不足，形成严重的错位。这种错位从两个方面对财政带来影响，一是管了不该管的事情，导致财政保障面过宽，并且从管事演变成养人，尾大不掉，甚至变成"养人不干事"的吃饭财政局面；二是管的事没有效率，比如锦标赛模式下各地方政府对市场经济的干预，往往打着宏观调控和"集中财力办大事"的旗号，投入巨额财政资金，实际很多支出效率极其低下。不该保的保了，不该花的花了，花的钱没有效率，而该保的又没钱了。行政管理体系的低效，决定财政资金使用的低效。长期下来，财政就陷入一种恶性循环，不仅宏观税负居高不下，损害了市场经济配置效率和健康发展，也使政府财政整体性压力不断加剧，并必然地影响到政府间财政关系问题，在财权上移事权下移的过程中，带来普遍的基层财政困难。因此，要想真正理顺政府间财政体制，转变政府职能这个前置条件必须加以研究解决，只有这样才能使改革拥有足够的空间。

（二）我国转变政府职能改革实践与现存问题

1. 政府职能改革实践历程回顾

1978 年以来，我国经历了七次比较大的政府改革（即 1982 年、1988 年、1993 年、1998 年、2003 年、2008 年、2013 年）。总体而言，这些政府职能改革遵循了与特定时点下市场经济体制改革相适应的基本逻辑。1982年政府改革的主题是机构精简，这是根据"计划经济为主，市场经济为辅"的经济体制改革思路进行的。1992年我国社会主义市场经济目标确立，与之适应的政府职能转变随后成为1993年行政体制改革的主题，解决政府部门间职能交叉、权责不明，实施国家公务员制度成为改革的重要内容。1998年，随着市场体系改革走向深入，按照依法治国、依法行政原则，结束专业经济部门直接管理企业的体制成为当年机构改革的总体目标，几乎所有的工业专业经济部门都被撤销，国务院机构减少1/3，人员减少50%。2003年，为适应中国加入世界贸易组织，各级政府着力加快了行政审批制度改革的步伐。2008年，则遵循十七大提出的基本公共服务均等化目标，按照精简统一效能的原则和决策权、执行权、监督权既相互制约又相互协调的要求，初步探索了大部制改革。2013年的政府机构改革，是距今最近的一次。按照十八大提出"深入推进政企分开、政资分开、政事分开、政社分开，建设职能科学、结构优化、廉洁高效、人民满意的服务型政府"的基本要求，各级政府将以简政放权、放管结合、优化服务为主要内容"放管服"改革作为转变政府职能的关键抓手，从取消下放审批事项、深化商事制度改革、加强事中事后监管、着力优化政务服务和推进"双创"新动能成长等方面着力。其中，深化行政审批制度改革成为突破口，权力清单、责任清单和负面清单制度成为改革探索的重要内容和方向。

2. 改革成效与现存的问题

经过这么多年改革，相对于改革之前的全能型政府和改革初期的经济建设型政府，我国政府职能有了巨大的转变。尤其新一届政府推进的"放管服"改革取得较好成效。截至2016年底取消下放国务院部门行政审批618项，减少行政审批事项超过1/3，不少地方取消下放比例超过50%。非行政许可审批彻底终结。"三证合一"等商事制度改革，大大降低了企业准入门槛和生产经营成本，改善优化了营商环境。据初步统计，2016年前三季度，全国新登记企业平均每天达到近1.5万户，市场活力明显增强。

但是，相对于完善社会主义市场经济的客观需要，政府职能转变仍然严重滞后，直接制约了经济社会发展和国家治理体系的创新。综合来看，主要存在以下几方面问题：

（1）政府职能定位不清，行政成本居高不下。

从目前来看，政府职能定位中若干重大关系还没有很好地理顺，包括政府与市场的关系，政府与社会的关系，以及中央与地方的关系。市场竞争完全能够解决的大量事务仍然被政府牢牢抓住不放，而诸多政府应该承担的核心职能，如医疗卫生、义务教育、社会保障等基本公共服务，却没有很好地履职。受计划体制下"全能型政府"思维影响，政府不仅向市场分权不足，政府对社会的分权也严重滞后。狭隘的管控思维导致社会组织发育迟缓，社会公共服务的有效供给远远无法满足民众日益增长的需要。由于政府职能定位不清，使得机构改革效果屡屡反弹，没能从根本摆脱"精简—膨胀—再精简—再膨胀"的循环。各级政府机构庞大，财政供养人口太多（见表9－1），导致政府运行成本居高不下，财政负担沉重。2005～2015 年，经过 10 年改革，不减反增，财政供养人员绝对数量由 4460 万人增长到 5086 万人，尽管财政供给系数略有下降，但净增 626 万人，增长 14%。

表9－1　　2005～2015 年我国财政供养人员规模和财政供给系数

年度	总人口（万人）	财政供养人员（万人）	财政供给系数（%）
2005	128323	4459.83	29
2006	129131	4460.30	29
2007	129919	4549.09	29
2008	130827	4630.70	28
2009	131661	4724.51	28
2010	133277	4796.32	28
2011	134042	4884.19	27
2012	134789	4944.26	27
2013	135516	4976.00	27

续表

年度	总人口（万人）	财政供养人员（万人）	财政供给系数（%）
2014	136247	5042.00	27
2015	137086	5086.00	27

注：财政供给系数＝总人口/财政供养人员。

（2）简政放权不到位，协同配套亟待加强。

简政放权是当前政府职能转变的核心内容，但目前政府部门权力下放仍远远不够，各种审批和各种"评"仍然太多，严重损害企业投资积极性。一方面是权力该放没放，另一方面，已经放权的往往"含金量"较低，并且协同配套严重不足，落地效果欠佳。比如在企业设立环节，"照"后还有繁多的"证"，准入门槛仍然很高。再如生产环节，以江苏宿迁为例，工业类产品生产许可涉及10个部门、680多个品种，甚至连化工产品配方、制造业工艺流程都要审批，还要企业支付评审费。连企业的商业秘密政府都要去审批和干预，企业怎么会去投资和发展？还有一些地方，立项权放下去了，但前置审批没放，企业两头跑；还有的地方权力是放下去了，但一些审批事项专业技术性比较强，基层政府部门力量不足难以承接；还有一些权力下放过程中，出现与现行法规不合以及政策打架的问题，带来诸多诟病，严重影响政府公信力。

（3）条块矛盾依然凸显，纵向职责同构问题突出。

我国的行政管理体制具有鲜明的"条块"特征。长期以来，尽管经历了几轮大的政府机构改革，但条块矛盾一直没有得到很好的化解。究其根源，便在于中国政府纵向间职能划分不明晰，矛盾无法在既定制度框架中化解。这是中国与西方单一制国家"条块"问题不显的根本性差别所在。在中国的政府间关系中，不同层级的政府在纵向间职能、职责和机构设置上高度统一。在这种职责同构模式下，每一级政府都管理大致相同的事情，在机构设置上相应就表现为"上下对口，左右对齐"。职责同构模式在特定历史条件下发挥过一定的作用，与前苏联高度中央集权的模式相比，有助于调动地方的积极性，同时也避免了计划向市场过渡过程中地方和部门的过度分散。但在彻底推进市场经济体制改革之后，一方面，全能型地方政府的发展受"块块"利益的影响，严重阻碍了全国统一市场的形成，另一方面，"条条"的辖制又削弱了市场配置资源的优势，限制了地方的活力。职责同构成为"条块矛盾"长期无法化解、政府职能转变和机构改革不能很好到位的一个重要症结。这种职责同构下的全能型政府，不仅增加了政府运行成本，滋生了官僚主义，更重要的是延缓了政府向市场和社会分权的过程，不利于培养社会自治能力，也不利于市场活力的释放。

（4）部门利益阻碍政府职能转变，严重弱化行政合力。

随着市场化改革的深入，利益主体日趋多元，一些部门将公共权力市场化，演变成为自利性组织。由于政企、政事没有真正分开，因此在事实上形成了政府部门与企业和事业单位之间的利益链条，并为部门利益的实现提供了可能。同时，我国行政部门决策职能与执行、监督职能不分，也使决策部门很容易受到执行利益的干扰，在监督问责流于形式的情况下，导致国家利益部门化。此外，各级政府间事权财权不清，地方政府部门经费保障不足，也促使一些部门通过收费和罚款弥补经费不足，使公共服务变成有偿服务，进一步加剧了部门利益的恶性膨胀。由于部门利益的存在，造成行政管理体制改革进展缓慢，政出多门，法出多门，成为大部制改革的最大阻力。在狭隘的部门利益驱使下，各部门往往忽视全局利益，缺乏合作，严重弱化了行政合力，降低了政府的整体行政效率。同时，还滋生了寻租和腐败，败坏了社会风气。

（三）政府对市场管制的量化分析及国际对比——基于 PMR 指数

国内对政府职能转变和对市场管制的分析，多数基于定性的讨论和判断。为了在更广阔的视野里寻找一个具有可比性和参照性的框架，我们利用 OECD 组织发布的 PMR 指数进行更加直观量化的分析和比较。

1. PMR 指数的介绍

OECD 为衡量成员国的政府规制情况，自 20 世纪 90 年代开始，制定了产品市场规制指标体系（product market regulation indicators，简称 PMR 指数）。通过将对产品市场竞争产生影响的法律和规制等定性资料转化为定量数据，对各国经济整体和特定行业部门规制进行评分。由于 PMR 指标体系背后的大部分数据资料均来自 OECD 调查结果，能够较好地保证 PMR 指标在国际间的可比性。从 OECD 网站公布的数据来看，主要包括了 1998 年、2003 年、2008 年和 2013 年四个年度的数据。覆盖范围包括 OECD 成员国和一些非成员国。中国自 2008 年开始纳入到该指数的统计当中，同时列入的还有金砖五国其他几个成员。

　　2008 年 OECD 修改后的 PMR 指数主要由一级指标、二级指标、三级指标共三个层次指标构成。一级指标包括政府对企业的控制、设立企业的法律和行政壁垒以及贸易投资壁垒，各占 1/3 的权重。每个一级指标下均设 2～3 个二级指标，7 个二级指标下共设 18 个三级指标（见图 9－2）。PMR 分值在 0～6，分值越低表示规制水平越低，反之越高。

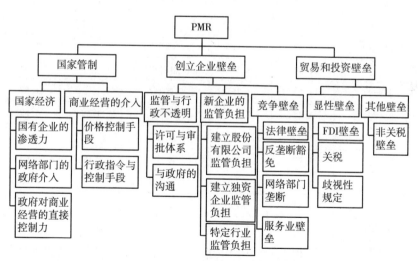

图 9－2　OECD 修改后的 PMR 指标体系结构示意图

2. 中国 PMR 指数得分情况及国际对比

考虑此次研究的主题和可获得的数据情况，除了总的 PMR 指数之外，我们还选取 PMR 中三个一级指标，即"国家管制"（State control）、创立企业壁垒（Barriers to entrepreneurship）、贸易和投资壁垒（Barriers to trade and investment）分别加以考察。样本为有中国统计数据以来 2008 年和 2013 年两个年度。

（1）PMR 指数比较。

随着时间推移，PMR 指数所选样本国家不断增加，到 2013 年总计有 46 个国家，其中非 OECD 国家 12 个。从下列图表中我们可以清晰看到，与 OECD 国家相比，非 OECD 国家指数普遍偏高，而中国的 PMR 指数 2008 年为 3.17，2013 年为 2.86，在所有样本国家中排名倒数第二，仅次于印度（见表 9 -2、图 9 -3）。

表 9 -2 　　　　　　　2008 年、2013 年 PMR 指数国际比较

国家	2008 年	2013 年	国家	2008 年	2013 年
荷兰	0.96	0.92	智利	1.75	1.51
英国	1.21	1.08	瑞士	1.61	1.52
奥地利	1.37	1.19	立陶宛*	—	1.52
丹麦	1.34	1.21	保加利亚*	—	1.57
新西兰	1.23	1.26	马耳他*	—	1.57
澳大利亚	1.44	1.27	美国	1.59	1.59
德国	1.4	1.28	拉脱维亚	—	1.61
爱沙尼亚	1.37	1.29	波兰	2.04	1.65
芬兰	1.34	1.29	塞浦路斯*	—	1.65
意大利	1.51	1.29	罗马尼亚*	—	1.69
葡萄牙	1.69	1.29	斯洛文尼亚	1.89	1.7
斯洛伐克	1.62	1.29	希腊	2.21	1.74
匈牙利	1.54	1.33	韩国	1.94	1.88
比利时	1.52	1.39	墨西哥	2.05	1.91
捷克	1.51	1.41	克罗地亚*	—	2.08
日本	1.43	1.41	以色列	2.23	2.15

续表

国家	2008 年	2013 年	国家	2008 年	2013 年
加拿大	1.53	1.42	南非*	2.65	2.21
西班牙	1.59	1.44	俄罗斯*	2.69	2.22
爱尔兰	1.35	1.45	土耳其	2.65	2.46
卢森堡	1.44	1.46	巴西*	2.54	2.54
挪威	1.54	1.46	印度尼西亚*	—	2.85
法国	1.52	1.47	中国*	3.17	2.86
冰岛	1.48	1.5	印度*	3.4	3.1
瑞典	1.55	1.5	非 OECD 国家	2.89	2.15

注：（1）表中数据为 OECD 官方网站 2017 年 7 月 11 日发布数据；（2）带星号为非 OECD 国家。

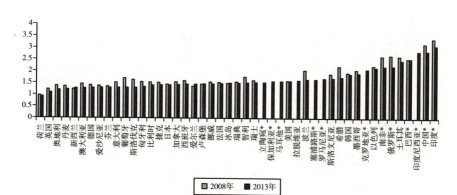

图 9 - 3　2008 年、2013 年各国 PMR 指数升序排列

注：（1）表中数据为 OECD 官方网站 2017 年 7 月 11 日发布数据；（2）带星号为非 OECD 国家。

（2）分项指标考察：国家管制、创立企业壁垒和贸易投资壁垒。

为更深入地考察中国与其他国家在政府产品市场管制方面的比较情况，我们选择一些主要国家，对 PMR 指数的三个一级指标，即国家管制、创立企业壁垒和贸易投资壁垒情况做进一步对比分析。

国家管制指标。2008 年，中国"国家管制"指标为 4.08，所有样本国家中最高,并且是唯一一个超过4的国家。到2013年为3.57,数据低于印度和印度尼西亚,说明国家管制比前有所放松(见表9-3)。

创立企业壁垒指标。2008年、2013年中国创立企业壁垒指标值分别为3.16、3.13,在所有样本国家中居第二位,仅次于印度。

贸易和投资壁垒指标。2008年,中国贸易和投资壁垒指标值为2.27,仅次于印度,居于第二位;2013年为2.24,在所有样本国家中仍居第二位,仅次于巴西(见图9-4~图9-6、表9-4、表9-5)。

表9-3　　　2008年、2013年PMR指数"国家管制"指标国际比较

国家	2008年	2013年	国家	2008年	2013年
荷兰	1.44	1.43	比利时	2.15	2.19
英国	1.63	1.57	意大利	2.66	2.22
爱沙尼亚	1.81	1.61	瑞士	2.39	2.22
奥地利	1.95	1.67	塞浦路斯	—	2.26
德国	1.98	1.84	法国	2.41	2.37
日本	1.90	1.85	卢森堡	2.34	2.45
西班牙	2.16	1.86	韩国	2.44	2.47
丹麦	1.98	1.92	斯洛文尼亚	2.74	2.50
加拿大	1.96	1.92	巴西	2.65	2.51
澳大利亚	2.14	1.94	克罗地亚	—	2.53
马耳他	—	1.95	瑞典	2.66	2.68
冰岛	1.84	1.97	美国	2.65	2.70
捷克	2.14	1.98	罗马尼亚	—	2.78
墨西哥	2.12	2.02	保加利亚	—	2.80
拉脱维亚	—	2.02	希腊	3.33	2.82
匈牙利	2.03	2.05	以色列	3.02	2.92
新西兰	1.93	2.06	波兰	3.32	3.06
智利	2.33	2.10	南非	3.42	3.12
爱尔兰	1.84	2.12	俄罗斯	3.84	3.41

国家	2008 年	2013 年	国家	2008 年	2013 年
挪威	2.20	2.13	土耳其	3.66	3.44
芬兰	2.18	2.13	中国	4.08	3.57
斯洛伐克	2.36	2.17	印度	3.73	4.02
立陶宛	—	2.18	印度尼西亚	—	4.04
葡萄牙	2.89	2.18	—	—	—

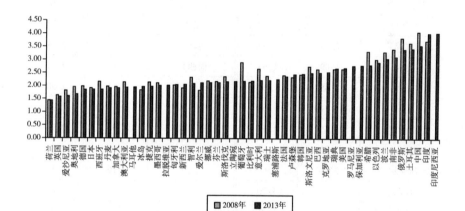

图 9-4 2008 年、2013 年各国 PMR 指数——"政府控制"升序排列

表 9-4 2008 年、2013 年 PMR 指数"创立企业壁垒"指标国际比较

国家	2008 年	2013 年	国家	2008 年	2013 年
斯洛伐克	1.74	1.15	卢森堡	1.75	1.71
新西兰	1.09	1.18	比利时	2.12	1.78
荷兰	1.31	1.19	斯洛文尼亚	2.00	1.81
意大利	1.30	1.22	捷克	1.90	1.82
丹麦	1.55	1.26	韩国	2.16	1.87
奥地利	1.46	1.31	希腊	2.53	1.91
加拿大	1.36	1.34	爱尔兰	1.99	1.98

续表

国家	2008 年	2013 年	国家	2008 年	2013 年
葡萄牙	1.83	1.35	克罗地亚	—	1.99
英国	1.74	1.49	智利	2.45	2.02
俄罗斯	2.28	1.54	拉脱维亚	—	2.03
芬兰	1.58	1.55	罗马尼亚	—	2.06
美国	1.57	1.55	冰岛	2.17	2.07
瑞典	1.62	1.56	塞浦路斯	—	2.09
爱沙尼亚	1.78	1.56	西班牙	2.20	2.10
立陶宛	—	1.57	南非	2.65	2.17
波兰	2.49	1.64	马耳他	—	2.18
德国	1.89	1.65	墨西哥	2.45	2.19
日本	1.65	1.67	以色列	2.57	2.50
法国	1.74	1.68	印度尼西亚	—	2.72
澳大利亚	1.65	1.69	土耳其	2.90	2.78
挪威	1.82	1.69	巴西	2.80	2.88
匈牙利	2.20	1.69	中国	3.16	3.13
保加利亚	—	1.70	印度	4.12	3.61
瑞士	1.81	1.71	—	—	—

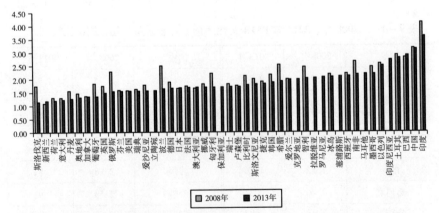

图 9 – 5　2008 年、2013 年各国 PMR 指数——"创立企业壁垒"升序排列

表 9 - 5　　2008 年、2013 年 PMR 指数"贸易和投资壁垒"指标国际比较

国家	2008 年	2013 年	国家	2008 年	2013 年
荷兰	0.14	0.12	斯洛伐克	0.77	0.55
比利时	0.30	0.18	挪威	0.60	0.57
澳大利亚	0.53	0.19	马耳他	—	0.57
英国	0.25	0.20	奥地利	0.71	0.60
芬兰	0.27	0.20	塞浦路斯	—	0.60
卢森堡	0.22	0.21	瑞士	0.62	0.62
罗马尼亚	—	0.22	日本	0.74	0.71
保加利亚	—	0.23	爱沙尼亚	0.53	0.71
匈牙利	0.38	0.24	拉脱维亚		0.77
波兰	0.33	0.24	斯洛文尼亚	0.93	0.79
爱尔兰	0.23	0.26	立陶宛	—	0.80
瑞典	0.37	0.26	加拿大	1.27	1.01
法国	0.40	0.35	以色列	1.09	1.03
葡萄牙	0.35	0.35	土耳其	1.40	1.16
德国	0.34	0.36	韩国	1.23	1.30
西班牙	0.42	0.37	南非	1.89	1.34
捷克	0.48	0.42	墨西哥	1.58	1.52
意大利	0.58	0.42	印度	2.35	1.67
智利	0.47	0.43	俄罗斯	1.94	1.71
丹麦	0.48	0.45	克罗地亚	—	1.71
冰岛	0.43	0.45	印度尼西亚		1.80
希腊	0.79	0.49	中国	2.27	1.89
美国	0.55	0.52	巴西	2.17	2.24
新西兰	0.66	0.53	—	—	—

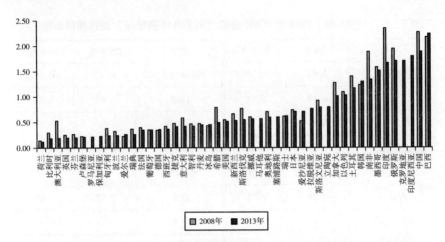

图 9 – 6　2008 年、2013 年各国 PMR 指数——"贸易投资壁垒"升序排列

3. 总结分析

从样本覆盖范围来看，基本囊括了主要的发达国家、发展中国家，以及转轨国家，地域上也覆盖了各个大洲，与中国类似的其他金砖四国也都在列，因此该指数具有较好的可比性，可以充分说明问题。除了低于印度（个别低于巴西）之外，中国的总指数和各分项指标都明显高于其他国家，尤其显著高于 OECD 国家平均水平，说明我国政府管制水平过高，亟待向市场放权，为其松绑。

（四）转变政府职能的思路举措

1. 明确政府职能转变的方向和基本思路

现代国家治理体系的建设，为政府职能转变和行政体制改革确立了新的整体性的愿景目标。在政府"自我革命"过程中，要按照现代国家治理体系的内在要求，重新调整和理顺政府职能。在经济、社会、文化等领域的管理职能上，扮演"教练员"角色，主要任务是营造良好的发展环境。在教育、医疗、就业等领域积极发挥服务职能，充当"运动员"，在提供好最基本的公共产品与服务的同时，也要允许民间资本和国外资本公平进场，通过 PPP 等形式共同提供相关公共产品和服务。

在维护社会秩序和社会公平等领域做好保障职能，扮演"裁判员"角色，为弱势群体提供基本保护。要结合权力清单、责任清单和负面清单制度改革，逐步调整政府的经济管理职能，尽可能地放权于市场，凡是市场能做到的，就尽量让市场去做。要改进社会管理方式，在处理政府——社会——民众的关系上，政府要学会向社会"放权"，积极培育社会组织，只有社会做不了做不好的，各级政府再施以援手。

在中央与地方关系上，应支持单一制体制下保持中央适度的集权，同时也要明确当前改革的基本方向仍是"分权"。但需要注意的是，我们在讨论分权时应有所区分，并非一分了之，一分就灵。对政府权力应该有更加细致的分类，从地方提供更多公共产品与服务需要而言，建议给予地方与之匹配的更多的财权财力。但在经济管理审批权限上看，中央对地方也并非分权越多就越好，当前各地重复建设和产能过剩等突出矛盾令人反省。世界银行哈默博士1994年在参观完北京、上海、辽宁之后曾讲，中国中央权力下放的程度要比美国高，甚至比加拿大高。中央决策权下放在今后15年内将对中国的经济改革和社会稳定构成主要威胁。地方当局扩大了经济自主权，但自私和目光短浅的地方政府使中国各地出现了重复投资的现象。"即使美国也难以承受这种重复投资"。当前供给侧结构性改革中"去产能"问题的制度根源即在于此。因此，分权的关键，并不在于中央分给地方，关键在于是否真正分给了企业和市场。很多的重复建设和产能过剩，背后是地方政府的影子。因此，权责清单和负面清单制度是个关键。尽管目前还在推进和探索当中，但是代表了方向。就是要通过清单这种制度化的方式明确政府放权的边界，使分权真正到位，发挥作用。

2. 优化政府组织结构的横向与纵向配置

新公共管理第二轮改革特别突出"整体政府"的理念，强调政府与公共部门的协同性，通过实施部门间跨界合作、整合机构设置、实现资源与责任共享，发挥公共服务的整体效能。日本20世纪90年代的大部制改革就取得了很好的效果。我国政府组织结构的整体效能不高，为此要在横向与纵向上分别加以优化。

在横向上，深入推进大部制改革，促进政府部门间的优化整合与跨界合作。按照宽职能、少机构、综合管理的要求，对政府职能和机构进行重组。坚持一件事情原则上由一个部门负责，健全部门间的协调配合机制。建议涉农部门如农业部、水利部和林业总局整合为大农业部；教育部、科技部、知识产权局整合为教育科学部；文化部、国家文物局、旅游局、体育总局和新闻出版广电局整合为大文化部；财政部与国税总局合并为财税部；人社部和民政部合并为社会保障部；国家工商、质检、食药监局合并为市场监管局；银监会、证监会和保监会合并为金融监管委员会；国务院发展中心等政策研究智库机构整合为国家战略智库中心；等等。通过大部制改革，真正实现简政目的，节约人力物力资源，避免部门重复设置，减少职责交叉，强化政府权威，落实责任追究，并借此化解和预防部门利益问题。

在纵向上，进一步优化政府间职能划分和机构设置的适配度。目前，政府间事权划分是分税制财政体制改革的关键所在。从政府宏观调控职能来看，应适当增加弹性，中央政府着重总量调节，而地方则应淡化调控和增长目标，更多关注公共服务而不是 GDP。在合理划分政府间事权与支出责任的过程中，要同步考虑解决纵向"职责同构"问题。根据各级政府所应承担的各自职能的需要，而不再单纯因为"上下对口"，设置与其相称的机构，逐步消除条条管理的负面制度效应。当然，在此过程中还要综合考虑未来政府层级调整的可能，后面我们会讨论到这个问题。

3. 完善政府决策、执行、监督运行机制

良好的政府运行机制，关键在于职责明确，分工清晰，既相互制衡，又互相协调。针对我国政府运行中的实际问题，当前迫切需要实现决策、执行、监督三权之间的适当分离和有效制衡。从决策层面来看，在提高决策科学性、透明性和参与性的基础上，要着力增强政府决策部门的协调能力和权威性，界定决策单位和执行单位之间的权责关系，并且在提高执行力方面不要再过度依赖于提高行政级别或高配干部的方式，而更多地依赖于政绩本身的考核。从执行层面来看，要坚持公开、公平、公正执法，坚持谁执法谁负责。要着力打破行政体制内部以及事业单位的垄断，鼓励社会力量和民众的参与，努力取得政策认同，调动各方面的积极性，形成合力作用，进而提高公共服务供给的效率和质量。从监督层面来看，要继续完善监督机制，在充分发挥监察、审计和部门内部监督机构作用基础上，更好地发挥社会监督和舆论监督的作用。要着力改善反馈机制，建立和完善纠错机制，并健全责任追究制度。

第三节　调整行政区划，为分税制改革冲破权力再分配框架束缚

（一）分税制体制困境与行政区划调整

行政区划是国家权力再分配的基本框架，在国家政治经济活动中占有十分重要的地位。行政层级设置的协调、合理，国家行政权力运行便顺畅、高效，反之，则必然会对相关地区政治、经济和社会发展产生深刻的负面影响和制约。分税制财政体制改革，是近 20 余年来我国政治经济领域推进的一项核心制度变革。这一改革的设计和实施，均依附于现实的行政区划框架之上。行政区划设置的利与弊，均在分税制财政体制上打下深刻的烙印。

由于我国政府层级过多，在确定各级政府主体税种时，地方基层面临无税可分的尴尬，而上级对下的转移支付又由于链条过长，层层扒皮，基层面对缩水和挪用的无奈。事权、财权和财力难以对称，政府间互不信任带来巨大的博弈和监管成本，基层财政越来越沦为"吃饭财政"而无法提供优质、高效的公共服务，都成为分税制被诟病的重要方面。也因此，有了省直管县财政体制改革和乡财县管的探索与创新。但是，在行政区划没有调整的情况下，财政改革单兵突进，其面对的困难和出现的扭曲几乎是必然的。因此，要实现分税制财政体制从当前的困

境中破围，深入推进行政区划调整是必然的要求。

党的十八大报告也提出，要"深化行政体制改革"，并明确提出要"优化行政层级和行政区划设置，有条件的地方可探索省直接管理县（市）改革，深化乡镇行政体制改革"。可以说，优化行政层级和区划设置不仅是分税制改革的需要，其本身已经成为全面深化改革顶层设计的重要内容。

我国《宪法》第三十条规定："中华人民共和国的行政区域划分如下：（一）全国分为省、自治区、直辖市；（二）省、自治区分为自治州、县、自治县、市；（三）县、自治县分为乡、民族乡、镇。直辖市和较大的市分为区、县。自治州分为县、自治县、市。自治区、自治州、自治县都是民族自治地方。"值得注意的是，在对省、自治区的划分上，县与市是并列的。这是省直管县的法律支撑。同时，1978年宪法修订时所补充的"直辖市和较大的市分为区、县"，则为市管县提供了合法性依据。同时，《中华人民共和国地方各级人民代表大会和地方各级人民政府组织法》第六十八条规定："省、自治区的人民政府在必要的时候，经国务院批准，可以设立若干派出机关。县、自治县的人民政府在必要的时候，经省、自治区、直辖市的人民政府批准，可以设立若干区公所，作为它的派出机关。市辖区、不设区的市的人民政府，经上一级人民政府批准，可以设立若干街道办事处，作为它的派出机关。"这是深化乡镇行政体制改革的重要法律遵循。

尽管一般来说，我国行政层级包括中央、省、市、县、乡五级政府，但中国实际的区划要复杂得多。从图9-7中可以看到，我国现行地方行政区划虚实结合，以实为主，基本框架为四实（省、自治区——地级市、自治州——县、自治县、县级市、市辖区——乡、民族乡、镇）和三实一虚（省、自治区——地区、盟——县、自治县、旗、自治旗——乡、民族乡、镇）。层次最多时，如新疆伊犁哈萨克自治州，虚实相加达到6个，而层次最少的只有3个。

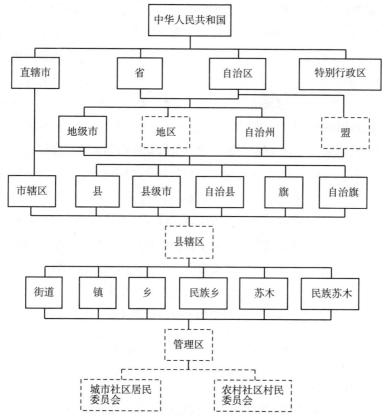

图9-7 中华人民共和国行政体系结构

资料来源：浦善新：《中国行政区划改革研究》，商务印书馆2006年版（2013年10月重印）。

总体来看，我国现行行政区划还不能完全适应国家经济、社会、文化发展的需要，特别是全球化、城市化、信息化的步伐都在大大加快，行政区划与社会主义市场经济体制越来越不相协调。现存问题主要包括：管理幅度偏小，管理层次过多；省级政区特别是自治区幅员偏大；市管县体制面临市场经济的严峻挑战；县乡村规模偏小限制了生产要素的有效配置；犬牙交错的行政区域界线尤其是省级边界人为破坏了自然经济区的完整和统一；同级政区规模过于悬殊加剧了行政区划的不规范性和行政管理体系的混乱；等等。

在上述问题当中，管理层次过多和市管县体制矛盾近年来最受争议。

从区划层次来看，层级多必然机构重叠，整个国家行政机构膨胀臃肿，而机构臃肿必然带来效率低下、人浮于事和官僚主义。多一个层次，权力下放就多了一个台阶，信息的传递和反馈多了一道关卡，中央政策的执行效率必然受到影响，企业和民众的负担也必然会加重。从市管县来看，其体制初衷是城乡合治、以城带乡，实现城乡经济社会协调发展。这一体制带有明显的计划经济色彩，根本目的是要靠行政手段推动城乡经济共同发展。随着计划经济向市场经济的过渡，分权化的市场改革迅速固化和分化了地方利益，导致地方竞争和地方政府公司化的倾向。市与县之间的利益出现分离，原先用来实现城乡协调发展的行政手段，反而加剧了行政壁垒，不仅没有产生以城带乡的效果，还加剧了城乡二元格局。市管县体制使市完全演变成一种广域型建制，造成了虚假的城镇化现象，"跑马圈地"之下，集约化不足，造成土地的严重浪费。市管县体制下，在省与县之间增加一个管理层级，由于市县职能同构，加剧了市县之间利益冲突，出现"市卡县""市刮县"问题，同时增加了行政管理成本，降低了行政效率。

（二）中国行政区划合理性评价——基于历史和国际化视野

1. 中国行政区划的历史演进

中国自秦汉以来，历代地方行政层级以虚、实三级制历时最长，层级演变体现出较明显的规律性，即二级制多存在于各王朝开明盛世、最高地方政区通名更换之前，然后是虚三级制，再实三级制，多级制为少数民族统治时期特有。据初步统计，自秦至民国末近2200年中，二级制290年，占13.5%；虚三级制640年，占29.7%；实三级制600年，占27.8%；三级、四级并存制276年，占12.8%；多级制350年，占16.2%。总体来看，多数稳定在三级模式，即高级行政区（州、道、路、省等）、管辖县级行政区（府、市）、县级行政区（县），其中省、县两级最为稳定（见表9-6）[1]。

---

[1] 中国历代封建王朝政区只划分到县级，即所谓"皇权不下县"，因此历史上的二级制相当于现在的三级制。

表 9－6

中国历代行政区划层级和人口变迁

时期	地方行政区划模式	高层政区数	统县政区数	县级政区数	统县政区幅度	人口（万人）	单个县级政区所辖人口（万人）	人口统计时点
秦	郡－县，二级制	—	49	1000	20.4	2000	2	前221年
西汉	郡－县，郡上设14部监察区（州），向三级制过渡	14	103	1587	15.4	5000	3.2	前49年
东汉	州－郡－县，监察区变为行政区，三级制	14	105	1180	11.2	6500	5.5	157年
三国	州－郡－县	16	158	1190	7.5	2279	1.9	265年
西晋	州－郡－县	19	172	1232	7.2	2512	2.0	280年
北周	州－郡－县	221	508	1124	2.2	1250	1.1	580年
隋	州（郡）－县	—	190	1255	6.6	5032	4.0	609年
唐初	州－县（州上派十道监察官）	—	328	1573	4.8	6400	4.1	742年
唐末	道（路/方镇）－州－县，二级变三级	48	295	1453	4.9	—	—	—
北宋	（路）－州－县，二级半体制	23	337	1270	3.8	6660	5.2	1080年
元末	行省－（道）－路－（府）－（州）－县，三级到五级	16	270	326	1.2	6036	4.6	1330年

续表

时期	地方行政区划模式	高层政区数	统县政区数	县级政区数	统县政区幅度	人口（万人）	单个县级政区所辖人口（万人）	人口统计时点
明	省-布政使司-（府）（州）-（县）-县	15	179	1427	8	10100	7.1	1403年
清	省-（道）-府-县	18	276	1549	5.6	42645	27.5	1901年
民国初年	省-（道）-县	28	93	1791	—	44295	—	1912年
民国末年	省-（专区）-县	48	—	2383	—	49538	—	1928年
中华人民共和国	省-市-县-乡	31	334	2850	8.5	138271	48.5	2016年

备注：(1) 表中自秦至清的行政区划数据整理自周振鹤著《中国行政区划通史》（总论），其中各类政区数在各朝代内都有一定的变化，受资料限制只能选取能看较清晰记载的时点数；唐末、元末和民国四级政区数据参考丁浦善新《中国行政区划改革研究》，其中元末地方实行四级政区体制，第四级政区数为1127个，三级政区数39789个，其中镇20515，乡11315；县级区划数中市辖区921，县级市361，县1397，自治县117。(3) 人口区划数据只是选择与区划数据统计年份相接近的时点。

2. 全球视野下的行政区划设置比较

从世界范围来看，绝大多数国家的行政区划设置都是采用扁三角形结构，管理幅度大，行政层次以二级和三级为主，只有少数国家采用三级以上行政管理体制。西方国家普遍实行城乡分治的管理体制，对于很多关系到整个区域的社会公共问题，通过建立跨区域合作组织实现城乡统筹协调。在能获取资料的 20 世纪 90 年代 223 个样本国家中，采用二级、三级体制的分别为 42.4% 和 23.5%，合计达到 65.9%。二级制以下的占 30.4%。多级制国家只有 8 个，全部集中在亚洲、非洲，占 3.7%（见表 9-7、表 9-8）。

表 9-7　　　　　20 世纪 90 年代世界地方行政区划层级统计

地区	无		一级制		二级制		三级制		多级制		缺	小计
	个	%	个	%	个	%	个	%	个	%	个	个
亚洲	1	2.1	8	16.7	16	33.3	18	37.5	5	10.4	1	49
欧洲	1	2.6	5	12.8	22	56.4	11	28.2	0	0	5	44
非洲	3	5.4	6	10.7	26	46.4	18	32.1	3	5.4	0	56
大洋洲	4	16.7	14	58.3	6	25	0	0	0	0	0	24
北美洲	4	10.8	19	51.4	13	35.1	1	2.7	0	0	0	37
南美洲	0	0	1	7.7	9	69.2	3	23.1	0	0	0	13
全球	13	6	53	24.4	92	42.4	51	23.5	8	3.7	6	223
时代演进												
80 年代	8	4.8	25	14.9	67	39.9	51	30.4	17	10.1		
90 年代	13	6.0	53	24.4	92	42.4	51	23.5	8	3.7		

备注：（1）根据浦善新《中国行政区划改革研究》等相关资料整理，资料年限多数为 20 世纪 90 年代，少数为 80 年代，个别为 21 世纪；（2）多级制 8 个国家分别为中国、朝鲜、韩国、泰国、印度、塞内加尔、马里、坦桑尼亚。

表 9 - 8　　　　　　世界主要国家地方行政区划层级与幅度统计表

国家	人口 （百万）	面积 （万平方 千米）	一级政区		二级政区		三级政区		四级 政区
			个	幅度	个	幅度	个	幅度	
中国	1380	960	34	10.7	333	8.6	2862	15.1	43255
韩国	45.2	10	16	18.4	276	6	1659	52.8	87675
日本	127	38	47	66.5	3124				
菲律宾	70.3	30	76	21	1594	26.1	41657	—	—
印度	1000	297	29	15.1	438	70	30640		
俄罗斯	145	1708	89	28.1	2500	—			—
德国	82	36	16	32.5	520	24.6	12780	—	—
英国	58.8	24	92	4.9	447	24.2	10800		
法国	58.5	55	22	4.8	106	346.8	36763		
意大利	57.5	30	20	4.7	94	86.4	8120		
澳大利亚	18.3	768	8	120	960				
加拿大	30	997	13	330.8	4300	—			—
美国	281	937	51	438	22339	5.5	16666		
巴西	162	855	27	166.3	4490	2	8770		

　　备注：（1）根据浦善新《中国行政区划改革研究》等相关资料整理；（2）美国二级政区包括19296个市和3043个县，县下辖16666个镇（乡），为二、三级并存制（市、镇、乡都是基层政区），因此二级政区幅度为5.5。

　　从国际行政区划的发展趋势来看，行政层次在不断减少，基层政区规模日益扩大（见图 9 - 8）。以近邻日本为例，1926 年日本撤销县、村之间的郡级建制，施行都道府县、市町村二级制。1948 年，有市 217个，町、村10282 个，市町村总数为 10499 个。其后，经过几次立法调整，到 1992 年市发展到 633 个，町村合并为 2602 个，总数仅 3235 个，减少了 69.2%，2004 年市町村总数进一步下降了 4.6%，只剩 3087 个。美国乡镇的数量也从 1942 年的 18919 个减少到 1992 年的 16666 个，50年减少了 11.9%。

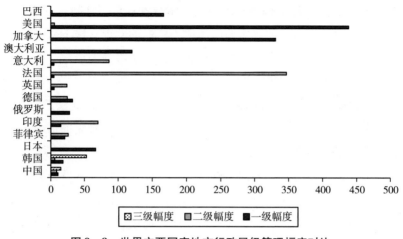

图 9 - 8　世界主要国家地方行政层级管理幅度对比

3. 时空纵横比较下的基本判断

从历史的纵向比较和国际的横向比较来看，中国目前的行政层级设置显然偏多。历史上我国的地方行政区划基本在二级和三级之间循环，除元朝因疆域广阔区划设置格外复杂外，大多数时期都是在三级的设置层次上。而国外施行多级制的除了中国也就只有 7 个国家，并且除新崛起的韩国外，基本都是亚非欠发达国家，并没有体现出行政区划层级多带来的组织优势和效率。另外，从管理幅度来看，中国各级次的管理幅度远远小于国外，一方面表明我国扁平化程度远远不够，另一方面也说明我国政府下辖管理能力并没有充分释放。

（三）调整行政区划的基本思路

党的十八大报告关于行政区划改革提出"有条件的地方可探索省直接管理县（市）改革，深化乡镇行政体制改革"。从中可以看出中央行政区划调整的基本倾向，一是进一步压缩行政层级，推进"扁平化"管理，提高中央政策的执行效率。二是区划调整的关键在市县和乡镇两个层面上。这从《宪法》框架下的可操作性角度也可以得到解释。

1. 总体构想：压缩地方行政层级，实行省县乡三级制

中国行政层级过多需要压缩已经成为广泛的共识，接下来就是压缩哪一个层级的问题。从中国历史演进来看，县一级最为稳定，同时作为幅员辽阔的大国，省一级发挥着联结中央与地方的枢纽作用，从组织管理效率来说也绝对有存在的必要。而且如上所述，在《宪法》框架下，省、县两级被视为最基本、最稳定的行政区划。在不修宪的情况下，也只有考虑地市一级和乡镇一级。

我国是一个传统农业大国，农村人口众多，各种公共事务繁杂，而村级自治水平还不高。近些年来，国家对三农工作非常重视，连续12年出台中发一号文件，支持农业农村发展，促进农民增收。乡镇政府是与农村工作对接的最末端的一级行政机构，如果没有这一行政级次，以县政府直接对话广大农村，对县级政府现行管理能力将构成巨大挑战，难以有效完成。因此乡镇一级政府在目前情况下仍有保留的必要，条件成熟地区可以变为乡镇公所，作为县政府的派出机构。

市管县体制始自20世纪80年代，从实践来看只有二三十年的历史。市级政府本来只是点状行政区，但赋予统筹城乡任务后，变成广域化的面状行政区。随着市场经济体制的逐步完善，市管县"以城带乡"初衷并没有很好的实现，城乡"二元"反而进一步加剧。因此，未来完全可以把市县并列，按照《宪法》的本来面目，实行省直管县模式。对于地域辽阔的少数民族自治地区，可以根据实际需要，在自治区和自治县之间保留自治州，但不作为实一级政府，只作为自治区政府的派出机构，赋予必要的管理职能。

综上，我们认为实行省县乡三级区划，将是未来中国行政层级调整的一个比较理想的模式（参见图9-9）。其中，省、自治区、直辖市和特别行政区作为一级区划；市、县、自治县并列作为二级区划，个别面积广阔的少数民族自治区管理幅度过大，可以在自治区和自治县之间保留自治州，作为自治区政府的派出机构赋予其必要的管理职能。乡、镇、民族乡作为三级区划，条件成熟地区可以设立乡镇公所，具体模式因地制宜，区别对待。

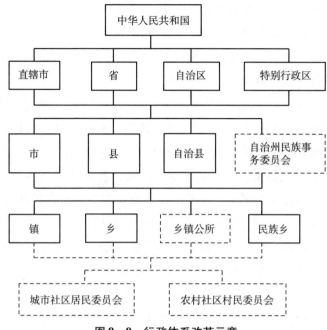

图9-9 行政体系改革示意

注：图中社区居（村）民委员会为自治性机构；乡镇公所为市县派出机构，为准行政区，条件成熟的乡、镇、民族乡可根据自身实际适时改为乡镇公所，作为市县人民政府派出机构。虚线框内为建议设立。

2. 省级区划：适度增加省级区划数量，增设直辖市发挥带动功能

作为中国的一级政区，省级政区划分合理与否直接关系国家的政权建设和行政管理总体框架，对中央与地方关系的构架影响深远。因此，在进行省级区划改革过程中，首要原则必须维护国家长治久安，保障多民族国家的统一和稳定，要充分考量民族问题、国防建设、历史传统等因素，在此基础上兼顾经济社会发展、交通通信联系、自然地理条件、降低行政成本等方面的需要。目前我国省级区划最突出的问题就是数量偏少，平均规模过大，因此改革的着眼点也在于此。从增加省级区划数量上看，主要有两个途径：一是对现有省份和自治区进行拆分；二是增设直辖市。

（1）划小省区、增加数量。这一改革总体看利大于弊。首先，它

有利于各地因地制宜制定决策，避免"一刀切"。其次，有利于减少管理层次，提高管理效率。此外，还有利于解决省（区）与省（区）之间比例失调大小不均的问题。比如江苏，因长江天然分割而形成苏南和苏北，发展个性差异明显；新疆面积广阔，天山阻隔导致南北交通不便，且北疆和南疆民族构成差别很大；内蒙古和甘肃版图过于狭长，东西地理环境、经济、文化均有巨大差异等，上述类似省区如果合理拆分，将方便政策的制定与施行。

（2）新设直辖市。由于我国地域广阔，各省地理条件和经济社会发展水平差异较大，客观上需要增设一批超级中心城市带动邻近地区，组成大经济区。① 目前能起到这种超级中心作用的，除了现有的四大直辖市之外，还有一些城市，如南京、广州、深圳等。鉴于增设直辖市的成本，新设直辖市首先考虑在拥有双中心城市的省份选择。综合地理区位、经济社会基础、历史传统等各方面因素，我们认为南京、深圳、沈阳、武汉、西安、郑州、青岛等7个城市适合增设为直辖市，行政上与省同级。

这样一来，省区分拆整合之后多出8个省级区划，新设直辖市又多出7个省级区划，我国省级政区（不包括港澳台）就变成46个，如果算上特别行政区就接近50个，相对比较合理，又不会造成太过巨大的震动。

3. 市县区划：推进市管县向省管县改革，减少行政管理层次

当前行政区划改革的突破口，就是要稳步推行省直管县，逐步弱化、取消市管县体制，从根本上解决地级政区反复调整和变更的顽症。同时，这也是解决市管县体制违宪行为的迫切要求。

省直管县改革的关键在于实行"市县分置"，互不隶属。市、县都是处于省级之下的二级区划。"市"只管理城市自身这块，县改由省直接管理，县的计划、经贸、财政、国土、交通、水利等经济管理事项，

---

① 冯俏彬、安森东等著：《新型城镇化进程中的行政层级与行政区划改革研究》，商务印书馆2015年版。

包括人事任免，都改由省直接管理。"强县扩权"一直被作为市管县体制向省管县体制过渡中的重要手段，在推进省管县体制过程中，将进一步赋予县与市等同的地位和权能，并且省以上财政经济资源还要向县域侧重倾斜。当然，扩权的做法应与区域发展阶段和县域在区域功能组织中的定位相匹配，逐步有序地推进省直管县和强县扩权改革。

为实现省、县、乡三级区划目标，建议将自治州这一行政建制虚化，同时为保留民族区域自治性质，建议通过法律授权自治州区域内的各县选派代表，组成州民族事务委员会。该委员会的作用是协调省（区）和本州各县的关系，协助解决超过各县域管理范围的共同的民族区域自治问题。委员会带有区域自愿结合的性质，是协调性机构，不是一级政府，因而不向下行使管理权，只以自治州的名义代表各县提出有关民族自治方面的要求和建议。省委派工作时，也直接向县布置，不再经过自治州。这种模式区别于省派出机构，避免了主要向上负责的弊端，通过自下而上联合的方式，更好地体现民族区域自治特点。

对市辖区建制也要逐步加以弱化。淡化市的块块管理方式，将过去以块块为主、条条为辅的模式转变为条条为主、块块为辅的模式，强化市的整体性管理。逐步取消市辖区下面的街道办事处，适当扩大市民自治组织——居民委员会的规模，充分发挥城市居民的自治作用。

此外，要积极发挥省直管县改革背后促进城乡统筹的政策作用，结合国家项目制治理模式，努力使县乡村之间形成利益共同体，责任共担，利益共享，实现省直管县为农村稳定发展托底的政策目标。

4. 乡镇区划：坚持因地制宜原则，完善乡村治理体制

尽管中国历史上都是以县作为最基本的行政单位，所谓"皇权不下乡"，但实际历史上乡级组织体系是很健全的。秦汉以乡为县下的基本行政单位，置三老、啬夫（大乡改为有秩）、游徼，乡下有里、什、伍，5户为伍，10户为什，100户为里，置里正。大体10里为1亭，置亭长负责地方治安和驿传。此后历经沿革，唐代于城郭外设村，相当于里，设村正。北宋王安石变法后，实行保甲制。元代在县下，以50户为一社，置社长和里正。明代实行里甲制，清代又在里甲制基础上实行

牌甲制：10户立一牌长，10牌立一甲长，10甲立一保长。民国时期，县为自治团体，县以下的乡镇为地方基层自治团体，乡以下为保甲。除组织体系健全之外，宗法制度下，与"皇权"相对应的士大夫"绅权"在乡村事务中也发挥着重要的作用，使乡村治理得以维系。新中国成立后，农村宗法制度基本消除，传统乡绅势力也基本消失，在乡村治理中利用政党和行政的组织优势进行管理，形成乡政村治的基本结构。

关于乡镇一级政府存废问题，目前各界争议也很大。总体来说有四种观点：一是直接取消。目前全国乡村社会债务高企，赵树凯等认为，乡镇自身权力系统已处于悬空状态，可以考虑趁势改革，直接将之取消。二是继续保留并加强。该派观点认为新中国将乡镇政府设定为基层政权，不能轻言放弃。在当前条件下应进一步调整县乡纵向分权，使乡镇具有更多的权力和财力，增强其履职能力。三是实行乡镇自治。党国英等提出，乡镇机构改革归根结底还是要走民主自治的道路。因而应撤销乡镇政府，建立自治组织，健全和强化县级派出机构，积极发展社区中介组织，建立代表农民利益的农会。四是虚化乡镇政府机构，由县级政府直接派出机构。其理由是，取消农业税后，乡镇财政实行乡财县管，乡镇权力已被虚化，取消乡镇政府，改为县级政府派出机构，有利于财权事权统一，有效化解"条块分割"矛盾。

我们认为，乡级政府最终保留与否，不能简单地作出"一刀切"式的结论。从实际情况看，要根据乡村经济发达程度、村级自治水平、工业和农业类型，以及是否为民族区域自治地区等，确定乡镇政府的虚实存废。但从当期来看，乡级政府应予以保留。未来乡镇自治是一个趋势，但是目前实现乡镇有效自治的基础条件尚不具备，应根据实际情况区别对待，分步推进。只有基层乡镇真正有自治的内在迫切要求时，我们才能认为实行自治是适宜的。具体来说，目前要结合乡村交通、通信、电力等基础设施明显改观的条件变化，推进撤乡并镇，进一步减少乡级政区数量，提高行政效率。同时，积极发展中介组织和代表农民利益的农会，并充分发挥基层党组织在其中的作用，使基层政府职能在市场、社会组织发育过程中实现顺利的转换，该剥离的剥离，该加强的加强，形成良好的服务意识和角色定位。未来，随着城镇化的推进，农村人口密度下降，现代化管理水平的提高，在条件成熟时可以将乡（民族乡、镇）政府改为县级政府的派出机构。成熟一个改一个，成熟一批改一批，不搞"一刀切"。等经济富裕到一定程度，基层自治能力和基础越来越好，主观意愿越来越强烈，再水到渠成进入到"乡村自治"的轨道上来。

第四节　以政府绩效考核和国地税改革为切入，完善财政分权视角下政府间激励约束机制

（一）关于政府间激励的相关文献

1. 财政分权理论回顾

1956 年，蒂布特发表《地方支出的纯理论》，成为现代财政分权理论兴起的标志。其后，经过斯蒂格利茨、马斯格雷夫、奥茨等人的补充和扩展，该理论日益丰富，成为十分有影响力的流派。早期的财政分权理论将地方政府看成是"无私的"，假定政府是公共利益的守护者，会尽一切可能实现社会福利的最大化。他们对财政分权的合理性、必要性给出了一定的解释和说明，其核心观点认为，不同公共物品的社会成本和收益是有差别的，地方政府对本辖区拥有信息优势，因此有必要分层次分级别提供公共物品。居民有权"以手投票"选举地方官员，同时"以脚投票"选择地方的税收和公共服务水平。财政分权将资源配置权力更多地向地方政府倾斜，通过地方政府间竞争，能够更好地反映纳税人偏好，最终提高社会总的福利水平。

进入 20 世纪 80 年代以来，全球出现了普遍的分权趋势，其中不仅包括发达国家，也包括了发展中国家和转轨国家。标志分权程度的联邦制程度指数从 1975 年的 1.03 提高到 1995 年的 1.94（Arzaghi & Henderson，2005）。这一趋势推动了第二代财政分权理论的发展。新的分权理论不再认为政府是"无私的"，而是认为地方政府是"利己的"，他们

追求的并不是社会福利最大化，而是自身预算最大化。如果不对政府规模进行限制，政府会不断增加对经济社会资源的榨取来扩大自身规模，最终损害社会的福利。唯一能够限制政府规模的办法，就是在政府内部进行分权，通过内部之间竞争，形成一种类似于市场的预算约束机制。可以说，第二代财政分权理论将讨论的重心，从公共物品的供给转向了政府行为模式，特别是加入了激励的内容。政府间竞争硬化了地方政府预算约束，改变了地方官员的激励。钱颖一等人（2005）仔细分析了20世纪80年代到90年代初中国财政分权与干部任免为核心的政治集权[①]体制下地方政府面临的财政激励，提出"市场保护型"财政联邦制理论，从财政激励角度分析评价了财政承包制对刺激地区经济发展的正面作用，提供了富有解释力的理论分析框架。钱和温加斯特（Qian & Weingast，1997）提出，一个有效的政府结构应该实现官员利益和民众福利之间的激励相容。官员有自身的利益，如果缺乏合理的激励和约束，就可能产生寻租行为。

2. 中国官员激励相关文献

财政分权是中央对地方政府实施的经济激励，但对于中国而言，影响地方政府行为更重要的激励因素来自政治上的晋升。改革开放以来，中国取得了举世瞩目的经济增长奇迹。在这一过程中，始于20世纪80年代的地方官员之间围绕GDP增长而展开的激烈竞争格外引人关注。和以分工为基础的产业或部门协作性组织结构（"U"型）不同，中国的经济结构表现出在统一领导下的以地区为基础的竞争性组织结构（"M"型），中央政府对地方政府的激励是否行之有效成为经济增长的关键。在这种组织结构中，"同类性"的地方政府官员需要与其他同级政府展开相对位次的激烈竞争（钱颖一，1993、1999；姚洋，2008）。围绕"政治晋升锦标赛"对地方官员的激励，众多学者展开了深入研究（周黎安，2005、2007；徐现祥，2005；张军，2005等），并形成了一个基本的共识：晋升激励是地方政府发展经济的重要动力，而且晋升

---

① 主要为中国实行下管一级的干部管理制度。

概率与 GDP 增长率显著正相关。在揭示地方政府官员致力于辖区经济发展途径方面，相关研究指出，在中国投资驱动增长模式下，招商引资成为地方政府官员发展地方经济的主要手段，而土地、税收竞争又成为招商引资的重要手段（舒元、徐现祥，2002；Wildasin，1988；郭庆旺、贾俊雪，2006）。此外，有效手段还包括改善基础设施、降低生产排污标准、提高行政审批效率和保护产权制度。比如张军等（2007）强调，地方政府间在"招商引资"上的标尺竞争是解释我国基础设施投资决定的一个重要因素。

一般来说，地方政府间招商引资竞争会促进 GDP 的快速增长，但其代价也是巨大的。比如，招商引资竞争会造成地方政府支出扭曲，为企业配套提供基础设施建设的支出比例过大，造成"重基本建设、轻人力资本投资和公共服务"，使本地居民福利受损（Oates，1972；Keen 和 Marchard，1997；傅勇、张晏，2007）。再比如，地方政府间竞争可能引致市场分割、地方保护和大量的重复建设（沈立人、戴园晨，1990；银温泉、才婉如，2001 等）。此外，过分关注经济增长的政绩考核体系，还导致了地方政府"公司化"和行为的短期化，带来各种负外部效应（刘瑞明、金田林，2015）。

（二）实现财政体制激励相容：坚持"一个中心"和"两个基本点"

分税制改革的本质是财政分权视角下激励与约束的平衡。从佃农理论和契约经济学视角来看，中国的分税制是中央政府、地方政府、企业（或居民）这三类经济主体之间关于剩余分配的各种子契约的组合。其中，税收是政府与企业间的统一分成合同，土地出让收入是政府与企业间可变的定额合同，税收优惠属于有弹性的分成合同或定额合同，而转移支付属于政府间可变的定额合同，这些子契约合在一起构成一个激励体系，使分税制总体上呈现出弹性分成的性质。[1] 正是这种弹性给予了

---

[1]　郭庆旺、吕冰洋等：《中国分税制问题与改革》，中国人民大学出版社 2014 年版。

地方政府很强的激励，促使其积极推动经济发展。但随着经济"新常态"到来和包括"营改增"在内的各项改革的全面推开，支撑上述激励体系的一些基础性条件正在发生变化，客观上需要我们对财政体制的激励机制加以重构，以更好地实现激励相容。从基本思路来看，当前要坚持以调动"三个积极性"为中心，即从调动中央、地方"两个积极性"变为强调中央、地方、居民（或企业）三个积极性；要着力解决好"两个基本点"，即政治上进一步完善政绩考核体系，经济上进一步优化财政分权（就配套改革而言，我们这里更多地关注财政分权中与税收征管权相对应的国地税改革）。

1. 坚持"一个中心"：调动中央、地方、居民"三个积极性"

财政体制激励约束的相关主体实际包括三个方面，即中央、地方和居民。其中，居民兼有政治、经济、社会三种身份属性，并因属性不同而有着不同的需求①。从逻辑顺序来看，首先，民众通过委托代理的方式，与中央政府构成第一重激励约束机制，提供政府合法性的基础，并赋予中央政府宏观调控等相关职能。其次，中央政府进行适当的分权，通过经济上的财政分权（包括税收征管分权）和政治上的官员任免，构建起对地方政府的激励和约束机制；同时，地方政府在弹性分成体制和职务晋升的激励下展开政府间锦标赛式竞争，促进经济发展。最后，地方政府要承担地方公共治理的职能，为民众和企业提供良好的公共服务，以取得民众的支持；而民众通过用手投票或者用脚投票的方式，对地方政府构成有效的激励和约束（见图 9 – 10）。

在传统的政府间财政关系激励机制设计中，我们一直采取了"两点式"思维，强调发挥中央和地方"两个积极性"。这一提法最先源自毛泽东的《论十大关系》，此后为历届领导人所认同和强调。十八届三中全会公报中，在深化财税体制改革总体要求中也写入了"发挥中央与地

---

① 政治身份他们是公民和选民，就有选举的政治权益和诉求；社会身份他们是城市或农村的居民，有着公共服务的需求；经济身份他们是参与市场活动的微观主体，有着自身独立的经济利益，并要求利益最大化。

方两个积极性"，将其作为处理央地关系的基本原则。从"两个积极性"的内涵来看，它包含了中央层面体现领导威权的宏观调控积极性和地方层面体现适度分权的发展经济和公共治理的积极性。但从目前中央与地方激励不相容的矛盾现状来看，传统局限于政府内部的"两点一线"思维可能无法有效解决激励相容难题。

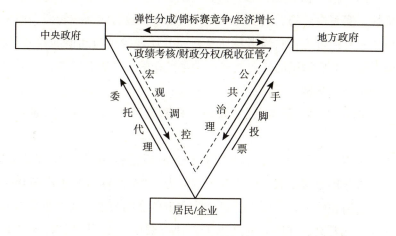

图9－10 财政分权视角下政府间激励与约束机制三角框图

首先，目前分税制下的市场分割行为的根源主要不在于财政分权制度，而在于各地区经济结构的雷同，以及市场配套制度的不完善。从财政分权角度解决市场分割可能不是明智的选择。换句话说，中央政府宏观调控积极性的调动，其根本指向并不主要在于地方政府，而更多在于市场，因此在激励重构中必须跳出两点思维考虑问题；其次，地方政府在促进经济增长方面，体现了中央政府政绩考核意图，与官员晋级紧密联系，从而具有了发展经济的积极性，但其公共治理所内涵的对辖区居民提供公共服务的职责，只与辖区居民直接相关。由于这些目标不易被衡量和观察以及政府间存在信息的不对称，在"对上不对下"的政治体制下，单纯靠中央的激励和约束，地方政府公共治理的积极性根本无法有效调动。

因此，政府间财政关系并不单纯是中央地方间积极性问题，必须要考虑居民（企业）的参与。因此，我们提出完善新一轮财政体制，应从调动"两个积极性"变为调动"三个积极性"，即充分调动中央、地方和居民（企业）三者的积极性。只有实现了民众和市场的有效参与，中央政府宏观调控的积极性才能真正有效发挥，而地方政府也才能摆脱"公司化"的单纯追求财政经济增长的行为模式，真正发挥公共治理的积极性，实现由经济发展型政府向公共服务型政府的模式转变。而中央政府也只有通过完善政绩考核体系，充分体现绿色与和谐的发展目标，实现对地方政府激励的转向调整，满足民众的公共服务需要，才能真正获得合法性的基础。

2. 抓好"两个基本点"：政绩考核和财政分权视角下国地税征管改革

1980 年，中国开始了分权改革。在 20 世纪 80 年代和 90 年代初期，中国地方政府获得了很大的资源配置权力。"分灶吃饭"的财政包干体制下，政府税收分权合同以分成合同和定额合同为主，地方政府财政边际留成率非常高，在巨大的激励下，地方政府"公司化"特征开始凸显，推动经济快速发展。与此同时，包干制下地区市场割据也日益凸显，使中央统一规范全国市场的宏观调控积极性受到巨大影响，并且中央威权受到削弱，"两个比重"问题成为财政领域的头等大事。在这一背景下，1994 年分税制改革启动，统一各类企业的适用税率，统一政府间分成比例，并分设国地税机构进行征管，确保中央收入。政府间税收分权契约性质转变为分税合同为主、分成合同为辅，之后随着共享税的增加，又逐渐演变为分成合同为主，分税合同为辅。分税制改革之后，"两个比重"迅速提高，同时中国经济保持了长达 20 多年高速增长的状态，创造了"中国经济奇迹"。

张五常在分析中国经济制度和经济增长之谜时，针对各地千差万别的实际情况，曾提出一个疑问，即"统一分成的分税制为什么会促进经济增长?"。后来他开创性地进行了解答①，揭示出地方政府土地收入和税收优惠的让渡使得统一分成合同实际成为可调整的弹性契约合同。正是由于分成合同增加了足够的弹性和灵活性，才实现了中央、地方和企业三者之间有效的激励。

但是，随着中国经济的快速崛起，我们曾经十分有效的激励机制面临许多新的挑战。主要体现在如下两个方面：一是中国开始面临"中等收入陷阱"，或者说"制度高墙"。经过 40 年的飞速发展，目前中国已经由落后的低收入国家进入到中等收入国家行列。面对日益明显的资源环境约束，越来越突出的经济社会失衡矛盾，以往过度追求 GDP 总量和增速的粗放模式已经难以为继，客观上要求我国经济必须向质量效益型增长转变，并且更加注重经济社会、人与自然、城乡、地区、国际国内的统筹协调发展。这就要求我们必须调整对地方政府官员的激励"指挥棒"，由过分关注经济增长向更多关注公共治理转型，并在考核体系中合理体现。二是传统财政分权中的弹性分成合同设计面临解体风险。随着土地收入和税收优惠的收缩与清理（后文将做进一步阐述），支撑原有弹性分成合同模式的基础条件正在逐渐萎缩，从而使得传统的弹性分成激励效应减弱。可以说，对财政分权实行激励重构已经不仅仅是主观上的需要，也成为客观上的必须。因此，我们下面将从改革政绩考核体系和国地税征管两个方面切入，进一步深入考察未来财政体制激励相容的制度设计。

之所以重点考察国地税征管，是因为税收分权是财政分权的核心内容，而税收分权中税收立法权现行体制下肯定是要集中于中央；税收收益权的分配是财政体制最受关注的核心内容，与事权和支出责任匹配关联，是本课题其他部分的研究重点，这里不再赘述；只有税收征管权，

---

① 张五常在其《经济解释》第 945 页提到，"佃农的分成率变化多，但中国的增值税（分成也）却是全国一致为百分之十七，怎可以有效率呢？终于在一个晚上我想起做研究生时读到马歇尔的一个注脚，使我想到县政府可以在地价上做调整。跟着的考察不仅知道不同的投资者付出的地价变化大，而且遇到上佳的投资者县政府可以把改进了的土地免费送出去。我也知道一些上选的投资者可能获得几年退还增值税的待遇。"

因为涉及国地税的机构设置，正属于综合配套改革的范畴，而且在土地收入和税收优惠作用减弱的情况下，税收征管对弹性分成激励的贡献相对将更加凸显。因此，我们将国地税改革作为财政分权的一个重点来单独加以分析。

（三）国地税改革：发挥税收征管权在弹性分成激励中的作用

1. 我国税收征管机构设置情况及现存弊端

（1）国地税机构设置情况。

1994 年，为适应分税制财政体制改革需要，对税收管理机构进行了分设。在中央设立国家税务总局，作为国务院直属机构，省及省以下分设国家税务局和地方税务局两套系统。上海地区比较特殊，没有分设国家税务局、地方税务局。名义上的上海市国家税务局、上海市地方税务局一套人马两个牌子。西藏只有国税局，未设地税局。

从征收范围来看，国税局系统征管项目包括：增值税、消费税，车辆购置税，铁道部门、各银行总行、各保险公司总公司集中缴纳的营业税、企业所得税和城市维护建设税，中央企业缴纳的企业所得税，中央与地方所属企业、事业单位组成的联营企业、股份制企业缴纳的企业所得税，地方银行、非银行金融企业缴纳的企业所得税，海洋石油企业缴纳的企业所得税、资源税，从 2002 ~ 2008 年期间注册的企业、事业单位缴纳的企业所得税，对储蓄存款利息征收的个人所得税（目前暂免征收），对股票交易征收的印花税。

地税局系统负责征管项目包括：营业税、企业所得税、个人所得税、资源税、印花税和城市维护建设税、房产税、城镇土地使用税、耕地占用税、契税、土地增值税、车船税、烟叶税、固定资产投资方向调节税。其中，固定资产投资方向调节税已经停止征收；少数地区的耕地占用税、契税征收和管理工作还没有从财政部门移交给地方税务局。

随着"营改增"的全面实施，原有地方最大的税种营业税被取消，地税局面临税收征管的业务空档期，少了重要抓手。

（2）国地税机构设置现存弊端。

一是税收成本增加。一方面，税收的征收成本显著增加。国税和地税两套征管机构职能差不多，分设后增加了大量税务工作人员，内部号称"百万大军"，行政成本很高。近年来我国税收征收成本率高达3%左右，是西方发达国家的3～5倍。国地税分设还造成许多硬件设施的重复建设和浪费。另一方面，纳税人的纳税成本也在增加。有的纳税人两头报税，两头接受监督，税收申报系统也要两头安装。由于国地税分别征收不同的税种，发票种类和开票软件也不同，不仅增加业务复杂性，也造成资源浪费。

二是引起国地税间利益冲突。由于国地税职能类似，甚至部分职能交叉，导致国地税相互争抢税源，严重影响了税收征管的质量效率，以及税收执法的刚性。特别是现行体制下，地方政府为了保证GDP和财政收入增长指标的完成，必然更加关心属于地方的税收收入，因此国地税征管或多或少都会受地方政府的影响和"干涉"，以保证地方税收收入的优先实现，这就影响了税收征管的效率，造成国地税间的利益冲突。

三是影响税法权威性。国税地税各自征管理念不尽相同，各自开发的系统之间也没有实现信息共享，有时对同一纳税人可能做出不同的裁定，令纳税人不知所措，降低了税收遵从度，由此导致征税纳税效率低下。此外，国地税在执法的尺度、力度等方面差异也较大。在进行税收案件核查时，国地税两个征管机构有时基于本部门现实利益考虑，竟对相同的税收法规政策产生不同的理解和执行尺度，造成计税依据不统一，税负不相同。不仅税收执法欠规范，税收执法的刚性也不足。这些都严重影响了税法的权威性。

2. 国地税改革基本观点与当前国地税合作实践

（1）国地税改革基本观点。

目前国内关于国地税改革问题主要有三种观点。一是坚持国地税应该分设。持这一观点的学者认为国地税分设所表现出的制度效率不高、税收成本增加等问题，并非分设本身造成的，而是分税制不彻底造成的。如任寿根曾明确指出，"随着税制改革的不断深化，地税部门的业务不仅不会缩小，而且会有所扩大，地税部门业务会更加繁忙，两套机构分设会更为彻底。"二是杨斌等学者为代表的合并论。他们认为1994年国地税分立改革没有必要，地方政府既没有税收立法权，又对地方税务机构干预过多，这样的地税机构只会增加税收成本，完全没有设立必要。上海国地税合并的实践也证明统一模式完全可行，因此主张国地税应早日合并，优化税务机构设置。三是高培勇等学者主张的国地税不合并但要加强合作。他们认为国地税分立有其必要，既保障中央政府财政收入，又可以满足地方政府的收入要求。他们认为国地税分立后各自为政和互不配合是征管效率低下的原因，因此关键是要加大合作办公的力度，统一资源，特别是在征收和稽查方面加强合作。

（2）营改增以来国地税合作实践。

1994年国地税分设以来，已形成两套相对独立的征管体系，二者的机构设置、岗责体系和人员配备都有所不同。随着"营改增"全面推开，国地税合作的重要性凸显出来。2014年10月，国税总局制发《关于进一步加强对地税工作指导和服务的若干意见》，明确提出大力推进国地税合作，完善税收征管。2015年6月，税务总局印发国地税合作工作规范（1.0版）的通知，并于7月试行。2015年10月，中央全面深化改革领导小组审议通过了《深化国税、地税征管体制改革方案》，明确了国地税合作，而不是合并的指导意见。同年12月，国家税总再次印发国地税合作工作规范（2.0版）的通知，并于2016年1月1日正式施行。到2015年底，全国国地税机关设立联合办税服务大厅共5000多个，联合开展纳税人培训4000余次，共18万人。2016年5月1日"营改增"全面实施，国地税紧密合作，成效逐步显现，先后打赢了"开好票"和"报好税"这两场硬仗。当然，"营改增"之后国地税合作中一些问题也凸显出来，包括地税传统"以票控税"手段失效、国地税系统信息融合度不高等，这些还有待进一步深化合作，加以解决。

3. 国地税改革面临的形势分析——基于弹性分成激励视角

分税制的核心是纵向政府间税收分权问题。税权包括税收立法权、征管权、收益权。各国税收立法权基本都集于中央①；税收收益权决定税收分成的形式和多少；税收征管权可采用集中、分散两种，设国税局统一征收，或国地税分设。如前所述，现行分税制的弹性分成性质保证了对地方政府的有效激励，推动了经济的快速发展，随着经济形势的变化，促使该激励机制发挥作用的土地出让和税收优惠等基础条件已经或即将发生重大变化，从而必然会对传统财政分权激励产生影响。现在我们就来共同看一看。

（1）土地出让收入呈趋势性下降。

21世纪以来，随着工业化、城镇化的加速，我国土地出让收入飞速增长。2014年，全国土地出让收入达到42950亿元，其中地方合计达到42606亿元，占当年地方本级一般公共预算收入75877亿元的56%。规模庞大的土地财政，使地方政府拥有很大空间来灵活增加与投资者谈判的弹性，从而成为弹性分成激励体系的主要动力和手段。但2015年开始，土地出让收入明显下降，并出现难以为继的迹象。随着"后土地财政"时代的到来，土地出让收入对弹性分成激励的贡献必将出现大幅收窄（见图9－11）。

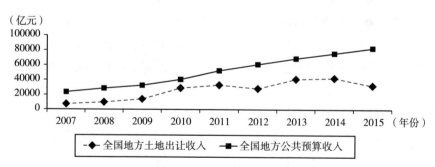

图9－11　全国地方土地出让收入与地方公共预算收入比较

资料来源：财政部国库司编：《财政统计摘要2016》。

---

① 1994年俄罗斯曾向联邦成员下放了一些税费立法权，结果导致政府收入秩序非常混乱，后来在1997年下令取消了各地税费，并明确表示今后不再向地方下放税收立法权。

（2）税收优惠面临清理规范。

地方政府采取的税收优惠，一方面是其法定税收减免权限内对投资者的饶让，这是有法律效力并切实受到保护的，但就其力度而言很有限；另一方面是地方政府超出法定权限实施的优惠政策，没有法律效力，但被地方政府普遍运用，这些优惠政策不仅情况混乱复杂，还潜藏着很大的法律和信用风险。从税收优惠总体情况来看，在对弹性分成激励体系的作用上比土地出让收入差距较大，但也发挥着重要的影响，尤其对于吸引优质企业更是如此。

地方政府竞争带来的税收优惠乱象，干扰了全国统一的市场秩序。2014 年 11 月 27 日，为整顿财经秩序，加快建设统一开放、竞争有序的市场体系，中央出台了《国务院关于清理规范税收等优惠政策的通知》，规范清理税收等优惠政策。主要内容包括规范各类税收等优惠政策，统一税收政策制定权限；全面清理已有的各类税收等优惠政策，对违反国家法律法规的优惠政策一律停止执行；建立健全评估、退出、考评监督、信息公开和举报、责任追究等长效机制。对违反规定出台或继续实施税收等优惠政策的地区和部门，中央财政按照税收等优惠额度的一定比例扣减对该地区的税收返还或转移支付。但这一政策下发后遭到许多地方的强烈抵制或消极执行，结果 2015 年 5 月 11 日，中央被迫出台《国务院关于税收等优惠政策相关事项的通知》，对已出台优惠政策设立过渡期，同时暂时中止《国务院关于清理规范税收等优惠政策的通知》规定的专项清理工作。两个政策前后不到半年，就出现如此重大的调整，对中央权威和政府公信力的损害是非常大的。

对税收优惠的清理，必然大幅减少地方政府引资中可用的谈判筹码，压缩了地方政府与投资者之间契约合同的弹性空间，从而显著降低地方政府和企业弹性激励的效率。这在一定程度上可以解释各地强烈抵制中央清理税收优惠的经济原因。同时，我们也必须看到，尽管中央暂时做出了让步，但在可预见的将来，为规范市场秩序，税收优惠的清理整顿仍将推开，原有的弹性分成激励模式将面临考验。

综上所述，长期以来行之有效的弹性分成合同体系，在土地收入锐减和税收优惠清理的新形势下，将变得趋于刚性。随着近年来经济迅速崛起，中国的土地、资金、劳动力等要素成本优势在国际横向对比中本就在逐渐丧失，激励体系基础条件的变化必将导致原有地方政府招商引资模式难以持续，以引资为主的 GDP 增长也将因地方政府筹码减少而削弱驱动力。

但在此过程中，实际还有一点被之前的研究者有所忽视，那就是弹性分成激励体系中除了上述土地收入和税收优惠这两个收益权方面的让渡在发挥主要作用之外，地方政府通过税收征管权的灵活运用也在发挥着类似的作用。分税制改革时，国家为了保证中央税收，分别设立了国税局和地税局，基本实现了中央提高收入比重的目的。对地方来说，虽然与财政包干制时期相比，地方税收征管的自由裁量权大为萎缩，但也仍不失为招商引资和调控经济中的一项重要筹码。在土地收入和税收优惠两条路径不断受到压缩的情况下，税收征管权对于弹性分成的意义相对凸显。这可能也是新一轮财政改革方案中，国地税没有合并而只是加强合作的原因之一。中央和地方谁也不想放弃各自的路径，又暂时没有更好的系统性解决方案替代，于是只能维持。①

4. 国地税改革的基本思路

（1）当期策略选择。国地税问题，本质仍是激励问题。分税制改革时国税分设，是要调动中央的积极性，现在地税保留，是因为地方也有自己的积极性，可以有一定的裁量空间。营改增之后，国地税没有合并，实际是中央地方各自保留积极性的妥协模式，从各自激励来说实际是有效的。因此，就当期来看，国地税暂不合并有其合理性，有助于维持分税制弹性分成激励体系的活力，延缓因基础条件变化引致的制度性变迁对经济的损害。我们不能过度追求 GDP，但经济发展仍是当前面临的主要任务是不争的事实。在加强国地税合作方面，当前要着力推进合作办税便利化，加快纳税服务深度融合步伐，实现国地税信息共享共

---

① 财政信息化会否导致弹性消失，水至清则无鱼的结果？要考虑这个问题。解决的出路可能在于下放一部分税收优惠权限。

用，避免纳税人两头跑，降低办税成本；明确合作办税的内容、方式、流程、负责部门及解决机制，提高办税效率；加强税款征收方面合作，按照方便征税和降低成本的原则，对有关税收实行互相委托，解决营改增后地税缺少抓手问题，堵塞征管漏洞；完善社会综合治税机制，建立统一规范的信息交换平台，联合实施纳税信用评价，推进税银互动，提高信息管税水平。

（2）中长期改革策略。党的十八大之后，中央政府制定发布了《国务院机构合并改革和职能转变方案》，开启了新一轮的大部制改革。这个方案没有涉及财政部和国家税务总局，但是政府内部将国家税务总局并入财政部，在地方取消地方税务局的建议早已存在，并且呼声高涨。这些建议体现出国家方面对税务机构合并改革的一种趋势，其目的是希望财政部和税务总局之间以及国地税部门之间最大限度地避免职能重叠、多头管理和政出多门的问题，以达到降低税收征管成本，提高征管效率的目标。因此，从中长期来看，国地税机构设置问题，还是要随着国家大部制改革的整体要求进行合并。

当然，在国地税机构合并的同时，要伴之以其他必要的改革。这些改革不仅仅是机构合并所涉及的税法完善、机构重组和人员安置，更重要的是与激励重构相配套的改革。在税收征管机构合并改革之后，税收收入都将由国家税务局征收，统一上缴国库，然后再按分税制规定把地方税税种的各项收入划拨各地方财政部门。这就意味着地方税收征管权的彻底丧失，原有分税制弹性分成激励体系的基础进一步瓦解。因此，国地税合并后，一方面，需要在明确事权财权基础上对我国财政转移支付制度进行配套改革，在财政实际收益上适当向地方倾斜，确保地方政府对改革的积极性不下降；另一方面，要适当加大对地方的税收分权力度，包括未来房地产税、资源税等地方潜在主体税种的一定范围税率浮动的自由调节权，以及赋予地方幅度更大，但边界更清晰、追责更严厉、充分体现法定性和严肃性的税收优惠权限，使整个财政体制能够继续保持弹性和活力，有效实现财政制度的激励相容。

（四）完善政绩考核：地方政府官员的政治激励重构

我国中央与地方政府间激励机制的构建和运行，长期依赖于财政分权与政绩考核的双轮驱动。二者相辅相成，缺一不可。要推进新一轮财政体制改革，同时保持制度的活力，单纯从财政体制内部找出路是不可能实现的。当前的关键之处在于，明晰地方政府的公共治理角色定位，以合适的激励引导地方政府官员将注意力从经济增长更多地转移到社会公共服务上来，将政府公共支出从生产性支出更多地转向非生产性支出，实现从经济发展型政府向公共服务型政府的切实转变，进而为实现财政的合理分权提供改革的基点。在这个路径当中，能够发挥"合适的激励"作用的，只能由完善政府绩效考核进而改变地方政府官员的政治激励来达成。在现行政治架构下，其作用无可替代。

1. 我国政绩考核体系的演进和评价

（1）政府绩效考核体系的演进。

第一阶段：新中国成立之初，我国就建立了领导班子和领导干部的考核制度，只是当时还处于探索阶段。其后几十年，受"左倾"思想和文化大革命影响，干部考核制度受到严重冲击，处于非正常的混乱状态。"文革"后，干部考核制度才逐渐回复正轨。

第二阶段：1979年11月，中组部制发了《关于实现干部考核制度的意见》，明确了干部考核工作的内涵，积极推进考核工作制度化、规范化。经过改革开放十多年的探索，干部考核工作有了进一步的发展。1982年，新修订的《中国共产党章程》规定，"党的干部必须接受党的培训，接受党的考察和考核"。同年，干部考核制度写入《宪法》，明确规定"实行人员的培训和考核制度"。1988年，中组部制发了《关于试行地方党政领导干部年度工作考核制度的通知（试点）》和《县（市、区）党政领导干部年度工作考核方案（试点）》《地方政府工作部门领导干部年度工作考核方案（试点）》。这三个文件是对干部考核工作的重大突破，明确了德、能、才、绩、廉等考核内容，并重点强调了注重实绩的考核导向，设置了评价指标。1996年，中组部出台了《县级党政领导班子政绩考核办法及考评标准体系》。这个体系包含了三大类十八项指标，当年在全国16个城市、150多个县进行了试点。由于这个指标体系过分偏重经济，曾受到一些批评。

第三阶段：1998年5月，中共中央印发《党政领导干部考核工作暂行规定》，考核基本覆盖了县级以上各个系统几乎所有的党政领导干部。绩效考核结果将作为领导干部选拔任用、职务升降、奖惩、培训、调整级别和工资的重要依据。甚至规定考核中被评为不称职的，要免去现任领导职务或责令辞去领导职务或降职。由此，政绩考核对各级政府及政府官员的"指挥棒"效应开始全面发挥作用。根据《考核规定》，政府领导班子的考核内容包括三大方面：一是政治思想建设，二是领导现代化建设的能力，三是工作实绩。其中，地方县以上党委、政府领导班子的工作实绩主要包括各项经济工作指标的完成情况，经济发展的速度、效益与后劲，以及财政收入增长幅度和人民生活水平提高的程度，教育、科技、文化、卫生、体育事业的发展，环境与生态保护、人口与计划生育、社会治安综合治理等状况，党的思想、组织、作风、制度建设的成效等。

第四阶段：2002年，中共中央印发《党政领导干部选拔任用工作条例》，标志着进入新世纪后干部考评工作更加规范化、制度化。党的十六届三中全会提出科学发展观重大战略思想，领导干部政绩考核体系也更加科学化。

2009年，中组部在经过密集试点和调研之后，出台了《地方党政领导班子和领导干部综合考核评价办法（试行）》，从多个方面进行考核，制定了"地方党政领导班子和领导干部民意调查和实绩分析评价要点"（参见表9-9）。这套指标体系是比较权威的领导干部政绩考核评价体系，突出了制度化和可量化的特点。

表9-9　　地方党政领导班子和领导干部民意调查评价和实绩分析评价要点

类别		评价要点	评价方法
年度目标相关数据分析内容	经济发展	经济发展水平	根据年度目标设置具体的指标值，对照有关部门提供的数据进行分析评价
		经济发展综合效益	
		城乡居民收入	
		地区经济发展差异	
		发展代价	
	社会发展	基础教育	
		城镇就业	
		医疗卫生	
		城乡文化生活	
		社会安全	
	可持续发展	节能减排与环境保护	
		生态建设与耕地等资源保护	
		人口与计划生育	
		科技投入与创新	
群众评价内容	民生改善	收入水平提高，人居环境改善	根据各地实际，参考评价要点，确定具体调查项目，开展民意调查
		扩大就业最低生活保障	
		群众看病就医，子女就学，交通出行	
		文化设施建设，文体活动开展	
	社会和谐	社会治安，群众安全感	
		社会矛盾调解，信访接待	
		公民道德教育，文明社会风尚	
		民主权利保障，基层民主政治建设	
	党风政风	依法办事（依法行政），党务（政务）公开	
		机关服务质量，工作作风	
		基层党组织战斗力，党员作用发挥	
		反腐倡廉，领导干部廉洁自律	

续表

类别		评价要点	评价方法
工作状况分析内容	工作思路	前瞻性、科学性、针对性	从领导班子整体工作实绩中，结合工作分工分析评价
	工作投入	客观条件与主观努力	
	工作成效	任期内分管工作取得的成绩	
群众评价内容	履行职责	年度目标任务完成情况	根据各地实际，参考评价要点，确定具体调查项目，开展民意调查
		为群众排忧解难、办实事情况	
	工作作风	开拓创新与敬业精神	
		深入基层、联系群众情况	
	公众形象	廉洁自律和接受监督	
		道德品行，群众口碑	

资料来源：中组部干部一局：《干部综合考核评价工作指导》，党建读物出版社 2006 年版。

党的十八大上，进一步提出了加快完善干部考核评价机制，树立正确绩效观的要求。十八届三中全会对党的干部考核制度又作了新的改革，提出不能单纯以 GDP 增长论政绩。中组部随后下发通知，提出相关改进措施，对不搞 GDP 及增速排名、强化约束性指标考核、关注政府债务状况、简化各类工作考核等方面做出了具体规定，树立了更加鲜明的政绩考核导向。

（2）现行政绩考核体系的评价。

从考核方式和考核内容两个维度，对现行政绩考核体系加以评价：

从考核方式上看，基本是"官考官"，民众参与明显不足，信息不对称难以避免。按照委托代理理论，人们成立政府的目的是为了解决面临的公共不便，是为了改进社会的福利。对地方政府"政绩"最有评判权的，应该是民众。这也是西方市场经济国家在政府绩效考评中大量运用社会调查、民意测验等方法的原因。他们征求公众对政府工作的满意度，并以此作为最终对政府绩效评价的依据。而媒体的有效介入，也使得政府绩效评价的"鱼缸效应"① 充分实现。反观国内，政治集权

---

① 政府和公共部门的活动就像鱼缸中的金鱼一样无时不受到大众的审视和评判。

"下管一级"的用人制度下，政府绩效考核难以避免自上而下的"官考官"模式，即便有民意测验，这种民意测验也局限在"官"内，只不过是级别比被考核对象低些的官员而已，并非真正的普通民众。这使得信息不对称在制度设计上就变得无可避免。

从考核内容上看，因为公共服务的弱可测性，导致地方政府选择性执行，片面追求经济增长，并使"数字造假"大量出现。在政绩考核指标体系中，虽然也涵盖了生态环境保护、社会事业发展和治安综合治理等公共产品和服务的供应，但政府对于公共服务供给的目标常常是模糊不清、难以测量的。而相对于公共服务的弱可测性，反映经济绩效的指标如 GDP 和财政收入等就具有较大的可测性。对于公共服务的供给质量，当地民众最有发言权，但考核方式的限制使下情上达受到干扰，在通过地方政府向上级传递过程中可能会出现隐瞒和歪曲。同时，作为理性经济人，上级政府对统计数字和量化指标进行评价，要比实地调研进行评价的成本小得多。于是，以经济指标作为考核地方官员的主要依据，使政治晋升与经济增长挂钩，不仅有助于调动地方官员发展经济积极性，也大大节约了上级对下级的监督成本。在这个机制下，"数字出官"带来的"数字造假"就成为再正常不过的逻辑。

当然我们也看到，随着中国经济的快速发展和转型的内在要求，以及单纯追求 GDP 增长带来的越来越多的经济社会失衡的矛盾，中央对此也有了更加理性的认识，并进行了相应的积极调整。特别是十八大以来，在考核指标体系中进一步弱化了 GDP 排名等经济指标，对地方政府行为已经开始产生了一定的激励和导向作用。但是，到目前为止这种转变还很初步，上述考核方式和考核内容的问题依然存在，政绩考核体系距离现实需要还有巨大差距。

2. 政绩考核不完善与地方政府行为的短期化

我们之前分析了政绩考核体系的效应和不足。一方面，政绩考核引致的晋升锦标赛刺激了地方政府的激烈竞争，出现"地方政府公司化"的现象，并成就了中国经济的高速增长；另一方面，考核体系的不完善，也使地方政府行为呈现出强烈的短期化特征，对长期发展带来一系列损害。下面基于掠夺性理论带来的启示，围绕地方政府行为短期化试加以分析。

（1）从"坐寇"和"流寇"理论说起。

与契约性理论不同，奥尔森认为国家的出现是掠夺性的结果。"流寇"到处进袭和劫掠，在无限制的掠夺中他们逐渐发现，其掠夺成本越来越高，而收益却越来越低。于是理性、自利的"流寇"改变了掠夺的模式，从无限掠夺变为有限掠夺，给被掠夺者保留一点能维持基本生活和生产的财物。这样做以后，掠夺的成本收益关系出现了有利于"流寇"的变化。逐渐地，"流寇"开始在一个区域内固定下来，并将这种有限掠夺制度化，建立起掠夺的垄断权力，于是"流寇"就变成了"坐寇"。对于被掠夺者，虽然"坐寇"规定的税率和其他勒索也相当高，但毕竟还总能剩一点，同时避免了其他"流寇"的掠夺威胁，因此他们也愿意接受"坐寇"的保护和盘剥。当一个"坐寇"组织最终成功地在一个地域中垄断了该地区的暴力使用权和掠夺权，形成了一个政治体时，"坐寇"就变成了国家。在共容利益机制下，"坐寇"在掠夺性征税的同时，积极地维持社会秩序安定，创造生产条件，甚至愿意提供各种公共物品，当然这些活动和有限掠夺的目的一样，都是为了他自身的长远利益。

奥尔森的"坐寇"和"流寇"理论，给了我们很重要的启示："坐寇"因为长期为政一方，和整个地区居民具有长期"共荣利益"，从而可能提供长期的公共产品，实施的政策更加注重长期绩效；而"流寇"的利益是"狭隘"的，只重视短期利益，因此采取的政策也往往是短视的，甚至是"竭泽而渔"的。从这个视角看，那些期待流动晋升的地方政府官员，为推动经济增长而采取种种的短期手段，就具有典型的"流寇效应"。以GDP为核心的不完善的政绩考核体系和不规则的官员交流机制，都使中国地方官员"流寇"式短期化行为不可避免。

（2）GDP至上政绩考核体系下地方官员行为的短期化：以公共服务短缺为例。

中国的公共服务长期滞后，其原因实际很大程度上是短期化行为模式下地方官员偏好与选择的结果。一般来说，作为公共政策的制定者与执行者，地方政府官员的个人偏好受到政绩考核目标的激励和约束。一方面，居民消费需求短期内很难有大的变化，政府官员要实现任期内经济快速增长，优选方案必然是以投资为手段拉动 GDP，因此在政策选择上，偏向于重点支持那些有利于短期内拉动 GDP 增幅的行业，尤其是"铁公基"等见效快、风险低的基础设施行业。而且基础设施建设还能以完善的硬件水平吸引投资，间接地促进经济增长。另外，基础设施建设在一定程度可以提高地区居民的福利水平，以"民生工程"形象为主政官员捞取更多晋升筹码，因此备受地方官员青睐。另一方面，公共服务投资数量大、周期长、见效慢等特点，决定了其难以成为地方官员的关注重点与支出方向。同时，相对基础设施建设来说，公共服务体系的建立与完善是多方利益主体共同博弈的结果，虽然政府是长期博弈主体，但主政官员却有任期，这些都决定了以短期化收益为目标的地方官员不愿涉足这一领域。

根据刘瑞明（2015）勾勒的地方政府行为短期化的逻辑关系（见图 9-12），官员任期的时效性与公共服务提供的长期性矛盾决定了地方官员和地方民众难以有共荣利益，而中国特殊的官员交流机制和阻碍迁徙的户籍制度矛盾，一方面激励了地方官员在不确定的任期内的短期化行为，另一方面则严重削弱了民众"用脚投票"方式对地方政府行为的反馈，无法抑制地方官员短期投资冲动。因此，打开公共服务短缺的治理缺口还在于深入革除官员政绩考核体制的流弊，适当延长官员任期，硬化官员流动约束。

3. 新形势下改革和完善政绩考核体系的对策建议

首先，完善地方官员交流升迁机制，提高政府决策收益成本的时空对称性。1984 年，中组部调整干部管理权限，由过去的下管两级变成下管一级，中央只管理中央国家机关和地方省一级领导干部。与此同时，通过"干部交流"模式遏制地方主义和宗派主义倾向。在实行"非本地任职"回避原则的同时，中央对省级正职领导任期也有严格控制。从 20 世纪 90 年代情况来看，地方领导的任期越来越短，交流呈现非规律化特征（见表 9-10）。

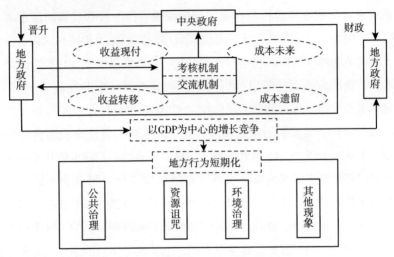

图9-12　地方政府行为短期化的运行机理

资料来源：刘瑞明，金田林：《政绩考核、交流效应与经济发展——兼论地方政府行为短期化》，载《当代经济科学》，2015年5月。

表9-10　　　　　　　相关年度我国省委书记和省长的平均任期

年份	平均任期	
	省委书记	省长
1985	4.5	2.5
1990	4.2	3.9
1995	4.8	3.5
2000	3.3	2.3

资料来源：转引自杨光斌、李月军著：《当代中国政治制度导论》，中国人民大学出版社2013年版。

这种任期缩短、空间回避的不规律的交流升迁模式，使得地方政府官员在制定经济社会决策时，成本与受益严重不对称，在决策时只关注自己的当期受益，而把政策的成本扔给原任职地，或者把成本留给未来。因此，只有实现地方官员的交流与升迁机制规律化，才能更好地解决政策收益成本时空不对称的问题。具体来说，要从三个方面着力，一是强化官员任职的法治化、规范化运行，在现代市场经济条件下，多强调"法"的意义，减少"术"的运用。通过适当拉长官员任职年限，增进官员与居民的"共荣利益"，增加其"坐寇效应"，减少"流寇效应"。二是制订官员交流与升迁的具体细则，包括明确官员交流与升迁的依据，探索官员交流的条件与任务，划定官员交流的方向与时限，推进交流升迁的阳光化，杜绝暗箱操作；三是建立官员任期内政策绩效的追踪评估制度，官员离任之后，其所制定政策的长期效果也要有动态跟踪评价，并与官员未来的任用交流相挂钩，进而实现长期的监督效果，削弱政策收益成本的时空不对称性。

其次，进一步完善指标体系。将公共服务、环境治理、资源开发利用等与 GDP 指标平行，使其具备与 GDP 指标同等的"一票否决"性质，强化地方政府官员经济增长的成本意识和公共服务意识。同时，应增加指标体系的弹性，针对不同类型地区，制定不同内容、不同标准的考核指标体系，反映不同的发展导向。比如可以结合主体功能区定位，对禁止和限制开发区，以多指标体系为主，拉长官员任期，使短期不易观察的指标在长期中变成可观察指标；对优先开发区仍以单指标体系为主，鼓励经济发展，官员任期可以灵活设定；建立终身问责机制，对不易观察指标的长期效应与官员职业生涯的长期发展捆绑起来，形成有效约束，减少流寇效应。

最后，强化民众参与。政绩考核要将民众满意度和舆论监督纳入进来。如前所述，对于地方政府绩效的评价，信息最对称的还是民众。因此，要取得改革实效，必须相信和依靠民众的力量。政府改革的核心动力还是民众，中央政府改革要靠地方政府施压，地方政府改革要靠民众施压。在这个过程中，政府要还权给民间社会，让民间力量参与到政府的改革里。单纯靠政府内部的改革调整，不会取得根本性的改观。现有的民众参与方式，很多时候都是通过上访、告状等非制度化的方式实现，不仅因为层层阻隔导致效率低下，也使得政府维稳成本和压力越来越大。近些年来，民众维权的观念有了很大的增强，尤其新生代的崛起，更是使民众的参与意识大大提高。面对民众的变化，政府必须积极适应和应对。在新形势下，地方政府除了变成对老百姓负责的公共服务型政府之外，没有其他出路。这是中国政治发展必须跨过的一个坎。[①]

第五节　推进财政法治化信息化，让财政体制改革的车轮又快又稳

政府间财政关系的核心是财权、事权、财力和支出责任的合理划分，但要实现财政体制的科学、规范，必须使上述权责的划分内嵌于法治化的轨道之中，如此才能支撑其长久、稳固的运行。同时，在全世界纷纷进入网络化、大数据的时代，构建新一轮财政体制还必须迎接信息化带来的机遇和挑战，使新一轮财政体制改革在新技术条件支撑下获得更加强大的动力和活力。

（一）财政法治化：稳定和规范政府间财政关系的根本保障

1. 法治化与政府间财政关系的理性辨析

随着中国进入中等收入国家行列，"制度高墙"对经济、政治、社会长期持续发展的制约作用日渐明显。就财政体制而言，长期以来中央与地方之间关系的法治化进程缓慢，导致政府间财政关系处于一种"失范"状态，事权和财权、收入和支出责任始终没有在宪法和法律层面得到很清晰的界定。由于财政关系"失范"，导致各类财政资源在政府间配置"失衡"，在财权上移事权下移过程中带来基层的财政困难。而与资源配置"失衡"相伴随的，就是各级政府行为的"失控"，在一些地方政府的滥权之下，居民的权益和福利受到损害。

尽管对当前财权事权不对称导致的弊病看得很清楚，但中央政府和地方政府在对待规范两者之间财权与事权分配关系的态度上，都不是很

---

① 凌绝岭，赵树凯：《"地方政府公司化"出路何在》，载《同舟共进》2015 年第 2 期，第 3～8 页。

积极。其原因在于，中央政府和地方政府及其官员在此过程中同样扮演着"经济人"的角色，都有着自身利益的考虑。中央政府出于对行政控制和权力最大化的追求，不愿轻易放弃对地方政府的经济控制权，因此对改变现状态度冷淡。而地方政府由于行政长官任免决定于上级政府，辖区内企业、居民"用脚投票"压力极度弱化，在当前政绩考核体系下迎合上级对其个人前途来说才最为关键，而且"财政幻觉"的存在使得地方政府官员还有举借债务、扩大收费等其他途径来实现其预算的最大化，为自己进行支出扩张和制造政绩，因此其对事权财权分配改革的态度也是消极的。那么一种自然的结果，就是在相当程度上扰乱了财政分配的秩序，地方政府大规模招商引资热、体制性投资冲动、收费泛滥、"跑部前进"等一系列问题纷纷涌现。而如果做一个源头的追溯，这种状况的出现，恰恰就是因为政府权力，尤其是中央政府的权力没有受到来自法律的有效限制和约束，财权与事权的分配实质上就是根据中央的需要，而不是宪法、法律的明确规定。

因此，解决政府间财政关系问题，必须从其根源入手，从制定"元规则"的角度，实行"宪政"，在世俗的行政权力之上，给法律赋予至高无上的地位，积极推进法治财政建设，真正实现财政的法治化，政府间财政关系才能得到真正的规范。在当前财政体制改革进程中，如果我们忽视了法治化这一基本特征和要求，那我们绝建不成真正的公共财政，而中国府际财政关系中存在的这些问题，也绝不会真正得到有效的解决。[①]

2. 当前我国政府间财政关系法治化存在的问题

（1）行政式财政分权替代法定化财政分权。

1994 年分税制改革奠定了目前我国财政体制的基本框架，这一改革对于提高"两个比重"，提高收入划分的规范性，都发挥了积极的作用。但是，从改革的基本属性来看，是一种行政式的财政分权，而没有

———————————

① 连家明、王丹：《基于法治化视角的财政分配问题研究》，载《财经问题研究》2008 年第 5 期。

上升到法治化的高度。由国务院制发的《国务院关于实行分税制财政管理体制的决定》，是这次分税制改革的主要依据。但它只是国务院的规范性文件，既不是行政法规，更加不是法律。这就意味着，国务院可以根据需要随时单方面调整，而不必经过全国人大或者地方政府的同意。这种不规范的分权制度模式，使得地方政府独立权益在根本上缺乏保障，2002 年推行的所得税收入分享改革中，中央轻易地突破了此前收入划分的原则和边界，加大了对地方财权财力的集中，就是很好的例证。[①] 在我国以中央政府为主导的行政管理体制下，中央政府可以单方决定中央和地方的财政关系，这种行政式的财政分权模式，导致了财政分权的随意性、不稳定性和非权威性。

财政权限的划分，是一个国家政治、经济制度最集中的体现，不仅关系到各级政府事权、财权、财力的配置，更决定了该国公民所应享受的公共服务和基本权利的实现程度，因此，必须要通过法律的形式将其固定下来，才能保持国家各项基本制度的稳定。而以行政式财政分权替代法定化财政分权的做法，目前来看已经成为我国现代财政制度建设的巨大阻碍，严重影响了政府间财政管理体制的完善和经济社会的繁荣发展。[②]

（2）事权划分法治化水平不高。

我国分税制改革中较多地强调了政府间收入的划分，对事权责任划分关注严重不足，由此导致现行财政体制中事权划分问题格外突出，如各级政府具体事权的同质化程度过高，事权划分的行政化色彩浓厚，省级政府与市县之间事权划分模糊等。而与事权相关联的法治化水平也明显偏低。从法律文本来看就不完善，不仅立法供给的数量不足或相对缺失，即便有制度的也大多规定的不清晰。由此，使得财政事权划分改革中"三定方案"这类政府性文件反而取代了法律，成为实践中的规范和标尺。这带来的一个直接后果，就是事权具体配置的碎片化。由于缺

---

① 熊伟:《法治、财税与国家治理》，法律出版社 2015 年版。

② 刘剑文:《强国之道——财税法治的破与立》，社会科学文献出版社 2013 年版。

乏严格、明确的法治规范，各级政府在制定"三定方案"时拥有比较大的伸缩空间，当采取"上行下效"模式时就导致了事权"上下一般粗"，形成事权的重叠，而当"自行其是"时，就出现了事权配置的空白。由于法律缺位，这种事实上的政策主治模式，不利于事权划分的稳定，削弱了事权实施的经济效益、耗费了行政资源。并且这种事权划分上的模糊，也使得责任追究几乎成为不可能。①

（3）转移支付立法层次低，权威性不足。

1995 年，财政部颁发《过渡期财政转移支付办法》（以下简称《办法》）。这是我国财政转移支付所依据的主要规范性文件。该《办法》属于行政规章的层次，立法层次明显太低。虽然《预算法》2014 年修订后涉及了转移支付，但通过其第二十九条将转移支付的具体办法、第三十八条将一般性转移支付的基本标准和计算方法授权给国务院规定。随后国务院通过《国务院关于深化预算管理制度改革的决定》《国务院关于改革和完善中央对地方转移支付制度的意见》对转移支付做了更为具体的规定，但这些都是规范性文件。② 立法层次过低，直接导致法律权威性和制度稳定性不足，科学性和民主性随之更加难以保证。从我国多年来转移支付制度运行情况来看，资金分配不规范、标准确定不够公平合理、转移支付结构失衡、专项转移支付缺乏有效监督等，无不与转移支付法定性差息息相关。受此影响，转移支付过程不透明、随意性大，诱发"跑部线进"等一系列乱象就变得难以避免。

（4）地方政府债务管理缺乏法治上的有效规范和长期准备。

地方政府债务是探讨我国政府间财政关系时难以绕过的一个重要问题。近年来，我国地方政府性债务规模不断膨胀，财政风险不断累积，与之相关的法治化问题也越来越引人关注。2014 年 8 月 31 日最终通过的《预算法》第三十五条采取了折中的方式，有限地放开了地方政府

---

① 参见刘剑文、侯卓：《事权划分法治化的中国路径》，《中国社会科学》2017 年第 2 期。在该文中，作者以环保领域事权划分为例进行了更加深入的分析。

② 熊伟：《法治、财税与国家治理》，法律出版社 2015 年版。

债券，同时对发债主体、用途、规模、程序、监督和问责等方面作了严格规定。新《预算法》解决了地方债的一些基本问题，然而明确的举债主体仅限于经国务院批准的省、自治区和直辖市，且只能发行地方政府债券。而实践中，市县政府往往才是地方公共物品最直接的提供者，或者说是资金最主要的需求者。

实际上，近年来我国地方债日趋严重与政府间财政关系失衡紧密相关。要从根本上抑制地方举债冲动，必须理顺政府间财政关系。如果未来央地之间财政收支划分比较科学合理，并且借助立法程序予以确定，那么政府间财政关系就会相对比较平衡，地方政府就可能拥有真正相对独立的财政自主权。而由此引发的问题，就是地方债的偿还中央是否还需要承担兜底责任。进一步引发的问题，就是未来地方政府债务陷入危机时中国是否也需建立类似"地方政府破产"的债务重整制度。这些问题都需要法治上的规范，而地方债务法还没有提上日程。

（5）市管县体制涉嫌违宪。

市管县体制运行至今，前面提到，我国《宪法》第三十条规定："直辖市和较大的市分为区、县。"这句话成为市管县体制的法律依据。但是，这里的"较大的市"是一个法律概念，并非泛指规模较大的城市。《中华人民共和国立法法》对"较大的市"作了明确的规定，即①省（自治区）人民政府所在地的市；②经济特区所在地的市；③经国务院批准的其他城市。在《立法法》制定以前，较大的市仅特指上述第三类城市，它由国务院根据省（区）人民政府的请求而个别批准确认，从而授予这些城市地方立法权。目前，我国"较大的市"有49个，其中省会城市27个、经济特区城市4个、国务院批准的其他城市有18个。① 因此，我国市管县体制推进过程中，已经完全突破了"直辖市和较大的市"这一限定，细究起来实际涉嫌违宪。

① 国务院共四次审批了共19个"较大的市"。其中，重庆因升格为直辖市而不再是"较大的市"，目前国内实际存在的经批准的"较大的市"只有18个。分别为：吉林市、唐山市、大同市、包头市、大连市、鞍山市、邯郸市、本溪市、抚顺市、齐齐哈尔市、青岛市、无锡市、淮南市、洛阳市、宁波市、淄博市、苏州市、徐州市。

（6）财政民主理念还没有牢固树立。

民主与法治就像一对双生兄弟，探讨财政法治化问题，也必然难以回避财政民主化问题。财政的基本特点就是"取之于民，用之于民"，因此对政府财政收支活动的控制和监督，必然要遵循和体现财政民主化的要求。但从目前实际情况来看，财政民主的理念还没有牢固树立。一个突出的表现，就是作为代议制机构和国家权力机关的人民代表大会，权威性不足。在对上负责的体制下，各级政府在财政活动中，对社会公众的合理诉求往往关注不够，民众也缺乏用手投票和用脚投票的实际能力和激励。无论是财政民主的意识，还是相关的制度安排，都显得十分薄弱。一些地方的财政民主化实践，比如参与式预算，基层的民主恳谈会等，尽管也取得了很可喜的成效，但始终无法上升到全国范围推广的政治决策中来。

3. 政府间财政关系法治化的国际经验借鉴

（1）财政宪定成为普遍性的常态。

考察世界各国的宪法，财政都是其中一个重要的事项内容。德国、日本、比利时等国甚至专章对财政加以规定（见表9-11）。在宪法中，一般会对一些根本性的财政事项做出规定，包括税收法定原则、预算制度、财政的收支划分和财政的监督审计等。在宪法对财政做出原则性的规定之外，再制定具体的法律，对财政权加以控制和规范，主要包括财政基本法、预算法、财政收支划分法等。尽管名称和结构各个国家可能多有不同，但这三类财政体制规范在各国都是普遍存在的。

（2）对事权支出责任进行明确划分——以德国《基本法》为例。

纵观世界各国政府间财政关系的制度安排，大体分为对称型制度模式和非对称型制度模式，前者以美国、加拿大为代表，后者以德国、日本为代表。比较而言，非对称模式下政府间的事权和支出责任划分，对我国现实国情来说借鉴意义更大。作为德国宪法的《基本法》，对政府间事权和支出责任的划分都有明确的规定。

表 9 - 11　　各国宪法的财政条款比较

国家	是否专章	税收法定	预算	财政收入划分	财政支出划分	监督审计机构	债务	其他
中国	否		62\67\89\99			91\109		纳税义务[56]；民族自治地方财政自治[117]；对少数民族财政帮助[122]
德国	是	73\105	109 - 113	106\107	91\104a\104b	114	109	财政管理体制[108]
法国	否	34\39\40\47				47		
美国	否	1 (7)\1 (8)\第16修正案		1 (10)				未经法定拨款不得开支国库[1 (9)]；禁止联邦内关税[1 (9)]
日本	是	84	86 - 87			90	85	议会掌握财政权[83]；纳税义务[30]；财政支出用途限制[88]；内阁财政报告义务[91]
俄罗斯	否	75 (3)\104\106	106\114	71 - 72		101	75 (4)	纳税义务[57]；地方财产自治[124]；禁止联邦内关税[74]；司法财政独立[132]
比利时	是	170 - 172	174			180		财政体系法定[175 - 178]；不得开支退休金、奖金[179]；国家负担牧师薪水[181]

续表

国家	是否专章	税收法定	预算	财政收入划分	财政支出划分	监督审计机构	债务	其他
荷兰	否	104\132（6）	105	132（6）	132（6）	76		王室税收优惠[40]
葡萄牙	是	106\168	108\170	240\255		108（8）		财政制度法定[63]税义务107]；税务法院[212]；税收原则[229\234]；社会组织纳税收优惠[105（1）]；自治区财政[63\67\84\]
西班牙	是	31（3）\133	66（2）\75（3）\134	142\158		136	135	税收原则[31（1）]；支出原则[31（2）]；关税[149（1）]；自治区财政[229\234]
意大利	否	80	72\81	117\119	119	100		税收原则[31（1）]；税收、预算事项不得公决[75]；禁止联邦内关税[120]
阿根廷	否	17\44\86（13）	67（7）	67\108			4\67（6）	财政收入类型[4]；关税[9]；国内商品流通免税[10]；过境税[11\12]；税收原则[16]；禁止征税来限制移民[20\25]
巴西	是	48\150-152	48\165-169	145\153-162		70-73	48\148	司法财政独立[99]；法律应规范国家财政体系的所有组成元素[192]
澳大利亚	是	51\53\55		86	96\105\114		51（4）\105a	议会决定拨款[53\54\56]；支出必须依据预算[83]；关税[88-95]

备注：为简化表述，表中数字（数字）表示该国宪法第几条（第几款）涉及此内容，空白则表示无相关条款。

资源来源：刘剑文：《论财政法定原则——一种权力法治化的现代探索》，载《法学家》2014年第4期。

在事权划分上，联邦事权主要包括：国防、外交事务、公民权、海关、铁路和航空运输、邮政和电信。与上述事权相关的服务由联邦负责实施，也由联邦通过立法予以监管。州的事权主要包括环境保护、社会治安、文化、学校和教育、大学等，负责实施的主体都是州政府，但负责立法监管的主体有所区别，其中环境保护由联邦和州共同立法监管。地方政府事权主要包括废物处理、给排水、地方公路、体育和娱乐、学校建筑、公共住房等，都是由地方政府具体负责实施，但立法监管责任略有不同。还有些属于政府间共同事权，如社会保障由联邦和州共同负责实施，联邦主要负责跨州社会保障事务，并负责立法监管；健康卫生、社会救助由联邦、州和地方政府负责实施，由联邦负责立法监管。此外，当某些特定任务对于联邦整体具有重要意义，而且其协作也是改善生活条件所必需的时候，联邦还可以和各州一起完成这些特定任务。① 德国《基本法》中明确列出了两项此类任务，包括改善地区经济结构、改善土地结构和海岸保护（详见表 9 – 12）。

《基本法》在对各级政府事权进行原则界定的同时，也相应明确了各级政府的财政支出责任。在《基本法》没有相反规定的情况下，联邦和州分别承担实现各自任务所需的支出。州负责实施联邦的任务时，联邦应该承担相应的支出责任。联邦和州之间严格划分财政支出责任的例外情形主要包括：（1）与共同任务相关的支出责任。根据《基本法》的相关规定，对于改进地区经济结构的共同任务，联邦负担一半的成本。对于改进土地结构和海岸保护的共同任务，联邦在每个州至少负担一半的支出，该负担比例在每个州必须相同。对于科学、研究和教育等特定领域的共同任务的支出责任，由联邦和州达成的协议确定。（2）对特定重要投资的财政补助。《基本法》允许联邦通过财政补助的形式为州、市镇、联合市镇作出的特定重要投资提供资金。相关投资将有助于避免总体经济平衡的波动、在联邦范围内平衡经济能力差异、促进经济增长。（3）联邦法律要求的对私人的现金给付。例如，根据《联邦培

---

① 徐阳光：《政府间财政关系法治化研究》，法律出版社 2016 年版。

训援助法》规定，由联邦负担65%，州负担35%。（4）其他特定情形。例如州执行联邦法律；战争造成的负担；对社会保障成本的补贴；因欧共体处罚产生的成本等。[①]

表 9 - 12　　德国《基本法》政府间事权划分、实施责任及立法监管责任

事权内容	事权归属	实施责任主体	立法监管责任主体
国防、外交事务、公民权、海关、铁路和航空运输、邮政和电信	联邦	联邦	联邦
环境保护	州	州	联邦和州
社会治安、文化、学校和教育、大学	州	州	州
废物处理	地方	地方政府	联邦
供水、下水道	地方	地方政府	联邦和州
地方公路、体育和娱乐、学校建筑、公共住房	地方	地方政府	地方政府
社会保障	联邦（跨州范围的社保）和州共同	联邦和州	联邦
健康卫生、社会救助	联邦、州和地方共同	联邦、州和地方	联邦
特定任务：改进地区经济结构、改进土地结构和海岸保护等	联邦和州共同	州	

注：作者自行整理制表，资料源自魏建国：《中央与地方关系法治化研究——财政维度》，北京大学出版社2015年版。

（3）应对债务危机的地方政府破产制度：美国的相关法律框架。

在地方政府实际运行中，完全有可能面临财务危机。在中国，地方

---

① 魏建国：《中央与地方关系法治化研究——财政维度》，北京大学出版社2015年版。

政府破产难以想象,《破产法》中也没有相应条款。但在国外,地方政府破产无论是制度设计上,还是实践运行中都屡见不鲜。其内在的合理性在于,假设中央政府出于维稳的需要对地方政府债务进行兜底,地方政府将会出现"预算软约束",并使地方债务规模更加膨胀。缺少地方政府破产制度的政府间财政体制,必然蕴含巨大的道德风险。1978年,颁布的现行《美国破产法》第九章规定了"市政府债务的调整",使地方政府能够通过这一法律框架解决债务问题。1994年12月,美国加利福尼亚州南部的橘县政府由于财政资金在华尔街债券市场投资失利,损失高达17亿美元,超出县政府财政承受能力,宣布财政破产。在宣告破产前,橘县政府曾向州政府和联邦政府寻求支持,但被拒绝。州政府拒绝的理由充分、可信,符合公平原则。时至今日,美国已经有超过800个大小城市宣布过破产。类似事例在德国、日本和英国也都发生过。随着后来对地方政府破产制度的不断修订和完善,美国地方政府债务重组的效率也不断提高,如2014年底特律市债务重组仅用时16个月。

(4)转移支付法定性程度高:以日本为例。

各国财政转移支付制度有一个最大的共性,就是法定性程度高,普遍制定了具有较高层次效力的相关法律。日本是其中比较典型的例子。在日本,除了具有基本法性质的《地方财政法》以外,每种转移支付都有相应的立法进行规范。

日本转移支付主要分为三种形式:地方交付税、国库补助金和地方让与税。其中,地方交付税和国库补助金最重要,占中央向地方转移支付的90%左右。所谓地方交付税,是把中央税的所得税、法人税、酒税、"消费税"以及香烟税的一定比例之和,作为地方交付税的总额。这总额中的普通交付税(占总额的94%)按地方公共团体的财源不足额交付给地方公共团体;总额中的特别交付税(占总额的6%)作为灾害救济(恢复)的金额按特别财政需要,分配给地方公共团体。地方交付税以《地方交付税法》作为依据筹集和分配资金,国库支出金中的各类转移支付也以相关的法律,如《义务教育法》《农业基本建设法》《土地改良法》《生活保障法》为依据。

4. 未来推进政府间财政关系法治化的路径选择

我国目前处在经济社会的转型期和体制改革的攻坚期。如果地方财政继续由中央政府单边支配，政府间财政关系很容易陷入前面所述的失范——失衡——失控的行为逻辑，逼迫地方通过变相的手段获取收益，如土地财政、规费泛滥、公共服务特许经营等，影响国家治理现代化进程。当前，努力实现国家治理现代化是我们面临的基本任务，而法治是国家治理现代化的基本方略，因此必须运用法治思维和方式规范政府间财政关系。

（1）财政分权必须从行政化向法定化根本转变。

如前所述，世界大部分国家都遵循了财政宪定的基本原则。我国宪法对财政的相关表述过于简单笼统，导致财政实践中因缺乏必要和明确的规范而出现模糊、曲解甚至疑似突破宪法的情形。十八届三中全会明确提出，财政是国家治理的基础和重要支柱。因此，要增强财政分权的稳定性、规范性和包容性，从长期来看必须完善《宪法》相关条款，对政府间财政关系的基本原则和关键问题予以明确。同时，由于修宪的程序烦琐、制约因素较多，从短期来看，可以采取先制定单行法的方式加以解决。如制定《财政基本法》，或者专门的《财政收支划分法》，对政府间财政分权进行明确界定，包括财政立法权、财政收益权和财政征收权的权限划分和合理配置。一般来说，财政立法权主要还是归中央所有，符合我国中央集权单一制国家的基本国情。地方立法机关并非一点财政立法权也不能分享，但他所享有的财政立法权限仅限于授予本级地方政府在本行政区域内特有的财政权，并且该制定权的行使，不仅来自中央立法机关的授权，也只能在授权范围内依照立法所确定的标准和范围行使。对地方政府拥有的财税优惠政策权限，应以立法的形式进行明确，在保证全国市场统一规范的前提下，使各地保留适当的弹性与自主权限，以与各自省情实际相匹配。财政收益权的划分，则应当明确包括税收收益权、国有资产收益权、专项收益权和其他财政收益权在各级政府之间的合理分配。税收征管权的配置，不一定与税收收益权的权限配置相一致，关键视税收征收效率而定。目前我国还需要加强国税与地税两套征管机构之间财政征收权行使的协调，明确彼此征管权限，加强合作与沟通。同时，税收征管立法也要与未来的大部制改革有效衔接，从顶层设计角度提高系统性效率。

（2）必须强化人大作为立法机关的权威地位，积极推进财政民主化法治化。

长期以来，在我国财政制度建设过程中，人大作为代议制下最高权力机关和立法机关，没能充分发挥自身应有的权威性，成为深化财政管理体制改革的一个重大阻碍。要建设现代财政制度，就必须推进财政的民主化和法治化，而要实现这一点，就必须牢固树立人大的权威地位。从具体路径来看，当前关键有两点，一是有效解决税收授权立法问题；二是切实发挥财政监督职责。过去由于立法条件不成熟等原因，我国立法机关采取了赋予最高行政机关有限税收立法权的方式进行授权立法。尽管 2009 年全国人大常委会已废止了 1984 年的税收立法授权，但国务院依据 1985 年的有关经济体制改革和对外开放的授权，依然制定了数量众多的税收暂行条例。目前看来，税收授权立法的弊端日益显现，与税收法定原则相悖，也不利于约束行政权力和维护纳税人权利，且导致部门利益制度化。因此，强化人大在财政事务中的权威地位，首先要加快收回税收立法权，切实贯彻税收法定原则。同时，在我国法律体系框架已经基本搭建完成的情况下，人大财政监督职权的行使变得前所未有的重要。未来在财政监督上，要切实加强人大对预决算的审批力度，进而有效控制政府活动。不仅加强预算全过程的监督，强化预算的刚性拘束力，还要加强议事规则和制度的构建。比如针对中央与地方之间涉及地方重大财政权益方面的争议，可以考虑在全国人大常委会内部建立"政府间财政关系"专门委员会，允许地方政府就相关争议向专委会投诉，从而为平衡央地重大利益关系提供一种仲裁机制，实现对中央单边主义行为模式的有效制衡。

（3）政府间事权实施与立法监管适当分离，促进公共服务均等化。

结合我国实际情况和各国的做法，我们认为中国在采用非对称型财政制度模式的情况下，在事权实施与立法监管之间应该保持适当的分离。中央政府对于其事权应该有立法监管权。省级政府对于各级地方政府事权原则上具有立法监管权，但中央在必要时也有权进行监管，如出台标准和资格要求等。中央和地方政府的事权以及共有的事权均应在法律中予以明确。特别是教育、医疗和社会保障等事权与公民平等权密切相关，其划分与实施要予以特别重视。我国目前在这些领域的均等化水平不高，特别是养老金统筹水平相当低，应妥善划分相应事权，同时在地方政府负责事权实施的情况下，中央政府进行有效的立法监管，以保证全国范围内能够达到最低限度的标准和条件，切实提高基本公共服务的均等化水平。

（4）推进转移支付和地方政府债务立法，加快财政法制化、规范化进程。

当前应及早将《转移支付法》提上议事日程，借助立法程序，妥善照顾各方面的利益，而不应再由中央职能部门对这样重大的问题行使决策权。在进行立法时，应考虑促进公共服务均等化的转移支付目标，科学设计一般转移支付的指标体系，将专项转移支付资金有效纳入预算管理，公开透明，对于体制性上解和税收返还等历史遗留问题，不能再继续回避，应勇于打破既得利益，通盘加以解决。在专项转移支付的具体决策程序上，考虑吸纳地方政府的有效参与，在平衡不同地方利益的同时，提高透明度，减少"寻租"行为。总之，要使转移支付在法治的轨道上运行。同时，对于地方政府债务问题，应予以顶层设计。从长远来看，中央与地方间关系的一个总的改革趋向，应是进一步向地方放权，提高地方政府自主权力。如此才能真正有效调动"两个积极性"。地方自治能力的提高，相应地要求发行债务上拥有更加独立的自主权。当期我们对地方政府自主发债的风险要有足够的警惕，但从长期制度设计来看，也要进行相关的制度和理论准备。实际从美国地方政府破产制度来看，并非我们想象中的破产就等于进入无政府状态，实际上就是一个政府债务重整的制度设计。我们也应进一步革新观念，通过进一步完善《预算法》或《破产法》，积极探索适合我国国情的地方政府破产制度，或者换个词汇叫地方政府债务重整制度，将地方政府的财务危机，纳入到一个规范化、制度化、法治化的程序和框架中有效解决。

(二) 财政大数据：云时代财政改革腾飞的翅膀

著名学者黄仁宇在总结中国近代历史时，曾提出一个广为人知的论断，中国落后的一个重要原因是"数字管理能力太弱"。21 世纪以来，世界进入大数据时代，一个国家和地区政府的数据管理能力变得前所未有的重要，黄仁宇先生的观点也具有了更加鲜明的时代意义。财政在"以政聚财，以财行政"的过程中，覆盖了各政府层级、各地理区域以及政治、经济、社会、文化和生态文明的方方面面，海量数据于此交汇。财政的大数据或信息化建设如何，不仅对于财政系统自身能力建设十分关键，对于整个国家现代治理能力的提升都有着不可替代的重要现实意义。在大数据时代，财政是逆流而动，还是顺势而为，检验着公共治理现代性的成色和财政治理的水平，并且成为检验公共治理成败的关键因素。

1. 我国财政信息化发展历程

综合联合国对电子政务发展阶段的界定和美国学者建立的诺兰模型中对信息化发展过程的划分，我们认为财政信息化一般可以分为五个发展阶段：一是萌芽期：个别部门引入计算机技术，实际应用停留在打字办公和报表统计等很低的水平；二是普及期：信息技术开始被普遍应用，财政部门的官方网站逐渐增多，信息逐渐实现动态化；三是增强期：信息基础设施建设得到特别关注和加强，硬件技术高速发展，信息人才越来越多，用户与财政部门工作人员之间以及财政系统内部之间远程网络交流互动显著增强；四是集成期：包括财政系统内的信息集成和财政与税收、金融、海关等相关领域的信息集成，逐步实现财政信息一体化目标；五是完美期：对于大数据云信息进行充分的挖掘和加工，跨越行政界限享受充分的综合信息服务，财政信息化建设高度融入经济社会运行的全过程，使人们充分享受大数据时代财政信息化带来的好处。

具体到我国，财政信息化建设经历了初始阶段、增长阶段、全面发展阶段和一体化阶段。

初始阶段：1979 年，财政部从日本引进先进的计算机系统，组建财政部计算中心。这可以看作我国财政信息化建设的起步之年。这一阶段计算机刚刚引入到财政管理中，更多时候还仅仅是一台打字机，进行一些文档和报表的处理，应用水平很低。当然有一些成绩也不容抹杀，比如计算机技术的引入，为顺利推进二步利改税等财政改革与发展发挥了重要的作用。[①]

增长阶段：进入 20 世纪 80 年代后，财政部开始有计划地组织全国范围内的财政信息系统建设。1985 年，经国务院批准，开始建立包括财政、税收和国有资产在内的，覆盖中央、省、市、县四级网络的全国财税信息系统。经过"七五""八五"和"九五"时期的不断努力，财政信息化建设得到规范、有序的发展。这一阶段应用种类迅速增加，如通过计算机系统收集上报财政决算数据、完成总预算会计记账和企业数据测算等，但由于缺乏整体规划，也出现比较盲目地购买机器、开发软件的现象，信息孤岛状态相当普遍。[②]

全面发展阶段：党的十五届六中全会提出要深化财税体制改革，并明确提出推行部门预算、国库集中支付和政府采购等重大改革，2001 年底国务院进一步作出"收支两条线"改革决定。而这些改革都需要完善的财政信息网络和管理信息系统做支撑。为此，财政部 2002 年将原先规划建立的"政府财政管理信息系统"定名为"金财工程"，并计划于 2008 年全部实现。金财工程包括两大部分，一是财政业务应用系统，包括预算管理、国库集中收付、国债管理等核心财政业务的管理系统和宏观经济预测分析系统；二是覆盖全国各级财政管理部门和财政资金使用部门的信息网络系统。我国财政信息化由此进入全面发展阶段。在这一阶段，对每项财政业务，如部门预算编审、国库集中支付、非税收入、工资统发、会计集中核算管理等，都开始推进全面信息化建设。

---

① 毕瑞祥：《财政信息化研究》，经济科学出版社，2008 年 6 月。
② 马洪范：《统筹管理与财政信息化——新时期财政改革与管理创新的求索》，经济科学出版社 2007 年版。

一些财政部门开始将不同的财政应用系统整合到一个系统当中，采用统一的主机系统、数据技术和处理标准，以便实现资源共享。

一体化阶段：2007 年 11 月，财政部党组提出了"一体化建设"的指导思想。2008 年，经过积极努力，财政部的应用支撑平台和预算指标管理系统正式运行。又经过 1 年的时间，上述平台基本完成了在省级财政部门的推广和实施。同时，全国统一的网络支持也成功建立。31 个省和 5 个计划单列市、35 个专员办实现了联网，8 家代理银行、人民银行国库和 145 个中央部门实现了联通。统一的维护系统、安全部署和数据中心也同步建立。进入财政信息一体化阶段后，计算机信息系统开始真正有效地实现同整个财政管理过程的有机结合，真正地把财政部门内部和外部的数据资源很好地规划利用，为财政部门的管理和决策服务。

2. 大数据时代财政信息化面临的机遇和挑战

进入 21 世纪以来，特别是第二个 10 年以来，以大数据为重要内容的新一轮信息化浪潮以汹涌之势席卷全球。2012 年，联合国发布大数据政务白皮书。同年，美国政府宣布实施《大数据的研究和发展计划》，将大数据上升为国家战略；欧盟、日本等也都在加大政府支持和科研投入力度，积极探索大数据研发应用道路。面对迅速发展的大数据技术，我国决策层也高度重视，制定实施了《"十二五"国家战略性新兴产业发展规划》《国务院关于推进物联网有序健康发展的指导意见》等一系列政策措施，要求加强海量数据存储、数据挖掘等大数据关键技术研发应用，积极应对大数据时代的到来。

随着金财工程的发展，财政也更加深切地感受到大数据时代带来的新变化。除了财务数据之外，财政还涉及大量的业务数据，分散在税务、金库、银行、海关、预算单位等多个地方，涉及社保系统、金库收支、税收征管等不同方面。从近年实践看，发现问题的线索大部分来源于财政数据与其他外部数据比对的结果。大数据的快速发展，迫切需要我们建立起大数据财政理念和思维模式。财政信息化建设由此进入财政大数据时代。

大数据时代，我国财政信息化乃至整个财政管理，都将面临前所未有的机遇和挑战。

从机遇来看：一是社会环境不断趋于成熟，为数据分析提供了良好"土壤"。公共领域的数据是一个社会的基础性数据，其开放和权利问题一直受到高度关注。目前，全球已有 30 多个国家和地区开放了公共数据。大数据时代呼唤更开放的社会、权力更分散的社会、一个网状的大社会，在此过程中企业和政府都要进行相应的创新。中国有望在数据变革中更快地发展，并孕育出更成熟的公民社会。二是在大数据的新变革中，中国和世界的差距较小，很多领域还有创新和领先的可能。一方面，大数据技术以开源为主，中外公司在同一起跑线上；另一方面，中国的人口和经济规模，决定中国的数据资产规模将领先全世界，客观上为大数据发展提供广阔空间。三是大数据为加强财政管理提供了技术支撑。随着财政信息化的不断加强，财政数据挖掘和分析的进一步开展，借助数据仓库和数据挖掘技术，公共财政管理体系将进一步健全，全国预算执行数据动态统计和监控体系将有效建立，财政决策水平也必将有效提高。四是大数据还将更好地把财政管理周期中的业务流统筹管理起来，实现"规范化、科学化、信息化"管理目标。通过对从预算编制到预算审计整个财政管理周期的基础业务信息更加细致的分类，形成一个多维的、相互有机联系的信息分类体系，为提升财政管理水平找到新的突破口。①

从挑战来看：一是对传统财政信息思维革新提出了更高要求。当前我们大部分财政人员对财政大数据的认识还比较陌生，还停留在以账为本、从账到凭证的传统财政思维观念中，还没有对财务数据和业务数据进行有效的关联分析，导致大量数据没有得到有效使用。由于缺乏深度的数据挖掘和数据分析，整个部门预算执行分析的覆盖面很小，预算执行分析的效果也不理想。二是数据开放程度远远不够。目前，我国对大数据的价值和应用，政府、学界、产业界尚未达成一致的认知。各部门、各地方普遍存在"数据割据"和"信息孤岛"的现象。数据开放的意识和能力成为阻碍我国大数据技术在各行业落地的关键因素。对财政来说，上述数据孤岛的存在，就使理想中的财政大数据互联互通构想

① 财政部国库司：《大数据时代：推开财政数据挖掘之门》，经济科学出版社 2013 年版。

难以有效实现，数据无法共享和再利用。三是财政大数据人才匮乏。财政大数据，要求相关人员既要熟悉本单位财政业务和需求，具备相关专业知识和经验，又要懂计算机、网络、数据库和大数据技术。而这种复合型人才目前严重缺乏。特别是作为财政大数据核心技术的数据仓库建设、数据集市和数据挖掘的开展，是一个多专家合作的过程。这些领域的专业人才的培养是一个长期、系统的过程，很难短期内一蹴而就。

3. 云计算和大数据：来自浙江的数字财政建设实践

为进一步深化公共财政体制改革，提升财政管理和服务水平，在全面完成金财工程建设的基础上，浙江省财政厅于 2012 年启动数字财政建设，将财政信息化工作重心从一体化建设阶段过渡到大数据建设阶段，建立公共财政动态数据仓库，对数据进行深度共享和开发利用，努力做到用数据说话、用数据管理、用数据决策、用数据创新。

浙江省财政厅建设数字财政的思路是以现代信息技术为支撑，以规范化业务流程和标准化数据字典为基础，围绕预算编制、执行、监督"三位一体"运行体系，通过对跨部门、跨层级的财政收支活动相关数据的有效集聚，建立加载于地理空间信息平台的动态数据仓库，并对数据仓库进行深度开发和利用，为预算收支预测、资金分配、项目管理、绩效评价、政策制定、信息公开等提供有效支持，打造面向财政系统、预算单位和社会公众的服务平台，从而实现科学化、规范化、信息化的新型财政管理与服务模式。

（1）构建数据仓库，夯实数据共享和应用基础。一是构建全省预算执行数据库。重点建立和完善了财政专项资金监管系统、转移支付专项资金监管系统和全省预算执行数据库的移动办公平台。通过上述系统的构建，可以清楚地监控每个专项资金项目的预算和分配情况，展示各级财政部门的每笔支付数据，还可以对中央和省级专项转移支付资金进行跟踪，并针对资金使用分散、结余沉淀等情况预警。二是构建全省财政资金受益人数据库。目前已经采集 500 多万人的信息，广泛应用于反不当支付、民生地图和阳光政务查询等创新应用。通过跨部门数据比对分析，及时发现财政补助中的各类问题。三是构建预算单位数据库。通过采用云计算技术和大数据理念，目前已经采集大量跨部门数据，包括省地税局、公安厅、水利厅、卫生厅、教育厅、统计局、交通厅、林业厅、技术监督局、环保厅等部门海量业务信息。

（2）建设政务云平台，开展应用创新。数据挖掘是大数据时代的核心技术，不仅可以有效降低管理成本，实现过去无法或难以实现的功能，还可以创新管理模式。阿里巴巴在数据挖掘方面走在了全国前列，其创造的"阿里询盘指数""淘宝 CPI""小而美计划"和"阿里小额贷款"等都体现出对大数据的敏锐洞察和对公共事务的社会责任感。为了更加充分地利用云计算和大数据技术优势，浙江省政府与阿里巴巴开展了深度的战略性合作，在之前建设的省市县三级联动的浙江政务服务网基础上，于 2014 年开始建设浙江省电子政务云平台（简称政务云），基于阿里云构建了公共云和专有云。其中：公共云主要面向社会公众，而专有云主要为行政事业单位服务。面对新的形势和机遇，省财政厅逐步将门户网站、会计考试报名、政府采购、民生地图、电子政务搜索引擎、道路交通基金管理系统、统一公共支付平台（非税收入电子缴款平台）等应用迁移到政务云。在新的云平台上，浙江省财政进一步开展应用创新，通过构建收入动态监控体系、预算执行动态监控体系、建设统一公共支付平台、建设反不当支付体系、建设民生地图、建设政府采购云平台、搭建电子政务搜索引擎等，进一步提高了跨层级、跨部门、跨业务的信息共享水平，充分挖掘各类数据的潜在价值，使财政管理水平显著提升。①

4. 财税库银关网络构建：区块链技术在财政管理体制中的应用

自 2015 年，区块链——比特币的底层技术引起了全球各界热烈追捧，尤其是金融界，各国央行、交易所、国际投行以及 IT 巨头纷纷投入大量资源进行研究开发，它被认为是未来互联网和信息技术的重大革命和创新。区块链本质上是基于密码学算法的分布式数据库，由于具有去中心化、匿名性、可追溯性、防篡改等技术特点，区块链在金融交

---

① 浙江省财政厅：《云计算和大数据在数字财政建设中的探索和实践》，载《中国财政》2016 年第 16 期。

易、数字货币、资金清算、物联网、智能协议、政府事务管理等领域具有巨大的应用潜力。

区块链技术目前在全世界范围内被广为应用。英国政府发布了《分布式账本技术：超越区块链》白皮书，并计划开发能够在政府和公共机构之间使用的应用系统。莫斯科市政府利用区块链技术实行"积极公民"计划，对法律及政府项目进行公投。香港财政司司长发布一份公开预算案，表示鼓励开展区块链技术在金融领域的应用，以降低交易成本，减少可疑交易。中国也正在积极而深入地开展相关研究及应用。主要包括：（1）央行正部署重要力量研究区块链技术。（2）相关机构成立了全国性的区块链联盟，推进区块链技术的应用研发。（3）万向集团成立万向区块链实验室，专注于研究区块链技术研究和开发。（4）中钞信用卡产业发展有限公司以设定的票据业务场景，研发了基于区块链技术的智能数字票据系统（SDDS）。（5）工信部发布了《中国区块链技术和应用发展白皮书》。（6）2016年12月15日，央行数字票据基于区块链的全生命周期的登记流转和基于数字货币的票款兑付结算功能已经全部实现。（7）2016年10月邮储银行上线基于区块链的资产托管系统，并顺利完成了上百笔交易。（8）2017年1月25日，央行基于区块链的数字票据交易平台测试成功。

就财政管理体制而言，我们认为区块链技术也有着广阔的应用空间。借用这一技术和思维，可以建立起涵括财政、税务、人行国库、海关、商业银行在内的联盟链条，形成有机的网络，革命性地提升财政管理和监督的效率。

如图9-13所示，由财政部门或人民银行牵头建立多活架构的财税关库银联盟链，财政、国库、税务、海关、商业银行各自建立私有链；各私有链数据读写权限加以严格控制，数据加密赋予人民银行或财政部在联盟链中超级管理员权限，即：拥有其他节点的权限、可制定或修改联盟链交易规则、准入及退出许可、节点管理、账本数据监管、灾备管理等。其他部门在获得财政部或央行准入许可后，需要将至少一个节点接入联盟链，既有联盟链又有私有链的节点称之为桥梁节点。联盟链中每笔国库资金交易通过密码学算法达成共识，由各桥梁节点完整地记录。[①] 每个桥梁节点均维护一个完整的国库资金交易数据副本，并通过共识算法保持高度一致，以防止数据丢失，同时建立多活容灾和数据多点备份机制。

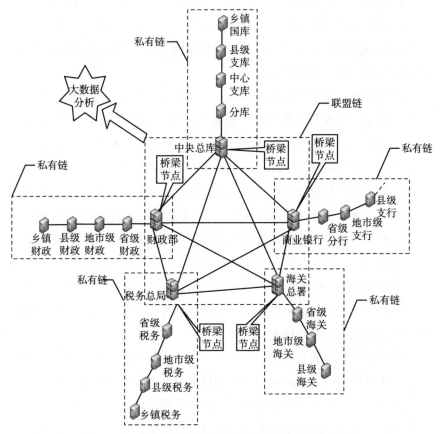

图 9 – 13　基于区块链技术的财税库银关联网系统模型

资料来源：马天龙：《区块链技术及国库应用场景——基于国家金库工程建设的考量》，载《地方财政研究》2017 年第 9 期。

---

① 财税库银横向联网系统构建完成后，当应用程序向数据库发来一个指令，中间程序会首先将该指令发送给网络中的每一个节点，所有节点认为操作合法后，形成共识，该中间程序才会将数据操作提交到本地数据库。这种共识机制可保证每个节点的数据均保持高度一致，每个节点都拥有所有节点的操作日志。若其中一个节点被非法篡改，在共识时该节点就会被判定为坏节点，引发预警。

由于该区块链模型中有私有链和联盟链，与之相对应的是私有链交易和联盟链交易。私有链交易是指交易双方的账本以及操作日志均在同一链上，交易在链内节点达成共识，完成交易并记账，如国库内部往来，商业银行内部转账等。联盟链交易是指交易双方的账本以及操作日志联盟链上或通过桥梁节点上传至联盟链，交易在桥梁节点达成共识，交易各方协同记账，完成交易，如财政预算收入划缴入库，支出拨付，预算收入更、免、退等业务。

以预算收入划缴入库场景为例，某税务机关发起扣税指令并将该指令通过桥梁节点 A 传至联盟链，桥梁节点 A 会迅速将该信息指令告知其他所有联盟链中的 B、C、D、E、F 等其他节点。如果 E 节点信息被非法篡改，在共识过程中，其他所有节点就会指认 E 节点异常并预警。当该扣税指令被联盟链中所有节点达成共识，则该指令会写入本地数据库并通过桥梁节点转发至商业银行。商业银行在私有链内完成扣税交易。扣税交易完成后，商业银行发起划款指令，扣款指令通过桥梁节点发至联盟链中，由联盟链各节点进行共识，共识完成并无误后，资金划缴入库交易完成，由国库在私有链内作预算收入入库账务处理，并返回交易结果，相关交易信息同步写入本地数据库，扣税交易、资金划缴国库交易的共识过程同扣税交易一致。

对于预算收支的监督，通过建立一套完善、通行的标准规范，利用区块链非对称密码学算法和时间戳等技术以及交易信息的可追溯性和不可篡改性，我们可以对预算收支往来情况实现实时、逐笔的监督，以确保国库资金安全。由于系统采用多活分布式构架，每一节点均存储了所有交易活动信息，可保证信息数据的完整性。超级管理员根据权限，可对系统运行情况实时监测、运维，以此保证系统运行安全；同时，利用数据挖掘和大数据技术，制定相应规则和标准框架，可对预算收支数据进行实时分析。①

---

① 马天龙：《区块链技术及国库应用场景——基于国家金库工程建设的考量》，载《地方财政研究》2017 年第 9 期。

区块链技术处于初级发展阶段，尚存很多问题有待解决，但是对于它的应用，正在体现为一种全球性的趋势，我国《"十三五"国家信息化规划》也将区块链技术列入其中。相信这一技术在未来财政管理体制改革中必将发挥更加广泛和积极的作用。

5. 以财政大数据支撑财政管理体制改革深化的对策建议

在我国财政管理体制改革中，制度安排固然最为重要，是一切的根本，但技术支撑的作用很多时候不可替代。尤其是出现革命性的技术创新时，其引发的效率变迁可能是传统条件下单纯靠制度优化根本无法实现的。比如古代基层行政区划管理范围的确定，往往根据当天从行政治所出发当天步行往返的距离来确定其管辖面积。随着徒步被马车和驿道替代，管理幅度便进一步扩大，进入现代社会后，汽车、移动电话的出现与普及，则使得政府的管理半径进一步拓宽。而网络的出现和广泛应用，更加使得管理半径的提升空间达到古人根本无法想象的程度。我们已经进入云计算和大数据时代，当我们仍然没有很好地摆脱各种"信息孤岛"状态的时候，信息技术支持对财政管理体制改革的意义可能只是算数级的，锦上添花的，但是一旦这种"孤岛效应"被打破，各级各类信息全面实现互联互通，我们迎来的可能就是几何级数的、爆炸式的革命。为此，我们应在以下几个方面采取更加积极的应对措施，加速这一进程。

（1）加快构建跨部门、跨层级数据交换共享的财政大数据云平台。在财政信息化建设中，数据平台是重要的载体。一是研究建设以信息化标准和安全体系为保障的财政大数据云平台，融合各级财政、税务、金融、发改、工商、国资、国土、编办、人社等部门数据，实现跨部门、跨层级的财政经济税务等相关信息资源的共享和深度融合。加快数据仓库建设，使采集的数据越来越完备，使数据供需双方在数据交换过程中形成良性互动。二是充分发挥财政大数据云平台的基础作用，把各部门、各级次共享归集的数据以科学的方式管理、存放和使用。通过建立数据长效融合机制、构建财政经济社会大数据资源体系等方式，开展以财政数据为核心的多部门、多层级数据采集。实现对不同部门数据的采集融合和分析、挖掘、利用，支持财政大数据的实时查询、分布式计算，实现数据信息面向全社会共享。

（2）构建协同共享的现代财政预算管理流程。针对当前各类财政业务相互独立，不能互通的状况，利用财政大数据云平台，实现财政部门内部各个处室之间的信息系统、上下级财政部门之间、财政收入机构与征缴对象之间、财政支出机构与预算单位之间信息系统的互联互通，从而实现财政预算编制、预算执行、监督管理、绩效评价、决算编审的预算管理全部流程优化再造。建立真正能够支撑政府决策、提升财政管理的财政业务新流程，实现财政的业务流、资金流和数据流的统一。

（3）将数据的采集分析作为财政大数据建设的核心内容。财政大数据时代，与以往财政信息化建设的最大不同，就在于过去偏重于硬件系统和软件系统的建设、开发与维护，而忽视了数据本身的挖掘和分析。在大数据时代，数据本身已经成为最关键的枢纽，成为推动经济社会发展的战略性资产。当前要加快财政大数据建设，必须强化"数据为王"意识，广泛收集各类数据，建立相对完善的数据集市或数据仓库，为数据挖掘提供坚实的基础。针对"数据孤岛"想象，积极争取各级政府的大力支持，采取"拿来主义"。在采集多方海量数据基础上，按照"总体分析——重点业务分析——重点事项分析"逐层深入的思路，在传统数据分析方法基础上，以财政重点、疑点问题为导向，充分运用多维分析和数据挖掘技术，做好大数据的分析，发现疑点，分散核查，确认问题，极大地提升财政管理效率。

（4）加速财政大数据建设所需人才的培养。当今世界已经进入信息经济时代，这一阶段竞争优势的决定因素与以往有了巨大的不同。农业经济时代主要靠土地、资源、人力和畜力，工业经济时代主要靠资本、技术，而信息经济时代，人的因素起着决定性的作用，更多地依靠知识、创新和持续学习。要推进大数据背景下的财政信息化建设，必须有人才的强力支撑。麦肯锡全球学会报告显示，到 2018 年，美国需要 14 万~19 万名具有"深度分析"经验的工作者，以及 150 万名更加精通数据的经理人。与大数据相关的产业发展，将为美国创造巨大的就业岗位。中国的大数据技术虽然应用较晚，但中国人口众多，经济发展迅速，数据挖掘等需求非常巨大。因此，中国对大数据分析相关领域人才的需求比美国还要更加庞大。

就财政大数据建设而言，当前最需要两种人才：一类是综合型人才，另一类是技术专家。一方面，数据挖掘等技术具有强烈的业务管理属性，这就需要既熟悉财政管理，具有统计学背景，并对数据管理有丰富经验，还要了解数据挖掘等数据分析技术的各个层面，有能力以综合的视角制定切实可行的方案和目标。这也是当前最急缺的一类人才。另一方面，大数据分析方案的工程实现，必须由技术专家来完成，技术专家的能力也直接决定了大数据方案的深度和广度。当前各级财政部门必须抓紧培养自己的数据分析人才，重点培养和引进数据挖掘综合型人才。高校要设置和加强数据挖掘专业，加快专业领域人才的培养。对于财政相关联业务部门工作人员，也要加强数据挖掘应用培训，提高数据分析的实践能力。此外，财政部门和相关高校科研单位要加强合作，为提高数据分析能力提供"外脑"支撑。

参考文献

［1］安虎森、吴浩波：《转移支付与区际经济发展差距》，载《经济学》2016 年第 1 期。

［2］安体富：《如何看待近几年我国税收的超常增长和减税的问题》，载《税务研究》2002 年第 8 期。

［3］白景明：《进一步理顺政府间收入划分需要破解三大难题》，载《税务研究》2015 年第 4 期。

［4］白景明：《经济增长、产业结构调整与税收增长》，载《财经问题研究》2015 年第 8 期。

［5］毕瑞祥：《财政信息化研究》，经济科学出版社 2008 年版。

［6］才国伟、黄亮雄：《政府层级改革的影响因素及其经济绩效研究》，载《管理世界》2010 年第 8 期。

［7］才国伟、张学志、邓卫广：《"省直管县"改革会损害地级市的利益吗?》，载《经济研究》2011 年第 7 期。

［8］财政部国库司编著：《大数据时代：推开财政数据挖掘之门》，经济科学出版社 2013 年版。

［9］财政部：《关于 2013 年中央和地方预算执行情况与 2014 年中央和地方预算草案的报告》，载《人民日报》2014 年 3 月 15 日。

［10］财政部：《关于 2014 年中央和地方预算执行情况与 2015 年中央和地方预算草案的报告》，载《人民日报》2015 年 3 月 17 日。

［11］财政部：《关于 2015 年中央和地方预算执行情况与 2016 年中央和地方预算草案的报告》，载《人民日报》2016 年 3 月 18 日。

［12］陈敏之：《也论计划单列》，载《江汉论坛》1988 年第 11 期。

［13］陈思霞、陈志勇：《需求回应与地方政府性债务约束机制：经验启示与分析》，载《财贸经济》2015 年第 2 期。

［14］陈彦斌：《中国经济增速放缓的原因、挑战与对策》，载《中国人民大学学报》2012 年第 5 期。

［15］戴园晨、徐亚平：《财政体制改革与中央地方财政关系变化》，载《经济学家》1992 年第 4 期。

［16］大连市国家税务局：《互联网＋●大数据●税收深度融合研究》，中国税务出版社 2014 年版。

［17］邓子基：《建立和健全我国地方税系研究》，载《福建论坛（人文社会科学版）》2007 年第 1 期。

［18］邓文勇：《改革开放三十年我国税收征管制度改革与评价》，载《湖南社会科学》2008 年第 4 期。

［19］樊丽明、李文：《试论确立我国地方税主体税种》，载《税务研究》2000 年第 7 期。

［20］范子英、张军：《中国如何在平衡中牺牲了效率：财政转移支付的视角》，载《世界经济》2010 年第 10 期。

［21］范子英：《中国财政转移支付制度：目标、效果及遗留问题》，载《南方经济》2011 年第 6 期。

［22］范子英：《非均衡增长、分权、转移支付与区域发展》，格致出版社 2014 年版。

［23］费孝通、吴晗等：《皇权与绅权》，华东师范大学出版社 2015 年版。

［24］冯俏彬、安森东等著：《新型城镇化进程中的行政层级与行政区划改革研究》，商务印书馆 2015 年版。

［25］冯仕政：《政治市场想象与中国国家治理分析——兼评周黎安的行政发包制理论》，载《社会》2014 年第 6 期。

［26］付文林、沈坤荣：《均等化转移支付与地方财政支出结构》，载《经济研究》2012 年第 5 期。

［27］傅小随：《地区发展竞争背景下的地方行政管理体制改革》，

载《管理世界》2003 年第 2 期。

[28] 龚六堂、谢丹阳:《我国省份之间的要素流动和边际生产率的差异分析》,载《经济研究》2004 年第 1 期。

[29] 高军、王晓丹:《"省直管县"财政体制如何促进经济增长——基于江苏省 2004～2009 年数据的实证分析》,载《财经研究》2012 年第 3 期。

[30] 高培勇:《财税体制改革与国家治理现代化》,社会科学文献出版社 2014 年版。

[31] 高培勇、杨志勇:《推进政府间财政关系调整》,载《经济研究参考》2014 年第 22 期。

[32] 高培勇、汪德华:《本轮财税体制改革进程评估:2013.11～2016.10》,载《财贸经济》2016 年第 11 期、12 期。

[33] 葛剑雄:《亿兆斯民》,广东人民出版社 2014 年版。

[34] 谷成:《财政分权下中国政府间转移支付的优化路径》,载《经济社会体制比较》2009 年第 2 期。

[35] 顾国新、刘雄伟:《我国城市计划单列的现状、问题和发展趋势》,载《经济体制改革》1990 年第 6 期。

[36] 郭庆旺、贾俊雪:《中央财政转移支付与地方公共服务提供》,载《世界经济》2008 年第 9 期。

[37] 郭庆旺、吕冰洋等:《中国分税制:问题与改革》,中国人民大学出版社 2014 年版。

[38] 郭庆旺:《2015:积极的财政政策更加积极》,载《决策探索》2015 年第 3 期(下)。

[39] 郭庆旺、吕冰洋等:《中国分税制问题与改革》,中国人民大学出版社 2014 年版。

[40] 郭子嘉、王振宇:《地方财政可持续发展研究》,载《财经问题研究》2012 年第 2 期。

[41] 龚强、王俊、贾坤:《财政分权视角下的地方政府债务研究:一个综述》,载《经济研究》2011 年第 7 期。

[42] 黄家强：《两个积极性：全面营改增中央地收入划分的法学视角》，载《财政监督》2016 年第 18 期。

[43] 韩春晖：《"省管县"：历史与现实之间的关照——中国地方行政层级的优化改革》，载《行政法学研究》2011 年第 1 期。

[44] 韩冰：《转移支付制度演进的逻辑——转移支付功能定位与现实选择》，载《地方财政研究》2014 年第 9 期。

[45] 胡洪曙：《构建以财产税为主体的地方税体系研究》，载《当代财经》2011 年第 2 期。

[46] 胡亚兰：《"省直管县"体制改革对河南省县域经济发展的影响》，载《财会月刊》2016 年第 12 期。

[47] 胡中流、王刚：《有关"分税制"若干问题的思考》，载《中央财政金融学院学报》1989 年第 1 期。

[48] 胡祖铨、黄夏岚、刘怡：《中国对地方转移支付与地方征税努力——来自中国财政实践的证据》，载《经济学季刊》2013 年第 4 期。

[49] 霍军：《中央与地方税收收入划分的中外比较研究》，载《经济研究参考》2015 年第 8 期。

[50] 贾康、白景明：《县乡财政解困与财政体制创新》，载《经济研究》2002 年第 2 期。

[51] 贾康：《财政的扁平化改革和政府间事权划分》，载《中共中央党校学报》2007 年第 12 期。

[52] 贾康、于长革：《"省直管县"财政改革的意义、内容及建议》，载《中国税务》2010 年第 4 期。

[53] 贾晋、李雪峰、刘莉：《"扩权强县"政策是否存进了县域经济增长——基于四川省县域 2004～2012 年面板数据的实证分析》，载《农业技术经济》2015 年第 9 期。

[54] 贾俊雪、郭庆旺、高立：《中央财政转移支付、激励效应与地区间财政支出竞争》，载《财贸经济》2010 年第 11 期。

[55] 贾俊雪、张永杰、郭婧：《省直管县财政体制改革、县域经济增长与财政解困》，载《中国软科学》2013 年第 6 期。

［56］贾晓俊、岳希明：《我国不同形式转移支付财力均等化效应研究》，载《经济理论与经济管理》2015 年第 1 期。

［57］金祥荣、赵雪娇：《行政权分割、市场分割与城市经济效率》，载《经济理论与经济管理》2017 年第 3 期。

［58］柯华庆：《财政分级制原则的体系建构》，载《第九届（2014）中国管理学年会——公共管理分会场论文集》2014 年。

［59］课题组：《明晰支出责任：完善财政体制的一个切入点》，载《经济研究参考》2012 年第 40 期。

［60］理查德·D. 宾厄姆等著：《美国地方政府的管理实践中的公共行政》，北京大学出版社 1997 年版。

［61］李本贵：《从国外政府间税收收入划分透视我国分税制改革的进一步深化》，载《地方财政研究》2013 年第 10 期。

［62］李大庆：《财税体制改革的法律框架与法治化路径——从事权与支出责任的关系切入》，载《地方财政研究》2017 年第 4 期。

［63］李丹：《"省直管县"改革对市、县经济利益格局分配的研究》，载《财经论丛》2013 年第 5 期。

［64］李猛：《"省直管县"能够促进中国经济平稳较快增长？——理论模型和绩效评价》，载《金融研究》2012 年第 1 期。

［65］李齐云、刘小勇：《我国事权与财力匹配的财政体制选择》，载《山东社会科学》2009 年第 3 期。

［66］李萍：《财政体制简明图解》，中国财政经济出版社 2010 年版。

［67］李万慧：《命令模式——中国省以下财政管理体制的理性选择》，载《地方财政研究》2010 年第 8 期。

［68］李万慧：《中国财政转移支付结构辨析及改革方向展望》，载《地方财政研究》2016 年第 11 期。

［69］李夏影：《"省直管县"财政体制对县域经济增长影响研究——以湖北省为例》，载《北方经贸》2010 年第 10 期。

［70］李奕宏：《我国政府间事权及支出划分研究》，载《财政研究》2014 年第 8 期。

［71］李一花、李齐云：《县级财政分权指标构建与"省直管县"财政改革影响测度》，载《经济社会体制比较》2014 年第 6 期。

［72］李永友：《国家治理、财政改革与财政转移支付》，载《地方财政研究》2016 年第 1 期。

［73］李永友：《转移支付与地方政府间财政竞争》，载《中国社会科学》2015 年第 10 期。

［74］李永友、张子楠：《转移支付提高了政府社会性公共品供给激励吗?》，载《经济研究》2017 年第 1 期。

［75］连家明、王丹：《基于法治化视角的财政分配问题研究》，载《财经问题研究》2008 年第 5 期。

［76］廖健江、祝平衡：《湖南"省直管县"财政体制改革对县域经济发展影响实证分析》，载《经济地理》2017 年第 4 期。

［77］刘承礼：《中国式财政分权的解释逻辑：从理论述评到实践推演》，载《经济学家》2011 年第 7 期。

［78］刘承礼：《以政府间分权看待政府间关系：理论阐释与中国实践》，中央编译出版社 2016 年版。

［79］刘国艳：《各级政府间收入划分与分税制改革》，载《经济研究参考》2009 年第 27 期。

［80］刘剑文：《强国之道——财税法治的破与立》，载《社会科学文献出版社 2013 年版。

［81］刘剑文：《论财政法定原则——一种权力法治化的现代探索》，载《法学家》2014 年第 4 期。

［82］刘剑文、胡瑞琪：《财政转移支付制度的法治逻辑》，载《中国财政》2015 年第 16 期。

［83］刘剑文、侯卓：《事权划分法治化的中国路径》，载《中国社会科学》2017 年第 2 期。

［84］刘蓉：《论我国分税制体制与地方税改革》，载《税务研究》2016 年第 8 期。

［85］刘戎：《对国家财政事权范围的看法》，载《财经问题研究》

1986 年第 1 期。

[86] 刘瑞明、金田林：《政绩考核、交流效应与经济发展——兼论地方政府行为短期化》，载《当代经济科学》2015 年第 5 期。

[87] 刘尚希等：《分税制的是与非》，载《经济研究参考》2012 年第 7 期。

[88] 刘尚希、赵全厚、孟艳、封北麟、李成威、张立承：《"十二五"时期我国地方政府性债务压力测试研究》，载《经济研究参考》2012 年第 8 期。

[89] 刘尚希、马洪范、刘微、梁季、柳文：《明晰支出责任：完善财政体制的一个切入点》，载《经济研究参考》2013 年第 5 期。

[90] 刘尚希、梁季：《税制改革 20 年：回顾与前瞻》，载《税务研究》2014 年第 10 期。

[91] 刘世锦：《中国经济增长十年展望——在改革中形成增长新常态》，中信出版社 2014 年版。

[92] 楼继伟：《中共中央关于全面深化改革若干重大问题的决定》辅导读本》，人民出版社 2013 年版。

[93] 楼继伟：《中国政府间财政关系再思考》，中国财政经济出版社 2013 年版。

[94] 楼继伟：《进各级政府事权规范化法律化》，载《人民日报》2014 年 12 月 1 日。

[95] 路遇、腾泽之：《中国人口通史》，中国社会科学出版社 2015 年版。

[96] 伦玉君、邓巍巍、李珺：《当前国地税合作中存在的问题及政策建议》，载《税收经济研究》2015 年第 6 期。

[97] 罗植、杨冠琼、赵安平：《"省直管县"是否改善了县域经济绩效：一个自然实验证据》，载《财贸研究》2013 年第 4 期。

[98] 吕冰洋：《零售税的开征与分税制的改革》，载《财贸经济》2013 年第 10 期。

[99] 吕冰洋、聂辉华：《弹性分成：分税制的契约与影响》，载

《经济理论与经济管理》2014年第7期。

[100] 马蔡琛、李思沛：《"营改增"背景下的分税制财政体制变革》，载《税务研究》2013年第7期。

[101] 马光荣、郭庆旺、刘畅：《财政转移支付结构与地区经济增长》，载《中国社会科学》2016年第9期。

[102] 马国强主编：《中国税收（第五版）》，东北财经大学出版社2015年版。

[103] 马海涛：《中国分税制改革20周年：回顾与展望》，经济科学出版社2014年版。

[104] 马海涛：《中国财政可持续发展研究：中国财税研究报告2016》，中国财政经济出版社2016年版。

[105] 马洪范：《统筹管理与财政信息化——新时期财政改革与管理创新的求索》，经济科学出版社2007年版。

[106] 马骏：《论转移支付》，中国财政经济出版社1998年版。

[107] 马俊：《中国公共预算改革的目标选择：近期目标与远期目标》，载《中央财经大学学报》2005年第10期。

[108] 马万里：《多中心治理下的政府间事权划分新论——兼论财力与事权相匹配的第二条（事权）路径》，载《经济社会体制比较》2013年第6期。

[109] 马万里：《关于政府间事权与支出责任划分的几个理论问题》，载《地方财政研究》2017年第4期。

[110] 毛捷、赵静：《"省直管县"财政改革促进县域经济发展的实证分析》，载《财政研究》2012年第1期。

[111] 毛捷、吕冰洋、马光荣：《转移支付价格与政府扩张：基于"价格效应"的研究》，载《管理世界》2015年第7期。

[112] 倪红日：《应该更新"事权与财权统一"的理念》，载《涉外税务》2006年第5期。

[113] 彭健：《分税制财政体制改革20年：回顾与思考》，载《财经问题研究》2014年第5期。

[114] 彭月兰：《正确处理好中央与地方的财政分配关系》，载《山西经济日报》2000 - 12 - 15。

[115] 浦善新：《中国行政区划改革研究》，商务印书馆2013年版。

[116] 乔宝云、范剑勇、彭骥鸣：《政府间转移支付与地方财政努力》，载《管理世界》2006年第3期。

[117] 桑助来、宁永丽：《走出政绩考核中的"数据造假"》，载《中国党政干部论坛》2016年第1期。

[118] 斯韦托扎尔·平乔维奇：《产权经济学——一种关于比较体制的理论》，经济科学出版社1999年版。

[119] 神野直彦著、彭曦等译：《财政学：财政现象的实体化分析》，南京大学出版社2012年版。

[120] 神野直彦：《财政学——财政现象的实体化分析》，南京大学出版社2012年版。

[121] 史宇鹏、周黎安：《地区放权与经济效率：以计划单列为例》，载《经济研究》2007年第1期。

[122] 宋立、许生：《各级政府支出责任划分改革与支出结构优化调整》，载《经济研究参考》2009年第26期。

[123] 宋立：《各级政府事权及支出责任划分存在的问题与深化改革的思路及措施》，载《经济与管理研究》2007年第4期。

[124] 宋琳、程烨：《关于我国地方政府债务问题的思考——基于对比欧洲债务危机的视角》，载《地方财政研究》2012年第3期。

[125] 宋小宁、陈斌、梁若冰：《一般性转移支付：能否促进基本公共服务供给?》，载《数量经济技术经济研究》2012年第7期。

[126] 宋学文：《中国市级政府行政层级的形成与改革》，载《理论与改革》2016年第1期。

[127] 孙贵文：《分税制存在的问题和解决途径》，载《金融教学与研究》1994年第4期。

[128] 孙辉：《财政分权、政绩考核与地方政府土地出让》，社会科学文献出版社2014年版。

［129］孙开、孙璐：《论分税制中的税权划分》，载《税务研究》1994 年第 11 期。

［130］孙永杰：《省直管县促进了区域经济增长吗？——来自河南省县域经济的证据》，载《地方财政研究》2016 年第 8 期。

［131］唐睿、刘红芹：《从 GDP 锦标赛到二元竞争：中国地方政府行为变迁的逻辑——基于 1998～2006 年中国省级面板数据的实证研究》，载《公共管理学报》2012 年第 9 期。

［132］汤火箭、谭博文：《财政制度改革对中央与地方权力结构的影响——以财权和事权为视角》，载《宏观经济研究》2012 年第 9 期。

［133］田志刚：《地方政府间财政支出划分研究》，东北财经大学2009 年。

［134］王广庆、侯一麟、王有强：《中国转移支付制度规范过程中的利益分化与整合——新制度经济学视角下对中国转移支付演变的一个解释》，载《财贸研究》2011 年第 4 期。

［135］王洪：《建立分税同分成相结合的双重预算管理体制》，载《改革》1988 年第 3 期。

［136］王婧、乔陆印、李裕瑞：《"省直管县"财政体制改革对县域经济影响的多维测度——以山西省为例》，载《经济经纬》2016 年第 2 期。

［137］王绍光：《中国财政转移支付的政治逻辑》，载《战略与管理》2002 年第 3 期。

［138］王玮：《我国政府间税收收入划分模式的选择——以共享税为主还是完全划分税种》，载《财贸经济》2011 年第 11 期。

［139］王文清、叶桦、时晓：《国地税合作征管模式初探》，载《税收经济研究》2016 年第 3 期。

［140］王振宇：《分税制财政体制"缺陷性"研究》，载《财政研究》2006 年第 8 期。

［141］王振宇：《完善我国现行分税制财政管理体制研究》，东北财经大学出版社 2008 年版。

［142］王振宇：《新时期我国财政改革的几个问题》，载《财政研

究》2012 年第 3 期。

[143] 王振宇、连家明、郭艳娇、陆成林：《我国地方政府性债务风险识别和预警体系研究——基于辽宁的样本数据》，载《财贸经济》2013 年第 7 期。

[144] 王振宇：《分税制财政管理体制模式特征及多维视角改革构想》，载《经济社会体制比较》2014 年第 1 期。

[145] 汪冲：《渐进预算与机会主义——转移支付分配模式的实证研究》，载《管理世界》2015 年第 1 期。

[146] 魏建国：《中央与地方关系法治化研究——财政维度》，北京大学出版社 2015 年版。

[147] 文政：《基于中央与地方政府间关系的财政支出事权划分模式研究》，重庆大学，2008 年。

[148] 吴敬琏：《当代中国经济改革：战略与实施》，上海远东出版社 1999 年版。

[149] 肖建华、陈楠：《基于双重差分法的"省直管县"政策的效应分析——以江西省为例》，载《财经理论与实践》2017 年第 5 期。

[150] 谢国财、王少泉：《中央与地方财政收入比重变迁曲线研究——基于 1953～2014 年数据》，载《中共福建省委党校学报》2016 年第 10 期。

[151] 谢来位：《优化行政区划设置：学理根据与现实选择》，载《上海行政学院学报》2016 年第 2 期。

[152] 谢贞发、张玮：《中古财政分权与经济增长——一个荟萃回归分析》，载《经济学（季刊）》2015 年第 2 期。

[153] 谢京华：《政府间财政转移支付制度研究》，浙江大学出版社 2011 年版。

[154] 谢旭人：《中国财政改革三十年》，中国财政经济出版社 2008 年版。

[155] 熊若愚：《美国与德国政府间税收收入划分模式简介》，载《税务研究》2017 年第 1 期。

［156］许善达：《中国财税改革 30 年：从财政包干制到分税制》，载《第一财经日报》2008 - 8 - 18。

［157］熊伟：《财政法基本问题》，北京大学出版社 2012 年版。

［158］熊伟：《法治、财税与国家治理》，法律出版社 2015 年版。

［159］辛向阳：《百年博弈——中国中央与地方关系 100 年》，山东人民出版社 2000 年版。

［160］徐飞：《日本规制改革最新进展评析——基于 PMR 综合指数的观察》，载《现代日本经济》2012 年第 4 期。

［161］徐阳光：《政府间财政关系法治化研究》，法律出版社 2016 年版。

［162］阎彬：《正确处理中央与地方财政关系的关键——逐步实行分税制》，载《财经研究》1991 年第 5 期。

［163］闫坤、杨谨夫：《我国税收分享和转移支付制度效应研究》，载《经济学动态》2013 年第 4 期。

［164］闫坤、刘陈杰：《我国"新常态"时期合理经济增速测算》，载《财贸经济》2015 年第 1 期。

［165］杨光斌、李月军著：《当代中国政治制度导论》，中国人民大学出版社 2013 年版。

［166］杨继绳：《中国财政：提高两个比重必须慎行》，载《天津社会科学》2002 年第 1 期。

［167］杨灿明、赵福军：《关于财政分权后果的理论述评》，载《财贸经济》2004 年第 7 期。

［168］杨友才、潘妍妍：《城镇化过程中的行政区划空间演进及其解决效应研究》，载《理论学刊》2016 年第 7 期。

［169］杨志安、闫婷：《地方政府债务规模的计量经济分析——以辽宁省为例》，载《地方财政研究》2012 年第 3 期。

［170］杨志勇：《分税制改革是怎么开始的》，载《地方财政研究》2013 年第 10 期。

［171］杨志勇：《现代财政制度探索：国家治理视角下的中国财税

改革》，广东经济出版社 2015 年版。

[172] 杨志勇：《分税制改革中的中央和地方事权划分研究》，载《经济社会体制比较研究》2015 年第 2 期。

[173] 杨志勇：《地方债务置换只是缓兵之计》，载《中国经济周刊》2015 年第 9 期。

[174] 杨志勇：《现代财政制度探索——国家治理视角下的中国财税改革》，南方出版传媒、广东经济出版社 2015 年版。

[175] 叶兵、黄少卿、何振宇：《省直管县改革促进了地方经济增长吗?》，载《中国经济问题》2014 年第 6 期。

[176] 叶姗：《增值税收入划分规则何以再造》，载《法学评论》2015 年第 1 期。

[177] 于良春、余东华：《中国地区性行政垄断程度的测度研究》，载《经济研究》2009 年第 2 期。

[178] 俞荣新：《新中国成立以来我国计划单列市的历史演进》，载《党史文苑》2014 年第 7 期。

[179] 赵桂芝、寇铁军：《我国政府间转移支付制度均等化效应测度与评价——基于横向财力失衡的多维视角分析》，载《经济理论与经济管理》2012 年第 6 期。

[180] 赵晔：《改革开放以来中国 PPP 模式研究回顾与反思——基于期刊全文数据库实证分析》，载《地方财政研究》2016 年第 8 期。

[181] 赵云旗：《完善中央与地方税收划分的思考》，载《经济研究参考》2005 年第 3 期。

[182] 张光：《中国政府间财政关系的演变（1949～2009）》，载《公共行政评论》2009 年第 6 期。

[183] 张光：《十八大以来我国事权和财权划分：政策动向：突破还是因循》，载《地方财政研究》2017 年第 4 期。

[184] 张恒龙、陈宪：《政府间转移支付对地方财政努力与财政均等的影响》，载《经济科学》2007 年第 7 期。

[185] 张军：《增长、资本形成与技术选择：解释中国经济增长下

降的长期因素》，载《经济学（季刊）》2002 年第 1 期。

［186］张军、吴桂英、张吉鹏：《中国省际物质资本存量估算：1952～2000》，载《经济研究》2004 年第 10 期。

［187］张五常：《经济解释》，中信出版社 2015 年版。

［188］张永杰、耿强：《省直管县体制变革、财政分权与县级政府规模——基于规模经济视角的县级面板数据分析》，载《中国软科学》2011 年第 12 期。

［189］张永杰、耿强：《省直管县、财政分权与中国县域经济发展——基于长三角地区县级数据的 GMM 实证分析》，载《学习与实践》2011 年第 11 期。

［190］张占斌：《省直管县改革的未来方向》，载《中国党政干部论坛》2014 年第 7 期。

［191］赵海利：《基层分权改革的增长绩效——基于浙江省强县扩权改革实践的经验考察》，载《财贸经济》2011 年第 8 期。

［192］浙江省财政厅：《云计算和大数据在数字财政建设中的探索和实践》，载《中国财政》2016 年第 16 期。

［193］郑浩生、李春梅、刘桂花：《"省直管县"体制下财政转移支付对县域经济增长影响研究——基于四川省 59 个改革试点县（市）的实证检验》，载《地方财政研究》2014 年第 6 期。

［194］郑培：《新时期完善我国政府间事权划分的基本构想及对策建议》，载《地方财政研究》2012 年第 5 期。

［195］郑卫东、赵雷：《全面营改增对国地税合作的影响探析》，载《税收经济研究》2016 年第 4 期。

［196］郑新业、王晗、赵益卓：《"省直管县"能促进经济增长吗？——基于双重差分方法》，载《管理世界》2011 年第 8 期。

［197］中国国际经济交流中心财税改革课题组：《深化财税体制改革的基本思路与政策建议》，载《财政研究》2014 年第 7 期。

［198］中组部干部一局：《干部综合考核评价工作指导》，党建读物出版社 2006 年版。

［199］钟开斌：《中国中央与地方关系基本判断：一项研究综述》，载《上海行政学院学报》2009 年第 3 期。

［200］周天勇、谷成：《中央与地方事务划分中的四大问题》，载《中国党政干部论坛》2007 年第 11 期。

［201］朱光磊、张志红：《"职责同构"批判》，载《北京大学学报（哲学社会科学版)》2005 年第 1 期。

［202］朱建华等：《改革开放以来中国行政区划格局演变与驱动力分析》，载《地理研究》2015 年第 2 期。

［203］周黎安：《中国地方官员的晋升锦标赛模式研究》，载《经济研究》2007 年第 7 期。

［204］周黎安：《行政发包制》，载《社会》2014 年第 6 期。

［205］周振鹤、李晓杰：《中国行政区划通史（总论、先秦卷)》，复旦大学出版社 2009 年版。

［206］Daniel Trsisman，2002，Defining and Measuring Decentralization：A global Perspective. *UCLA Working paper.*

［207］Eggertsson，T.，2013，Quick guide to New Institutional Economics，*Journal of Comparative Economics Forthcoming.*

［208］Paul Conway，Richard Herd，Thomas Chalaux，Ping He，Jianxun Yu. Product Market Regulation and Competition in China. OECD Economics Department Working Papers No. 823. 2010.

附录

分税制财政管理体制改革大事记

1987 年 10 月 25 日党的十三大报告提出"改革财政税收体制，根据公平税负、促进竞争和体现产业政策的原则，合理设置税种、确定税率；在合理划分中央和地方财政收支范围的前提下实行分税制，正确处理中央和地方，国家、企业和个人的经济利益关系。"初步提出了财政体制改革的方向是实行分税制财政体制。

1990 年财政部研究提出了分税制财政管理体制改革试点方案。

1990 年 12 月 30 日中共十三届七中全会讨论并通过了《中共中央关于制定国民经济和社会发展十年规划和"八五"计划的建议》，提出"八五"期间要继续稳定和完善包干体制，同时进行分税制的试点。

1991 年 4 月 9 日第七届全国人民代表大会第四次会议批准了《中华人民共和国国民经济和社会发展十年规划和第八个五年计划纲要》，明确提出要在有条件的城市和地区，积极进行分税制的改革试点。

1992 年 1 月 18 日~2 月 21 日邓小平在视察武昌、深圳、珠海、上海等地时，发表著名的"南方谈话"，并以中央 1992 年二号文件下发，初步确立了社会主义市场经济体制。

1992 年 6 月 5 日财政部印发了《关于实行"分税制"财政体制试点办法》，选择了天津、辽宁、沈阳、大连、浙江、青岛、武汉、重庆和新疆 9 个地方进行试点，简称"五五"分税改革方案。

1992 年 10 月 12 日党的十四大报告提出要"理顺国家与企业、中央与地方的分配关系，逐步实行利税分流和分税制。"

1993 年 9 月 9 日～12 月 21 日国务院副总理朱镕基带领十几个相关部委的 60 多位工作人员，先后到海南、广东、新疆、辽宁、山东、江苏、上海、甘肃、天津、河北、安徽等省区市调研，听取各地对实施分税制的具体意见。

1993 年 11 月 14 日党的十四届三中全会通过了《中共中央关于建立社会主义市场经济体制若干问题的决定》，明确提出要改包干制为分税制，建立中央和地方税收体系。同时，改革和完善税制制度。

1993 年 11 月 16 日国务院下发了《关于组建国家税务总局在各地的直属税务机构和地方税务局有关问题的通知》，要求各地立即成立国家税务总局在地方的直属税务机构和地方税务局组建筹备组，在国家税务总局和地方人民政府的领导下统一负责组建两个税务机构的各项工作。

1993 年 12 月 4 日国务院办公厅转发《国家税务总局关于组建在各地的直属税务机构和地方税务局实施意见的通知》，明确了组建两个税务机构的原则、组建两个税务机构的有关问题（征收管理范围的划分，机构设置，领导体制及人员管理，国家税务局与地方税务局的关系，业务人员分开，现有人员、财物在机构组建过程中原则冻结，计划单列市，税务系统的经费来源）、组建两个税务机构的实施步骤等。

1993 年 12 月 15 日国务院发布《关于实行分税制财政管理体制的决定》，从 1994 年 1 月 1 日起改革现行地方财政包干体制，对各省、自治区、直辖市以及计划单列市实行分税制财政管理体制。明确了分税制的指导思想、具体内容、配套改革和其他政策措施。

1993 年 12 月 18 日财政部、中国人民银行、国家税务总局印发《实行"分税制"财政体制后有关预算管理问题的暂行规定》，从 1994 年 1 月 1 日起执行。

1993 年 12 月 25 日国务院批转《国家税务总局工商税制改革实施方案的通知》，以及增值税、消费税、营业税、企业所得税、资源税和土地增值税 6 个税收暂行条例，1994 年 1 月 1 日起正式实施。

1994 年 3 月 22 日第八届全国人民代表大会第二次会议通全国人民代表大会正式通过了《中华人民共和国预算法》，第八条规定"国家实行中央与地方分税制"，从法制上保证了财政体制的合法性、稳定性。

1994 年 8 月 24 日国务院印发《关于分税制财政管理体制税收返还改为与本地区增值税和消费税增长率挂钩的通知》，将税收返还额按两税递增率 1∶0.3 原则，由全国水平改为按本地区水平。

1995 年 11 月 22 日国务院发布《中华人民共和国预算法实施条例》，对预算法第八条所称"中央和地方分税制"，是指在划分中央与地方事权的基础上，确定中央与地方财政支出范围，并按税种划分中央与地方预算收入的财政管理体制。分税制财政管理体制的具体内容和实施办法，按照国务院的有关规定执行。

1996 年 3 月 26 日财政部印发《关于完善省以下分税制财政管理体制意见的通知》，对规范省以下分税制财政体制进行明确和补充，要求各地区参照中央对省级分税制模式，结合本地区的实际情况，将分税制体制落实到市、县级，有条件的地区可落实到乡级。同时，明确提出省级财政承担辖区内地区间财力差距的职责。在目前情况下，省级财政必须将适当集中的财力用于解决财政困难县的工资发放和其他必不可少的支出，两年内使各县财政供养人口人均财力不低于 4000 元。

1996 年 7 月 6 日国务院印发《关于加强预算外资金管理的决定》从 1996 年起将养路费、车辆购置附加费、铁路建设基金、电力建设基金、三峡工程建设基金、新菜地开发基金、公路建设基金、民航基础设施建设基金、农村教育事业附加费、邮电附加、港口建设费、市话初装基金、民航机场管理建设费等 13 项数额较大的政府性基金（收费）纳入财政预算管理。地方财政部门按国家规定收取的各项税费附加，从 1996 年起统一纳入地方财政预算，作为地方财政的固定收入，不再作为预算外资金管理。

1997 年 2 月 19 日国务院印发《关于调整金融保险业税收政策有关问题的通知》，从 1997 年 1 月 1 日起，重点将金融、保险企业的所得税税率从 55% 统一降至 33%，营业税由 5% 提高到 8%。提高营业税税率后，除各银行总行、保险总公司缴纳的营业税仍全部归中央财政收入外，其他金融、保险企业缴纳的营业税，按 5% 税率征收的部分，归地方财政收入，按提高3%税率征收的部分，归中央财政收入。

2000年3月2日中共中央、国务院印发了《关于进行农村税费改革试点工作的通知》，决定取消乡统筹费、农村教育集资等专门面向农民征收的行政事业性收费和政府性基金、集资；取消屠宰税；取消统一规定的劳动积累工和义务工；调整农业税和农业特产税政策；改革村提留征收使用办法。简称"三取消一调整一改革"。

2000年9月30日国务院印发《关于调整证券交易印花税中央与地方分享比例的通知》，将证券交易印花税分享比例由现行的中央88%、地方12%，分三年调整到中央97%、地方3%，即2001年中央97%、地方9%；2001年中央94%、地方6%；从2002年起中央97%、地方3%。其中，2001年的分享比例，自2001年10月1日起执行。

2001年12月21日国务院《关于印发所得税收入分享改革方案的通知》，决定除铁路运输、国家邮政、中国工商银行、中国农业银行、中国建设银行、国家开发银行、中国农业发展银行、中国进出口银行以及海洋石油天然气企业缴纳的所得税继续作为中央收入外，其他企业所得税和个人所得税收入由中央与地方按比例共享，2002年所得税收入中央分享50%，地方分享50%；2003年所得税收入中央分享60%，地方分享40%；2003年以后年份的分享比例根据实际收入情况再行考虑。

2002年1月17日财政部《关于印发〈跨地区经营、集中缴库的企业所得税地区间分配暂行办法〉的通知》，各省企业所得税分配额按下列公示计算：

某省分配系数 = 0.35 ×（该省企业经营收入 ÷ 各省企业经营收入之和）

+ 0.35 ×（该省企业职工人数 ÷ 各省企业职工人数之和）

+ 0.30 ×（该省企业资产总额 ÷ 各省企业资产总额之和）

2002年1月24日国家税务总局《关于所得税收入分享体制改革后税收征管范围的通知》，对所得税实行分享体制改革后，国家税务局、地方税务局的征收管理范围进行了界定。

2002年9月5日国务院《关于暂将中国石油天然气股份有限公司、中国石油化工股份有限公司缴纳的企业所得税继续作为中央收入的通知》。

2002 年 12 月 26 日国务院批转《财政部关于完善省以下财政管理体制有关问题意见的通知》，对所得税收入分享改革后省以下财政管理体制提出原则性改进意见。

2003 年 6 月 25 日国家税务总局《关于所得税收入分享体制改革后税收征管范围的补充通知》，明确企业改组改制以及经营形式发生变化后的企业所得税征管范围。

2003 年 6 月 30 日财政部国家税务总局印发了《关于取消除烟叶外的农业特产税有关问题的通知》。从 2004 年起，对烟叶仍征收农业特产税。取消其他农业特产品的农业特产税，其中：对征收农业税的地区，在农业税计税土地上生产的农业特产品，改征农业税，农业特产品的计税收入原则上参照粮食作物的计税收入确定，在非农业税计税土地上生产的农业特产品，不再改征农业税；对已免征农业税的地区，农业特产品不再改征农业税。

2004 年 9 月 14 日财政部、国家税务总局《关于印发〈东北地区扩大增值税抵扣范围若干问题的规定〉的通知》，在黑龙江省、吉林省、辽宁省和大连市，对从事装备制造业、石油化工业、冶金业、船舶制造业、汽车制造业、农产品加工业产品生产为主的增值税一般纳税人进行增值税转型试点。

2004 年 12 月 27 日财政部、国家税务总局《关于进一步落实东北地区扩大增值税抵扣范围政策的紧急通知》，对东北地区扩大增值税抵扣范围有关政策进行补充，即从"增量抵扣"政策调整为"全额抵扣"政策。

2005 年 10 月 19 日中共中央十六届五中全会通过的《关于制定国民经济和社会发展第十一个五年规划的建议》中明确提出："完善中央和省级政府的财政转移支付制度，理顺省以下财政管理体制，有条件的地方可实行省级直接对县的管理体制"。

2005 年 11 月 17 日财政部印发《关于切实缓解县乡财政困难的意见》的通知，建立缓解县乡财政困难激励约束机制"三奖一补"，即对财政困难县政府增加税收收入和省市级政府增加对财政困难县财力性转移支付给予奖励，对县乡政府精简机构和人员给予奖励，对产粮大县给予奖励，对以前缓解县乡财政困难工作做得好的地区给予补助。

2005 年 12 月 29 日十届全国人大常委会第十九次会议决定，自2006 年 1 月 1 日起废止《中华人民共和国农业税条例》。在中国大地上延续了几千年针对农业征收的"皇粮国税"正式退出了历史舞台。

2006 年 7 月 28 日财政部《关于进一步推进乡财县管工作的通知》，县级财政部门在预算编制、账户设置、集中收付、政府采购和票据管理等方面，对乡镇财政进行管理和监督。

2006 年 9 月全面深化农村综合改革，改革目标是推进乡镇机构、农村义务教育和县乡财政管理体制改革，建立精干高效的农村行政管理体制和运行机制、覆盖城乡的公共财政制度、政府投入办学的农村义务教育体制，促进农民减负增收和农村公益事业健康发展，推进农村经济社会全面发展。

2007 年 1 月 1 日我国财政预算开始实行新的政府收支分类科目，这是新中国成立以来我国财政收支分类统计体系最为重大的一次调整。

2007 年 5 月 11 日《关于印发〈中部地区扩大增值税抵扣范围暂行办法〉的通知》，7 月 1 日起在中部地区 6 省 26 个老工业基地城市中的8 个行业开展扩大增值税抵扣范围的试点。

2008 年 1 月 1 日新的《中华人民共和国企业所得税法》开始试行。统一内资、外资企业所得税制度，结束了我国企业所得税制度对内资、外资分别征收的局面。

2008 年 11 月 10 日国务院发布新修订《中华人民共和国增值税暂行条例》《中华人民共和国消费税暂行条例》《中华人民共和国营业税暂行条例》，决定自 2009 年 1 月 1 日起在全国推行增值税转型改革。

2008 年 12 月 19 日财政部、国家税务总局《关于全国实施增值税转型改革若干问题的通知》，自 2009 年 1 月 1 日起，在全国实施增值税转型改革，即由生产型改为消费型。

2008 年 12 月 31 日中共中央、国务院《关于 2009 年促进农业稳定发展农民持续增收的若干意见》指出："推进省直接管理县（市）财政体制改革。稳步推进扩权强县改革试点，鼓励有条件的省份率先减少行政层次，依法探索省直接管理县（市）的体制。"

2009 年 1 月 1 日成品油价格和税费改革正式施行。取消原在成品油价外征收的公路养路费、航道养护费、公路运输管理费、公路客货运附加费、水路运输管理费、水运客货运附加费等六项收费。成品油价格形成机制进一步理顺。

2009 年 1 月 9 日财政部、中国人民银行、国家税务总局发布《关于修订 2009 年政府收支分类科目的通知》，就 2009 年政府收支分类科目调整及有关预算管理问题作出进一步明确规定，并要求相关规定自 2009 年 1 月 1 日起施行。

2009 年 1 月 24 日财政部印发《关于深化地方非税收入收缴管理改革的指导意见》，旨在深化、完善财政国库管理制度改革方案，加快建立完善的非税收入收缴管理制度体系。

2009 年 6 月 22 日财政部印发了《关于推进省直接管理县财政改革的意见》，明确了改革总体目标是到 2012 年底之前力争全国除少数民族自治地区外全面推进省直接管理县改革。

2010 年 9 月 21 日财政部颁布《关于建立和完善县级基本财力保障机制的意见》，加大对基层财力倾斜和支持力度。

2013 年 11 月 12 日中共十八届三中全会通过了《中共中央关于全面深化改革若干重大问题的决定》，首次提出财政是国家治理的基础和重要支柱，建立现代财政制度。

2014 年 6 月 30 日中共中央政治局审议通过了《深化财税体制改革总体方案》，明确了实施财税体制改革的具体任务。

2014 年 8 月 31 日十二届全国人大常委会第十次会议，高票通过了《预算法》修正案。第十五条规定"国家实行中央和地方分税制。"

2014 年 9 月 21 日国务院印发了《关于加强地方政府性债务管理的意见》，开始建立"借、用、还"相统一的地方政府性债务管理机制，防范化解财政金融风险。

2014年9月26日国务院印发了《关于深化预算管理制度改革的决定》，明确提出要构建全面规范、公开透明的预算制度。

2014年12月12日国务院《关于批转财政部权责发生制政府综合财务报告制度改革方案的通知》，建立全面反映政府资产负债、收入费用、运行成本、现金流量等财务信息的权责发生制政府综合财务报告制度。

2015年1月3日国务院《关于实行中期财政规划管理的意见》，对未来三年重大财政收支情况进行分析预测，通过逐年更新滚动管理，强化财政规划对年度预算的约束性。

2015年2月16日国务院印发了《关于完善出口退税负担机制有关问题的通知》，自2015年1月1日起，出口退税（包括出口货物退增值税和营业税改征增值税出口退税）全部由中央财政负担，地方2014年原负担的出口退税基数，定额上解中央。中央对地方消费税不再实行增量返还，改为以2014年消费税返还数为基数，实行定额返还。

2015年10月24日中央全面深化改革领导小组第十七次会议审议通过的《深化国税、地税征管体制改革方案》正式向社会公布。

2015年12月31日国务院《关于调整证券交易印花税中央与地方分享比例的通知》，从2016年1月1日起，将证券交易印花税由现行按中央97%、地方3%比例分享全部调整为中央收入。

2016年3月23日财政部、国家税务总局印发了《关于全面推开营改增试点的通知》，决定自2016年5月1日起，在全国范围内全面推开营业税改征增值税（以下称营改增）试点，建筑业、房地产业、金融业、生活服务业等全部营业税纳税人，纳入试点范围，由缴纳营业税改为缴纳增值税。

2016年4月29日国务院关于印发《全面推开营改增试点后调整中央与地方增值税收入划分过渡方案的通知》，以2014年为基数，实行增值税在中央和地方"五五分成"体制，过渡期暂定2～3年。

2016年8月16日国务院印发了《关于推进中央与地方财政事权和支出责任划分改革的指导意见》，推进中央与地方财政事权划分，完善中央与地方支出责任划分，加快省以下财政事权和支出责任划分，规定了 2016～2020 年时间表。

2018 年 1 月 27 日国务院办公厅《关于印发基本公共服务领域中央与地方共同财政事权和支出责任划分改革方案的通知》，选择八大类 18 项中央与地方共同财政事权清单，确定基础标准，进行分档、按比例划分支出责任，并从 2019 年 1 月 1 日起执行。

2018 年 3 月 21 日中共中央印发《深化党和国家机构改革方案》，将省级和省级以下国税地税机构合并，实行以国家税务总局为主与省（自治区、直辖市）政府双重领导管理体制。

后　记

　　《优化分税制财政管理体制研究》系 2011 年国家社科基金资助项目课题，2018 年 3 月完成了结项。在项目研究过程中，先后召开了党的十八大（2012）、十八届三中全会（2013），对深化财税体制改革进行总体部署，首次提出了财政是国家治理基础和重要支柱，最终目标是建立现代财政制度。2014 年以来又从国家层面出台了一系列财税改革文件。这些客观现实的存在，使得该项目的研究超出了原方案设计范畴，又按照新形势、新要求来进行重新梳理和考量。

　　项目研究主要依托辽宁省财政科学研究所这一优良的团队，作为省级财政部门的现代智库，我们对分税制的解读有别于学院派和具体实际部门，在理论与实际、中央与地方、国内与国外的不断融合下进行综合。王振宇负责项目的总体设计与统筹。以下各章分工执笔者分别是：第一章王振宇、赵晔。第二章王振宇。第三章王振宇、郭艳娇。第四章寇明风。第五章陆成林。第六章成丹。第七章郭艳娇。第八章郭艳娇。第九章连家明。附录王振宇。在项目研究过程中，充分吸纳了现有诸多研究成果，在此深表谢意。

　　从事分税制财政管理体制研究是项复杂的系统工程，由于水平所限，尚存诸多不足和缺陷，敬请批评指正。

王振宇

2018 年 4 月